張大可文集

第三卷

史記文獻研究及選講

创于1897
商務印書館
The Commercial Press

图书在版编目(CIP)数据

史记文献研究及选讲/张大可著. —北京:商务印书馆,2013
(张大可文集)
ISBN 978-7-100-09395-8

Ⅰ.①史… Ⅱ.①张… Ⅲ.①中国历史-古代史-纪传体 ②《史记》—研究 Ⅳ.①K204.2

中国版本图书馆 CIP 数据核字(2012)第 202570 号

史记文献研究及选讲
张大可 著

商 务 印 书 馆 出 版
(北京王府井大街 36 号 邮政编码 100710)
商 务 印 书 馆 发 行
北京德富泰印务有限公司
ISBN 978-7-100-09395-8

2013 年 5 月第 1 版　　开本 640×980 1/16
2013 年 5 月北京第 1 次印刷　　印张 28 1/2

定价:116.00 元

内容提要

本卷《史记文献研究及选讲》，编列文集为第三卷，分上中下三编。本卷原是作者在20世纪80年代在兰州大学历史系开设“史记课”的一部讲义，内容有两大部分。第一部分“史记通论”共八章，系统阐释《史记》其书的内容、价值与文献依据，以及《史记》作者司马迁的人格与人生。1999年以《史记文献研究》为题在民族出版社出版，收入本卷为上编。讲义第二部分“史记选注讲”，选文40余篇，本纪、表、书、世家、列传五体皆备。1983年，作者以主编方式把这一选目推向社会，得到学术界广泛支持，有近20所高校共30人加盟协作注讲，1989年山东教育出版社出版了《史记选注讲》。选文单篇内容包括原文、题解、段意、简注、简评。中编收入该书《史记选注讲》的《题记》，以及整理讲课稿的十篇讲析文章，以此记录作者开设《史记》课的历史回顾。本世纪初，上海古籍出版社邀请作者编选《史记选评》，收入该社文史哲经典读本普及读物丛书，2003年出版。《史记选评》各篇系节选《史记全本新注》的精彩段落。这是一本十余万字的小册子，收入本卷文集为下编。本卷上、中、下三编选文记录了作者步入《史记》殿堂的足迹，以及教学与研究工作的历程。第一步，开设“史记课”，撰写讲义，边讲，边学，边深入，日积月累，沉淀思维。第二步升华授课讲析稿为系列《史记》论文，此即《史记研究》论集之所作也，1985年甘肃人民出版社出版。第三步延伸注讲篇目以成《史记全本新注》，1990年陕西三秦出版社出版。附录书评两篇，是学术界对《史记文献研究》和《史记全本新注》两书的评论，标志作者注释体例的创新取得了成功，引起社会关注。

前言——司马迁和《史记》简介

《史记》是中国历史上一部体大思精的历史著作，同时又是一部优秀的文学传记著作。西汉司马迁撰。

司马迁，字子长，西汉史学家、文学家和思想家。左冯翊夏阳（今陕西韩城市西南嵬东乡高门村）人。西汉史学家太史令司马谈之子。幼年耕读于故里。十九岁时家徙茂陵，入京师长安。二十岁时壮游大江南北，考察风俗，“网罗天下放失旧闻”。二十九岁，入仕为郎中。汉武帝元鼎六年（公元前111）为郎中将，奉使西南夷设郡置吏。元封三年（公元前108）继父职，任太史令，以阅读史官所藏图书，获得了有利的修史条件。太初元年（公元前104），司马迁与唐都、落下闳等共订太初历，并加紧了《史记》的撰述。七年后，即天汉三年（公元前98），为李陵降匈奴事辩解而下狱，惨遭腐刑，蒙受了极大的屈辱，痛不欲生。但每当轻生之念萌生，司马迁耳边就回响起父亲临终时的遗教，以及自己发愿完成一代大典的决心；同时眼前展现了一幅幅古人发愤著述的画面。自古以来，权贵富人生时显赫，死而名灭，多到不可胜记，只有那些具有坚强毅力、崇高品格而做出了一番事业的人才能名垂后世。这就是司马迁在《太史公自序》和《报任安书》中一唱三叹、反复申说的“发愤著书”说。受李陵之祸，使司马迁立场发生了重大转变。他从个人的悲怨中解脱出来，发愤撰述。出狱后任中书令，虽尊宠任职而心如冷灰。他把自己的愤懑和不平倾注在《史记》中，成为“一家之言”，表达了鲜明的爱憎感情；他同情人民的苦难，揭露专制统治的黑暗，留下了宝贵的实录作品，这一精神体现了中华民族的脊梁。司马迁自题其书曰《太史公书》，东汉末通称《史记》。传见《汉书》卷六三。

下面评介体大思精的《史记》。

什么叫体大思精？体大，指《史记》的五体结构和系统性；思精，指《史记》内容的全面性、系统性和进步性。《史记》内容丰富，贯通古今，上起黄帝，下迄汉武帝，用五十二万六千五百字，写了三千年历史，文字简练而知识包罗万象，可以说是一部百科全书。鲁迅评价《史记》是“史家之绝唱，无韵之《离骚》”，就是说《史记》的史学和文学都达到了高峰，是人人必读的一部奇书，准确地说，是一部国学根底书。

说到《史记》的结构，它是司马迁精心创作的一个人工系统工程，闪耀着智慧的光芒。《史记》由五体构成：一、《本纪》十二篇；二、《表》十篇；三、《书》八篇；四、《世家》三十篇；五、《列传》七十篇，总计一百三十篇。

五体，名称不同，写作方法也不同，记载的内容各自成为一个独立系统，合起来构成一个大系统。具体说，《本纪》提纲挈领记载国家大事，以王朝和皇帝为中心内容，记事按年月排列。《书》是分门别类的文化专史，按专题内容从古到今叙述源和流，形成贯通历史。《世家》与本纪一样按年月编年记事，只是对象为列国诸侯。《列传》是人物传记，着重写人的言行，或历史事件，生动精彩，最有文学性。《表》是联系纪传的桥梁，它把众多的史事与几千个人物，用简明的表排列起来，勾画历史发展的线索，反映历史阶段的发展，是十分精细的创作。《史记》五体内容，都以人为中心写历史，把从古到今社会各阶级、各阶层的人物活动勾画出来。其中既有帝王将相、公卿贵族，也有士农工商、医卜游侠以及各色市井小民，社会的全方位人物与生活都写进去了。经济、政治、军事、文化、民族、宗教，以及天文、地理，无所不包。这样丰富的内容，由于体例完备，即五体的分类记载，十分有条理地反映出来。

《史记》具有丰富的思想性，它要在结构上把古代天人合一的哲学思想反映出来，所以五体以及各体的篇数都包含有哲学义理。

司马迁时代盛行五行哲学，认为天地万物是由金、木、火、水、土五种元素组成，人间社会历史也表现为五德终始循环。五德终始指改朝换代，金克木，木克土，土克水、水克火，火克金。克，就是战胜的意思。例如周为火德，秦朝得水德，所以秦代周。汉朝得到土德，因此汉朝取代了秦朝。当然，这是一套唯心主义哲学，古代不懂阶级斗争，用这种办法来解释改朝换代。

五行学说的产生，也从人体自身结构获得启示。人有双手，每手五指，双手为十指，十就是满数。诸如五体、五官、五脏，都和"五"挂钩，推而广之，有五味、五色、五音等。"五"是一个神秘数字，连带生成许多数字都有特定意义。所以《史记》创为五体，与"五"的数目相配。

十二篇《本纪》，"十二"的数目象征一年十二个月。三十篇《世家》，"三十"的数目象征一个月为三十天。十《表》，"十"的数目象征十日为一旬，为数之极，即满数。八《书》，"八"的数目是一年四季的倍数。七十《列传》，"七十"的数目象征五行中一行的数目，是环周天三百六十度的五分之一。"三百六十"这一数目的五分之一是"七十二"，"七十"是省去尾数"二"，举一个整数。

《史记》五体，以及各体的篇数，反映的是五行思想发展的年历，是一种文化运动的象征，是那个时代历史哲学的反映。今天我们可以不去理会这些数目的哲学意义，但它启迪司马迁编织人工系统工程。《史记》内容博大丰富而不紊乱，正因为它是一个系统工程的缘故。系统理论是现代科学产生的新观念。古人司马迁已经运用于实践创作中，他的智慧是多么的深邃。

司马迁自己评述《史记》，说它所要达到的目的是"究天人之际，通古今之变，成一家之言"。"究天人之际"，研究天与人的关系，它有两个方面的内容。第一是说“天”有意志，是冥冥中君主的保护人，所以君主称天子，是代表天统治人民的。按这一观念就产生了“天人感应”、“君权神授”学说，这是为秦汉大一统中央集权服务的理论，虽然荒诞，但有一定进步性。

君主施政，不能逆天而行。政荒暴虐就是逆天。逆天就要丧失天命，改朝换代。这一理论告诫君主要兢兢业业，爱护人民。

第二是说“天”为自然界，讲人类社会历史，要放在天地大环境中，所以天文、地理纳入了历史。但《史记》的主流是讲“人为”，并不宣扬“畏天”，这是它的进步性。

“通古今之变”，就是讲历史要贯通古今，找出变化的规律，所以《史记》是一部通史。司马迁认为世间一切都在“变”，应该用“变化”、“发展”的观点去探索事物的发展规律，掌握历史兴衰治乱的规律，所以司马迁不守旧、不循古。他对古今的关系是详今略古，注重当代史和近现代史，认为离当代越近的历史越应当总结，目的是以古为鉴，着眼现世和未来，这些都是进步的思想。

“成一家之言”，即在叙述历史中，阐明自己的思想观点，这是司马迁的一种创新。由于《史记》是一部百科全书式的通史，体大思精，因而熔铸在其中的思想体系，也是宏阔而博大的，例如天人观、政治观、经济观、历史观、战争观、民族观、道德观、人才观等等，都体现了司马迁的看法，代表了当时最进步的思想。

因为司马迁述史要拿出自己的独到见解来回答历史是怎样变化发展的，所以他不与圣人同是非，突破了旧的思想传统和官方哲学的框架。这种创新思想，集中地表现在赞扬道家以及为商人、游侠立传这几个方面。班固在其所著《汉书·司马迁传》中批评说：“是非颇缪于圣人，论大道则先黄老而后六经，序游侠则退处士而进奸雄。述货殖则崇势利而羞贱贫。此其所敝也。”班固所批评的司马迁之“敝”，恰恰是司马迁思想中光彩夺目之“长”。司马迁“论大道则先黄老而后六经”，是肯定文景之治的升平而否定汉武帝的多欲所造成的衰败；述货殖为商人立传，是肯定商人促进生产发展，对社会经济的繁荣所做的贡献；颂游侠，是肯定这一类人能够牺牲自己、救人之急的道德。实际上，司马迁是通过颂黄老、商人、游侠来表达他对开明政治的向往，对人民求利和反强暴的肯定。这些思想正体现了《史记》褒贬人物和历史事件的尺度不是受统治阶级正统思想的约束，而是在一定程度上从被压迫人民的利益来立论，这无疑是那个时代最进步的思想。

从写人文学角度看，《史记》创造了各色人物的专传、合传、类传，塑造了典型的人物形象，全面反映了当时的社会生活。阅读《史记》，社会上所有的人都可从中找到对照的镜子，不仅增长知识，增长智慧，还能提高修养，使自己的品德更趋于完善。

《史记》语言，精妙无比，还采用许多俚语俗谚，寄寓平凡的真理，启迪人的智慧。如赞美人才济济，越多越好，说道："千金之裘，非一狐之腋也；台榭之榱，非一木之枝也；三代之际，非一士之智也。"（《刘敬叔孙通列传》）意思是说，贵重的狐皮袍，不是一张狐皮制成的；高大的亭台楼阁，不是一根木材建成的；夏商周三代太平盛世，不是一个人治理好的。讲条件转化，司马迁说："尺有所短，寸有所长。"（《白起王翦列传》）讲一个人不要贪利，说："见利会使人头脑发昏。"讲吸取教训，说："鉴于水者见面之容，鉴于人者知吉与凶。"（《殷本纪》）意思是说，用水作镜子只能看清自己的面容，要以人为镜子才可以知道吉凶祸福。这些例子，举不胜举。

总之，《史记》是一部开卷有益的书，从古到今许多大文学家、大历史学家，都学习《史记》，得到益处。近现代知名文学家茅盾，据说能背诵《史记》的许多篇章，可见是读得滚瓜烂熟的。

可以说在中国传统文化国学精品中，惟有《史记》是无与伦比的"百科全书"，它有取之不尽的思想源泉，养育着一代又一代人的成长，具有无限的凝聚力，生命之树长青。20 世纪 20 年代著名国学大师梁启超建言，高等院校应开设"史记课"，历经半个多世纪后的今天，哲人的呼唤变成了现实。当今有多所高校开设了《史记》选修课。余少好《史记》，1960年代初考入北京大学中文系古典文献专业，《史记》列为该专业必修基础课之一。1966年3月阴法鲁教授开讲，惜不足一月因文革而终止。但由中华书局提供的标点本《史记》这部书保存下来，几经辗转而随身携带，今日带入兰州大学讲堂，忝列"史记课"教席，感慨良多，愿与诸生共勉。

是为前言。

1981年3月

【说明】本文为20世纪80年代作者在兰州大学开设《史记选讲》专书课讲义的前言。讲义编成于1980年底。20年后2002年作者编辑中国史记研究会年会论文集《史记论丛》第一集（2003年华文出版社出版）以《司马迁和史记简介》为题收入本文为首次刊发。《史记论丛》收入时，结尾一段内容有调整。

目　录

上编　史记文献研究

中编　史记名篇讲析

下编　史记选评

上编　史记文献研究

【说明】本编为作者1981年至1988年在兰州大学开设“史记课”讲义的“史记通论”部分，共八章。1999年以《史记文献研究》为题，在民族出版社出版。后收入《史记研究集成》第十一卷《史记文献与编纂学研究》，为上编，华文出版社2005年出版。这次收入个人文集，为本卷上编，据华文版集成本排印。

第一章 《史记》产生的环境与条件

司马迁生于汉景帝中元五年（公元前145），卒年不可考，约与武帝相始终，王国维假定卒于昭帝始元元年（公元前86），享年约六十岁。司马迁所处时代，正值西汉盛世。雄才大略的汉武帝外征四夷，内兴功作，加强了中央集权的统治。宏阔昂扬的时代精神，就是《史记》产生的环境。司马迁世为史官，有着深厚的家学渊源，父子相继为太史令，掌管图书典籍，这些就是《史记》产生的条件。

第一节 中国全境统一巩固了中央集权制度

（一）汉初休养生息，社会经济空前繁荣

——汉兴七十余年之间，无事，非遇水旱，则民人给家足，都鄙廪庾皆满，而府库余货财。京师之钱累巨万，贯朽而不可校。太仓之粟，陈陈相因，充溢露积于外，至腐败不可食。（《史记》卷三〇《平准书》）

（二）铲除割据力量，改定王国制度

——（主父）偃说上（汉武帝）曰：“今诸侯或连城数十，地方千里，缓则骄奢易为淫乱，急则阻其强而合从以逆京师，今

以法割削之，则逆节萌起，前日晁错是也。今诸侯子弟或十数，而适嗣代立，余虽骨肉，无尺寸地封，则仁孝之道不宣。愿陛下令诸侯得推恩分子弟，以地侯之，彼人人喜得所愿，上以德施，实分其国，不削而稍弱矣。”于是上从其计。（《史记》卷一一二《平津侯主父列传》）

——文帝采贾生之议，分齐、赵。景帝用晁错之计，削吴、楚。武帝施主父（偃）之册（策），下推恩之令，使 诸侯王得分户邑，以封子弟，不行黜陟，而藩国自析。皇子始立者，大国不过十余城。……诸侯惟得衣食租税，不与政事。（《汉书》卷一四《诸侯王表》）

——汉定百年之间，亲属益疏，诸侯或骄奢，忕邪臣计谋为淫乱，大者叛逆，小者不轨于法，以危其命，殒身亡国。天子观于上古，然后加惠，使诸侯得推恩分子弟国邑，故齐分为七，赵分为六，梁分为五，淮南分三，及天子支庶子为王，王子支庶子为侯，百有余焉。吴楚时，前后诸侯或以适削地，是以燕、代无北边郡，吴、淮南、长沙无南边郡，齐、赵、梁、楚支郡名山陂海咸纳于汉。诸侯稍微，大国不过十余城，小侯不过十数里，上足以奉贡职，下足以供养祭祀，以蕃辅京师。而汉郡八九十，形错诸侯间，犬牙相临，秉其厄塞地利，强本干，弱枝叶之势，尊卑明而万事各得其所矣。（《史记》卷一七《汉兴以来诸侯王年表》）

（三）打击强宗豪族，抑制富商大贾

——（主父偃）又说上曰，“茂陵初立，天下豪杰并兼之家，乱众之民，皆可徙茂陵，内实京师，外销奸滑，此所谓不诛而害除。”上又从其计。（《史记》卷一一二《平津侯主父列传》）

——“及徙豪富茂陵也，（郭）解家贫，不中訾（资），吏恐，不敢不徙，卫将军为言：‘郭解家贫，不中徙。’上曰：‘布衣权至使将军为言，此其家不贫。’解家遂徙。诸公送者出千余万。”“解入关，关中贤豪知与不知，闻其声，争交欢解。……遂族郭解翁伯。”（《史记》卷一二四《游侠列传》）

——（王温舒）迁为河内太守。素居广平时皆知河内豪奸之家，及往，九月而至。令郡县私马五十疋，为驿自河内至长安，部吏如广平时方略：捕郡中豪猾，郡中豪猾相连坐千余家。上书请，大者至族，小者乃死。家尽没入偿臧，奏行不过二、三日，得可事，论报，至流血十余里。（《史记》卷一二二《酷吏列传》）

——杨可告缗遍天下，中家以上大抵皆遇告。杜周治之，狱少反者，乃分遣御史、廷尉、正监分曹往，即治郡国缗钱，得民财物以亿计，奴婢以千万数；田，大县数百项，小县百余项，宅亦如之。于是商贾中家以上大率破。（《史记》卷三〇《平准书》）

（四）罢黜百家，独尊儒术

——董仲舒曰："《春秋》大一统者，天地之常经，古今之通谊也。今师异道，人异论，百家殊方，指意不同，是以上亡以持一统，法制数变，下不知所守。臣以为诸不在六艺之科，孔子之术者，皆绝其道。勿使并进。辟邪之说灭息，然后统纪可一，而法度可明，民知所从矣。"（董仲舒建元元年对策，见《汉书》卷五六《董仲舒传》）

（五）封禅改历，加强皇权

——自古受命帝王，曷尝不封禅，盖有无其应而用事者矣。未有睹符瑞见而不臻乎泰山者也。虽受命而功不至，至梁父矣而德不洽，洽矣而日有不暇给，是以即事用希。（《史记》卷二八《封禅书》）

——（建元）元年，汉兴已六十余岁矣，天下艾安，缙绅之属皆望天子封禅改正度也，而上方乡儒术，招贤良，赵绾、王臧等以文学为公卿，欲议古立明堂城南，以朝诸侯，草巡狩封禅改历服色事未就。会窦太后治黄老言，不好儒术，使人微伺得赵绾等好利事，召案绾、臧，绾、臧自杀，诸所兴为皆废。后六年，窦太后崩。其明年征文学之士公孙弘等。（《史记》卷二八《封禅书》）

【按】"其明年"即窦太后崩之明年，是元光元年也，《汉书·武帝纪》编年，系公孙弘再举贤良于元光元年下，实沿此而误。应从《史》《汉》两书公孙弘本传，"其明年"应改为"元光五年"。

——（元封元年）冬，上议曰："古者先振兵释旅，然后封禅。"乃遂北巡朔方，勒兵十余万，还祭黄帝冢桥山，释兵须如。……（三月），遂东幸缑氏，礼登中岳太室。……于是以三百户封太室奉祠，命曰崇高邑。东上泰山，泰山之草木叶未生，乃令人上石立之泰山颠。……（四月），天子至梁父，礼祠地主。乙卯，令侍中儒者皮弁荐绅，射牛行事。封泰山下东方，如郊祠太一之礼。封广丈二尺，高九尺，其下则有玉牒书，事秘。礼毕，天子独与侍中奉车子侯上泰山，亦有封。其事皆禁。明日，下阴道。丙辰，禅泰山下址东北肃然山，如祭后土礼，天子皆亲拜见，衣尚黄而尽用乐焉。江、淮间一茅三脊为神籍，五色土益杂封。纵远方奇兽蜚禽及白雉诸物，颇以加礼。兕牛犀象之属不用。皆至泰山祭后土。封禅祠，其夜若有光，昼有白云起封中。（同上）

——天子从禅还，坐明堂，群臣更上寿。……（五月）有司言宝鼎出为元鼎，以今年为元封元年。（同上）

——（元封元年）夏四月癸卯，上还，登封泰山，降坐明堂。诏曰："朕以眇身承至尊，兢兢焉惟德菲薄，不明于礼乐，故用事八神。遭天地况施，著见景象，屑然如有闻。震于怪物，欲止不敢，遂登封泰山，至于梁父，然后升礼肃然。自新，嘉与士大夫更始，其以十月为元封元年。（《汉书》卷六《武帝纪》）

——今上即位，招致方士唐都，分其天部；而巴落下闳运算转历，然后日辰之度与夏正同。乃改元，更官号，封泰山. 因诏御史曰："……十一月甲子朔旦冬至已詹，其更以七年为太初元年。年名'焉逢摄提格'，月名'毕聚'，日得甲子，夜半朔旦冬至。"（《史记》卷二六《历书》）

——太初元年十一月甲子朔旦冬至，天历始改，建于明堂，诸神受纪。（《史记》卷一三〇《太史公自序》。下引本篇，只注篇名）

【按】 汉武帝封禅改历，加重皇权，是时势使然，《汉书·贾谊传》载，"谊以为汉兴二十余年，天下和洽，宜当改正朔，易服色制度，定官名，兴礼乐。乃草具其仪法，色上黄，数用五，为官名悉更，奏之。文帝谦让未皇也。"由此可见，封禅改历实为盛世大典。故司马谈从巡封禅，因病留滞周南，不得与从事，竟至发愤而卒。谈临终自叹："是命也夫，命也夫！"司马迁作《封禅书》，刺讥汉武帝敬事鬼神，并不是完全否定封禅，均记实之文也。

（六）击胡攘越，开拓疆土

——大夫（桑弘羊）曰："匈奴背叛不臣，数为寇暴于边鄙。备之则劳中国之士，不备则侵盗不止。先帝哀边人之患，苦为虏所系获也，故修障塞，饬烽燧，屯戍以备之。"（《盐铁论》卷一《本议》）

——大夫曰："往者匈奴据河山之险，擅田牧之利，民富兵强，行入为寇，则句注之内惊动[1]，而上郡以南咸城。文帝时虏入萧关，烽火通甘泉，群臣惧，不知所出，乃请屯京师以备胡。胡西役大宛，康居之属，南与群羌通，先帝推让斥夺广饶之边。建张掖以西，隔绝羌、胡，瓜分其援，是以西域之国，皆内拒匈奴，断其右臂，曳剑而走。故募人田畜以广田，长城以南，滨塞之郡，马牛放纵，蓄积布野，未睹其计之所过也。"（《盐铁论》卷四六《西域》）

——元朔六年，汉遣骠骑破匈奴西域数万人，至祁连山。其明年，浑邪王率其民降汉，而金城、河西西并南山至盐泽空无匈奴。匈奴时有候者到，而希矣。其后二年，汉击走单于於幕北。（《史记》卷一二二《大宛列传》）

——元鼎五年夏四月，南越王相吕嘉反，杀汉使者及其王、王太后。……遣伏波将军路博德出桂阳，下湟水；楼船将军杨仆出豫章，下浈水；归义越侯严为戈船将军，出零陵，下离水；甲为下濑将军，下苍梧。皆将罪人，江、淮以南楼船十万人，越驰义侯遗别将巴蜀罪人，发夜郎兵，下牂柯江，咸会番禺。……驰义侯遗兵未及下，上便令征西南夷，平之。（六年），遂定越地，以为南海、苍梧、郁林、合浦、交阯、九真、日南、珠崖、儋耳郡。定西南夷，以为武都、牂柯、越嶲、沈黎、文山郡。（《汉书》卷六《武帝纪》）

——（元封二年冬十月），朝鲜王攻杀辽东都尉，乃募天下

[1]句注：山名，在今山西代县西北。

死罪击朝鲜。……三年夏，朝鲜斩其王右渠降，以其地为乐浪、临屯、玄菟、真番郡。（《汉书》卷六《武帝纪》）

第二节 汉武帝过度使用民力 阶级矛盾日益尖锐

——自（王）温舒等以恶为治，而郡守都尉、诸侯二千石欲为治者，其治大抵放（仿）温舒，而吏民益轻犯法，盗贼滋起。南阳有梅免、白政，楚有殷中、杜少，齐有徐勃，燕、赵之间有坚庐、范生之属。大群至数千人，擅自号，攻城邑，取库兵，释死罪，缚辱太守、都尉，杀二千石，为檄告县趋具食，小郡以百数，掠卤乡里者，不可胜数也。（《史记》卷一二二《酷吏列传》）

——当此之时，网疏而民富，役财骄溢，或至兼并豪党之徒，以武断于乡曲。宗室有土，公卿大夫以下，争于奢侈，室庐舆服僭于上，无限度。物盛而衰，固其变也。自是以后，严助、朱买臣等招徕东瓯，事两越、江、淮之间萧然烦费矣。唐蒙、司马相如开路西南夷，凿山通道千余里，以广巴、蜀，巴蜀之民罢焉。彭吴贾（"贾"《汉书·食货志》作"穿"）灭朝鲜，置沧海之郡，则燕、齐之间靡然发动。及王恢设谋马邑，匈奴绝和亲，侵扰北边，兵连而不解，天下苦其劳，而干戈日兹。行者赍，居者送，中外骚扰而相奉，百姓玩弊以巧法，财赂衰耗而不赡。入物者补官，出货者除罪，选举陵迟，廉耻相冒。武力进用，法严令具。兴利之臣自此始也。（《史记》卷三〇《平准书》）

——汉武帝凭藉前期所积累的财富与汉景帝所完成的全国统一，再加上本人雄才大略的特性与在位五十四年的长久时间。对外用兵，扩张疆土，对内兴作，多所创建（主要是水利），把道家思想的无为政治，改变为以儒家学说为装饰的多欲政治。通过汉武帝，农民付出了"海内虚耗，户口减半"的代价，造成军事、文化的极盛时期。西汉一朝各方面的代表人物和大经学家、大政治家董仲舒，大史学家司马迁，大文学家司马相如，大军事家卫青、霍去病，大天文学家唐都、落下闳，大农学家赵过，大探险家张骞，以及民间诗人所创作经大音乐家李延年协律的乐府歌诗，集中出现在汉武帝时期，这是历史上非常灿烂的一个时期，汉武帝就是这个灿烂时期的总代表。……但是汉武帝对外连年用兵，战争使国内各种矛盾都激化起来。（范文澜：《中国通史简编》修订本第二编第二章）

第三节　西汉的文化发展提供了修史条件

（一）秦焚诗书史记，汉除挟书律，绝学复兴

——秦既得意，烧天下《诗》、《书》，诸侯史记尤甚，为其有所刺讥也。《诗》、《书》所以复见者，多藏人家，而史记独藏周室，以故灭。惜哉！惜哉！（《史记》卷一五《六国年表序》）

——（惠帝）四年三月甲子，皇帝冠，赦天下，除挟书律。（《汉书》卷二《惠帝纪》）

——昔仲尼没而微言绝，七十子丧而大义乖。故《春秋》分为五，《诗》分为四，《易》有数家之传。战国从衡，真伪分争，诸子之言纷然殽乱。至秦患之，乃燔灭文章，以愚黔首。汉兴，改秦之败，大收篇籍，广开献书之路。迄孝武世，书缺简脱，礼坏乐崩，圣上喟然而叹曰："朕甚闵焉！"于是建藏书之策，置写书之官，下及诸子传说，皆充秘府。（《汉书》卷三〇《艺文志》）

（二）天下遗文古事，靡不毕集太史公

——维我汉继五帝末流，接三代绝业，周道废，秦拔去古文，焚灭《诗》、《书》，故明堂石室金匮玉版图籍散乱。于是汉兴，萧何次律令，韩信申军法，张苍为章程，叔孙通定礼仪，则文学彬彬稍进，《诗》、《书》往往间出矣。自曹参荐盖公言黄老，而贾生、晁错明申、商，公孙弘以儒显，百年之间，天下遗文古事靡不毕集太史公。（《史记》卷一三〇《太史公自序》）

——天下计书，先上太史公，副上丞相，序事如古春秋。（《太史公自序集解》引《汉仪注》）

第四节　家学渊源及壮游养育了司马迁的才干和见识

（一）司马氏先世为史官，司马谈又为西汉杰出学者，志在继《春秋》述史，并遗命司马迁

——司马氏世典周史。（《史记》卷一三〇《太史公自序》）

——太史公（指司马谈）学天官于唐都，受《易》于杨何，习道论于黄子。太史公仕于建元元封之间，愍学者之不达其意而师悖，乃论六家之要指。（同上）

——梁启超云："吾于刘、班之言（指刘歆《七略》和班固《艺文志》的分类）亦所不取，庄子所言（指《庄子·天下篇》），推重儒、墨、老三家，颇能挈当时的学派之大纲，然尤有漏略者。太史公司马谈之论，则所列六家，五雀六燕，轻重适当，皆分雄于当时学界中，旗鼓相当者也。分类之精，以此为最。"（《论中国学术思想变迁之大势》）

【按】《论六家要旨》将先秦诸子百家分为阴阳、儒、墨、名、法、道六家，全文分前后两部分。上半篇概述各家学说的论点，下半篇是用传体对上篇所提出的论点加以解说，它可能是司马迁的发挥。司马迁评老子的学说是"无为自化，清静自正"，评孟子的学说是"迂阔"，评司马相如思想是"归于无为"，这些均和《要旨》的精神相合。班固批评司马迁的思想是"是非颇谬于圣人，论大道则先黄老而后《六经》"。就是把《要旨》直接看成是司马迁的思想。《要旨》对汉武帝的多欲政治持批判态度，这对司马迁最后定稿《史记》有重大影响。它不以官方是非为依归，故《史记》能成一家之言。

——太史公曰："先人有言：'自周公卒五百岁而有孔子，孔子卒后至于今五百岁，有能绍明世，正《易》传，继《春秋》，本《诗》、《书》、《礼》、《乐》之际？意在斯乎！意在斯乎！小子何敢让焉。"（《太史公自序》）

——是岁（元封元年）天子始建汉家之封，而太史公留滞周南，不得与从事，故发愤且卒。而子迁适使反，见父于河洛之间。太史公执迁手而泣曰："余先周室之太史也。自上世尝显功名于虞夏，典天官事。后世中衰，绝于予乎？汝复为太史，则续吾祖矣。今天子接千岁之统，封泰山，而余不得从行，是命也夫！命也夫！余死，汝必为太史，为太史，无忘吾所欲论著矣。……"迁俯首流涕曰："小子不敏，请悉论先人所次旧闻，弗敢阙。"（《太史公自序》）

（二）司马迁壮游全国，网罗天下放失旧闻

——迁生龙门，耕牧河山之阳。年十岁则诵古文。二十而南游江、淮，上会稽，探禹穴，窥九疑，浮于沅、湘；北涉汶、泗，讲业齐、鲁之都，观孔子之遗风，乡射邹、峄，危困鄱、薛、彭城，过梁、楚以归。于是迁仕为郎中。奉使西征巴、蜀以南，南略邛、笮、昆明，还报命。（《太史公自序》）

——太史公曰：余尝西至空峒，北过涿都，东渐于海，南浮江、淮矣，至长老皆各往往称黄帝、尧、舜之处，风教固殊焉，总之不离古文者近是。（《史记》卷一《五帝本纪赞》）

——太史公曰：余南登庐山，观禹疏九江，遂至于会稽太湟，上姑苏，望五湖；东窥洛汭、大邳、迎河、行淮、泗、济、漯、洛渠，西瞻蜀之岷山及离碓；北自龙门至于朔方。曰：甚哉，水之为利害也。（《史记》卷二九《河渠书赞》）

——太史公曰：余适齐，自泰山属之琅邪，北被于海，膏壤二千里，其民阔达多匿知，其天性也。（《史记》卷三三《齐太公世家赞》）

——太史公曰：余适故大梁之墟，墟中人曰，秦之破梁，引沟而灌大梁，三月城坏，王请降，遂灭魏。（《史记》卷四四《魏世家赞》）

——太史公曰：余读孔氏书，想见其为人，适鲁，观仲尼庙堂，车服礼器，诸生以时习礼其家，余祗回留之不能去云。（《史记》卷四七《孔子世家赞》）

——太史公曰：余登箕山，其上盖有许由冢云。（《史记》卷六一

《伯夷列传》)。《史记考证》云:“登箕山而见许由冢者,为司马谈,迁盖述其父云尔。”

——太史公曰:吾尝过薛,其俗,闾里率多暴桀子弟,与邹鲁殊。问其故,曰:“孟尝君招致天下任侠,奸人入薛中盖六万余家矣。”世之传孟尝君好客自喜,名不虚矣。(《史记》卷七五《孟尝君列传赞》)

——吾过大梁之墟,求问其所谓夷门。夷门者,城之东门也。天下诸公子,亦有喜士者矣,然信陵君之接岩穴隐者,不耻下交,有以也。名冠诸侯,不虚耳。(《史记》卷七〇《信陵君列传赞》)

——太史公曰:吾适楚,观春申君故城宫室,盛矣哉!(《史记》卷七八《春申君列传赞》)。

——太史公曰:余读《离骚》、《天问》、《招魂》、《哀郢》,悲其志。适长沙,观屈原所自沈渊,未尝不垂涕想见其为人。(《史记》卷八四《屈原贾生列传赞》)

——太史公曰:吾适北边,自直道归,行观蒙恬所为秦筑长城亭障,堑山堙谷,通直道,固轻百姓力矣。此其兄弟遇诛,不亦宜乎,何乃罪地脉哉?(《史记》卷八九《蒙恬列传赞》)

——太史公曰:吾如淮阴,淮阴人为余言,韩信虽为布衣时,其志与众异。其母死,贫无以葬,然乃行营高敞地,令其旁可置万家邑,余视其母冢,良然。(《史记》卷九二《淮阴侯列传赞》)

——太史公曰:吾适丰、沛,问其遗老。观故萧、曹、樊哙、滕公之冢及其素,异哉所闻!(《史记》卷九五《樊郦滕灌列传赞》)

——太史公曰:余从巡祭天地诸神名山川而封禅焉。(《史记》卷二八《封禅书赞》)

——网罗天下放失旧闻,王迹所兴,原始察终,见盛观衰,论考之行事,略推三代,录秦汉,上记轩辕,下至于兹。(《太史公自序》)

——司马迁……遍历全国,而长江黄河两域下游之地,经行尤密,兹所列诸地观之,则黄河流域约占二十四区,长江流域约占二十区，粤江流域约占二区，列表如次。

司马迁游历区域表

区域	省分	游历地点
黄河流域	甘肃	空峒
	山陕	朔方　长城　龙门　直道
	河南	洛汭　大邳　大梁　箕山　三累　洛渠
	河北	涿鹿
	山东	齐　鲁　琅邪　泰山　东海　济　薛　汶　泗　邹　峄　鄱
长江流域	四川	岷山　离碓　巴蜀
	湖南	沅　湘　楚　长沙　九疑
	江西	庐山　九江
	江苏	江　淮　太湟　姑苏　五湖　淮阴　沛　丰
	浙江	会稽　禹穴
粤江流域	黔滇	邛笮　昆明

马迁既好游历，其裨益于文史者盖其宏，其取材大半参用耳目所见，为史家第一等史料，实难能而可贵。司马贞谓：“太史公之书，既上序轩黄，中述战国，或得之于名山坏壁，或取之以旧俗风谣。”（《史记索隐后序》）顾炎武曰：“秦汉之际，兵所出入之途，曲折变化，唯太史公序之如指掌。盖自古史书兵事地形之详，未有过此者，太史公胸中固有一天下大势，非后代书生之所能几也。”（《日知录》卷二六）此属于史事方面者也，至于文字方面，为助亦多。苏辙谓：“太史公行天下，周览四海名山大川，与燕赵间豪俊交游，故其文疏荡颇有奇气。岂尝执笔学为如此之文哉？其气充乎其中而溢乎其貌，动乎其言，见乎其文，而不自知也。”（《上韩太尉书》）黄履翁曰：“子长负迈世之气，登龙门，探禹穴，采摭异闻，罗网往史，合三千年事而断之于五十万言之下，措辞深，寄兴远，抑扬去取，自成一家。如天马骏足，步骤不凡，不肯少就于笼络。”（《图书集成·经籍典引》）马子才曰：“子长平生喜游，方少年自负之时，足迹不肯一日休，非直为景物役也，将以尽天下大观以助吾气，然后吐而为书。今于其书观之，则其平生所尝游者皆在焉。南浮长淮，溯大江，见狂澜惊波，阴风怒号，逆走而横击，故其文奔放而浩漫。望云梦洞庭之陂，彭

蠡之渚，涵混太虚，呼吸万壑而不见介量，故其文停蓄而渊深。见九疑之芊绵，巫山之嵯峨，阳台朝云，苍梧暮烟，态度无定，靡曼绰约，春妆如浓，秋饰如薄，故其文妍媚而蔚纡。泛沅渡湘，吊大夫之魂，悼妃子之恨，竹上犹有斑斑，而不知鱼腹之骨尚无恙乎？故其文感愤而伤激。北过大梁之墟，观楚汉之战场，想见项羽之喑呜，高帝之谩骂，龙跳虎跃，千兵万马，大弓长戟，交集而齐呼，故其文雄勇猛健，使人心悸而胆栗。世家龙门，念神禹之大功，西使巴蜀，跨剑阁之鸟道，上有摩云之崖，不见斧凿之痕，故其文斩绝峻拔而不可攀跻。讲业齐鲁之都，观夫子之遗风，乡射邹峄，彷佛乎汶阳洙泗之上，故其文典重温雅，有似乎正人君子之容貌。凡天地之间万物之变，可惊可愕，可以娱心，使人忧，使人悲者，子长尽取而为文章。是以变化出没，如万象供四时而无穷。今于其书观之，岂不信哉！”（《图书集成·经籍典引》）是则司马迁旅行之成功，即史书之成功也。其书之卓越千秋，岂偶然乎？（郑鹤声：《司马迁年谱》）

第五节　司马迁受李陵之祸
诬罔罪加而发愤著书

（一）天汉二年，李陵兵败降匈奴

——天汉二年（公元前99），贰师将军李广利将三万骑击匈奴右贤王于祁连天山，而使陵将其射士步兵五千人出居延北可千余里，欲以分匈奴兵，毋令专走贰师也。陵既至期还，而单于以兵八万围击陵军。陵军五千人，兵矢既尽，士死者过半，而所杀匈奴亦万余人。且引且战，连斗八日，还未到居延百余里，匈奴遮狭绝道，陵食乏而救兵不到，虏急击招降陵。陵曰：“无面目报陛下。”遂降匈奴。其兵尽没，余亡散得归汉者四百余人。单于既得陵，素闻其家声，及战又壮，乃以其女妻陵而贵之。汉闻，族陵母妻子。（《史记》卷一〇九《李将军列传》）

——陵者，李广之孙，敢兄当户之子，上使陵为贰师将军，督辎重，陵稽首曰："愿得自当一队。"上曰："吾无骑与汝。"陵曰："不用骑，愿以少击众，步兵五千人，杀单于廷。"上壮而许之，陵至峻稽山，与单于相遇，以骑三万攻陵，陵千余弩俱发，应弦皆倒，虏还走上山。陵追击之，杀数千人。单于大惊，召左右贤王驰兵八万骑攻陵。陵且战且却，南行数日，抵山谷中，复大战，斩首三千余级。引兵东南，五日抵大泽葭苇中，虏从上风纵火烧陵，陵亦令军纵火以自救。南行至山下，单于在山上，使其子将骑击陵，陵自步斗树木间，复杀虏数千。因发连弩射，单于下走。是日捕得生口言单于曰："此精兵也。"曰："引吾南行近塞，得无有伏兵乎？"诸军长皆曰："单于自将数万骑击汉数千人，不能胜，后无以复使边臣，令汉益轻匈奴。"匈奴复力战山谷间，尚四五十里，得平地，不能破，乃还。是日战数十合，复力战杀伤虏二千余人。虏不利欲去，会陵军中候管敢为校尉所辱，亡降匈奴，具言军无后救，射矢且尽。单于大喜，进兵，使骑并击汉军，疾呼曰李陵、韩延年趋降，遂遮道攻陵，四面射矢下如雨，陵矢且尽，即弃军去，士卒尚三千余人。徒斩车辐持之。军吏持尺刀，抵入山谷。单于入遮，从山上坠石下，士卒多死，不得行。陵曰："兵败，吾死矣。"军士或劝降。陵曰："吾不死，非壮士也。"陵叹曰："使人有数十矢，足以免矣，今无兵复战。"令军士人持三升粮，一片冰，令各散去。遮虏鄣相待。陵与延年俱上马，壮士从者数十人，虏千骑追之，延年死。陵曰："无面目以报陛下。"遂降。（《前汉纪》卷一四）

（二）迁救陵获罪，下狱被腐刑

——仆少负不羁之才，长无乡曲之誉，主上幸以先人之故，使得奉薄技，出入周卫之中。仆以为戴盆何以望天，故绝宾客之知，忘室家之业，日夜思竭其不肖之材力，务一心营职，以求亲媚于主上。而事乃有大谬不然者。夫仆与李陵俱居门下，素非相善也，趣舍异路，未尝衔杯酒接殷勤之欢。然仆观其为人自奇士，事亲孝，与士信，临财廉，取予义，分别有让，恭俭下人，常思奋不顾身以徇国家之急。其素所蓄也，仆以为有国士之风，夫人臣出万死不顾一生之计，赴公家之难，斯已奇矣。今举事一不当，而全躯保妻子之臣随而媒孽其短，仆诚私心痛之。且李陵提步卒不满五千，深践戎马之地，尽历王廷，垂饵虎口，横挑强胡，以亿万之师，与单于连战十余日，所杀过当。虏救死扶伤不给，旃裘之君长咸震怖，乃悉征左右贤王，举引弓之民，一国共攻而围之。转斗千里，矢尽道穷，救兵不至，士卒死伤如积。然李陵一呼劳军，士无不起，躬流涕，沬血饮泣，张空弮，冒白刃，北首争死敌。陵未没时，使有来报，汉公卿王侯皆奉上寿。后数日，陵败书闻，主上为之食不甘味，听朝不怡。大臣忧惧不知所出。仆窃不自料其卑贱，见主上惨凄怛悼，诚欲效其款款之愚。以为李陵素与士大夫绝甘分少，能得人之死力，虽古名将不过也。身虽陷败，彼观其意，且欲得其当而报汉。事已无可奈何，其所摧败，功亦足以暴于天下。仆怀欲陈之，而未有路。适会召问，即以此指推言李陵功，欲以广主上之意，塞睚眦之辞。未能尽明，明主不深晓，以为仆沮贰师，而为李陵游说，遂下于理。拳拳之忠，终不能自列，因为诬上，卒从吏议。家贫，财赂不足以自赎，交游莫救，左右亲近不为一言。身非木石，独与法吏为伍，深幽囹圄之中，谁可告诉者！此正少卿所亲见，仆行事岂不然邪？李陵既生降，隤其家声，而仆又茸以蚕室，重为天下观笑，悲夫！悲夫！（《汉书》卷六二《司马迁传》载《报任安书》）

——人固有一死，死有重于泰山，或轻于鸿毛，用之所趋异也。太上不辱先，其次不辱身，其次不辱理色，其次不辱辞令，其次诎体受辱，其次易服受辱，其次关木索被箠楚受辱，其次剔毛发婴金铁受辱，其次毁肌肤断支体受辱，最下腐刑，极矣。（同上）

（三）诬罔罪加　发愤著书

《史记》一书，初由司马谈发凡起例，旨在称颂汉家一统，发扬汉家威德。嗣后司马迁继作，因遭李陵之祸，遂成愤世之作，以成一家言。

——太史公执迁手而泣曰："……夫天下称诵周公，言其能论歌文武之德，宣周邵之风，达太王王季之思虑，爰及公刘，以尊后稷也。幽厉之后，王道缺，礼乐衰，孔子修旧起废，论《诗》、《书》，作《春秋》，则学者至今则之。自获麟以来四百有余岁，而诸侯相兼，史记放绝。今汉兴，海内一统，明主贤君忠臣死义之士，余为太史而弗论载，废天下之史文，余甚惧焉，汝其念哉！”（《太史公自序》）

——所以隐忍苟活，函粪土之中而不辞者，恨私心有所不尽，鄙没世而文采不表于后也。古者富贵而名摩灭，不可胜记，唯倜傥非常之人称焉。盖西伯拘而演《周易》；仲尼厄而作《春秋》；屈原放逐，乃赋《离骚》；左丘失明，厥有《国语》；孙子膑脚，《兵法》修列；不韦迁蜀，世传《吕览》；韩非囚秦，《说难》、《孤愤》；诗三百篇，大抵贤圣发愤之所为作也，此人皆意有所郁结，不得通其道，故述往事，思来者。及如左丘无目，孙子断足，终不可用，退论书策以舒其愤，思垂空文以自见。仆窃不逊，近自托于无能之辞，网罗天下放失旧闻，考之行事，稽其成败兴坏之理，凡百三十篇，亦欲以究天人之际，通古今之变，成一家之言。草创未就，适会此祸，惜其不成，是以就极刑而无愠色。仆诚已著此书，藏之名山，传之其人，通邑大都，则仆偿前辱之责，虽万被戮，岂有悔哉！（《报任安书》）

——于是论次其文。七年而太史公遭李陵之祸，幽于缧绁。乃喟然而叹曰：“是余之罪也夫！是余之罪也夫！身毁不用矣。”退而深惟曰：“夫《诗》、《书》隐约者，欲遂其志之思也。昔西伯拘羑里，演《周易》；孔子厄陈蔡，作《春秋》；屈原放逐，著《离骚》；左丘失明，厥有《国语》；孙子膑脚，而论《兵法》；不韦迁蜀，世传《吕览》；韩非囚秦，《说难》、《孤愤》；《诗》三百篇，大抵贤圣发愤之所为作也。此人皆意有所郁结，不得通其道也，故述往事，思来者。”于是卒述陶唐以来，至于麟止，自黄帝始。（《太史公自序》）

——太史公曰：余述历黄帝以来至太初而讫，百三十篇。（同上）

【按】 司马谈发凡起例之宗旨有三端：一曰效周公“歌文武之德”；二曰继《春秋》效孔子“修旧起废”为人伦准则；三曰颂汉兴一统，论载“明主贤君忠臣死义之士”。合此三端，即以人物为中心，帝王将相为主干，颂一统之威德，正是秦汉中央集权政治在学术思想上的反映，亦即当时的时代思想。青年司马迁受时代熏陶和父亲影响，亦“忘室家之业，日夜思竭其不肖之材力，务一心营职，以求亲媚于主上”，并深得武帝信任。但李陵之祸，却使司马迁罹其专制祸毒，因而发愤著书，改变“麟止”计划讫于太初，以彰汉武帝之多事、专权、残忍，从歌颂变而为批判，实乃司马迁思想之一大转折。李陵之祸，对于司马迁个人是一场悲剧，而对于《史记》却是成功为不朽杰作之一动因。

第六节　史记成为不朽著作之动因

《史记》不仅是我国第一部贯通古今的通史巨著，而且也是一部永垂不朽的世界名著。是什么原因使得司马迁获得了成功，亦即《史记》产生的环境与条件，前述各节已详言之，兹再总括如下：

——金毓黻曰：古人修书莫不有动机与背景。孔子之辑《尚书》与修《春秋》，史官失职，文献无征，其动机也。王官失守，散为百家，其背景也。司马迁之作《史记》，亦有其动机与背景焉。

盖司马氏世为史官，封禅为古今旷见之大典，而身任史官者，不得与其役，实为毕生之憾事，故司马谈至于发愤而卒。迁禀承其父之遗言而作《史记》，其以《封禅书》列为八书之一，即以示禀承先人之意。其动机一也。

迁因李陵降敌，而受腐刑，本为奇耻大辱，特以著书未就，故甘受刑而不悔，以自况于古人之发愤。其动机二也。

迁之足迹，实由今之晋、豫，而南游江、浙，转至湘、鄂，北还齐鲁，徘徊鲁、苏二省之交界，又经武汉而归长安，再南适川滇，再返北，中国之内地，多经涉历。故苏辙谓，太史公行天下，周览四海名山大川，与燕、赵豪杰交游，故其文疏宕颇有奇气。此又《史记》一书之所由成。其动机三也。

汉兴九十年间，遗文间出，而毕集于司马氏父子之所掌，则是朝廷右文之效，而又作为《史记》之背景矣。（《中国史学史》第

三章《司马迁与班固之史学》）

——郑鹤声曰：迁之年代，后左丘约四百余年，此四百余年间之中国社会，譬之于水，其犹经百川竞流，波澜壮阔以后，乃汇为湖泊，恬波不扬。民族则由分展而趋统一。政治则革阀阅而归独裁。学术则倦贡新而思笃旧。而迁之《史记》，则作于其间。迁之先，既世为史官，迁袭父谈业，为汉太史，其学盖有所受。迁之自言曰，余所谓述故事，整理其世传，非所谓作也（《中国历史研究法》）。其实迁之作史，虽有借助于社会政治方面，而袭父为史官，乃为根本要点。当汉之初，非史官不得著史，即能私著，取材尤艰，决不能为此伟大著作。知几论史，尝羡迁得时之隆，一则曰：古之国史，皆出自一家，如鲁、汉之丘明、子长，晋、齐之董狐、南史，咸能立言不朽，藏诸名山。再则曰：前汉郡国计书，先上太史，副上丞相，由是史官所修，载事为博。三则曰：古者刊定一史，纂成一家，体统各殊，指归咸别，《史记》则退处士而进奸雄，《汉书》则抑忠臣而饰主阙，斯并曩时得失之列，良史是非之述（俱《史通·忤时》）。盖能出自一家，则著述有主，而无阁笔相视，含毫不断之蔽。载笔为博，则无烦采询，而免视听不该，簿籍难见之蔽。加之世为史官，渊源深远，几何不成其为杰出之书乎。虽然，得时隆矣，苟作者无高超之才，卓越之识，则又乌能执笔而为之乎。迁之才，良史之才也。然其所以得成功此良史者，盖有三因，一曰游历，二曰全孝，三曰孤愤是也。（《史汉研究》）

——刘伟民曰：司马迁诚可谓识学兼备，才德并茂之史学巨擘。刘知几尝言，良史要具才、学、识，章学诚则认为三者外，再加之以德。不过，在三者或四者之中，“识”仍居首要，因有“才”，只可成为评论；有“学”只可成为学者；仍须加之以“识”，始可见其大，探其源，知其远，穷其本，究其终。至于“德”，实为“识”之扩大而已。故此，司马迁之伟大，不在于他之博学多闻，而在其眼光远大，识见超卓，气魄恢宏，胸襟广阔。有此“史识”，方能从事于“究天人之际，观古今之变，成一家之言”之事业也。（《司马迁思想研究》）

【按】 上引金、郑二氏所论，大同小异，也是学术界的一般定论。刘氏更强调司马迁之“史识”，余亦然之。但还须补充一句，西汉初尚无为，统治阶级以暴秦覆亡为戒，禁网未密，汉初贾山、贾谊等人倡导言论开放，要求人君纳谏，此一背景也为司马迁畅抒己志创造了条件。

综上所述，西汉盛世为司马迁著作一部通史提出了时代的要求，也提供了客观的条件。而司马迁个人所受教育、修养及其经历更是不可缺少的条件。司马迁个人的遭遇和耳闻目睹的社会调查涵育了他的所谓“是非谬于圣人”的异端思想，发愤成一家之言，乃是《史记》传世之作的灵魂。时代的使命是客观背景，个人的努力才是带根本性的成功条件。要言之，西汉的统一及其文化建设，汉初的无为政治与言论开放，《史记》成书之背景也。司马氏世为史官之家学渊源，父子相继纂其业，司马迁之游历与发愤，《史记》不朽之条件也。二者缺一不可。可知《史记》之产生绝非偶然。

第二章　司马迁传略

研究司马迁的生平事迹，最原始的材料是《史记》卷一三〇《太史公自序》和《汉书》卷六二《司马迁传》。但两传对于司马迁家世、行状均记载简略，不仅未书生卒年，而且亦无表字。所以史公生卒年至今仍是学术界的疑案，众说纷纭，以致史公的生年和卒年都各有五、六种说法。第一个系统地考证司马迁生平的是近代学者海宁王国维。1916 年他在《广仓学窘丛书》发表《太史公系年考略》，嗣后于 1923 年又发表《太史公行年考》，刊入《观堂集林》卷一一，其事稍详，其说未变。王氏考证虽有疏失，然方法正确，逻辑严密，立论精审，中外学者多从之。郑鹤声著《司马迁年谱》即以王氏二书为蓝本，征引宏博，是一本具有较高价值的参考资料书。本章论列即以王、郑二氏之书为依归，出入异同之处，用按语以明之。

第一节　司马迁的家世

（一）司马氏世系

司马迁追叙先世，祖源久远，颛顼之后，为我国古代唯一有世系追述的史官世家。但可靠的世系自秦司马错始，而已失史官之职。司马谈仕于建元元封之间，复为太史令，正值汉武帝在位，西汉进入全盛时代。谈又为一代名流学者，思复祖业，肩负时代使命，于是有述作之思。

——昔在颛顼，命南正重以司天，北正黎以司地。唐虞之际，绍重黎之后，使复典之，至于夏商，故重黎氏世序天地。其在周，程伯休甫其后也。当周宣王时，失其守而为司马氏。司马氏世典周史。惠襄之间，司马氏去周适晋，晋中军随会奔秦，而司马氏入少梁。自司马氏去周适晋，分散，或在卫，或在赵，或在秦。其在卫者，相中山。在赵者，以传剑论显，蒯聩其后也。在秦者名错，与张仪争论。于是惠王使错将伐蜀，遂拔，因而守之。错孙靳，事武安君白起。而少梁更名曰夏阳。靳与武安君坑赵长平军，还而与之俱赐死杜邮，葬于华池。靳孙昌，昌为秦主铁官。当始皇之时，蒯聩玄孙卬为武信君将而徇朝歌。诸侯之相王，王卬于殷。汉之伐楚，卬归汉，以其地为河内郡。昌生无泽，无泽为汉市长。无泽生喜，喜为五大夫，卒，皆葬高门。喜生谈，谈为太史公。（《太史公自序》）

——宣皇帝讳懿，字仲达，河内温县孝敬里人，姓司马氏。其先出自帝高阳之子重黎，为夏启祝融。历唐、虞、夏、商，世序其职。及周，以夏官为司马。其后程伯休父，周宣王时，以世官克平徐方，锡以官族，因而为氏。楚汉间，司马卬为赵将，与诸侯伐秦。秦亡，立为殷王，都河内。汉以其地为郡，子孙遂家焉。自八世，生征西将军钧，字叔平。钧生豫章太守量，字公度。量生颍川太守俊，字元异。俊生京兆尹防，字建公。帝即防之第二子也。（《晋书》卷一《宣帝纪》）

——司马贞曰：重司天而黎司地，是代序天地也。据《左氏》，重是少昊之子，黎乃颛顼之胤，二氏二正，所出各别，而史迁意欲合二氏为一，故总云“在周，程伯休甫其后”。又云：彪之序及干宝皆云司马氏，黎之后是也。今总称程伯休甫是重黎之后者，凡言地即举天，称黎则兼重，自是相对之文，其实二官亦通职，然休甫则黎之后也，亦是太史公欲以史为己任，言先代天官，所以兼称重耳。（《太史公自序·索隐》）

——司马彪云：南正黎，后世为司马氏。（《太史公自序·正义》引）

【按】 司马迁远祖世系盖世代口碑传说，程伯休甫系重之后还是黎之后，司马迁不能明，合而言之“重黎之后”。不唯司马迁不能明，及司马懿之子孙建晋，以皇室之尊追述祖系亦不能明，《晋书》帝纪只好统言之曰：“其先出自帝高阳之子重黎”。司马彪谓出自黎之后，姑备一说。迁述历远祖，引世为史官之传说以自重，斤斤稽求，则失其旨矣。

又，《太史公自序·集解》引徐广说，在卫相中山者“名喜也”。《正义》张守节据何法盛《晋书》及晋谯王司马无忌《司马氏系本》皆云在赵者“名凯”，《索隐》引《司马氏系本》云“蒯聩生昭豫，昭豫生宪，宪生卬”，卬即项羽所封之殷王，为河内司马氏，晋朝司马懿之祖先也。据上所引，表列司马氏家谱世系如下：

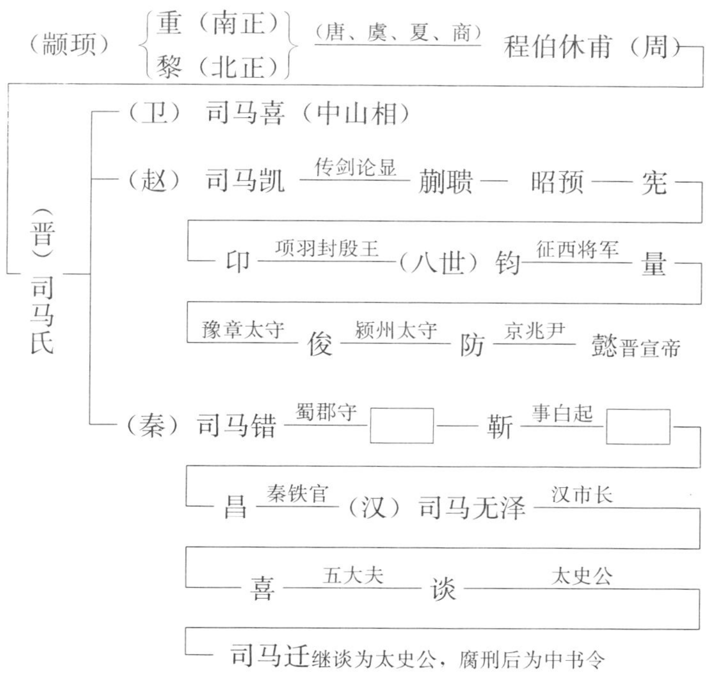

【按】 从上表，司马迁祖父曰司马喜，与其先祖一支中山相

司马喜重名。按古人避讳之例不应重名，盖远亲族疏，五大夫司马喜不知其祖有司马喜也。故迁作《自序》仅书“其在卫者，相中山”，避重名之讳也。

（二）司马迁之字与生地

司马迁，字子长，汉左冯翊夏阳人。夏阳，春秋时，谓之韩原，即周韩侯地，《括地志》云：“古韩国也。”魏为少梁，秦更名夏阳，隋改曰韩城，今属陕西韩城县。①

1. 司马迁之字

——王国维云：子长之字，《史记·自序》与《汉书》本传皆不载。扬子《法言·寡见篇》：“或问司马子长有言，《五经》不如《老子》之约也。”又《君子篇》：“多爱不忍，子长也。仲尼多爱，爱义也；子长多爱，爱奇也。”子长二字之见先汉人著述者始此。嗣后王充《论衡》、《超奇》、《变动》、《须颂》、《案书》诸篇，张衡《应间》皆称司马子长，或单称子长。是子长之字，两汉人已多道之，正不必以不见《史》、《汉》为疑矣。（《太史公行年考》）

——王氏又云：《自序》，司马氏入少梁，在晋随会奔秦之岁，即鲁文公七年，周襄王之三十二年。越二百九十一年到秦惠文王八年，而魏入少梁讫史公之生，凡四百七十五年。（同上）

【按】 周襄王三十二年即公元前 620 年，司马氏入少梁，下距司马迁之生年公元前 145 年为四百七十五年。

2. 司马迁之生地

——《太史公自序》云：“迁生龙门。”龙门，山名，在今陕西韩城东北五十里，横跨在黄河两岸，主峰在山西河津县西北。黄河切穿龙门山从中下流，相传为禹所凿。在禹门口江岸有姓司马氏之村。因此之故，司马迁生地为河津、韩城两县人所争，均有祠庙题咏以为桑梓增光。清代以来，晋、陕两省方志予以著录，制造史乘之证。

——黄鹤龄曰：余自束发受书，读《禹贡》寻河积石，至于

① 1985 年韩城撤县建市，今名为韩城市。

龙门，神往者久之。继览太史公《史记》，文中子《中说》，薛文清公《读书录》，未尝不穆然想见其为人，考之则皆龙门产也。乃盖叹龙门为名区。河津，故龙门地。（乾隆《河津县志·黄序》）

——沈千鉴云：窃以龙门胜地，代有名儒，如司马太史公，王文中子，薛文清公者，后先相映，卓越千秋。（嘉庆《河津县志·沈序》）

——白鄂海云：韩城为古少梁地，山川清淑之气，钟灵毓秀，自太史司马子长入少梁，后之奇杰挺生者，代不乏人，盖关中名区也。（康熙《韩城县志·白序》）

【按】 此晋人争迁为晋产之说也。

——张廷枢云：吾邑本少梁地，秦更名曰夏阳。其间山环水带，瞯瞯蜿蜒，盖鹑首奥区也。而司马太史公生少梁之龙门。（康熙《韩城县志·张序》）

——康行僴云：龙门北望，洪河吐吞，神哉禹功乎！而其南则高门，司马子长之故里也。岿然祠墓，云木苍茫，盖大文千古矣。（康熙《韩城县志·康序》）

【按】 此陕人述迁为陕人之说也。

——王国维云：案《自序》"迁生龙门"，龙门在夏阳北，《正义》引《括地志》云，龙门山在同州韩城县东五十里，而华池则在韩城县西南十七里，相去七十里，似当司马谈时，公家已徙而向东北。然公自云生龙门者，以龙门之名，见于《夏书》，较少梁夏阳为古，故乐用之，未必专指龙门山下。又云"耕牧河山之阳"，则所谓龙门，固指山南河曲数十里间矣。（《太史公行年考》）

——郑鹤声云：案王说是也。迁为韩城县芝川镇人。《同州府志》云："芝川镇在县南二十里。"（咸丰《同州府志》卷十九）《雍胜略》云："芝川在韩城县南，其地有镇。"迁之先祖昌葬高门原，靳葬华池，高门原据《韩城县志》在芝川西北梁山之麓，有层阜秀出云表。（嘉庆《韩城县志》卷二山属）华池在县西南十八里，去高门三里，（《史记·太史公自序·索隐》）亦在芝川，《水经注》陶水又东南迳华池南，方三百六十步，在夏阳城西北四里许。故

《司马迁碑文》云，高门华池，在兹夏阳。（嘉庆《韩城县志》卷二水属）则迁住芝川，故迁祠墓俱在县南司马坡，与高门华池相邻。若迁生龙门山，则当在县北五十里。王国维谓当司马谈时，公家或迁向东北，则亦臆测之辞。因司马氏故迹，俱在韩城县西南，而不在东北也（《司马迁年谱》）

【按】王、郑二说是也。迁及先人之墓均在芝川镇即古之少梁，则迁之为陕人，并无疑义。但晋人所争亦有其因。司马氏由周入晋，分散在卫、在赵、在秦。入秦者居于少梁。但少梁之地为秦晋拉锯争夺之边邑，故司马氏子孙又分散夹河而居，大略言之均龙门司马氏，分而言之，有河津司马氏，有韩城司马氏。考春秋战国时代少梁的归属变迁，则凝冰可涣然消释矣。

（1）前 614 年秦穆公灭梁，为秦地。

（2）前 617 年晋伐秦，取回少梁，三家分晋，少梁属魏。

（3）前 328 年秦人从魏国手中夺取了少梁，更名夏阳。

又，《自序》："晋中军随会奔秦，而司马氏入少梁"，其事在前 621 年。但不久少梁即入于晋，后属魏，达两世纪之久（前 617—前 328），司马氏子孙繁衍分族必多。当前 328 年少梁为秦所夺时，秦魏以河为界，少梁人民东移河津则有司马氏之族人居于魏者。而司马迁一支乃司马错之后裔。前 316 年，司马错与张仪辨难于秦惠王前，错带兵伐蜀。可见司马错一支定居于夏阳为秦人，故其子孙或葬华池，或葬高门，不离桑梓，则司马迁为韩城芝川镇人也无疑矣。

第二节　司马迁年谱

（一）耕牧龙门，少诵古文

汉景帝中元五年（公元前 145），司马迁生于龙门。

武帝建元五年（公元前 140），六岁。

父谈仕为太史公。

——迁生龙门，耕牧河山之阳。年十岁则诵古文。（《太史公自

序》

【按】 司马迁生年，学术界有六种说法，经过几代人的考辨，生于景帝中元五年说可作定论，本书“序论”已作考论，兹从略。司马迁年十岁诵古文，指能诵读用先秦文字所写的古代典籍。司马贞《索隐》谓：“案迁及事伏生，是学诵《古文尚书》。刘氏以为《左传》、《国语》、《系本》等书，是亦名古文也。”清周寿昌《汉书注校补》卷四十一辨正云：“史公生于景帝后元年，距晁错死已十一年。错于孝文帝时受书伏生，生已九十余岁。孝文在位二十三年，计伏生当汉迁时，应百三十余岁。迁十岁诵《古文尚书》，及事伏生，不已一百四十余岁耶？《索隐》缘泥古文必是《尚书》，故致此误。自以刘氏说为正。”周氏辨之甚悉，理应不成为问题。而郭老、李长之等人为了证成司马迁生于建元六年说，曲解《汉书·儒林传》“司马迁亦以孔安国问故”，云司马迁十岁向孔安国受读《古文尚书》。迁已明言“耕牧河山之阳”，此时尚未至京师，何来受读《古文尚书》？

元朔二年（公元前127），十九岁。

是年司马迁徙居茂陵，在京师问学于大儒董仲舒。

——（元朔）二年夏，徙郡国豪杰及訾三百万以上于茂陵。（《汉书》卷六《武帝纪》）

——太史公曰：吾视郭解，状貌不及中人，言语不足采者。（《史记》卷一二四《游侠列传赞》）

——太史公曰：余闻董生。（《太史公自序》）

【按】 元朔二年汉武帝采纳了主父偃的建议，大规模移置天下郡国豪杰及家产在三百万以上者实茂陵，带有强迫性，郡国仕宦京师之家大都在迁移之列，董仲舒、司马相如等均属籍茂陵，司马迁于此时移居茂陵无疑。郭解不中赀，亦被迁徙，入关逃亡，后被捕获诛。司马迁亲见郭解及问学董仲舒正在其时。

（二）南游江淮，奉使滇蜀

元朔三年（公元前126），二十岁。

——二十而南游江、淮，上会稽，探禹穴，阙九疑，浮于沅、湘；北涉汶、泗，讲业齐、鲁之都，观孔子之遗风，乡射邹、峄；厄困鄱、薛、彭城，过梁楚以归。

元朔五年（公元前124），二十二岁。

司马谈论著《六家要指》。司马迁从孔安国问故。

——郑鹤声云：《汉书·武帝纪》元朔五年丞相公孙弘请立博士弟子员，故谈发此论欤？至其论议见识，尤为卓绝。（《司马迁年谱》）

——孔氏有《古文尚书》……未立于学官。安国为谏大夫，授都尉朝，而司马迁亦从安国问故。迁书载《尧典》、《禹贡》、《洪范》、《微子》、《金縢》诸篇，多古文说。都尉朝授胶东庸生。庸生授清河胡常少子。……（《汉书》卷八八《儒林传》）

—— 王国维云："安国为博士，当在元光、元朔间。……时史公年二十左右，其从安国问《古文尚书》当在此时也。（《太史公行年考》）

【按】 王国维所云实误。孔安国为博士在元朔二年（见《资治通鉴·汉纪》卷二六），《史记·孔子世家》云："安国为今皇帝博士，至临淮太守，早卒。"《汉书·地理志》云："临淮郡，武帝元狩六年置。"据此，孔安国仕宦京师应在元朔、元狩间，而非元光、元朔间。又《汉书·百官公卿表》云："武帝元狩五年初置谏大夫，秩比八百石。"可知孔安国元狩五年为谏大夫，元狩六年出为临淮太守，十分短暂。即都尉朝和司马迁向孔安国问故，不必在孔氏为谏大夫时。《儒林传》所云"安国为谏大夫，授都尉朝"，以"谏大夫"称安国，尊崇之意，并不是说孔氏为谏大夫后才传业。而《古文尚书》未立学官，所以都尉朝和司马迁年十八为博士弟子问学孔安国，以证成司马迁生于建元六年说，并非确论（见王达津：《读郭沫若先生"太史公行年考有问题"后》，载《历史研究》1956年第3期）。司马迁向孔氏问故，探索经义以入史，非一时之问难。他作为孔氏的私淑弟子，应有相当长的受业时间。司马迁壮游归来正适其宜。王鸣盛谓史公壮游当有数年之久（见《十七史商榷》卷一《子长游纵》条），此推约之辞。司马迁返归京师绝对年代不可考，故此云元朔从孔安国问故，亦估定之年。但可肯定司马迁壮游回来，约当元朔末至元狩六年之间向孔安国问故，即年二十三四至二十七八，当无大误。

元鼎元年（公元前116），三十岁。

司马迁仕为郎中。

——王国维云：案《自序》云："于是迁仕为郎中。"其年无考，大抵在元朔、元鼎间。其何自为郎，亦不可考。（《太史公行年考》）

元鼎五年（公元前112），三十四岁。

司马迁扈驾巡行，西至空峒。

——（元鼎）五年冬十月，行幸雍，祠五畤。遂逾陇，登空同，西临祖厉河而还。（《汉书》卷六《武帝纪》）

——太史公曰："余尝西至空桐，北过涿鹿，东渐于海，南浮江、淮矣。"（《史记》卷一《五帝本纪赞》）

【按】 王国维据上述材料推断说："公西至空同，当是是岁（元鼎五年）十月扈从时事。"司马迁游历全国，二十壮游为宦学之游，出仕之后即为扈驾之游。汉武帝在位巡行全国三十余次，司马迁不离左右，故扈驾之游为史公最重要的生活之一。元鼎六年（公元前111），三十岁。

——奉使西征巴、蜀以南，南略邛、笮、昆明，还报命。（《太史公自序》）

——刘伟民曰：（司马迁）奉使滇、蜀，不但抵巴蜀以南邛、笮之地，且曾到滇地昆明，汉因于是年设立五郡，即武都、牂柯、越巂、沈黎、文山是也。汉之开发西南夷，司马迁此次出使之功不少。（《司马迁思想研究》）

【按】 汉武帝元鼎五年夏四月派遣五路大军讨南越。其中一路"越驰义侯遗别巴、蜀罪人，发夜郎兵，下牂柯江，咸会番禺。"（《汉书·武帝纪》）当时夜郎与南越通，遂反汉，阻滞巴、蜀兵南下番禺。元光六年"春……上便令征西南夷，平之。……以为武都、牂柯、越巂、沈黎、文山郡"。可见司马迁奉使巴、蜀在元鼎六年春正月。又"征"、"略"二字说明了司马迁出使的使命。他不是奉使去安抚新郡百姓，而是以监军一类的使命去"征"去"略"。《报任安书》说："忘室家之业，日夜思竭其不肖之材力，务一心营职，以求亲媚于主上。”（《汉书·司马迁传》）可见青年司马迁深得武帝信任，迁亦抱有报国大志，此为早期思想。

（三）受父遗命，任为太史

元封元年（公元前110），三十六岁。

父谈病死于周南（洛阳），司马迁受遗命秉志修史。迁又从巡武帝封禅，自泰山至北边。

——是岁天子始建汉家之封，而太史公留滞周南，不得与从事，故发愤且卒。而子迁适使反，见父于河洛之间。太史公执迁手而泣曰："余死，汝必为太史。为太史，无忘吾所欲论著矣。"迁俯首流涕曰："小子不敏，请悉论先人所次旧闻，弗敢阙。"（《太史公自序》）

【按】《史记》中留有司马谈原稿痕迹。

——《史记》卷八六《刺客列传》："荆轲逐秦王……侍医夏无且以其所奉药囊提荆柯也。""太史公曰：……始公孙季功、董生与夏无且游，具知其事，为余道之如是。"

【按】荆柯入秦在秦王政二十年（公元前227）。与夏无且交游的公孙季功、董生乃是秦末汉初人，王国维认为其年齿和司马迁不相及。故《刺客列传赞》中太史公当是司马谈。

——《史记》卷九七《郦生陆贾列传》："平原君朱建者，楚人也。……为人辨有口，刻廉刚直，家于长安。……孝文帝时，淮南厉王杀辟阳侯，以诸吕故。文帝闻其客平原君为计策，使吏捕欲治。闻吏至门，平原君欲自杀。诸子及吏皆曰：'事未可知，何早自杀为?'平原君曰：'我死祸绝，不及而身矣。'遂自刭。孝文帝闻而惜之，曰：'吾无意杀之。'乃召其子，拜为中大夫。使匈奴，单于无礼，乃骂单于，遂死于匈奴中。""太史公曰：……平原君子与余善，是以得具论之。"

【按】平原君朱建曾为淮南王黥布相，其子约生汉初。文帝三年（公元前177）平原君自杀（见《史记·淮南衡山列传》），其子劝阻之。文帝悔，召平原君子为中大夫。据此诸事以推其年岁，至少在二十左右。至元朔二年（公元前128）司马迁属籍茂陵，已历四九年，时平原君子年约七十矣。顾颉刚认为以七十高龄出使匈奴，于史未闻。可见平原君子死于元朔二年之前，与司马迁不相及。这里的“太史公”，亦指司马谈。

——“于是卒述陶唐以来，至于麟止，自黄帝始。”“太史公曰：余述历黄帝以来至太初而讫，百三十篇。”（《太史公自序》）

【按】《自序》两次论及《史记》断限，时间不一。“麟止”指元狩元年（公元前122）获白麟，下距太初元年（公元前104）改历，相差十八年。前者应是司马谈的计划，后者是司马迁的计划。

又，顾颉刚先生曾撰《司马谈作史考》（见《周叔弢先生六十生日纪念论文集》），李长之先生的《司马迁之人格与风格》第六章第二节标题《史记中可能出司马谈手笔者》指详司马谈所作具体篇目，均可参考。但《史记》中是否有司马谈整篇手稿，实难企求，也不必去作这样的考实。其实，王国维、顾颉刚以年齿考论公孙季功、董生、樊他广、平原君、朱建子似与司马迁不相及，并未必然。由于《太史公书》最后定稿完成于司马迁，即是父亲司马谈之手稿已经由司马迁删定，视为迁之著作，亦无不可。

元封二年（公元前109），三十七岁。

司马迁扈从武帝至瓠子，负薪塞河。

——元封二年……夏四月，还祠泰山，至瓠子临决河。命群臣将军以下，皆负薪塞河堤，作《瓠子之歌》。（《汉书·武帝纪》）

太史公曰：余从负薪塞宣房，悲《瓠子之诗》而作《河渠书》。（《史记》卷二九《河渠书赞》）

【按】汉武帝亲临塞河工地，百官负薪筑堤，司马迁适逢其会，目睹这一伟大工程，体会民众伟力之创造，这些实际的社会生活是《史记》富有人民性色彩的直接源泉。

【又按】瓠子，在今河南濮阳县南。宣房：《汉书·沟洫志》作“宣防”。宣，通也；防，堤也。瓠子口被塞后，“筑宫其上，名曰宣房宫。”以宣通防洪之意为其宫名也。

元封三年（公元前108），三十八岁。

司马迁仕为太史令，摘引国家档案馆所藏典籍资料，编纂

《史记》。

——（谈）卒三岁而迁为太史令，紬史记石室金匮之书。（《太史公自序》）

——司马贞曰："石室、金匮皆国家藏书之处。"又引如淳说："抽彻旧书故事而次述之。"又引小颜云："紬谓缀集之也。"（《太史公自序·索隐》）

元封四年（公元前107），三十九岁。

司马迁扈从武帝，北过涿鹿。

——元封四年冬十月，行幸雍，祠五畤。通回中道，遂北出萧关，历涿鹿、鸣泽，自代而还，幸河东。春三月，祠后土。（《汉书》卷六《武帝纪》）

太史公曰：余尝北过涿鹿。（《史记》卷一《五帝本纪赞》）

元封五年（公元前106），四十岁。

司马迁扈从武帝，南至九江。

——元封五年冬，行南巡狩，至于盛唐，望祀虞舜于九疑。……遂北至琅邪，并海，所过礼祠其名山大川。春三月，还至泰山，增封。（《汉书》卷六《武帝纪》）

——太史公曰：余南登庐山，观禹疏九江。（《史记》卷二九《河渠书赞》）

——太史公曰：余从巡祭天地诸神名山川，而封禅焉。（《史记》卷二八《封禅书》）

【按】 元鼎七年汉武帝北出巡边，威振匈奴以为封禅之先声。司马迁奉使未还。春正月汉武帝东巡封禅，司马谈扈从，至洛阳病危，留滞不行。适值司马迁还报命。迁见父于河洛，受遗命修史。然后司马迁东行，扈从封禅，历北边而返。汉武帝是年改元元封。嗣后频繁巡行，礼敬名山大川，司马迁均参与其会，此《封禅书》之所为而得书竹帛矣。

（四）制定太初历　修订史记断限

太初元年（公元前104），四十二岁。

司马迁与壶遂、邓平、落下闳等制订历法。开始定稿《史记》，志在继《春秋》，以太初元年为下限，修正了其父以迄于麟止的计划。

——太初元年……夏五月，正历，以正月为岁首。色上黄，数用五，定官名，协音律。（《汉书》卷六《武帝纪》）

——迁为太史令。细史记石室金匮之书。五年而当太初元年，十一月甲子朔旦冬至，天历始改，建于明堂，诸神受纪。……于是论次其文。……余述历黄帝以来至太初而讫，百三十篇。（《太史公自序》）

【按】 太初元年于是“论次其文”，是史公正式定稿《史记》，确立太初元年为记事下限（实际撰述尽于太初四年）。主要事件尽于武帝之末，详第三章第二节《史记断限》。王国维谓“史公作纪，创始于太初中”（《太史公行年考》），其说非也。元封三年，迁为太史令，“细史记石室金匮之书”，即是述作《史记》也，参见前元封三年。

（五）报任安书，述著作旨意

天汉二年（公元前99），四十七岁。

李陵降匈奴。

天汉三年（公元前98），四十八岁。

李陵家被族。司马迁因救陵罔罪被腐。

太始元年（公元前96），五十岁。

出狱，为中书令。

太始四年（公元前93），五十三岁。

复书任安，历叙自己遭遇及发愤著书情由。

——迁既被刑之后，为中书令，尊宠任职。故人益州刺史任安予迁书，责以古贤臣之义。迁报之曰：“书辞宜答，会东从上来，又迫贱事，相见日浅，卒卒无须臾之间得竭指意。今少卿抱不测之罪，涉旬月，迫季冬，仆又薄从上上雍，恐卒然不可讳。是仆终已不得舒愤懑以晓左右，则长逝者魂魄私恨无穷。请略陈固陋。……李陵既生降，隤其家声，而仆又茸以蚕室，重为天下观笑。悲夫！悲夫！所以隐忍苟活，函粪土之中而不辞者，恨私心有所不尽，鄙没世而文采不表于后也。……书不能尽意，故略陈固陋。”（《汉书》卷六二《司马迁传·报任安书》）

——王国维云：案公报益州刺史任安书在是岁十一月。《汉书·武帝纪》，是岁春三月，行幸太山；夏四月，幸不其；五月，还，幸建章宫。《书》所云“会东从上来”者也。又冬十二月，行幸雍，祠五畤。《书》所云“今少卿抱不测之罪，涉旬月，迫季冬，仆又薄从上上雍”者也。是报安书作于是年冬十一月无疑。或以任安下狱坐受卫太子节，当在征和二年，然是年无东巡事。又行幸雍在次年正月，均与报安书不合。《田叔列传》后载褚先生所述武帝语曰：任安有当死之罪甚众，吾尝活之。是安于征和二年前曾坐他事，公报安书自在太始末审矣。（《太史公行年考》）

——上记轩辕，下至于兹，著十二本纪……作十表……作八书……作三十世家……作七十列传，凡百三十篇，五十二万六千五百字，为《太史公书》。（《太史公自序》）

【按】 赵翼《廿二史劄记》卷一认为《报任安书》作于征和二年，王国维予以辨正之，所论是也。因征和二年武帝既未东巡，又未上雍，“均与报书不合”，是其铁证。或云“会东从上来”，乃“背西面东而行”，是武帝征和二年七月从甘泉宫还长安建章宫也。今人朱东润（见《史记考索》234页）、程金造（《从报任安书商榷司马迁的卒年》）、王力（《古代汉语》第三册第900页注，中华书局1986年版）均主此说。但考《史记》、《汉书》的笔法，皇帝出巡曰“行”，所过地曰“幸”，凡言东南西北方向者，均谓出巡方向。返回京师曰“反”、曰“还”、曰“归”，绝不言方向。再说建章宫的方位在甘泉宫的东南，而且更偏南。故“东是指回京”（程金造语）是没有根据的。郭沫若、李长之、王达津诸先生虽信服王氏之考证，而又引申之，以《报任安书》定司马迁之卒年。试以《文选》本《报任安书》（以下行文简称《报》书）所言《史记》结构篇章与《自序》对照，有三点不同。第一，《史记》五体的编次顺序不同。《报》书序列：表、本纪、书、世家、列传；《自序》排列为：本纪、表、书、世家、列传，与今本《史记》吻合。第二，《报》书未定书名，《自序》定书名为《太史公书》。第三，《报》书无字数，《自序》总计全书为五十二万六千五百字。这三点不同，说明《报》书作于《史记》即将脱稿之时，而早于《太史公自序》。由此可见郭老等人以《报》书定史公之卒年，可谓失之交臂。

（六）史记完成，绝唱千古

征和三年（公元前30），五十六岁。

《史记》完成。

——王国维云：今观《史记》中最晚之记事，得信为出自史公手者，唯《匈奴列传》之李广利降匈奴事。余皆出后人续补者也。（《太史公行年考》）

——郑鹤声云：史公著述，于《史记》为巨观，其余相传有《万岁历》一卷，《素王妙论》一卷，则属于子部。《文集》二卷，《辞赋》八篇，则属于集部者也。又有《堪舆八会》一书，则不知果出史公之手与否。……今尚存《悲士不遇赋》一篇。（《司马迁年谱》）

【按】 李广利降匈奴在征和三年。司马迁著《史记》从元封三年至征和三年，即公元前108年至前90年，共十八年。而《史记》从司马谈发凡起例到最后完成，凝结了两代人的心血，总计前后三、四十年。

又，征和以后，司马迁仍对《史记》有删定，详见第三章第二节。

（七）终始武帝，卒年存疑

昭帝始元元年（公元前86），六十岁，史公卒。

关于司马迁的卒年比司马迁的生年更加缺乏直接的史料。按各家所推测的卒年时间排列如下：

（1）卒于太始四年（公元前93）说见郭老《司马迁之死》，载《历史研究》1956年第4期。王达津先生亦有此说。

（2）卒于征和三年（公元前90）说，见李伯勋《司马迁生卒年考辨》，载《兰州大学学报》1980年第1期。

（3）卒于武帝后元元年（公元前88）说，见张惟骧《太史公疑年考》。

（4）卒于武帝末、昭帝初说，假定年代为昭帝始元元年（公元前86）。见王鸣盛《十七史商榷》卷一《子长游踪》条和王国维《太史公行年考》。

（5）卒于昭帝末或元平元年（公元前 74）说，见吴廷锡《与张鹏一书》、张鹏一《太史公年谱》、程金造《司马迁卒年之商榷》。

（6）卒于昭宣之间，金代王若虚主此说，见《滹南遗老集》卷十七。

（7）卒于宣帝五凤三年（公元前 55）说，此说为康熙时翟世琪《重修太史庙记》引华山道士说，最为无稽。

上引七种说法，司马迁最早卒于前 93 年，最晚卒于前 55 年，前后相差竟达 39 年。在各种卒年的说法中，仍以王国维的推断较为平实，说详“序论”，兹从略。

（八）魂返故土，墓葬夏阳

司马迁徙居茂陵，而死后仍归葬夏阳，其墓在今陕西韩城县南二十二里芝川镇南岭上，岿然矗立与山河永存。

——王国维云：史公虽居茂陵，然冢墓尚在夏阳。（《太史公行年考》）

——《雍胜略》：司马迁墓在韩城南芝川镇，墓前有坡，因号司马坡，而建祠焉。

——《韩城县志》卷一四：汉太史公司马迁墓在芝川镇南岭上，西枕梁山，东临大河，气势雄阔，古柏数十百，皆苍老如铁，悬于两崖，作蛟龙状。子长之冢，岿然其巅，祠壁石墨林立，代有名作。冢以石砌，二柏出其上，盘崛尤奇。北望少梁，晓烟残照，如图画然。李太史子德句云，“尚余古柏风霜苦，空对长河日夜深”。其大概也。邑令翟世琪筑高台，砌以砖石，层级而上，势入云表，题曰河山之阳，更为大观。冢渐圮，县令康行僩重修之，手勒小碣以记。其守墓给田，自郃阳叶司空梦熊始。

——康行僩《重修太史公墓碣记》：康熙己卯（三十八年）秋，余有事芝川，因谒太史公祠，得观其墓。墓巅老柏蟠结，奇古石状，下以砖甓甃之，而历年久远，不无倾坍剥落之处。余于公文，不只张籍饮灰，而捧名经于千佛也。况忝守此土乎？遂命葺之。

（九）史迁亲属，彪炳方志

据《汉书》卷六二《司马迁传》所载《报任安书》，迁父母早逝，并无兄弟。迁传仅云：“迁既死后，其书稍出。宣帝时迁外孙平通侯杨恽祖述其书，遂宣布焉。至王莽时，求封迁后，为史通子。”颜注引应劭曰：“以迁世为史官，通于古今也。”又引李奇曰：“史通国，子爵也。”史佚其字名。今据郑鹤声《司马迁年谱》所录资料转引数则于下，以资参考。

1. 司马迁妾随清娱

——《同州府志·列女传》：“随清娱，汉太史令司马迁侍妾也。其名不见于汉人记载。至唐永徽二年同州刺史褚遂良，始为志墓之文。盖鬼夜见褚公自陈年齿，乞一言以传世也。夫以一忧死女子，冥冥地下二千余年，而不甘湮没，见灵褚公，则其生前之好奇而不同于俗女子者，已可概见矣。奇人如司马公，固宜有奇女子以为之侍也。古今贤才女子，姓名不著于故书雅记，俾憾九原，血食无所者，岂少也哉。褚公正人，其言当非荒唐，惜长乐亭未指其处，后人无复志其地者清娱之墓，更不可复识矣。兹列诸卷首，并全录褚公之文以传之。其文曰：

> 永徽二年，九月，余判同州，夜静坐于西厅，若有若无，独步独醒，见一女子高髻盛妆，泣谓余曰：“妾，汉太史司马迁之侍妾也。赵之平原人，姓随名清娱。年十七事迁，因迁周游名山，携妾于此。会迁有事去京，妾缟居于同，后迁故，妾亦忧伤寻故，瘗于长乐亭之西。天帝闵妾未尽天年，遂司此土，代异时移，谁为我知，血食何所，君亦将主其地，不揣人神之隔，乞一言铭墓，以垂不朽。”余感寤铭之。铭曰：“磋尔淑女，不世之姿，事彼君子，弗终厥志，百千亿年，血食于斯。”（《同州府志》卷三三）

——吴镇《太史公侍妾随清娱歌》：

> 司马太史雄千古，续貂犹待先生补。
> 咄咄侍妾亦不羁，幽魂又达河南褚。

清娱随氏平原人，十七事夫游处处。
香销马足玉埋尘，留滞同州化为土。
长乐亭西春后秋，凄凄夜月连风雨。
薄命曾蒙上帝知，残形敢怨才郎腐。
褚公信非妄语人，感楚作铭大怜汝。
将毋笔墨有光华，化作小星彗三五。
忆昔史公下蚕室，往往时出幽愤语。
伯夷饿死颜渊穷，是耶非耶天无主。
岂知冥然更怜才，尚有婷婷血食所。
只恨刻画伊家人，大似班门弄斤斧。
梁山奕奕河水深，慧业文人槩可数。
安得招魂起天君，编为千秋传列女。

（嘉庆《韩城县志》卷一四《艺文诗》）

2. 司马迁女杨夫人

——《同州府志·列女传》：“杨夫人者，汉太史司马迁女，丞相安平侯杨敞之妻也。汉昭帝崩，昌邑王贺即帝位，淫乱。大将军霍光与车骑将军张安世谋欲废贺更立帝。议已定，使大司农田延年报敞。敞惊愕不知所言，汗出浃背，徒曰唯唯而已。延年出更衣，遽从东庙谓敞曰，此国之大事，今大将军议已定，九卿报君矣，君侯不疾应，与大将军同心，犹豫无决，先事诛矣。延年从更衣还，敞夫人与延年参语，许诺，请奉大将军教令，其废昌邑王，立宣帝。居月余，敞薨，益封三千五百户。君子谓夫人可谓知事之机者矣。（《同州府志》卷三三引《华阴志》）

——王国维云：“史公子姓无考。《汉书》本传，‘至王莽时，求封迁后为史通子。’是史公有后也。女适杨敞，案恽为敞幼子，则敞传（《杨敞传》见《汉书》卷六十六）与延年参语之夫人，必公女也。废立之是非，姑置不论，以一女子而明决如此，洵不愧为公女矣。”（《太史公行年考》）

3. 司马迁子孙

——翟世琪《重修太史庙记》云：“康熙八年，众为太史公庙会适有华山方外士，自言知其详。谓史公有二子，长临，字与仲，次观，字何求。史通子，临之孙也。莽为安汉公，封史通。史通避莽乱，偕逢萌居嵩阳，寻迁南阳，司马徽正临嫡派。今子孙或在洛阳，司姓；或在襄阳，马姓。观之八世孙为懿，传帝十五叶，避刘宋之祸，去司反高门。又有女为杨夫人，敞后坚，传帝二世。前五代终始皆长子之裔也。而观裔司马君实，与临裔司马徽，皆别有其不朽，以德不以位。又云宋仁宗时，赠太史公谥曰文，今兵火遗失。据此则天之报子长与后代之尊崇子长，可谓极盛，然皆不见经传，历查无据，故余太史公世家不敢入谥。”（嘉庆《韩城县志》卷一一《艺文考》）

【按】 司马迁亲属，其父谈见《太史公自序》，女杨夫人见《汉书》卷六六《杨敞传》。此外，侍妾随清娱、子司马临、司马观均无古史可稽考，《晋书》卷一《宣帝纪》载司马懿乃在赵之司马凯后裔。华山道士言懿乃迁之后，于史无证。方志所载未必为信史，但录以备异闻耳。

第三节　司马迁交游

司马迁交游包括交谊与游历两项。《史记》取材于亲身的社会调查，即得自于交谊和游历之收获。司马迁游历已述于前章第四节。司马迁交谊，郑鹤声先生在《司马迁年谱》中论列甚详，特节录其《司马迁交游表》于后，以资参考。（参见前元封元年条）

司马迁交谊表

姓名	籍贯	交　谊　与　事　略
贾　嘉	洛阳	《屈原贾生列传》：“孝武皇帝即位，举贾生之孙二人至郡守，而贾嘉好学，世其家，与余通书。”（《史记》卷八四）
公孙季功 董　生		《刺客列传》：“太史公曰，世言荆轲其称太子丹之命，天雨粟，马生角也，大过，又言荆轲伤秦王，皆非也。始公孙季功、董生与夏无且游，具知其事，为余道之如是”。（《史记》卷八七）

续表

姓名	籍贯	交谊与事略
樊他广	沛人	《樊郦滕灌列传赞》:“太史公曰:吾适丰沛,问其遗老,观故肖曹樊哙滕公之家及其素,异哉所闻!方其鼓刀屠狗卖缯之时,岂自知附骥之尾,垂名汉庭,德流子孙哉?余与他广通,为言高祖功臣之兴时若此云。”(《史记》卷九五)
平原君朱建子	楚人	《郦生陆贾列传赞》:“太史公曰:平原君子与余善,是以得具论之。”(《史记》卷九七)
冯　遂	安陵	《张释之冯唐列传》:“武帝立,求贤良,举冯唐,唐时年九十余,不能复为官,乃以唐子冯遂为郎,遂字王孙,亦奇士,与余善。”(《史记》卷一〇二)《赵世家赞》:“太史公曰:吾闻之冯王孙曰:赵王迁,其母倡也。”(《史记》卷四三)
田　仁	陉城	《田叔列传》:“太史公曰:……(田)仁与余善,余故并论之。”(《史记》卷一〇四)
壶　遂	梁人	《韩长孺列传》:“安国所举皆廉士,贤于己者也。于梁举壶遂、臧固、郅他,皆天下名士。太史公曰:余与壶遂定律历,观韩长孺之义。壶遂之深中隐厚,世之言梁多长者,不虚哉。壶遂官至詹事,天子方倚以为汉相,会遂卒。不然,壶遂之内廉行修,斯鞠躬君子也。”(《史记》卷一〇八) 又见《太史公自序》,司马迁与壶遂论作史宗旨
苏　建	杜陵	《卫将军骠骑列传赞》:“太史公曰:苏建语余曰,吾尝责大将军至尊重,而天下之贤大夫毋称焉。愿将军观古名将所招选贤者,勉之哉。”(《史记》卷一一一)
孔安国	鲁人	见《汉书》卷八八《儒林传》
董仲舒	广州	《太史公自序》:“太史公曰:余闻董生曰……”云云。(《史记》卷一三〇)
东方朔	平原历次	桓谭《新论》:“太史公造书,书成示东方朔,朔为平定,因署其下。太史公者,皆朔所加之者也。”(《太平御览》卷八〇五) 又,《史记孝武纪·索隐》和《太史公自序·索隐》皆引其语
挚　峻	长安	见皇甫谧《高士传》卷中
公孙卿		见《汉书》卷二一上《律历志》

续表

姓名	籍贯	交 谊 与 事 略
兒 宽	千乘	同上
博士赐		同上
尊 大		同上
射 姓		同上
邓 平		见《汉书》卷二一上《律历志》
司马可		同上
宜 君		同上
唐 都		同上 又见《史记》卷二八《历书》
洛下闳		同上 又见《史记》卷二八《历书》
淳于陵渠		见《汉书》卷二一上《律历志》
杨 敞		见《汉书》卷六五《杨敞传》
杨 恽		见《汉书》卷六五《杨恽传》

——王国维云："史公交游，据《史记》所载，《屈原贾生列传》有贾嘉，《刺客列传》有公孙季功、董生，《樊郦滕灌列传》有樊他广，《郦生陆贾列传》有平原君子（朱建子），《张释之冯唐列传》有冯遂（字王孙），《赵世家》亦云。《田叔列传》有田仁，《韩长孺列传》有壶遂，《卫将军骠骑列传》有苏建，《自序》有董生。而公孙季功、董生（非仲舒，曾与秦夏无且游，考荆轲刺秦王之岁，下距史公之生，凡八十三年矣，二人未必能见及史公，道荆轲事。又樊他广及平原君子，辈行亦远，在史公前，然则此三传所纪史公，或追纪父谈语也。自冯遂以下，皆与公同时。《汉书》所纪有临淮太守孔安国，骑都尉李陵，益州刺史任安。皇甫谧《高士传》所纪有处士挚峻。"（《太史公行年考》）

【按】 以年齿论，司马迁与公孙季功、董生、平原君子未必不相及，亦未必不可为忘年之交。司马迁生于景帝中元五年，公元前 145 年，平原君子在汉文帝三年，公元前 177 年为中大夫，若时年二十，下及司马迁生约五十年。当司马迁二十时，平原君子七十左右，青年向老年问故，可以相及。司马迁生年上距荆轲刺秦王之公元前 227 年为 82 年，中间夏无且，夏氏上及公孙季功、董生，下及司马迁，更无疑义。

——郑鹤声云：史迁交游甚广，自上列诸人外，尚有议律诸同事，见于《汉书·律历志》，而唐都则以父师而同议。其议律历诸人，盖由于学术上之结合，非出于偶然者也。更可珍贵者乃东方朔曾为司马迁评定作品。对于史学有直接关系。而冯遂、平原君子、田仁等，则迁自称与之善。迁尝劝峻出仕，为李陵游说，则其隆于友谊，抑可知矣。然当迁被祸时，自谓“交游莫救”，此则翟公之所以有叹也。（《司马迁年谱》）

【按】 据《汉书·儒林传》载，司马迁与都尉朝同为孔安国私淑弟子，受读古文《尚书》。像这样的同窗契友，《史记》不予记载，可见司马迁的实际交游比《史记》所载为多。《史记》所及仅仅是示例。司马迁旨在说明他十分重视社会调查，引知交之辞以为证。《史记》并无记载交游之专章，所言及交谊者是引以为史实之证，故只寥寥数人。郑鹤声先生据此寥寥数人而云司马迁“交游甚广”，不符史实。《报任安书》明言迁与李陵无杯酒之欢，郑先生却说“为李陵游说，则其隆于友谊，抑可知矣”，皆为可商榷。其实单纯地为考司马迁之交谊而论交谊，实无意义。司马迁青年时为郎，官卑职小，所交不广。晚年发愤著书，杜门绝游，慨叹身被腐刑，“交游莫救”，视势利之公卿大臣如粪土，故《史记》不置一词，不引以为友也。故司马迁之交谊，除师长辈如孔安国、董仲舒为当世鸿儒外，其余诸君皆士大夫之中下层善士，这倒是值得研究的现象。司马迁思想同情下层，于此可见一斑。

第三章 《史记》名称与断限

第一节 史记名称考释

《史记》原称《太史公书》，而后在流传中称为《史记》。司马迁为何称其书为《太史公书》，其后又为何演变为《史记》之名，歧说纷出，如一闹市喧嚷，莫衷一是。今引述前贤之论，折衷于正史记载，或可得其正云。

（一）史记原为共名

——范文澜曰：《太史公书》称史记者凡七：《周本纪》云："孔子西观周室，论史记旧闻"；又云："鲁君子左丘明因孔子史记，具论其语，成《左氏春秋》"；《六国年表》云："秦既得意，烧天下诗书，诸侯史记尤甚，为其有所刺讥也"；又曰："史记独藏周室以故灭"；《天官书》云："余观史记考行事"；《孔子世家》云："乃因鲁史记作《春秋》"；《自序》云："紬史记石室金匮之书"，皆泛谓古史也。（《正史考略·史记》）

【按】《周本纪》应为《十二诸侯年表序》。

——金毓黻曰："史记之称，屡见《史记》本书，悉指旧史而言，故迁未尝以此二字，自名其书。……"《史通·六家》乃谓因鲁史记旧文，目之曰《史记》，不知此实后起之义。盖史记为古史及周代诸国史之通名，初不限于鲁史。《汉书·五行志》屡引史记，即泛指诸国史而言。（《中国史学史》第三章《司马迁与班固之史学》）

（二）太史公名称考

《史记》一百三十篇序赞皆称“太史公曰”，除《天官书》所称“太史公推占天数”及《封禅书》两称“太史公”，《自序》前半篇六称“太史公”指司马谈外，余皆自称。《史记》之原名《太史公》由此而来，然《自序》前称“谈为太史公”，后述“卒三岁而迁为太史令”。司马迁继父之职，而同一《自序》称述职名，父子相异，争驳之议由此而起。聚而论之，主要有十说。

1. 太史公为司马迁尊称其父说

——颜师古曰：谈为太史令耳，迁尊其父，故谓之公。（《汉书》卷六二《司马迁传》注）

——顾炎武曰：非三公不得称公。……太史公者，司马迁称其父谈，故尊而公之也。（《日知录》卷二〇）

2. 太史公为他人尊称司马迁说

——韦昭曰：说者以谈为太史公，失之矣。《史记》称迁为太史公者，是外孙杨恽所称。（《孝武本纪·集解》引）

——桓谭曰：太史公造书，书成示东方朔，朔为评定，因署其下。太史公者，皆朔所加之者也。（《孝武本纪·索隐》引）

——姚鼐曰：太史公系后人尊称之辞。《汉官仪》乃云其官本名太史公，此谬说也。《汉书》臣瓒注引《茂陵书》：“司马谈以太史丞为令。”又孔北海告高密县曰：“昔太史公廷尉吴公谒者仆射邓公皆汉之名臣，世嘉其高，皆悉称公。”然则公者，仁德之正号，不必三事大夫也。据此则凡《史记》内以太史公称谈者，皆子长所加；以称子长者，皆后人所益，又何疑焉。若《文选》载《报任安书》首云：“太史公牛马走”，公字乃令字之误耳。称太史令犹后人之列衔，称牛马走犹后人称仆称弟之类。（《五帝本纪·考证》引）

【按】 他人尊称司马迁说，无论是杨恽所加，抑或东方朔及其后人所加，均臆测之词，不合情理之甚。故梁王绳驳之曰："考《史记》迁死后稍出，至宣帝时宣布，东方朔安得见之？《索隐》非之矣。迁传有杨恽祖述其书之语，韦昭所本。《索隐》亦从之。但一部《史记》均称太史公，惟《自序》中"迁为太史令"一句称令，岂尽恽增邪？"但梁氏所论亦有商榷处。桓谭所言必有所据。东方朔题记应可信，只是署其大题，并非一百三十篇之太史公均朔所加也。

3. 太史公为官名说

——如淳曰：《汉仪注》太史公，武帝置，位在丞相上，天下计书先上太史公，副上丞相。序事如古春秋。迁死后，宣帝以其官为令，行太史公文书而已。（《太史公自序·集解》引）

【按】《汉仪注》东汉卫宏著，其书多载街谈巷议小说家言。

——虞喜申论之曰：古者天官皆曰公，自周至汉，其职转卑，然朝会坐位，犹居公上，尊天之道。其官属仍旧名，尊而称公，公名当起于此。（《孝武本纪·索隐》引虞喜《志林》）

——张守节曰：按，下文"太史公既掌天官，不治民，有子曰迁"，又云"卒三岁而迁为太史公"，又云"太史公遭李陵之祸"，又云"汝复为太史，则续吾祖矣"，观此文，虞喜说为长。（《太史公自序·正义》引虞喜说所加之按）

——梁玉绳曰：盖太史公是官名，卫宏汉人，其言可信。《西京杂记》、《隋书·经籍志》、《史通·史官建置篇》、宋三刘（敞、攽、奉世）、《两汉刊误》并同卫宏也。（《史记志疑》卷一）

【按】《汉书·百官公卿表》未见"太史公"官名，司马迁《报任安书》自称"文史星历，近乎卜祝之间"，乃"厕下大夫之列"，并非上公，故驳卫宏之说者多有之。

——晋灼曰：《百官表》无太史公在丞相之上。又卫宏所说多不实，未可以为证。（《太史公自序·索隐》序）

——臣瓒曰：《百官表》无太史公。《茂陵中书》司马谈以太史丞为太史令。（《太史公自序·索隐》引）

——宋祁曰：迁与任安书，自言仆之先人，文史星历近乎卜祝之间，固主上所戏弄，倡优畜之，流俗之所轻也。若其位在丞相上，安有此言耶？《百官表》不著其官，信其非也。（《太史公自序·考证》引宋祁笔记）

【按】 晋、瓒、宋诸公驳卫宏说，引证有力，不可置疑。梁玉绳谓“汉官之不见于表者甚多，不独太史公……表固宜无之，奈何据以驳卫宏乎”（《史记志疑》）。强辨之词不足为信，故调停之说者起焉。

4. 太史公为太史令之尊称说

——吴仁杰云：迁父子官为令，而云公者，邑令称公之比。（《两汉刊误补遗》）

——朱一新曰：卫宏所说位在丞相上者，盖谓朝会之位，以国史所关，使之密迩至尊，以便记注，非认其爵秩以示宠，或官秩尊卑随时升降，或记者偶失其实，阙疑可矣。（《太史公自序·考证》引）

5. 太史公为官府之通称说

——李慈铭云：太史公自是当时官府通称，非官名，亦非尊加，如后之称太史氏，非有此官名也。流俗相沿，如晋之中书令称令君，唐之御史称端公，不以其尊官也。卫说不过因公字而附会之。（《太史公自序·考证》引）

6. 太史公乃太史官之假借说

——吴国泰云：周礼：“牛人，掌养国之公牛。”注：“公犹官也。”又公工声同。《尚书·尧典》：“允厘百工。”传：“百工，百官也。”《说文》：“工，巧饰也。”与官字义别。工既可借为官，则公亦可借为官审矣。太史公者，即太官也。太史官犹今言太史氏也。古者氏出于官，故或称官，或称氏也。（《史记解诂》册一）

7. 太史公为司马迁自题说

——张守节曰：书谈及迁为“太史公”者，皆迁自书之。《汉旧仪》云：“太史公秩二千石，卒史皆秩二百石”。然瓒及韦昭、桓谭之说皆非也。（《太史公自序·正义》）

【按】 张守节谓太史公为司马迁自题，本诸《史记》一百三十篇序赞事实立论，高出众人远矣。然《正义》力主太史公为官名，故驳韦昭迁尊其父说，以及桓谭说东方朔题太史公二说为非，则又失之交臂。近人朱希祖、李长之两先生所立新说，谓太史公乃楚地方言太史令之称，可以说是对张守节说的引申，亦臆度之辞，更不足论。

8. 太史公为司马迁尊称其父亦是自题说

——司马贞曰：按《茂陵书》，谈以太史丞为太史令；则公者，迁所著书尊其父为公也。然称太史公虽皆迁称述其父所作，其实亦迁之词。而如淳引卫宏《仪注》，称位丞相上，谬矣！按《百官表》又无其官，且修史之官，国家别有著撰，则令郡县所上图书，皆先上之。而后人不晓，误以为在丞相上耳。（《太史公自序·索隐》）

9. 司马迁为太史公，追书其父亦为太史公说

——施蛰存曰："迁之为太史官……武帝太初元年改定官名而为太史公，故司马迁记其父之遗命，凡其父称述其官职处皆曰太史，不曰公，亦不曰令。而记述其父之官职，则曰太史公，追书之也。自称亦曰太史公，直举其官爵也。"（《太史公名号辨》，载《学原》第2号第5期）

10. 太史公为书名说

——清俞正燮曰："《史记》署太史公是司马迁署官以名其书，其曰公者，犹曰著书之人耳。"（《太史公释名义》，载《癸巳类稿》卷一一）

【按】 总上十说，以俞氏说最为得体，说详"序论"。

（三）两汉之际，史记通名太史公

——金毓黻曰：《汉志》列太史公百三十篇于春秋之后，又著录冯商所续太史公七篇，《汉书·叙传》、《扬雄传》、《后汉书》窦融、范升、陈元诸传，皆以《太史公》称之，是则《太史公》为《史记》本名无疑也。又称曰：《太史公书》，初见于本书《自序》，又见《汉书·宣元六王传》，《后汉书》班彪、杨终等传。亦称曰《太史公记》，见《汉书·杨恽传》。曰书，曰记，皆于太史公之下，附缀一字，以明其为太史公所书所记耳。（《中国史学

史》第三章《司马迁与班固之史学》）

【按】 金氏所释《史记》原题极是。《太史公》与《太史公书》、《太史公记》同一之名也。又有称《太史公传》、《太史记》者。《太史公传》即太史公所著书之传，《太史记》即《太史公记》之省说。陈直先生著《太史公书名考》，申论明彻，其言曰："司马迁自定原名为《太史公书》，嗣后西汉诸儒多沿用此名称，故《汉书·艺文志》列太史公书于春秋类。一变为《太史公记》，再变为《太史记》，三变为今《史记》。其他有称《太史公传》及《太史公》者，均属在演变中多种的名称。"今摘录两汉史籍所称《太史公》，以见其发展演变之线索云。

1.《太史公书》名

——《太史公自序》云："凡百三十篇，五十二万六千五百字，为《太史公书》。"

——班固《汉书》卷八〇《宣元六王传》载。东平王刘宇于成帝建始五年（公元前28）上疏："求诸子及《太史公书》。"又云："上以问大将军王凤，对曰：……《太史公书》有战国纵横权谲之谋，汉兴之初谋臣奇策，天官灾异，地形厄塞，皆不宜诸侯王，不可予。"

——范晔《后汉书》卷四〇《班彪传》载彪《后传略论》云："夫百家之书，犹可法也。若《左氏》、《国语》、《世本》、《战国策》、《楚汉春秋》、《太史公书》，今之所以知古，后之所由观前，圣人之耳目也。"

——《后汉书》卷四八《杨终传》云："（终）后受诏删《太史公书》为十万言。"

——王充《论衡》卷二九《述作篇》云："《太史公书》、《刘子政序》、《班叔皮传》，古谓述矣。"

【按】 杨终卒于明帝永元十二年，即公元69年。王充卒于章帝章和中，约公元88年。又《论衡》之《超奇》、《案书》、《对作》等篇，以及《左传正义》引宋衷《世本注》亦皆称《太史公书》。宋衷，字仲子，东汉末人，曾与刘表共定五经章句。

2.《太史公》名

——《汉书》卷三〇《艺文志·春秋家》：《太史公》百三十

篇。冯商所续《太史公》七篇。

——《史记》卷六三《三王世家》，褚先生曰："臣幸得以文学为侍郎，好览观《太史公》之列传。"

【按】 褚先生，即褚少孙，仕于元、成之间，为博士。与褚少孙同时稍后的扬雄，所作《法言·问神篇》亦称《太史公》。

——《后汉书》卷三六《范升传》，建武四年（公元28）博士 范升与诸儒辨难是否立《左氏春秋》于学官。范书云："时难者以《太史公》多引《左氏》，升又上《太史公》违戾《五经》，谬孔子言，及《左氏春秋》不可录三十一事。诏以下博士。"

——同上书《陈元传》，陈元难范升曰："臣之窃见博士范升等所议奏《左氏春秋》不可立，及《太史公》违戾凡四十五事。案升等所言，前后相违……所谓'小辨破言'，小言破道者也。"

3.《太史公传》名

——《史记》卷一二八《龟策列传》，褚先生曰："（臣）窃好《太史公传》。《太史公之传》曰：三王不同龟，四夷各异卜，然各以决吉凶，略窥其要，故作《龟策列传》。"

4.《太史公记》名

——《汉书》卷六六《杨恽传》："恽母，司马迁女也。恽始读外祖《太史公记》，颇为《春秋》。"

——应劭《风俗通义》卷一："谨案《战国策》、《太史公记》：秦孝公据崤函之固，拥雍州之地，君臣戮力，以窥周室。"

【按】 应劭卒于建安九年（公元204）。《风俗通义》成书，约在灵帝之世。

5.《太史记》名

——《风俗通义》卷二："谨案《太史记》，秦始皇欺于徐市之属，求三山于海中，而不免沙丘之祸。"

【按】 据上引资料，称《太史公书》之名最为广泛，因为司马迁所自定，直到东汉中叶仍呼其名。《太史公》为《七略》著录之名，《艺文志》仍之。范升与陈元两人廷辨在东汉初，亦称《太史公》，可见《太史公》为官方所称。其余名称，不过随个人传呼而记之。《太史公记》省称为《太史记》，再省即为《史记》。

（四）《史记》专名始于东汉桓灵之际

——《隶释》卷二《汉东海庙碑碑阴》云："阙者秦始皇所立名之秦东门阙，事在《史记》。"

——陈直云："按，《史记·秦始皇本纪》三十五年，'于是立石东海上朐界中以为秦东门。'碑文所谓事在《史记》，即指此事。东海庙碑为桓帝永寿元年立（公元159）。《史记》之名称，当以此为最早。"（《太史公书名考》）

——《金石萃编》卷一二《汉执金吾丞武荣碑》云："阙帻传讲《孝经》、《论语》、《汉书》、《史记》、《左氏》、《国语》，广学甄微，靡不贯综。"又云：遭"孝桓大忧，屯守玄武，戚良悲惶，加通害气，遭疾陨灵。君即吴郡府卿之中子敦煌长史之次弟也。"

——陈直云："（武荣）碑无年月，以碑文辞考之，武荣之卒，当在灵帝初年。武荣三十六，举孝廉，研究《史记》、《汉书》，当在桓帝初年可知。另以武氏石阙铭其《敦煌长史武斑碑》互考之，武荣为武开明之子，武斑之弟。武斑以永嘉元年死（公元145），年二十五，碑以建和元年立（公元147）。武荣碑虽无年月，立在灵帝初年可知。"

又云："（《汉东海庙碑》与《武荣碑》）皆石刻中两铁证，故决定《史记》名称的开始，在东汉桓帝之时。"（《太史公书名考》）

——司马贞《史记索隐后序》云："古今为注解者绝鲜，音义亦希，始后汉延笃乃有《音义》一卷；又别有《音隐》五卷，不记作者何人。近代鲜有二家之本。"

——陈直云："案，《后汉书》列传五十四《延笃传》，笃以桓帝永康元年卒（公元167），不言著有《史记音义》。《隋书·经籍志·史部》，亦不载此书，知在隋以前即已亡佚。章宗源《隋书·经籍考证》云：裴骃《集解》中引有《史记音隐》，司马贞两书并举，足证延笃之书，标题可确定为《史记音义》。（《太史公书名考》）

【按】 今人杨明照先生新中国成立前著《太史公书称史记考》（载《燕京学报》第二十六号）列举五证，指出《史记》名称，开始于东汉灵献之间。陈直先生后来居上，所著《太史公书名考》（刊于《文史哲》1956 年 6 月号）举证九条，论证《史记》书名始于桓灵之际极是。上引三证即转录于陈文。《太史记》之名见于应劭《风俗通义》，其名较晚，乃桓灵之际时人所称。《史记》乃《太史记》之省，亦可视为二名皆《太史公记》之省，故同时出现于桓灵之际，其理固然，陈直所举其余六证皆汉末材料，应是另一问题，故不录。

（五）东汉末《史记》专名已成通称

——蔡邕《独断》卷上："四代狱之别名，唐虞曰士官，《史记》曰皋陶为理。"

——荀悦《汉纪》卷三〇云："班彪举茂才，为徐令。彪子固字孟坚，明帝时为郎。据太史公司马迁《史记》，自高祖至于孝武，大功臣绍其后事，迄于孝平王莽之际，著帝纪表志传以为《汉书》，凡百篇。"

——应劭《风俗通义》佚文："宫车晏驾。谨案《史记》曰：王稽谓范雎曰，夫事有不可知者，有无可奈何者。一旦宫车晏驾，是事不可知也。"（见严可均辑《全汉文》卷三七）

——颍容《春秋例序》云："汉兴，博物洽闻著述之士，有司马迁、扬雄，其所著作违义正者尤多阙略。举一两事以言之：迁《史记》不识毕公文王之子，而言与周同姓；扬雄法言，不识六十四卦之所从来尚义矣。"（《太平御览》卷六〇二引）

——高诱《吕氏春秋训解》卷十六：《先识览》云："晋太史屠黍，见晋之乱也，以其图法归周。"《训解》云："屠黍，晋出公之太史也。出公，顷公之孙，定公之子也。《史记》曰，智伯攻出公，出公奔齐而道死焉。"

——高诱《战国策注》卷二：《西周策》云，"秦召周君，周君难往。或为周君谓魏王曰：秦召周君，将以使攻魏之南阳，王何不出于河南。"诱注，"魏王，《史记》作韩王，河南，《史记》作南阳。"

【按】 蔡邕、荀悦、应劭、颍容、高诱均汉末作家，他们的著作均称引太史公书为《史记》，足可证明东汉末《史记》已成通用之专名。据陈直所考，蔡邕死于献帝初平三年四月（公元192），《独断》所引为《五帝本纪》文。荀悦《汉纪》成书于建安五年（公元200）。《风俗通义》成书在灵帝时代，故其书《史记》、《太史记》、《太史公记》并用，佚文所引为《范雎传》文。颍容，建安中卒。《春秋例序》所引为《魏世家》一文。高诱卒于建安十七年，《训解》所引为《晋世家》文。

——《三国志》卷二《魏书·文帝纪》注引《典论·自叙》云："余是以少诵诗、论，及长而备历五经、四部，《史》、《汉》诸子百家之言，靡不毕览。"

——《三国志》卷一三《魏书·王肃传》载明帝问王肃："司马迁以受刑之故，内怀隐切，著《史记》非贬孝武，令人切齿。"肃对曰："司马迁记事，不虚美，不隐恶。刘向、扬雄服其善叙事，有良史之才，谓之实录。汉武帝闻其述《史记》，取孝景帝及己本纪览之，于是大怒，削而投之。于今此两纪有录无书。后遭李陵事，遂下迁蚕室。此为隐切在孝武，而不在于史迁也。"

——《隋书》卷三二《经籍志·史部》：

《史记》一百三十卷，目录一卷，汉中书令司马迁撰。

《史记》八十卷，宋南中郎外兵参军裴骃注。

《史记音义》十二卷，宋中散大夫徐野民撰。

《史记音》二卷，梁轻车录事参军邹诞生撰。

【按】 王国维《太史公行年考》、范文澜《正史考略》等书均谓《史记》之名始于王肃，定名于《隋志》，即据上引材料。魏文帝已将《史》、《汉》并称。早于王肃。王肃君臣之对，证明《史记》之名三国时代已为官家所承认，即《史记》定名于魏晋之际，并非始于《隋志》也。

——《汉纪》卷一四："司马子长既遭李陵之祸，喟然而叹，幽而发愤，遂著《史记》，始自黄帝，以及秦汉，为《太史公记》。"

【按】 此条荀悦将《史记》与《太史公记》并称，细嚼之。荀悦所称《史记》为当时通名，而“为《太史公记》”乃追述原称，此与《风俗通义》并称不同。晋荀勖《穆天子传序》，仍称《太史公记》，乃至唐颜真卿、东方朔画象赞，仍称《史记》为《太史公书》，均援引古称，不可谓《史记》之名未定也。

——《后汉书》卷四〇《班彪传》云：“彪既才高而好述作，遂专心史籍之间，武帝时，司马迁著《史记》，自太初以后，阙而不录。……彪乃继采前史遗事，傍贯异闻，作后传数十篇，因斟酌前史而讥正得失。其略论曰：……夫百家之书，犹可法也。若《左氏》、《国语》、《世本》、《战国策》、《楚汉春秋》、《太史公书》，今之所以知古，后之所由观前，圣人之耳目也。”

【按】 此段文字与荀悦《汉纪》卷一四所论相同。司马迁著《史记》乃范晔所称。班彪则称《太史公书》。有人据此谓《史记》之名始于班彪，非也。

——范文澜曰：《隋书·经籍志》标立史部，遂以《史记》升居部首，自是以后，学者习用此名，不复深究始末，颜师古注《汉书·五行志》谓：“此志凡称《史记》者，皆谓司马迁所撰也”（洪颐煊辨其非，详《读书丛录》）；刘子玄撰《六家篇》谓“迁因鲁史旧名，目之曰《史记》”；张守节《论史例》谓“古者帝王，右史记言，左史记事，言为《尚书》，事为《春秋》，太史公兼之，故名曰《史记》”，似均不免千虑之一失。（《正史考略》）

第二节 史记断限

（一）研究史记断限的标准

——《太史公自序》云：“于是卒述陶唐以来，至于麟止，自黄帝始。”又云：“太史公曰：余述历黄帝以来至太初而讫，百三十篇。”

【按】《自序》所云实为两个计划，起于陶唐，至于麟止，是司马谈发凡起例的计划；起于黄帝，讫于太初是司马迁扩大的计划。研究《史记》断限，以起于黄帝，讫于太初为主要标准应无疑义。研究《史记》断限的价值主要有两点：第一，司马迁扩大计划的根据是什么？有什么意义？第二，剔除原书之伪作，还其本来面目。

（二）上起黄帝

——太史公曰：学者多称五帝，尚矣。然《尚书》独载尧以来，而百家言黄帝，其文不雅驯，荐绅先生难言之。孔子所传《宰予问五帝德》及《帝系姓》，儒者或不传。余尝西至空峒，北过涿鹿，东渐于海，南浮江淮矣，至长老皆各往往称黄帝、尧、舜之处，风教固殊焉，总之不离古文者近是。予观《春秋》、《国语》，其发明《五帝德》、《帝系姓》章矣，顾弟弗深考，其所表见皆不虚。书缺有间矣，其轶乃时时见于他说。非好学深思，心知其意，固难为浅见寡闻道也。余并论次，择其言尤雅者，故著本纪书首。（《五帝本纪赞》）

——太史公曰：五帝三代之记尚矣。……余读谍纪，黄帝以来皆有年数稽其历谱终始五德之传，古文咸不同，乖异。夫子之弗论次其年月，岂虚哉？于是以《五帝系德》、《尚书》集世，纪黄帝以来讫共和为《世表》。（《三代世表序》）

——司马贞曰：《史记》以黄帝为首，而云"述陶唐"者，案《五帝本纪赞》云"五帝尚矣，然《尚书》载尧以来。百家言黄帝，其文不雅驯"，故述黄帝为本纪之首，而以《尚书》雅正，故称"起于陶唐"。（《太史公自序·索隐》）

【按】《史记》原计划，上起陶唐，理由有二：儒家的权威著作《尚书》记事起于尧，《尚书》第一篇即为《尧典》，此其一。百家言黄帝，其文不雅驯，此其二。后来司马迁修改了原计划，上起黄帝，理由有四：第一，司马迁在全国游历考察中，各地尽管风教不同，但长老口碑相传黄帝事迹非常生动；第二，《五帝德》、《帝系姓》是孔子所传的典籍，司马迁又用《春秋》、《国语》与之参证，认为是可靠资料；第三，谱谍资料记有黄帝以来年数；第四，百家言黄帝。综合上述的考察，司马迁记事起于黄帝，以《五帝德》、《帝系姓》为根据，对百家之言，长老口碑，择其雅训者记焉。《史记》所载古今通史各代各世家追祖溯源，皆归本于黄帝，宣传大一统思想，这一点是值得注意的。司马迁延伸上限，寓有深意。

（三）史记记事的五种下限说

《史记》记事下限，聚讼纷纭，有如下五说：

1. 讫于麟止说

——《太史公自序》："于是卒述陶唐以来，至于麟止。"

——张晏曰："武帝获麟，迁以为述事之端。上纪黄帝，下至麟止，犹《春秋》止于获麟也。"（《太史公自序·集解》引）

——服虔云：武帝至雍获白麟，而铸金作麟足形，故云'麟止'。迁作《史记》止于此，犹《春秋》终于获麟然也。"（《太史公自序·索隐》引）

——《汉书》卷八七下《扬雄传》云："《太史公》记六国，历楚汉，讫麟止。"

——班彪曰：太史令司马迁……上自黄帝，下讫获麟，作本纪、世家、列传、书、表凡百三十篇。（《后汉书》卷四〇上《班彪传》载《后传略论》）

——梁启超曰：《史记》所记事，以何年为最终年限耶。据《自序》曰，"故述往事，思来者，卒述陶唐以来，至于麟止。"《集解》张晏曰："武帝获麟以为述事之端，上包黄帝，下至麟止，犹《春秋》止于获麟也。"《汉书·扬雄传》云："《太史公》记六国历楚汉讫麟止。"《后汉书·班彪传》云："太史令司马迁上自黄帝，下讫获麟，作本纪世家列传书表，凡百三十篇。"右据迁所自言，及扬雄、班固，则麟止一语，殆为铁案。按武帝获麟在元狩元年冬十月（公元前122）。孔子作《春秋》讫鲁哀公十四年，西狩获麟，《史记》窃比《春秋》，时亦适有获麟之事，故所记以此为终限。然则《武帝本纪》当叙至元狩元年十月止。年表世家列传称是，凡此年以后之记事，皆非原文。此标准应为最可信据者。（《读史记》，转引自郑鹤声《史汉研究》）

【按】 梁氏所谓班固言，应为班彪言，出自《后传略论》。崔适《史记探源》亦主麟止说，凡《史记》所载元狩以后之事，一概斥为后人妄增，好发奇诡之言，武断之甚。麟止说不足为据。此拘于《史记》窃比《春秋》之义而发迂阔之论。

2. 讫于太初说

——《太史公自序》云："太史公曰：余述历黄帝以来至太初而讫，百三十篇。"

——刘知几曰：《史记》所书，年止汉武。太初已后，阙而不录。（《史通·正史》）

——梁玉绳曰：史公作史，终于太初而成于天汉，其殁在征和间。一部《史记》，惟《自序传》后定。其曰至太初而讫者，史作始于太初元年，即以太初终也。若所称麟止者，取《春秋》绝笔获麟之意也。而史公借以终其史假设之辞耳。（《史记志疑》卷三六）

3. 讫于征和二年说

——王国维云：《史记》纪事，公自谓"讫于太初"。班固则云："讫于天汉"。案史公作《记》，创始于太初中，故原稿纪事以元封，太初为断，此事于诸表中踪迹最明。如《汉兴以来诸侯年表》、《建元以来王子侯者年表》，皆讫于太初四年。（《太史公行年考》）

——日人泷川资言曰：史讫于太初，史公自言，不待辨说。麟止，依元狩事，假周南诗，以表作史之时，非言讫史之年也。（《史记会注考证·史记总论》）

【按】 梁氏、王氏、日泷川氏之言是也。梁氏释"麟止"之语为假设之词以窃比《春秋》，亦可备一说。

4. 讫于天汉说

——班固曰：司马迁据《左氏》、《国语》，采《世本》、《战国策》，述《楚汉春秋》，接其后事，讫于天汉。（《汉书》卷六二《司马迁传赞》）

——司马贞曰：夫太史公纪事，上始轩辕，下讫天汉。（《史记索隐后序》）

——张守节曰：《史记》者，汉太史公司马迁作。……上起轩辕，下既天汉。（《史记正义序》）

5. 讫于武帝之末说

——褚少孙曰：《太史公》记事尽于武帝之末。（《史记》卷二一《建元以来诸侯年表补》）

【按】 以上五说，讫于麟止，讫于太初，皆司马迁自说，而讫于征和，讫于天汉，讫于武帝末皆为他人所说。后世学者多主麟止说，以释司马迁窃比《春秋》之义，主太初说者据实立论。但是对班固、褚少孙二人之说则摈斥之。三家注主天汉说。班固、褚少孙二人去司马迁之世不远，二人又均续作《史记》之人，博学大儒，褚书附《史记》而行，班氏自成《汉书》，故其说必有因由，当认真研究发微以明司马迁之旨。不深究本末者，如崔适其人，凡麟止以后之事，一概以“妄人所续”“当削之”云云回避疑难，实乃妄人说妄，不足为训也。

（四）史记断限太初而大事尽武帝之末

——范文澜曰：太史公作《史记》，以绍述仲尼自任，故《自序》云：“先人有言，自周公卒五百岁而有孔子，孔子卒后至于今五百岁，有能绍明世，正《易传》，继《春秋》，本《诗》《书》《礼》《乐》之际，意在斯乎！意在斯乎！小子何敢让焉！”《春秋》绝笔获麟，史公作《史》，亦适值获麟之事，其纪事止于元狩元年，自无疑义。惟太初改历，实行孔子夏时之志，是史公一大事业，故《自序》末缀太史公曰：“余述历黄帝以来，至太初而讫。”（《艺文志》有《黄帝五家历》三十三卷）百三十篇。自元狩至太初犹《左氏春秋》获麟以后至孔子卒，有补经也。太初以后事，则犹《左氏》之有续传也。史公自言继《春秋》而论次其文，其叙事又多本《左氏》传，则言讫麟止，讫太初，讫后元二年（高帝功臣年表）皆有所本，不足怪矣。（《正史考略·史记》）

【按】 范老所言，殊为有识，但仍局限于以《史记》比附《春秋》，空言说理，不足以服人，其实《史记》中司马迁自述断限之原则旨意相示例甚明，兹具论之如下：

1. 太初改历象征西汉极盛

——《太史公自序》云：“卒三岁而迁为太史令，䌷史记石室金匮之书。五年而当太初元年，十一月甲子朔旦冬至，天历始改，建于明堂，诸神受纪。……于是论次其文。”

——《历书序》：“王者易姓受命，必慎始初，改正朔，易服色，推本天元，顺承厥意。太史公曰：神农以前尚矣。盖黄帝考定星历，建立五行，起消息，正闰余，于是有天地神祇物类之官，是谓五官。各司其序，不相乱也。民是以能有信，神是以能明德。民神异业，敬而不渎，故神降之嘉生，民以物享，灾祸不生，所求不匮。”

——《封禅书序》：“自古受命帝王，曷尝不封禅？盖有无其应而用事者矣，未有睹符瑞见而不臻乎泰山者也。”

——《历书序》：“今上即位，招致方士唐都，分其天部；而巴落下闳运算转历，然后日辰之度与夏正同。乃改元，更官号，封泰山。因诏御史曰：‘……十一月甲子朔旦冬至已詹，其更以七年为太初元年。’”

【按】 元狩获麟不过是人为的虚夸宣传。汉武帝即位至元狩元年历十九年，文治武功方兴未艾。元狩元年至太初元年又十九年，汉武帝外伐四夷，内兴功作，获得巨大成功正在此时间，故封禅改历，此乃真正象征武帝文治武功之盛。司马迁躬逢改历盛举，又亲历其事，激动非凡，决定将其记事讫于太初乃是必然之理。

2. 按历史发展的自然断限，“咸表始终”

——《汉兴以来诸侯王年表序》云：“汉定百年之间，亲属益疏，诸侯……殒身亡国。”又云：“臣迁谨记高祖以来至太初诸侯，谱其下益损之时，令后世得览。”

——《高祖功臣侯者年表序》云：“汉兴，功臣受封者百有余人……至太初百年之间，见侯五，余皆坐法陨命亡国，耗矣。”又云：“于是谨其终始，表见其文。”

——《惠景间侯者年表序》云：“孝惠讫孝景间五十载，追修高祖时遗功臣，及从代来，吴楚之劳，诸侯子弟若肺腑，外国归义，封者九十有余。咸表始终，当世仁义成功之著者也。”

【按】《功臣表》列 149 侯，元狩以后见侯 40 人，而太初之后仅见侯 5 人；《惠景间侯者年表》列 93 侯，元狩之后见侯 24 人，太初之后仅见侯 3 人，记事讫于麟止，则大批见侯无法表其终始。又《建元以来侯者年表》及《建元以来王子侯者年表》列73条，元狩以后封侯50人，记事讫于麟止，则这两表就无法作出。可见论事讫于太初乃是历史发展的自然断限。

又《功臣表》讫太初四年。《建元以来王子侯者年表》亦讫太初四年。《建元以来侯者年表》太初以后封侯不录。即当涂侯魏不害，蒲侯苏昌，潦阳侯江德，富民侯田千秋。因史表迄太初四年，故不录也。但《高祖功臣候者年表》、《惠景间侯者年表》、《建元以来侯者年表》又有太初以后事，乃是司马迁“咸表终始”变例所书也。

——《高祖功臣侯者年表》纪年，每帝一格：高祖十二、孝惠七、高后八、孝文二十、孝景十六。武帝一格云：“建元至元封六年三十六，太初元年尽后二年十八。”

——《惠景间侯者年表》纪年基本同《功臣表》，每帝一格，至武帝分为两格：“建元至元封六年三十六”；“太初以后”。

——梁玉绳曰：“史讫太初，而此与惠景侯表题云‘建元至元封六年三十六’者，盖太初之见侯称今侯，且不得以太初四年为限断，故不数之，与建元及王子二侯表以年号分配者，判然不同。此‘太初’以下十一字，乃后人妄续，当削之。”又云：“《惠景表》有‘太初已后’四字，亦属衍文。’”

王国维云：《史记》纪事……讫于太初四年《高祖功臣侯者年表》则每帝一格，至末一格则云“建元元年至元封六年三十六”，又云“太初元年尽后元二年十八”。以武帝一代截而为二，明前三十六年事，为史公原本，而后十八年事，为后人所增入也。《惠景间侯者年表》与《建元以来侯者年表》末，太初以后一格，亦后人所增，殊如《建元以来侯者年表》，元封以前六元各占一格，而太初以后五元并为一格。尤为后人续补之证。表既如此，书传亦然。（《太史公行年考》）

【按】 梁、王二氏之论就事论事臆断，不可取证。王氏认为史表变格“尤为后人续补之证”，尤非。此恰为司马迁书太初以后之争之证，与其序互观自明，无须多辩。

3. 太初以后只书特大事件

——《建元以来侯者年表》列73侯，太初以后见侯31人，司马迁独记两人终始：（1）葛绎侯公孙贺："太初二年三月丁卯，封葛绎侯。征和二年，贺子敬声有罪，国除。"（2）案道侯韩说："元封元年五月丁卯，案道侯说元年。""征和二年，子长代，有罪，绝。子曾复封为龙额侯。"

【按】《建元以来侯者年表》太初以后见侯31人，司马迁独记二人终始，此为示例，太初以后只录大事。若二人终始为后人所续，为何单续二侯而置29侯于不顾，殊不可解。至于《李将军列传》附李陵事，《匈奴列传》书李陵、李广利降匈奴事皆太初后特大事件，故出自司马迁之手，无可置疑。

太初以后，只书特大事件，是司马迁"原始察终"历史观的反映，也是《史记》的破例，这与断限太初并不矛盾。太初以后的记事，可称之为附记。经过细密考察，司马迁附记太初以后特大事件涉及15个篇目，而集中在巫蛊案与李陵及贰师将军投降匈奴始末两件大事上，以"综其终始"，别有寄寓。下面将《史记》中有关断限记事资料，分类列表说明如次。

（五）史记中的内证

①史记下限讫太初非麟止之证（表一）

篇名	记事下限内容	说明
今上本纪	《序》云："太史公曰：余述历黄帝以来至太初而讫，百三十篇。"	《今上本纪》亡，无考。
（1）汉兴以来诸侯王年表	（一）《序》云："汉定百年之间，亲属益疏，诸侯……殒身亡国。"又云："臣迁谨记高祖以来至太初诸侯，谱其下益损之时，令后世得览。" （二）《表》列诸侯王到太初四年而讫	西汉、建国于公元前206年，高祖即帝位在公元前209年，封同姓王始于公元前201年，下到太初四年，公元前101年正好整百年。《表序》云"汉定百年之间"而不云"汉定百余年来"者，盖此表记事尽太初四年而止也

续表

篇名	记事下限内容	说明
(2)高祖功臣侯者年表	(一)《序》云:"汉兴,功臣受封者百有余人;……至太初百年之间,见侯五,余皆坐法陨命亡国,耗矣。"又云:"于是谨其终始,表见其文。" (二)《表》列高帝功臣143人始末,138人到太初年间失国	迁因"谨其终始"而记见侯五人事至太初以后,此为变例,详后(表二)
(3)惠景间侯者年表	(一)《序》云:"孝惠讫孝景间五十载,追修高祖时遗功臣,及从代来,吴楚之劳,诸侯子弟若肺腑,外国归义,封者九十有余。咸表始终,当世仁义成功之著者也 (二)《表》列93人,至太初年间失侯者90人	因"咸表始终"而记见侯3人,事至太初以后,详后(表二)
(4)建元以来侯者年表	(一)表列73侯,太初以后所封四侯不录。①当涂侯魏不害,②蒲侯苏昌,③潦阳侯江德,征和二年共捕淮阳反者公孙勇同时封侯。④富民侯田千秋,征和四年为丞相封侯 (二)太初以后见侯31人,除葛绎侯公孙贺,按道侯韩说外,其余29人太初以后事皆不录	司马迁太初以后唯书大事,葛绎侯、按道侯牵连巫蛊案,变例而书,详后(表二)
(5)建元以来王子侯者年表	《表》列162侯,至太初年间失国者83人,太初后见侯79人	本表记事讫太初四年
(6)历书	(一)《序》:今上即位……乃改元,更官号,封泰山。因诏御史曰:"……其更以七年(元封七年)为太初元年。年名'焉逢摄提格',月名'毕聚',日得甲子,夜半朔旦冬至。" (二)历术甲子篇,以太初元年起始排列年名	文成致麟,不过是人为的虚饰。封禅改历才象征武帝文治武功之盛,故以太初为下限

续表

篇名	记事下限内容	说明
(7)天官书	（一）汉之兴，五星聚于东井。平城之围，月晕参、毕七重。诸吕作乱，日蚀，昼晦。吴楚七国叛逆，慧星数丈，天狗过梁野，及兵起，遂伏尸流血其下。元光、元狩，蚩尤之旗再见，长则半天。其后京师四出，诛夷狄者数十年，而伐胡尤甚。越之亡，荧惑守斗；朝鲜之拔，星弗于河戍；兵征大宛，星弗招摇：此其荦荦大者 （二）余观史记，考行事，百年之中，五星无出而不反逆行，反逆行，尝盛大而变色；日月薄蚀，行南北有时，此其大度也	司马迁述汉兴以后天人感应之变，“百年之中”至太初“兵征大宛”而讫
(8)封禅书	“其后二岁，十一月甲子朔旦冬至，推历者以本统”至“故上亲禅焉”止！记太初年间封禅礼神事甚悉，达641字，太初以后寥寥数语云：“其后五年，复至泰山修封。还过祭恒山。” 又云：“今上封禅，其后十二岁而还，遍于五岳四渎矣。”	记太初以后事三十三字乃变例，其事在天汉三年
(9)河渠书	自是之后，用事者争言水利，……然其著者在宣房	元封三年以后事
(10)平准书	弘羊又请令吏得入粟补官，及罪人赎罪。……是岁小旱，上令官求雨。卜式言曰：“……亨弘羊，天乃雨。”	其事在元封元年
(11)五宗世家	记景帝五夫人之子为王，共十三子，十五国（胶东、常山各分为二国），至太初年间除国五，太初以后见王十：①河间王刘授（《汉书》作刘缓），②鲁王刘光，③越王刘彭祖，④中山王刘昆侈，⑤长沙王刘鲋鮈，⑥广川王刘齐，⑦胶东王刘通平（本作刘庆，此从《汉书》），⑧六安王刘庆，⑨真定王刘平，⑩泗水王刘贺，均不书卒年	《五宗世家》记事讫太初四年，故十王不书卒年

续表

篇名	记事下限内容	说明
(12)三王世家	载汉武帝三子封王事：①齐王刘闳，②燕王刘旦，③广陵王刘胥，元狩六年四月乙巳同日封。④昌邑王刘髆，天汉四年六月封，不书，故称《三王世家》	昌邑王太初以后封，故不书
(13)太史公自序	太史公曰：余述历黄帝以来至太初而讫，百三十篇	司马迁在全书之后强调讫于太初

【按】 上表所列表、书、世家、列传共十三篇大量铁证，《史记》断限讫于太初。梁启超非难之曰："讫太初，则麟止语，同出《自序》一篇之中，矛盾至此，实令人迷惑。查迄麟止一语，在《自序》大序正文中，讫太初一语，乃在小序之后另附一行，文体突兀不肖。又《汉书》本传全录《自序》而不载此一行，似班固所见《自序》原本，并无此语，衡以史公窃比《春秋》之本意。固宜以麟止为断也。"（《读史记》）乍一看梁氏之言似有理，熟省之。乃浮泛之论，实不能成立。所谓讫太初之语在《自序》小序之外，"文体突兀不肖"，梁氏失察之言也。讫太初之语在《自序》篇末，非小序之后，乃《自序》之赞也。若梁氏之言成立，《史记》一书百三十篇之赞皆可删也，其然岂其然乎！

②史记附记太初以后事篇目内容（表二）

篇名		记事内容	说明	字数
①高祖功臣侯者年表（太初以后见侯五）	(1) 郦终根（曲周侯）	后元二年，侯终根坐咒诅诛，国除	本表列高祖功臣143侯。记年每帝一格，至武帝格分为两段："建元至元封六年三十六，太初元年尽后元二年二八"，这里为了"咸表始终"，叙太初以后见侯五之本末	13
	(2) 卞仁（阳河侯）	征和三年，十月，仁与母坐祝诅大逆无道，国除		18
	(3) 靳石（汾阳侯）	太始四年五月丁卯，侯石坐为太常，行太仆事，治啬夫可年，益纵年，国除		28
	(4) 秋蒙（戴侯）	后元年五月甲戌，坐祝诅，无道，国除		15

续表

篇　名		记　事　内　容	说　　明	字数
	(5) 曹宗（平阳侯）	失载	据《汉书·功臣表》，征和二年，曹宗失国	
②惠景间侯者年表	(1) 李则（道侯）	后元年四月甲辰，侯则使巫齐少君祠祝诅，大逆无道，国除	本表列93侯，记年同《功臣表》，但将武帝格分为两格，辟“太初以后”一栏，以表其终始	24
	(2) 唯徐光（容成侯）	后二年，三月壬辰，侯光坐祠祝诅，国除		15
	(3) 卢贺（亚谷侯）	征和二年七月辛巳，侯贺坐太子事，国除		16
③建元以来侯者年表	(1) 公孙贺（葛绎侯）	太初二年三月丁卯，封葛绎侯。“征和二年，贺子敬声有罪，国除。”	本表列73侯，太初以后见侯31人，司马迁独记两人终始，均与巫蛊案相关连。两人传附《卫将军骠骑传》后，记事亦尽征和	12
	(2) 韩说（按道侯）	征和二年，子长代，有罪，绝。子曾复封为龙额侯。（据《汉书·功臣表》曾复封在后元元年）		18
④汉兴以来将相名臣年表		载太初以后事至征和三年，刘屈氂因巫蛊斩	征和四年以后事，疑为褚少孙所补	175
以上表四篇		记太初以后事九人，讫太始者一，讫征和者四人，讫武帝末后元者四		149
④封禅书（书1篇）		其后五年，复至泰山修封。还过祭恒山	此天汉三年三月间事。（讫天汉）	33
⑤外戚世家		王夫人蚤卒，而中山李夫人有宠……有男一人，为昌邑王	昌邑王刘髆，天汉四年六月封	8
⑥曹相国世家		子宗代侯。征和二年中，宗坐太子死，国除	“征和二年”以下十二字记巫蛊事	12
⑦梁孝王世家		梁平王襄十四年……公卿请废襄为庶人……乃削梁八城。枭任王后首于市。梁余尚有十城。襄立三十九年卒，谥为平王。子无伤立梁王也	“襄立三十九年卒”以下19字为天汉三年事	19

续表

篇名	记事内容	说明	字数
以上世家三篇	记太初以后事三人，讫天汉者二，征和者一		39
⑧韩信卢绾列传	（韩）说再封，数称将军，卒为案道侯。子代，岁余坐法死。后岁余，说孙曾拜为龙额侯，续说后	“子代”以下21字记太初以后事，因韩曾袭封在后元元年	21
⑨樊郦滕灌列传	（曲周侯郦商传）……世宗卒，子侯终根立，为太常，坐法，国除	郦终根坐法在后元二年。见前表	4
⑩田叔列传	记田仁事，“其后使刺举三河”至“仁发兵，长陵令车千秋上变仁，仁族死。陉城今在中山国”止84字	仁，有贤能名，事迹显于太初后，故不详书，此为交待巫蛊案事而书也	84
⑪李将军列传	附李陵传，叙陵降匈奴及其家被族，299字	此天汉二三年间事，司马迁受李陵祸，此一大事也，书其始末	299
⑫匈奴列传	“且鞮侯单于既立”至“使广利得降匈奴”止，426字	贰师将军，武帝后期大将，迁受李陵祸与贰师亦相关。此述李陵贰师降匈奴始末，天汉、征和间事	426
⑬卫将军骠骑列传 （一）葛绎侯公孙贺	将军公孙贺……为丞相。坐子敬声与阳石公主奸，为巫蛊，族灭，无后	征和二年巫蛊案为太初后特大事件，故本传公孙贺等四将军皆坐巫蛊案被族，特书记之。叙葛绎侯、按道侯二人事可与前《建元侯者年表》独书二人终始事相参证，可信巫蛊事确为司马迁所记也	17
⑬卫将军骠骑列传 （二）按道侯韩说	将军韩说……太初三年为游击将军，屯于五原外列城。为光禄勋，掘蛊太子宫，卫太子杀之		14

续表

篇　名		记　事　内　容	说　　明	字数
	（三） 将军公孙敖	将军公孙敖……以因杅将军筑受降城。（太初元年事）七岁（天汉四年也）复以因杅将军再击匈奴，至余吾水，亡士卒多，下吏，当斩，诈死，亡居民间五六岁。后发觉，复系。坐妻为巫蛊，族		45
	（四） 将军赵破奴	将军赵破奴……生为虏所得，遂没其军。（在太初二年）居匈奴中十（当作四，天汉元年归汉）岁，复与其太子安国亡入汉。后坐巫蛊，族		21
⑭酷吏列传	（一） 尹齐	（王）温舒死，家直累千金。“后数岁，尹齐亦以淮阳都尉病死，家直不满五十金。所诛灭淮阳甚多，及死，仇家欲烧其尸，尸亡去，归葬。”	据《汉书·百官表》王温舒死于太初二年，尹齐当死于天汉年间	40
⑭酷吏列传	（二） 杜周	周中废，后为执金吾，逐盗，捕治桑弘羊、卫皇后昆弟子刻深，天子以为尽力无私，迁为御史大夫	《集解》引徐广曰：“天汉三年为御史大夫，四岁太始三年卒。”又据《汉表》，杜周为执金吾在天汉二年	37
⑮ 大宛列传		“汉已伐宛，立昧蔡为宛王而去”至“而仑头有田卒数百人，因置使者护田积粟，以给使外国者”止127字	“立昧蔡为宛王”以下均天汉及其以后事	127
列传共8篇		记太初以后事十二人，讫天汉者四，讫征和者七，讫后元者一		1135
总上16篇		记太初以后事总21人		1541

【按】 总上十六篇，记太初以后事凡二十一人。记天汉间事六人：①尹齐之死；②大宛立昧蔡为王，皆天汉及其以后事；③李陵降匈奴，其家被族，天汉二三年间事；④汉武帝封禅；⑤梁平王襄卒；⑥ 杜周为御史大夫，均在天汉三年。记太始间事一人，汾阳侯。靳石太始四年纵奸失侯。记征和间事九人：征和二年坐巫蛊案被杀、族者七人，①卢贺，②公孙贺，③韩说，④曹宗，⑤田仁，⑥公孙敖，⑦赵破奴。征和三年，⑧卞仁坐祝诅除，⑨李广利降匈奴。记武帝末后元间事五人：①郦终根，②秋蒙（《汉书》作秘蒙），③李则，④唯徐光，四人均坐祝诅上，除，乃巫蛊案之余破。⑤韩曾复为侯，因韩说在巫蛊案中无辜被杀，司马迁特记其后嗣侯。

又，上记 21 人太初以后事总计才 1541 字，唯记李陵与贰师两将军降匈奴事较详，共 725 字，其余 19 人总共才 816 字。最短记事如“为昌邑王”，“坐法国除”仅四字。可见太初以后记事，仅仅是“谨其终始”“咸表终始”，不得不作一文交代耳，如《封禅书》之叙汉武帝敬礼鬼禅，至太初年间甚详，而后用“其后五年，复至泰山修封，还过祭恒山”，十五字以作交待耳。又，太初以后大事件，莫过于贰师将军之降匈奴与巫蛊案两事，象征汉武帝文治武功的破产。司马迁太初以后事紧紧围绕这两事作结，寓意深刻，其他各篇则为读史者之窜入也。

综上所述，《史记》断限，上起黄帝，下讫太初。太初以后，因表其终始而尽高祖功臣、惠景间侯之始末。汉初开国以及辅汉守业之功臣从高祖讫景帝所封，而表所列 296 侯，在武帝一朝尽皆零落，其仁政可知，由此可见，司马迁“咸表终始”寓有深意。它事唯有贰师将军降匈奴事，征和二年巫蛊事，司马迁表其终始，可信为司马迁原文，其于附骥之文皆非司马迁原笔。详第六章《史记亡缺与补窜》，兹不赘。

第四章 《史记》体制

第一节 史记五体编次

《史记》由五体构成。（一）《本纪》十二篇。（二）表十篇。（三）书八篇。（四）世家三十篇。（五）《列传》七十篇。

——《太史公自序》云："罔罗天下放失旧闻，王迹所兴，原始察终，见盛观衰，论考之行事，略推三代，录秦汉，上记轩辕，下至于兹，著十二本纪，既科条之矣。并时异世，年差不明，作十表。礼乐损益，律历改易，兵权山川鬼神，天人之际，承敝通变，作八书。二十八宿环北辰，三十辐共一毂，运行无穷，辅拂股肱之臣配焉，忠信行道，以奉主上，作三十世家。扶义倜傥，不令己失时，立功名于天下，作七十列传。凡百三十篇，五十二万六千五百字，为《太史公书》。

（一）史记目次

五体目次
- 本纪十二
- 年表十
- 书八
- 世家三十
- 列传七十

一百三十篇

本纪目次				
古代史	五帝	本纪第一	……	卷一
	夏	本纪第二	……	卷二
	殷	本纪第三	……	卷三
	周	本纪第四	……	卷四
近代史	秦	本纪第五	……	卷五
	秦始皇	本纪第六	……	卷六
	项羽	本纪第七	……	卷七
现代史	汉高祖	本纪第八	……	卷八
	吕太后	本纪第九	……	卷九
	孝文帝	本纪第十	……	卷一〇
	孝景帝	本纪第十一	……	卷一一
	孝武帝	本纪第十二	……	卷一二

年表目次				
古代史表	三代世表	年表第一	……	卷一三
	十二诸侯	年表第二	……	卷一四
近代史表	六国	年表第三	……	卷一三
	秦楚之际月表	年表第四	……	卷一六
现代史表	汉兴以来诸侯王	年表第五	……	卷一七
	高祖功臣侯者	年表第六	……	卷一八
	惠景间侯者	年表第七	……	卷一九
	建元以来侯者	年表第八	……	卷二〇
	建元以来王子侯者	年表第九	……	卷二一
	汉兴以来将相名臣	年表第十	……	卷二二

八书目次			
礼书	八书第一	……	卷二三
乐书	八书第二	……	卷二四
律书	八书第三	……	卷二五
历书	八书第四	……	卷二六
天官书	八书第五	……	卷二七
封禅书	八书第六	……	卷二八
河渠书	八书第七	……	卷二九
平淮书	八书第八	……	卷三十

世家三十，目次如下：世家第一吴太伯，二齐太公，三鲁周公，四燕召公，五管蔡，六陈杞，七卫康叔，八宋微子，九晋，十楚，十一越王勾践，十二郑，十三赵，十四魏，十五韩，十六田敬仲完，十七孔子，十八陈涉，十九外戚，二十楚元王，二十一荆燕，二十二齐悼惠王，二十三萧相国，二十四曹相国，二十五留侯，二十六陈丞相，二十七绛侯，二十八梁孝王，二十九五宗，三十三王。

世家目次	①吴太伯至郑世家	世家第一至十二	卷三一至四二
	②赵世家至田敬仲完	世家第十三至十六	卷四三至四六
	③孔子	世家第十七	卷四七
	④陈涉	世家第十八	卷四八
	⑤外戚	世家第十九	卷四九
	⑥楚元王至齐悼惠王	世家第二十至二二	卷五〇至五二
	⑦萧相国至绛侯	世家第二三至二七	卷五三至五七
	⑧梁孝王	世家第二八	卷五八
	⑨五宗	世家第二九	卷五九
	⑩三王	世家第三十	卷六〇

列传七十，目次如下：列传第一伯夷，二管仲、晏婴，三老子、庄子、申不害、韩非，四司马穰苴，五孙武、吴起，六伍子胥，七仲尼弟子 77 人，八商君鞅，九苏秦，十张仪，附陈轸、犀首，十一樗里子、甘茂，附甘罗，十二穰侯，十三白起、王翦，十四孟轲、荀子，附淳于髡、慎到、邹衍等十四人，十五孟尝君田文，十六平原君赵胜，附虞卿，十七魏公子信陵君无忌，十八春申君黄歇，十九范雎、蔡泽，二十乐毅，二一廉颇、蔺相如，附赵奢、李牧，二二田单，二三鲁仲连、邹阳，二四屈原、贾谊，二五吕不韦，二六刺客：曹沫、专诸、豫让、聂政、荆轲，二七李斯，二八蒙恬，二九张耳、陈馀，三十魏豹、彭越，三一黥布，三二淮阴侯，三三韩王信、灌婴，三六张苍，附周昌、任敖、申屠嘉，三七郦生、陆贾，附朱建，三八傅宽、靳歙、周緤，三九刘敬、叔孙通，四十季布、栾布，四一袁盎、晁

错，四二张释之、冯唐，四三万石君石奋、石建、石庆、附卫绾、直不疑、周文、张叔，四四田叔，附田仁，四五扁鹊、仓公，四六吴王濞，四七魏其侯窦婴、武安侯田蚡，附灌夫，四八韩安国，四九李将军李广，附李陵，五十匈奴，五一卫将军卫青、骠骑将军霍去病，附公孙贺等十六人，五二平津侯公孙弘、主父偃，五三南越王尉佗，五四东越，五五朝鲜，五六西南夷，五七司马相如，五八淮南王刘长、刘安、衡山王刘赐，五九循吏：孙叔敖、子产、公仪休、石奢、李离，六十汲黯、郑当时，六一儒林：申公、辕固生、韩生、伏胜、董仲舒、胡毋生，六二酷吏：郅都、宁成、周阳由、赵禹、张汤、义纵、王温舒、杨仆、减宣、杜周，六三大宛，附乌孙、康居、奄蔡、大月氏、安息、条枝、大夏，六四游侠：朱家、剧孟、郭解，六五佞幸：邓通、韩嫣、李延年，六六滑稽：淳于髡、优孟、优旃，六七日者司马季主，六八龟策，六九货殖：范蠡、子贡、白圭、猗顿、乌氏倮、巴寡妇清、卓氏、程郑、宛孔氏、曹邴氏、师史、刁间、任氏、桥姚、无盐氏，附田啬、田兰等十二人，七十太史公自序。

以上可见，司马迁创制列传，有个人专传、二人以上合传、多人从主附传、类传等四种类型。《孙吴》、《屈贾》、《鲁邹》等合传打破时代界限，实为类传。匈奴、两越、朝鲜四方民族分插在人物列传中，等同天子臣民，此四海一家之观念，表现了司马迁的进步历史观。总之，史记列传具有组合义例，今虽不能全明司马迁原本义例，大略线索仍可勾勒。

列传目次

①伯夷至管晏	列传第一至二	卷六一至六二
②老子韩非至仲尼弟子	列传第三至七	卷六三至六七
③商君至田单	列传第八至二二	卷六八至八二
④鲁仲连邹阳至屈原贾谊	列传第二三至二四	卷八三至八四
⑤吕不韦至蒙恬	列传第二五至二八	卷八五至八八
⑥张耳陈馀至田儋	列传第二九至三四	卷八九至九四

列传目次

⑦樊郦滕灌至季布栾布	列传第三五至四十	卷九五至一〇〇
⑧袁盎晁错至扁鹊仓公	列传第四一至四五	卷一〇一至一〇五
⑨吴王濞至韩长孺	列传第四六至四八	卷一〇六至一〇八
⑩李将军至卫将军骠骑	列传第四九至五一	卷一〇九至一一一
⑪平津侯主父至淮南衡山	列传第五二至五八	卷一一二至一一八
⑫循吏至汲郑	列传第五九至六十	卷一一九至一二〇
⑬儒林至酷吏	列传第六一至六二	卷一二一至一二二
⑭大宛	列传第六三	卷一二三
⑮游侠	列传第六四	卷一二四
⑯佞幸	列传第六五	卷一二五
⑰滑稽	列传第六六	卷一二六
⑱日者至龟策	列传第六七至六八	卷一二七至一二八
⑲货殖	列传第六九	卷一二九
⑳太史公自序	列传第七十	卷一三〇

（二）司马贞对史记序目之批评

——《补史记序》云：太史公作《史记》，古今君臣，宜应上自开辟，下迄当代，以为一家之首尾。今阙三皇而以五帝为首者，正以《大戴礼》有《五帝德篇》，又《帝系》皆叙自黄帝以下，故因《五帝本纪》为首。其实三皇已还，载籍罕备，然君臣之始，教化之先，既论古史，不合全阙。近代皇甫谧作《帝王世纪》，徐整作《三五历》，皆论三皇以来事，斯亦近古之一证。今并抵而集之，作《三皇本纪》。秦虽嬴政之祖，本西戎附庸之君，岂以诸侯之邦，而与五帝三王同称本纪，斯必不可，降为秦系家。项羽崛起，争雄一朝，假号西楚，竟未践天子之位，而身别离，斯亦不可称本纪，宜降为系家。吕太后本以女主临朝，自孝惠崩后，立少帝而始称制，正附《惠纪》而论之，不者或别为

《吕后本纪》，岂得合设孝惠而称《吕后本纪》，今依班氏分为二纪。

曹叔振铎，亦姬姓之国，而文之昭。春秋之时，颇称强国，其后数十代，岂可附管蔡亡国之末而没其篇，今曹叔振铎系家自为一。许文叔太岳之胤，二郑曹姓之君。并通好诸侯，同盟大国，不宜全没其事，亦可叙其本末，补《许郑系家》焉。孔子教化之主，吾之师也，为帝王之仪表，示人伦之准的，自子思以下，代有哲人，继代象贤，试可仰同列国，前史既定，各无间然。陈涉因时扰攘，起自匹夫，假托妖祥，一朝称楚，历年不永，勋业蔑如，继之齐鲁，曾何等级，可降为列传。张耳吴芮，势侔楚汉，位埒齐韩，俱怀从沛之心，咸享誓河之业，爵在列侯之上，家传累代之基，长沙既曰令终，赵王亦渭善始，并可列系家焉。吴濞淮南，五宗之国，俱享大邦，虽复逆乱，以取污朝典，岂可谓非青社之国哉。然淮南犹有后不绝，衡山亦其罪盖轻，比三卿之分晋，方暴秦之灭周，可不优乎。安得黜其王国，不与五宗、三王，列于系家。其吴濞请与楚元王同为一篇，淮南宜与齐悼惠王一篇，萧相国、曹相国、留侯、绛侯，五宗，三王右六篇，请各为一篇。

案史公有《管晏列传》，其国侨，羊舌肸等，亦古之贤大夫，合著在管晏之下，不宜散入循吏之篇。老子韩非二人，教迹全乖，不宜同传，先贤已有成说，今则不可依循，宜令老子、尹喜、庄周同为一传。其韩非可居《商君传》末。鲁连屈原，当六国之时，贾谊邹阳，在文景帝之日，事迹虽复相类，年代甚为乖绝。其邹阳不可上同鲁连，贾生亦不可下同屈子，今鲁连同田单为传，其屈原与宋玉等为传，其邹阳、牧乘、贾生等同传。《司马相如》、《汲郑列传》，不宜在《西南夷》之下。《大宛列传》宜在《朝鲜》之下，不宜在《酷吏》、《游侠》之间。斯盖并司马公之残缺，褚先生补之失也。幸不深尤焉。(转引自郑鹤声《史汉研究》)

——王鸣盛曰：愚谓贞之改补，诚不知而作，皆非是。至其又欲分萧相国、曹相国、留侯、绛侯、五宗、三王世家各为一篇，作六篇。案今本固为六篇，而贞言如此，则不可解。子长于留侯上有陈平，方继以绛侯，而贞所举留侯下即绛侯则又不可解。

——又云：贞所移易篇次，有非是者，有似是而不必者。如老韩同传，正以老子清虚不有其身，故元情则必入于深刻，故使同传。今乃谓其教迹全乖，而欲移之，真强作解事，李广、卫青事迹，与匈奴相出入，故以匈奴参错于二人之间，今移之亦非。《司马相如》次《西南夷》下者，亦因相如实欲通西南夷者，移之则非其本意。其余皆多事而无谓，不必也。惟惠帝年十六即位，在位七年，年二十三而崩，《史记》将惠帝事亦入《吕后本纪》，此则似不如《汉书》别立惠帝纪为妥。然此为《汉书》断代为史，立体必应如是。若《史记》本自疏阔，周七八百年只一纪，汉每帝一纪，已自详近略远。惠帝无纪，亦复何害。（《十七史商榷》卷一）

【按】 若以断代为史，从编述国史立场较，司马贞所讥，似亦有理。但从通史体以反映历史形势变化角度来看，司马贞的批评改补和升降，未免肤浅失据。上起黄帝，示例汉族一统，由来尚矣，三皇不配为此位。《秦本纪》之作，正所谓穆公之后常雄诸侯之意。春秋战国之世，秦杂戎狄之俗，会盟致贡则被摈斥，司马迁一反旧识，立秦为本纪，非为好奇，而是纪实，表明天下共主，周王室已名存实亡，诸侯西向，屈服于秦。陈涉为世家，项羽为本纪，旨在标明灭秦之功在陈、项而不在刘也。不为惠帝立纪，因其在位无劳也。武帝倡儒学而用吏甚酷，故立《循吏》、《汲郑》以与《儒学》、《酷吏》相映成对比。小司马不明此旨，妄为升降改补，宜乎王鸣盛之所讥也。赵翼谓《史记》编次，随得随编，不待撰成全书后重为排比，故其次第皆无意义，实本诸司马贞之论，故亦不可取。（参见《廿二史劄记》卷一）

第二节　史记五体渊源义例

（一）十二本纪

——张守节曰：裴松之《史目》云："天子称《本纪》，诸侯

曰世家。”本者，系其本系，故曰本；纪者，理也，统理众事，系之年月，名之曰纪。（《五帝本纪·正义》）

——刘知几曰：昔《汲冢竹书》是曰纪年，《吕氏春秋》肇立纪号（其书有十二纪）。盖纪者，纲纪庶品，网罗万物，考篇目之大者莫过于此乎？……又曰：纪之为体，犹《春秋》之经，系日月以成岁时，书君上以显国统。（《史通·本纪》）

——范文澜曰：本纪十二，实效法《春秋》十二公而作。《文心雕龙·史传篇》谓其取式《吕览》，非笃论矣。至本纪之名，亦有所出。《大宛传赞》云：“《禹本纪》言，河出昆仑，高五百里。”又云：“《禹本纪》及《山海经》所有怪物，予不敢言之也。”班叔皮《史记略论》颇似谓本纪、世家、列传诸体，皆自迁创者，未可据以为信也。（《正史考略·史记》）

（二）十表

——司马贞曰：应劭云：“表者录其事而见之。”案，《礼》有《表记》，而郑玄云：“表，明也。”谓事微而不著，须表明也，故言表也。（《三代世表·索隐》）

——刘知几曰：观太史公之创表也，于帝王则叙其子孙，于公侯则纪其年月，列行萦纡以相属，编字戢孴而相排。虽燕越万里，而于径寸之内犬牙可接，虽昭穆九代而于方寸之中雁行有叙。使读者阅文便睹，举目可详，此其所以为快也。（《史记·杂说上》）

——梁章钜曰：史之有表，经纬相牵，或连或断，可以考证而不可以诵读，学者往往不观。故刘知几《史通》有废表之论。其实表之为用，与纪传相为表里。凡王侯将相公卿，其功名表著者，既为立传，此外无积劳，又无显过，传之不可胜书，而姓名爵里没盛衰之迹，要不容以遽泯，则于表乎载之。又其功罪事实，传中有未能悉备者，亦于表乎载之。年经月纬，一览了然。作史体载，莫大于是。（《退庵随笔》）

——赵翼曰：《史记》作十表，仿于周之谱谍，与纪传相为出入，凡列侯、将、相、三公、九卿功名表著者，既为立传。此外大臣无功无过者，传之不胜传，而又不容尽没，则于表载之。

作史体裁，莫大于是。（《廿二史劄记》卷一）

——范文澜曰：《三代世表序》云："余读《谍记》，黄帝以来皆有年数，稽其历谱谍终始五德之传，古文咸不同，乖异。"《十二诸侯年表序》云："读《春秋历谱谍》"。《汉书·艺文志·历谱家》有《汉元殷周谍历》十七卷，《帝王诸侯世谱》二十卷，《古来帝王年谱》五卷。《梁书·刘杳传》云："王增儒被敕（原注：《南史》作使）撰谱，访杳血脉所因。杳云'桓潭《新论》、《太史三代世表》旁行邪上，并效《周谱》'，以此而推，当起周代。"皆足证《史记年表》之有本。（《正史考略·史记》）

【按】《史通·表历篇》云："夫以表为文，用述时事，施彼谱谍，容或可取。载诸史传，未见其宜。……观马迁《史记》则不然矣。夫天子有本纪，诸侯有世家，公卿以下有列传。至于祖孙昭穆，年月职官，各在其篇，具有其说，用相考核，居然可知，而重列之以表，成其烦费，岂非谬乎？且表次在篇第，编诸卷轴，得之不为益，失之不为损。用使读者，莫不先看本纪，越至世家，表在其间，缄而不视，语其无用，可胜道哉！"刘氏此论，与己《杂说上》所言，自相矛盾，故此语殆非确论，殆其早年之识见欤！

（三）八书

——司马贞曰：书者，五经六籍总名也。此之八书，记国家大体。班氏谓之志，志，记也。（《礼书·索隐》）

——赵翼曰：八书乃史迁所创，以纪朝章国典。（《廿二史劄记》卷一）

——范文澜曰：史迁创制《八书》，朝章国典，于焉备录，《史通·书志篇》所谓"语其通博，信作者之渊海"是也。《八书》之名，本于《尚书》。《八书》之作，则取《尚书》之《尧典》、《禹贡》。案，《尧典》、《禹贡》本后世史官所记，略去小事，综括大典，追述而成。故如"乃命羲和，钦若昊天，历象日月星辰，敬授人时……以闰月定四时成岁"一节，即《律书》（原注《律书》末太史公曰：在璿玑玉衡以齐七政……）、《历书》、《天官书》所由仿也。"岁二月东巡狩……车服以庸"一节，

《封禅书》所由仿也。“帝曰，咨四岳，有能典朕三礼……直哉惟清”，《礼书》所由仿也。“帝曰夔，命汝典乐……百兽率舞”，《乐书》所由仿也，“食哉惟时”，“帝曰弃，黎民阻饥，汝后稷，播时百谷”，《平准书》所由仿也。《禹贡》一篇，《河渠书》所由仿。惟《礼书》、《乐书》、《律书》三篇，迁没之后即已亡失，例以其余五书，则仿自《尧典》之说，或无讥也。（《正史考略·史记》）

（四）三十世家

——司马贞曰：系家者，记诸侯本系也。言其下及子孙常有国。故孟子曰：“陈仲子，齐之系家。”又董仲舒曰：“王者封诸侯，非官之也，得以代为家也。”（《吴太伯世家·索隐》）

——张守节曰：世家者，志曰：“谓世世有禄秩之家。”案，累世有爵土封国。（《吴太伯世家·正义》，引自《史记会注考证》）

——刘知几曰：自有王者，便置诸侯，列以五等，疏为万国。当周之东迁，王室大坏，于是礼乐征伐自诸侯出，迄乎秦世，分为七雄。司马迁之记诸国也，其编次之体，与本纪不殊，甚欲拟彼诸侯，异乎天子，故假以他称，名为世家。案，世家之为义也，岂不以开国承家，世代相续！（《史通·世家》）

——赵翼曰：《史记·卫世家赞》“余读世家言”，是古来本有世家一体，迁用之以记王侯诸国，非自创也。班彪续《史记》不为世家，故《汉书》尽改为列传。传者传一人之生平也，王侯开国，子孙世袭，故称世家，今改作传而其子孙嗣爵者又不能不附其后，究非体矣。然自《汉书》定例后，历代因之。《晋书》于僭伪诸国数代相传者，不曰世家而曰载记，盖以刘石符姚诸君有称大号者，不得以侯国例之也。欧阳修《五代史》则于吴、南唐、前蜀、后蜀、南汉、北汉、楚、吴越、闽、南平皆称世家。《宋史》因之亦作《十国世家》。《辽史》于高丽、西夏则又变其名曰《外记》。（《廿二史劄记》卷一）

——泷川资言曰：孟子所谓世家，犹言世禄之家。以称侯王将相及圣贤名世者，与本纪列传对言，盖自史公创。赵瓯北引《卫世家赞》世家言，认为自古有此称，不知世家言三字又见管蔡陈杞各世家，史公自称其书也。（《吴太伯世家考证》）

【按】 日人泷川氏所言是也。《史记》之后诸史列传附载子孙之传者，犹“史记世家”之余韵也。

——《史记·陈杞世家》：舜之后，周武王封之陈，至楚惠王灭之，有世家言。禹之后，周武王封之杞，楚惠王灭之，有世家言。契之后为殷，殷有本纪言。殷破，周封其后于宋，齐闵王灭之，有世家言。后稷之后为周，秦昭王灭之，有本纪言。皋陶之后，或封英、六，楚穆王灭之，无谱。伯夷之后，至周武王复封于齐，曰太公望，陈氏灭之，有世家言。伯翳之后，至周平王时封为秦，项羽灭之，有本纪言。垂、益、夔龙，其后不知所封，不见也。右十一人者，皆唐虞之际名有功德臣也；其五人之后皆至帝王，余乃为显诸侯。滕、薛、驺，夏、殷、周之间封也，小，不足齿列，弗论也。

【按】 这里所说本纪、世家皆司马迁自著书，此一段又为示例之文。言读史记要综合论列，唐虞之际的功臣作一总交代，与《管蔡世家》中对文王十子作交代同旨，此终始史观之证。史记断限亦如是，虽讫太初，而太初后大事，即武帝兴衰有一个总交代，此乃续史之笔也。此又为立例破例之旨。史公思想富于变化，非固凝之也。

（五）七十列传

——司马贞曰：列传者，谓叙列人臣事迹，令可传于后世，故曰列传。（《伯夷列传·索隐》）

——张守节曰：其人行迹可序列，故云列传。（《伯夷列传·正义》）

——刘知几曰：夫纪传之兴，肇于《史》《汉》。盖纪者，编年也；传者，列事也。编年者，历帝王之岁月，犹《春秋》之经；列事者，录人臣之行状，犹《春秋》之传。《春秋》则传以解经，《史》《汉》则传以释纪。寻兹例草创，始自子长。（《史通·列传》）

——赵翼曰：古书凡记事立论及解经者，皆谓之传，非专记一人事迹也。其专记一人为一传 者，则自迁始。又于传中分公、卿、将、相为列传，其儒林、循吏、酷吏、刺客、游侠、佞幸、

滑稽、日者、龟策、货殖等，又别立名目，以类相从。（《廿二史劄记》卷一）

——范文澜曰：《史记》体例，俱有所本。晋太康中，汲冢得《穆天子传》一卷，是战国史官固有专为一人作传之例矣。《伯夷列传》有其传曰，是古有伯夷叔齐传。（《正史考略·史记》）

（六）总评五体

——皇甫湜曰：古史编年，至汉司马迁始更其制而为纪传，相承至今，无以移之。编年纪事，束于次第，牵于混并，举其大纲，而简于叙事，是以多阙载，多逸文。乃别为著录，以备书之语言，而尽事之本末。故《春秋》之外，则有《尚书》，《左传》之外，又为《国语》，可复自左氏于有，合外传于内哉？合之则繁，离之则异，削之则阙。子长病其然也，于是革旧典，开新程，为纪为传，为表为志，首尾具叙述，表里相发明，庶为得中，将以垂不朽。自汉迄今，代已更八，年几历千，其间贤人摩肩，史臣继踵，榷古今之得失，论述作之利病，各数闻见，竞夸才能，莫能致其规模，殊其体统，传而相授，奉以遵行，而编年之史遂废，盖有以也。（《持正文集·纪传编年论》）

【按】 皇甫湜，中唐人，未见《资治通鉴》出，故有编年史废之叹。然论纪传体之长，言简意赅，理合中正，不可易也。

——司马贞曰：本纪十二，象岁之一周，八书有八篇，示天时之八节；十表放刚柔十日；三十世家比月有三旬；七十列传取悬车之暮齿；百三十篇像闰而成岁。（《补史记序》）

——张守节曰：太史公作《史记》，起黄帝、高阳、高辛、唐尧、虞舜、夏、殷、周、秦，讫于汉武帝天汉四年。作本纪十二，象岁十二月也。作表十，象天之刚柔十日，以记封建世代终始也。作书八，象一岁八节，以记天地日月山川礼乐也。作世家三十，象一月三十日，三十辐共一毂，以记世禄之家辅弼股肱之臣忠孝得失也。作列传七十，象一行七十二日，言七十者举全数也，余二日象闰余也，以记王侯将相英贤略立功名于天下，可序列也。合百三十篇，象一岁十二月及闰余也。而太史公作此五品，废一不可，以统理天地，劝奖箴戒，为后之楷模也。（《论史

例》）

——刘知几曰：《史记》者，纪以包举大端，传以委曲细事，表以谱列年爵，志以总括遗漏，逮于天文、地理、国典、朝章、显隐必该，洪纤靡失，此其所以为长也。若乃同为一事，分在数篇，断续相离，前后屡出，于高纪则云语在项传，于项传则云事具高纪。又编次同类，不求年月，后生而擢居首帙，先辈而抑归末章，遂使汉之贾谊将楚屈原同列，鲁之曹沫与燕荆轲并编，此其所以为短也。（《史通·二体》）

——王鸣盛曰：司马迁创立本纪、表、书、世家、列传体例，后之作史者，递相祖述，莫能出其范围，即班、范称书，陈寿称志，李延寿南北朝称史，欧阳子五代称史记，小异其目。书之名，晋书改称载记。要皆不过小小立异，大指总在司马氏牢笼中。司马取法《尚书》及《春秋》内外传，自言述而非作，其实在述兼作者。（《十七史商榷》卷一）

——赵翼曰：古者左史记言，右史记事，言为《尚书》，事为《春秋》，其后沿为编年者，又不能即一人而各见其本末。司马迁参酌古今，发凡起例，创为全史。本纪以序帝王，世家以记侯国，十表以系时事，八书以详制度，列传以志人物，然后一代君臣政事，贤否得失，总汇于一编之中，自此例一定，历代作史者，遂不能出其范围，信史家之极则也。（《廿二史劄记》卷一）

——朱一新曰：义帝如韩林儿，政非己出，不可立纪；项羽曾宰天下，诸侯听命，自当立纪。《史通》所讥非也。近人曲为之说，亦非也。汉诸王及萧、曹等有土有民，即古诸侯，故作世家。陈涉亦然。惟秦先世立纪，颇失界限，然不如是则先后参差，不得不为变例。魏收作《魏书》，即承用之。（《无邪堂答问》，转引自范文澜《正史考略·史记》）

【按】 司马迁创立纪传体通史，确立以人物为中心的述史体系，上包天文，下括地理，总结人间一切社会史事，考治乱之源，究天人之际，此一包罗万有的写作目的，确定了五体结构。《本纪》编年，摘载诏令制诰，以象征历史发展的纲纪。《世家》述开国承家的诸侯。《列传》叙人臣事迹，辅弼君上，如众星之拱卫北辰。所以纪传史是以帝王将相为中心的历史，适应了封建统治者的思想体制，形象地反映了封建社会的等级秩序，因之纪传史被颁令为正史。

第三节　史记序赞

史记篇末“太史公曰”云云，仿《左传》君子曰而作，习惯称赞。十表、八书、类传，篇首“太史公曰”，习惯谓之序。《伯夷列传》、《货殖列传》等篇中夹议。即司马迁在五体之外，又创造了篇前作序、篇后作赞、篇中夹议等三种史论形式，对后世影响很大。不过司马迁并未名之曰序曰赞。《史通·论赞篇》正式论列“太史公曰”为赞，乃假借后史之名以称之，今亦从之。

——司马贞曰：述赞之体，深所不安。何者？无叙事美功，令有首末；惩恶劝善，是称褒贬。观太史公赞论之中，或国有数君，或士兼百行，不能备论终始，自可略陈梗概。遂颇取一事，偏引一奇，即为一篇之赞，将为龟鉴，诚所不取。斯亦明月之珠，不能无类矣。今并重为一百三十篇之赞云。（《补史记序》）

——刘知几曰：《春秋左氏传》，每有发论，假君子以称之。《二传》云公羊子，谷梁子，《史记》云太史公。既而班固曰赞，荀悦曰论，东观曰序，谢承曰诠，陈寿曰评，王隐曰议，何法盛曰述，扬雄曰撰，刘昞曰奏，袁宏、裴子野自显其名，皇甫谧、葛洪列其所号，史官所撰，通称史臣，其名万殊，其义一揆。必取便于时者，则总归论赞焉。

夫论者，所以辨疑惑、释凝滞，若愚智共了，固无俟商榷。丘明君子曰者，其义实在于斯。司马迁始限以篇终各书一论，必理有非要，则强生其文，史论之烦，实萌于此。（史通通释：篇必有论，自《史记》始）。夫抑《春秋》成史，持论尤宜阔略，其有本无疑事，辄设论以裁之，此皆私徇笔端，苟炫文采，嘉辞美句，寄诸简册，岂知史之大体，载削之指归者哉。（《史通·论赞》）

——颜师古曰：司马子长撰《史记》，其《自序》一篇，总历自道作书本意。篇别皆有引辞云“为此事作某本纪”，“为此事作某年表”，“为此事作某书”，“为此事作某世家”，“为此事作某列传”，子长此意，盖欲比拟《尚书》叙目，即孔安国所云“书序，序所以为作者之意”也。扬子云著《法言》，其本传亦传《法言》之目篇，篇皆引辞云“撰某篇”，亦其义也。及班孟坚为《汉书》，亦放其意，于《序传》内又历道之，而谦不敢自谓作者，避于拟圣，故改作为述，然叙致之体，与马、扬不殊。后人不详，乃谓班书本赞之外，别更为复述，重申褒贬，有所叹咏，挚虞撰《流别集》，全取孟坚书序为一卷，谓汉述已失其意，而范蔚宗、沈休文之徒撰史者，详论之外，别为一首华文丽句，标举得失，谓之为赞，自以取则班、马，不其惑欤？刘勰《文心雕龙》虽略晓其意而言之未尽。（《匡谬正俗》，转引自范文澜《正史考略·史记》）。

——顾炎武曰：古人作史有不待论断而于序事之中即见其指者，惟太公能之。《平准书》末载卜式语，《王翦传》末载客语，《荆轲传》末载鲁勾践语，《晁错传》末载邓公与景帝语，《武安侯田蚡传》末载武帝语，皆史家于序事中寓论断法也。后人知此法者鲜矣！惟班孟坚间一有之。如《霍光传》载任宣与霍禹语，见多作威福。《黄霸传》载张敞奏见祥瑞多不以实。通传皆褒，独此寓贬，可谓得太公之法者。（《日知录》卷二六《史记于序事中寓论断》）

——章学诚曰：太史叙例之作，其自注之权与乎！明述作之本旨，见去取之从来，已似恐后人不知其所云而特笔以标之，所谓“不离古文”及“考信六艺”云云者，皆百三十篇之宗旨，或殿卷末，或冠篇端，未尝不反复自明也。（《文史通义·史注》）

【按】《史记》一百篇序赞是研究司马迁思想的重要资料，是史家直接发表评论的重要形式，并非如刘知几所说是多余的蛇足。《后汉书》篇末之赞，是在论外赘加，实有蛇足之病。《史记》篇末之赞，或考证古史，如先秦诸帝纪之赞、《三代世表序》；或叙游历所得，如《河渠书赞》；或直抒评论，如《项羽本纪赞》、《蒙恬列传赞》等，内容丰富，往往补篇中所未言之事。

至于《太史公自序》更是一篇总论，明述作之旨，不可缺也。小司马、刘子玄之讥，并非确论。要之，以颜、顾、章诸氏所论为平。

——赖襄曰，史中论赞自是一体，不可与后人史论同视也。史氏本主叙事，不须议论。特疏己立传之意，又补传所未及，而有停笔踌躇俯仰今古处，足以感发读者心。是论赞所以有用。子长之后，少得此意者。（转引自《史记会注考证》）

【按】 赖氏所言甚是。《史记》之后，唯《后汉书》之论最佳，范晔史识不减子长耳，其余诸史，难与比论也。

第五章 《史记》取材

郑樵曰："大著述者必深于博雅，而尽见天下之书，然后无遗恨。当迁之时，挟书之律初除，得书之路未广，亘三千年之史籍，而跼蹐于七八种书，所可为迁恨者，博不足也。"（《通志总序》）观郑氏之意，讥《史记》采录不博以自炫《通志》之宏博也。以实考之，郑樵之讥，既未深究《史记》本书，亦曲解班氏父子之言，岂非有意抑子长以自衬者乎？班彪、班固父子对《史记》致不满之辞，但并未讥《史记》采录不博，恰恰是指责司马迁采录泛滥。今录班氏父子之论以观其辞。

——班彪曰：孝武之世，太史令司马迁采《左氏》、《国语》，删《世本》、《战国策》，据楚汉列国时事，上自黄帝，下讫获麟，作《本纪》、《世家》、《列传》、《书》、《表》，凡百三十篇，而十篇缺焉。迁之所记，从汉元至武以绝，则其功也。至于采经摭传，分散百家之事，甚多疏略，不如其本，务以多阅广载为功，论议浅而不笃。（《后传略论》载《后汉书》本传）

——班固曰：故司马迁据《左氏》、《国语》，采《世本》、《战国策》，述《楚汉春秋》，接其后事，讫于天汉，其言秦汉详矣。至于采经摭传，分散数家之事，甚多疏略。或有抵牾，亦其涉猎者广博，贯穿经传，驰骋古今上下，数千载间，斯以勤矣。（《汉书》卷六二《司马迁传》）

【按】《史记》煌煌历史巨著，非如文学作品，以抒情见意，辞必己出，亦非哲理著作，以空言论道，设寓说理，字字句句均有来历，司马迁自谦，一则曰“余所谓述故事，整齐其世传，非所谓作也”，又曰“厥协《六经》异传，整齐百家杂语”。称《史记》为“述”而非“作”。其实这话并非纯然自谦，亦是自待自恃，意谓《史记》言之有故，持之有本。班氏父子均讥《史记》“甚多疏略”，探其源“务以多阅广载为功”，“亦其涉猎者广博”也。班氏父子之论是否允当，姑置不论。然谓司马迁采录广博则是事实。班彪《略论》，班固《传赞》所举《左氏》、《国语》、《世本》、《战国策》等书，是举其要，非谓司马迁仅凭数本书作《史记》，由此可见郑樵所言“蹈蹐于七八种书”，无根之言也，岂可为据乎？

司马迁用多种途径搜求史料，采录至为宏博，单以《史记》本书考之，即达104种古书，分次论之如下。

第一节　司马迁用多种途径搜求史料

（一）阅读皇室所藏图书档案

——《太史公自序》：迁为太史令，紬史记石室金匮之书。

——《五帝本纪赞》：予观《春秋》、《国语》。

——《殷本纪赞》：自成汤以来，采于《诗》、《书》。

——《三代世表序》：余读《谍记》，稽其历谱。

——《十二诸侯年表序》：太史公读《春秋历谱谍》。

——《六国年表序》：太史公读《秦记》。

——《吴太伯世家赞》：余读《春秋古文》。

——《管晏列传赞》：吾读管氏《牧民》、《山高》、《乘马》、《轻重》、《九府》，及《晏子春秋》。

——《司马穰苴列传赞》：余读《司马兵法》。

——《孟子荀卿列传赞》：余读《孟子书》。

——《商君列传赞》：余尝读商君《开塞》、《耕战》书。

——《屈原贾生列传赞》：余读《离骚》、《天问》、《招魂》、《哀郢》。

——《郦生陆贾列传》：余读陆生《新语》书。

——《高祖功臣侯者年表序》：余读高祖功臣。

——《惠景间侯者年表序》：太史公读《列封》至便侯，曰：有以也夫！

——《儒林列传》：余读《功令》，至于广厉学官之路，未尝不废书而叹也。

——《曹相国世家》记参功：凡下二国，县一百二十二，得王二人，相三人，将军六人，大莫敖（楚之卿号）、郡守、司马、侯、御史各一人。

——《扁鹊仓公列传》：太仓公者，齐太仓长，临菑人也，姓淳于氏，名意。少而喜医方术。……诏问故太仓长臣意："方伎所长，及所能治病者？有其书无有？皆安受学？受学几何岁？尝有所验？何县里人也？何病？医药已其病之状皆何如？具悉而对。"臣意对曰：……（照录仓公所对医案）

【按】 汉室宫内有天禄阁、延阁、广内等藏书馆，朝廷有太史、博士官署藏书。司马迁所读《诗》、《书》、《秦记》、《春秋历谱谍》、《列封》、《功令》等等皆国家所藏图书，所谓"石室金匮之书"也。《曹相国世家》所录曹参军功，即《功令》所载之文也。《扁鹊仓公列传》载仓公所对医案均皇室所藏。

（二）文物及图象

——《孔子世家赞》：适鲁，观孔子庙堂车服礼器，诸生以时习礼其家，余祗回留之，不能去云。

——《留侯世家赞》：余以为其人计魁梧奇伟，至见其图，状貌如妇人好女。

（三）游历访问，实地调查

——《五帝本纪赞》：余尝西至空桐，北过涿鹿，东渐于海，南浮江淮矣，至长老皆各往往称黄帝、尧、舜之处，风教固殊焉。

——《周本纪赞》：学者皆称周伐纣，居洛邑，综其实不然。

武王营之，成王使召公卜居，居九鼎焉，而周复都丰、镐。至犬戎败幽王，周乃东徙于洛邑。所谓“周公葬于毕”。毕在镐东南杜中。

——《魏世家赞》：吾适故大梁之墟，墟中人曰：“秦之破梁，引河沟而灌大梁，三月城坏，王请降，遂灭魏。”说者皆曰魏以不用信陵君故，国削弱至于亡，余以为不然。

——《淮阴侯列传赞》：吾如淮阴，淮阴人为余言，韩信虽为布衣时，其志与众异。其母死，贫无以葬，然乃行营高敞地，令其旁可置万家。余视其母冢，良然。

【按】 司马迁在全国游历调查中考实了西周建国时的都城，纠正了学者所传之误。搜集了全国各地关于上古史的传说，修改了《史记》的写作计划，延伸起于唐尧而始于黄帝。至于调查战国故事，汉初故事，古战场形势，书中更是屡言之。详第一、二两章关于司马迁壮游、出使、从巡的记述可知，兹从略。

（四）接触当事人或他人口述材料

——《项羽本纪赞》：吾闻之周生曰：“舜目盖重瞳子”，又闻项羽亦重瞳子。

——《赵世家赞》：吾闻冯王孙曰：“赵王迁，其母倡也，嬖于悼襄王。悼襄王废适子嘉而立迁。迁素无行，信谗，故诛其良将李牧，用郭开。”

——《樊郦滕灌列传赞》：余与他广通，为言高祖功臣之兴时若此云。

——《冯唐传》：唐子冯遂……字王孙，亦奇士，与余善。

——《田叔列传赞》：仁与余善，余并论之。

——《韩长孺列传赞》：余与壶遂定律历，观韩长孺之义，壶遂之深中隐厚。世之言梁多长者，不虚哉！

——《李将军列传赞》：余睹李将军悛悛如鄙人，口不能道辞。

——《卫将军骠骑列传赞》：苏建语余曰：“吾尝责大将军至尊重，而天下之贤大夫毋称焉，愿将军观古名将所招选择贤者，勉之哉。大将军谢曰：‘自魏其、武安之厚宾客，天子常切齿。

彼亲附士大夫，招贤绌不肖者，人主之柄也。人臣奉法遵职而已，何与招士！'”骠骑亦放此意，其为将如此。

——《游侠列传赞》：吾视郭解，状貌不及中人，言语不足采者。然天下无贤与不肖，知与不知，皆慕其声，言侠者皆引以为名。

（五）采集歌谣诗赋，俚语俗谚

1. 乐府歌谣，文人诗赋

——《项羽之歌》：力拔山兮气盖世，时不利兮骓不逝。骓不逝兮可奈何，虞兮虞兮奈若何！（《项羽本纪》）

——汉高祖《大风歌》：大风起兮云飞扬，威加海内兮归故乡，安得猛士兮守四方。（《高祖本纪》）

——赵王刘友《饥饿之歌》：诸吕用事兮，刘氏危。迫胁王侯兮，强授我妃。我妃既妒兮，诬我以恶。谗女乱国兮，上曾不寤。我无忠臣兮，何故弃国。自决中野兮，苍天举直。于嗟不可悔兮，宁蚤自财（裁）。为王而饿死兮，谁者怜之。吕氏绝理兮，托天报仇。（《吕太后本纪》）

——汉武帝《神马太一之歌》：太一贡兮天马下，沾赤汗兮沫流赭。骋容与兮蹀万里，今安匹兮龙为友。（《乐书序》）

——汉武帝《大宛千里马歌》：天马来兮从西极，经万里兮归有德。承灵威兮降外国，涉流沙兮四夷服。（同上）

【按】 论者以张晏云《乐书亡》，谓今本《乐书》为伪品，并以文中中尉汲黯进谏与公孙弘辩难与史实不合为证。我们认为《乐书》亡佚可信，但《乐书》的前序应是补作者所搜集的司马迁遗文。至于汲黯、公孙弘之语或经后人窜乱，补作者亦必不作矛盾之语供人讥评。

——汉武帝《瓠子之歌》二章。其一曰：瓠子决兮将奈何？皓皓旰旰兮闾殚为河！殚为河兮地不得宁，功无已时兮吾山平。吾山平兮钜野溢，鱼沸郁兮柏冬日。延道弛兮离常流，蛟龙骋兮方远游。归旧川兮神哉沛，不封禅兮安知外！为我谓河伯兮何不仁，泛滥不止兮愁吾人。啮桑浮兮淮、泗满，久不反兮水维缓。

其二曰：河汤汤兮激潺湲，北渡污兮浚流难。搴长茭兮沈美玉，

河伯许兮薪不属。薪不属兮卫人罪，烧萧条兮噫乎何以御水！颓林竹兮楗石灾，宣房塞兮万福来。（《河渠书》）

——箕子《麦秀之诗》：麦秀渐渐兮，禾黍油油。彼狡僮兮，不与我好兮！（《宋微子世家》）

——晋大夫《士蒍之歌》：狐裘蒙茸，一国三公，吾谁适从！（《晋世家》）

——赵武灵王梦见处子唱《娃嬴之歌》：美人荧兮，颜若苕之荣。命乎命乎，曾无我嬴！（《赵世家》）

——孔子《去鲁之歌》：彼妇之口，可以出走，彼妇之谒，可以死败。盖优哉游哉，维以卒岁！（《孔子世家》）

——朱虚侯刘章《耕田歌》：深耕溉种，立苗欲疏；非其种者，锄而去之。（《齐悼惠王世家》）

——伯夷叔齐《采薇之歌》：登彼西山兮，采其薇矣。以暴易暴兮，不知其非矣。神农、虞、夏忽焉没兮，我安适归矣？于嗟兮，命之衰矣！（《伯夷列传》）

——刺客《荆轲之歌》：风萧萧兮易水寒，壮士一去兮不复还。（《刺客列传》）

——楚乐人《优孟之歌》：山居耕田苦，难以得食。起而为吏，身贪鄙者余财，不顾耻辱，身死家室富。又恐受赇枉法，为奸触大罪，身死而家灭。贪吏安可为也！念为廉吏，奉法守职，竟死不敢为非。廉吏安可为也！楚相孙叔敖持廉至死，方今妻子穷困负耕食，不足为也！（《滑稽列传》）

【按】 汉武帝设乐府采诗，《史记》中的民歌童谣（见后）一部分可能来自乐府。上引统治阶级上层人士所作之歌，大部分当来自乐府或皇室档案。采择歌谣诗赋入史，亦是司马迁的伟大创造和识见，开拓了史料来源，增强史文的形象性。《屈原贾生列传》录屈赋、贾谊赋，《司马相如列传》录司马相如赋均适得其宜，非司马迁而不可为也。《汉书》发扬《史记》的这一传统，《汉书》而后则微矣。

2. 民歌童谣

——周宣王时之童谣：檿弧箕服，实亡周国。（《周本纪》）

——齐人《莱人之歌》：景公死乎弗与埋，三军事乎弗与谋，师乎师乎，胡党之乎？（《齐太公世家》）

——鲁文成之世童谣：鸜鹆来巢，公在乾侯。鸜鹆入处，公在外野。（《鲁周公世家》）

——齐人《采芑之歌》：妪乎采芑，归乎田成子。（《田完世家》）

——齐人怨王建《松柏之歌》：松耶柏耶？住建共者客耶？（同上）

——汉初百姓歌《萧曹之歌》：萧何为法，觏若画一；曹参代之，守而勿失。载其清净，民以宁一。（《曹相国世家》）

——汉高祖刘邦为戚姬唱《鸿鹄之歌》：鸿鹄高飞，一举千里。羽翮已就，横绝四海。横绝四海，当可奈何！虽有矰缴，尚安所施。（《留侯世家》）

——西汉《淮南民歌》：一尺布，尚可缝；一斗粟，尚可舂。兄弟二人不相容。（《淮南衡山列传》）

3. 俚语俗谚

——鄙语有之：牵牛径人田，田主夺之牛。径则有罪矣，夺之牛，不亦甚乎？（《陈杞世家》）

——语有之：以权利合者，权利尽而交流。（《郑世家赞》）

——又载谚曰：死者复生，生者不愧。（同上）

——又载民伪言曰：赵为号，秦为笑。以为不信，视地之生毛。（同上）

——客曰：“夥颐！涉之为王沈沈者！”楚人谓多为夥，故天下传之。（夥颐，楚地方俗语。《陈涉世家》）

——甚矣，“安危在出令，存亡在所任”，诚哉是言也。（《楚元王世家》）

——鄙语曰：儿妇人口不可用。（《陈丞相世家》）

——贾子曰：贪夫徇财，烈士徇名，夸者死权，众庶冯生。（《伯夷列传》转引自《贾谊新书》）

——语曰：能行其美，匡救其恶，故上下能相亲也。（《管晏列传》）

——语曰：能行之者，未必能言。能言之者，未必能行。（《孙子吴起列传》）

——语曰：宁为鸡口，无为牛后。（《苏秦列传》）

——秦人谚曰：力则任鄙，智则樗里。（《樗里子甘茂列传》）

——鄙语云：尺有所短，寸有所长。（《白起列传赞》）

——鄙语曰：利令智昏。（《平原君列传赞》）

——语曰：当断不断，反受其乱。（《春申君列传赞》）

——语曰：庸主赏所爱而罚所恶；明主则不然，赏必加于有功，而刑必断于有罪。（《范雎蔡泽列传》）

——吾闻之：鉴于水者见面之容，鉴于人者知吉与凶。（蔡泽所闻俗语。同上）

——吾闻之：智者不倍时而弃利，勇士不却死而灭名，忠臣不先身而后君。（《鲁仲连邹阳列传》载《鲁仲连遗燕将书》）

——吾闻之：规小节者不能成荣名，恶小耻者不能立大功。（同上）

——谚曰：有白头如新，倾盖如故。（邹阳《狱中上梁王书》）

——语曰：千金之裘，非一狐之腋也；台榭之榱，非一木之枝也；三代之际，非一士之智也。（《刘敬叔孙通列传赞》）

——语曰：变古乱常，不死则亡。（《袁盎晁错列传赞》）

——楚人谚曰：得黄金百，不如得季布一诺。（《季布栾布列传》）

——语曰：不知其人，视其友。（《张释之冯唐列传赞》）

——女无美恶，居宫见妒；士无贤不肖，入朝见疑。（《扁鹊仓公列传赞》）

——毋为权首，反受其咎。（《吴王濞列传赞》）

——语曰：虽有亲父，安知其不为虎？虽有亲兄，安知其不为狼？（《韩长孺列传》）

——谚曰：桃李不言，下自成蹊。（《李将军列传赞》）

——鄙人有言曰：何知仁义，已向其利者为有德。（《游侠列传》）

——谚曰：人貌荣名，岂有既乎？（《游侠列传赞》）

——谚曰：力田不如逢年，善仕不如遇合。（《佞幸列传》）

——谚曰：千金之子，不死于市。（《货殖列传》）

——故曰：天下熙熙，皆为利来；天下攘攘，皆为利往。（《货殖列传》）

——谚曰：百里不贩樵，千里不贩籴。（同上）

——用贫求富，农不如工，工不如商，刺绣文不如倚市门。（同上）

【按】 司马迁引用歌谣俚语，往往标明谚曰、语曰、鄙语曰。或者融合在叙事之中，挥洒自如，用于刻划人物，用于叙事说理，妙趣横生，增强了文章的感染力，是应该肯定的。司马迁还大量地将歌谣俚语引入赞中，用以褒贬人物，就像经典一样郑重。这样一来，司马迁受到了正统派史学家的讥评，班彪所谓的“论义浅而不笃”云云，也就值得商榷了。

第二节　载于史记中的司马迁所见书

《史记》无《艺文志》，司马迁又未专论其所采用书目，不过因事涉及论列某书，集《史记》所载有 104 种，按四部分类排列如下：

（一）六经及其训解书（23 种）

1.《诗》三百篇　　存

——《孔子世家》：古者诗三千余篇，及至孔子，去其重取可施于礼义。上采契、后稷，中述殷、周之盛，至幽厉之缺，始于衽席。故曰：“《关雎》之乱，以为《风》始。《鹿鸣》为《小雅》始。《文王》为《大雅》始。《清庙》为颂始。三百五篇，孔子皆弦歌之，以求合《韶》、《武》、《雅》、《颂》之音。礼乐自此可得而述；以备王道，成六艺。”

——太史公自序：《诗》三百篇，大抵圣贤发愤之所作为也。

2.《韩诗内外传》　　存

——《儒林列传》：韩生推《诗》之意，而为《内外传》数万言。其语颇与齐鲁间殊，然其归一也。

3.《申公诗训》 亡

——《儒林列传》：申公独以《诗经》为训以教，无传，疑者则阙不传。

4.《今文尚书》二十九篇 存

——《儒林列传》：秦时焚书，伏生壁藏之，其后兵大起，流亡。汉定，伏生求其书，亡数十篇，独得二十九篇。即以教于齐鲁之间，学者由是颇能言《尚书》。

5.《古文尚书》十余篇 亡

——《儒林列传》：孔氏有《古文尚书》，而安国以今文读之，因以起其家逸书，得十余篇。盖《尚书》滋多于是矣。

6.《书序》 存

——《三代世表序》：孔子序《尚书》，则略无年月。

7.《周书》 亡

——《货殖列传序》引逸《周书》曰："农不出则乏其食，工不出则乏其事，商不出则三宝绝，虞不出则财匮少。"

8.《士礼》（即《仪礼》） 存

——《儒林列传》：诸学者多言《礼》，而鲁高堂生最本。《礼》固自孔子时而其经不具；及至秦焚书，书散亡益多。于今独有《士礼》，高堂生能言之。

9.《礼记》、《王制》、《中庸》 存

——《六国年表序》：《礼》曰："天子祭天地，诸侯祭其域内名山大川。"又，《封禅书》："文帝使博士诸生刺六经中作《王制》。"又，《孔子世家》："子思作《中庸》。"

【按】"礼曰"云云引自《礼记·曲礼》。《王制》、《中庸》均是《礼记》中的篇名。

10.《大戴礼记》 存

——《五帝本纪赞》："予观《春秋》、《国语》，其发明《五帝德》、《帝系姓》章矣。"又，《夏本纪赞》："孔子正夏时，学者多传《夏小正》云。"

【按】《五帝德》、《帝系姓》、《夏小正》，均《大戴礼记》

篇名。

11.《汉礼仪》 亡

——见《儒林列传》及《自序》，叔孙通所作，不具引。

12.《易》 存

——《孔子世家》：孔子晚而喜《易》，序《彖》、《系》、《象》、《说卦》、《文言》。读《易》韦编三绝，曰："假我数年，若是我于《易》则彬彬矣。"

——《儒林列传》：自鲁商瞿受《易》孔子，孔子卒，商瞿传《易》，六世至齐人田何，字子庄。而汉兴，田何传东武人王同子仲，子仲传菑川人杨何。何以《易》元光元年征。官至中大夫。齐人即墨成，以《易》至城阳相，广川人孟伯，以《易》至二千石。然要言《易》者，本于杨何之家。

13.《周官》(即《周礼》) 存

——《封禅书》：《周官》曰："冬日至，祀天于南郊。"

14.《春秋》 存

——《孔子世家》：乃因《史记》作《春秋》。上至隐公，下讫哀公十四年，十二公。据鲁、亲周、故殷，运之三代，约其辞文而指博。故吴楚之君自称王，而《春秋》贬之曰"子"；践土之会实召周天子，而《春秋》讳之曰"天王狩于河阳"，推此类以绳当世。贬损之义，后有王者举而开之。《春秋》之义行，则天下乱臣贼子惧焉。

——《十二诸侯年表序》：是以孔子明王道，干七十余君，莫能用。故西观周室，论史记旧闻，兴于鲁而次《春秋》。上记隐公，下至哀之获麟。约其辞文，去其烦重，以制义法；王道备，人事浃。

15.《左氏春秋》 存

——《五帝本纪赞》：余观《春秋》、《国语》。

——《十二诸侯年表序》：鲁君子左丘明，惧弟子人人异端，各安其意，失其真。故因孔子《史记》，具论其语，成《左氏春秋》。

16.《春秋国语》 存

——《太史公自序》：左丘失明，厥有《国语》。又见上《五帝本纪赞》。

17.《春秋杂说》　　　　　　　　亡

——《平津侯主父列传》：公孙弘者，齐菑川国薛县人也，字季。少时为薛狱史，有罪免；家贫，牧豕海上。年四十余，乃学《春秋杂说》。

18.《春秋繁露》　　　　　　　　存

——《十二诸侯年表序》："上大夫董仲舒推《春秋》义，颇著文焉。"《索隐》曰："作《春秋繁露》。"

19.《春秋灾异之记》　　　　　　残

——《儒林列传》：董仲舒……以《春秋》灾异之变，推阴阳所以错行。故求雨，闭诸阳，纵诸阴，其止雨反是。行之一国，未尝不得所欲。中废为中大夫，居舍，著《灾异之记》。

——《十二诸侯年表序》：大夫董仲舒推《春秋》义，颇著文焉。

20.《公羊传》　　　　　　　　　存

——《儒林列传》：故汉兴至于五世之间，唯董仲舒名为明于《春秋》，其传公羊氏也。

21.《谷梁春秋》　　　　　　　　存

——《儒林列传》：瑕丘江生为《谷梁春秋》。自公孙弘得用，尝集比其义，卒用董仲舒。

22.《乐》　　　　　　　　　　　存

——《太史公自序》：《乐》，乐所以立，故长于和。

23.《孝经》　　　　　　　　　　存

——《仲尼弟子列传》：曾参作《孝经》。

【按】 司马迁读《六经》，深受其影响。他在《伯夷列传》中提出"考信于六艺"的治史原则，又在《自序》及《滑稽》等传多次提到《六经》及《六艺》，推崇备至。但《史记》未论及《乐经》，盖其书已佚。

（二）诸子百家书（50 种）

1.《管子》　　　　　　　　　　存

——《管晏列传赞》：吾读管氏《牧民》、《山高》、《乘马》、《轻重》、《九府》及《晏子春秋》，详哉！其言之也。既见其著书，欲观其行事，故次其传。至其书，世多有之，是以不论，论其轶事。

2.《晏子春秋》　　　　　　　　存

——见上《管晏列传赞》。

3.《老子》上下篇　　　　　　　存

——《老子韩非列传》：于是老子乃著书上下篇，言道德之意，五千余言而去。

4.《老莱子十五篇》　　　　　　亡（有马国翰辑本）

——《老子韩非列传》：或曰：老莱子亦楚人也。著书十五篇，言道家之用，与孔子同时云。

5.《庄子》　　　　　　　　　　存

《老子韩非列传》：庄子者，蒙人也，名周。周尝为蒙漆园吏，与梁惠王、齐宣王同时。其学无所不窥，然其要，本归于老子之言。故其著书十万余言，大抵皆寓言也。作《渔父》、《盗跖》、《胠箧》，以诋訿孔子之徒，以明老子之术。《畏累虚》、《亢桑子》之属，皆空语，无事实。

6.《申子》二篇　　　　　　　　存

——《老子韩非列传》：申子之学，本于黄老，而主刑名，著书二篇，号曰《申子》。

7.《商君书》　　　　　　　　　存

——《商君列传赞》：余尝读商君《开塞》、《耕战》书。

8.《韩非子》　　　　　　　　　存

——《老子韩非列传》：非为人口吃，不能道说，而善著书……故作《孤愤》、《五蠹》、《内外储》、《说林》、《说难》，十万余言。

9.《论语》　　　　　　　　　　存

10.《弟子籍》　　　　　　　　亡

——《仲尼弟子列传》：则《论言弟子籍》出孔子古文近是。余以弟子名姓文字，悉取《论语弟子问》，并次为篇，疑者阙焉。

——《孔子世家赞》：余读孔氏书。

【按】《论言弟子籍》，孔子弟子名录；《论语弟子问》，也简称为《论》，刘向《别录》、班固《汉志》、何晏《论语集解序》等书称《论语》为《齐论》、《鲁论》、《古论》，都是沿袭的旧名，传本不同而有异同。《论语》之名始于孔安国。王充《论衡·正说篇》："初，孔子孙孔安国以教鲁人扶卿，官至荆州刺史，始曰《论语》。"孔安国，孔子之后第十一代孙，汉武帝时为博士，卒于临淮太守。司马迁曾向孔安国问故，当知《论语》之名。但孔安国题定的名称还未传播开来，所以司马迁仍沿用习惯名称。

11.《孟子》七篇　　　　存

——《孟子荀卿列传赞》：余读《孟子》书，至梁惠王问何以利吾国，未尝不废书而叹也。曰：嗟乎，利诚乱之始也。夫子罕言利者常防其原也；故曰："放于利而行，多怨。"自天子至于庶人，好利之弊，何以异哉？……退而与万章之徒，序《诗》、《书》述仲尼之意，作《孟子》七篇。

12.《兒宽书》　　　　亡（有马国翰辑本）

——《儒林列传》：伏生教济南张生及欧阳生，欧阳教千乘兒宽。兒宽既通《尚书》，以文学应郡举，诣博士受业。受业孔安国。……宽为人温良，有廉智自持，而善著书，书奏敏于文，口不能发明也。

13.《邹衍子》　　　　亡

14.《主运》　　　　亡（有马国翰辑本）

——《孟子荀卿列传》：邹衍乃深观阴阳消息而作怪迂之变，《终始》《大圣之篇》十万余言。……如燕昭王……身亲往师之，作《主运》。

——《封禅书》：自齐威、宣之时，邹子之徒论著《终始五德》之运，邹衍以阴阳《主运》。

15.《淳于髡子》　　　　亡

——《孟子荀卿列传》：自邹衍与齐之稷下先生，如有淳于髡、慎到、环渊、接子、田骈、邹奭之徒，各著书言治乱之事，以干世主，岂可胜道哉。……慎到赵人；田骈、接子齐人；环渊楚人，皆学黄、老道德之术，因发明序其指意。故慎到著《十二论》；环渊著《上下篇》；而田骈、接子，皆有所论焉。

16.《慎子十二论》　　　　残

17.《环渊上下篇》　　　　亡

18.《接子》　　　　亡

19.《田骈子》　　　　亡

20.《邹奭子》　　　　亡

——并见上《孟子荀卿列传》。

21.《荀卿子》　　　　存

——《孟子荀卿列传》：荀卿赵人……于是推儒、墨、道德之行事兴坏，序列著数万言而卒。

22.《公孙龙子》　　　　存

——《孟子荀卿列传》：赵亦有公孙龙，为坚白同异之辨，剧子之言。魏有李悝尽地力之教；楚有尸子、长卢；阿之吁子焉。自如孟子至吁子，世多有其书。

23.《剧子》　　　　亡

24.《李悝子》　　　　亡

25.《尸子》　　　　亡

26.《长卢子》　　　　亡

27.《吁子》　　　　亡

——均见上《孟子荀卿列传》。

28.《墨子》　　　　存

——《孟子荀卿列传》：盖墨翟宋之大夫，善守御，为节问。或曰：并孔子时；或曰：在其后。

29.《吕氏春秋》　　　　存

——《十二诸侯年表序》：吕不韦者，秦庄襄王相，亦上观尚古，删拾春秋，集六国时事，以为《八览》、《六论》、《十二纪》，为《吕氏春秋》。

——《吕不韦列传》：是时诸侯多辩士，如荀况之徒，著书布天下。吕不韦乃使其客，人人著所闻，集论以为《八览》、《六论》、《十二纪》，二十余万言；以为备天地万物古今之事，号曰

《吕氏春秋》。

30.《礼书》　　　　　　　　　　　亡

——《封禅书》，齐人公孙卿有《礼书》。

31.《公孙固子》　　　　　　　　　亡

——《十二诸侯年表序》：及如荀卿、孟子、公孙固、韩非之徒，各往往捃摭《春秋》之文以著书，不可胜纪。

32.《淮南子》　　　　　　　　　　存

——《淮南衡山列传》：淮南王安，为人好读书鼓琴，不喜弋猎狗马驰骋，亦欲以行阴德拊循百姓，流誉天下。

【按】 史公未明言读《淮南子》，字里行间可窥见。

33.《贾谊新书》　　　　　　　　　残

——《秦始皇本纪》引贾谊《过秦论》为赞。

34.《郦生书》　　　　　　　　　　亡

35.《新语》　　　　　　　　　　　存

——《郦生陆贾列传》："世之传郦生书云云。"又曰："余读陆生《新语》十二篇，固当世之辨士。"

36.《蒯通书》　　　　　　　　　　亡

——《田儋列传》：蒯通者，善为长短说，论战国之权变，为八十一首。

37.《计然七策》　　　　　　　　　亡（有马国翰辑本）

——《货殖列传》：范蠡既雪会稽之耻，乃喟然而叹曰："计然之策七，越用五而得意。"

38.《司马兵法》　　　　　　　　　残

——《司马穰苴列传》：齐威王使大夫追论古者《司马兵法》，而附穰苴于其中，因号曰《司马穰苴兵法》。太史公曰：余读《司马兵法》，闳廓深远，虽三代征伐，未能竟其义。如其文焉，亦少褒矣。若夫穰苴区区为小国行师，何暇及《司马兵法》之揖让乎！世既多《司马兵法》，以故不论，著穰苴之列传焉。

——《太史公自序》：《司马兵法》所从来尚矣：太公、孙、吴、王子、能绍而明之。

39.《孙子》十三篇　　　　　　　　存

——《孙子吴起列传》：孙子武者，齐人也。以兵法见于吴王阖庐。阖庐曰："子之十三篇，吾尽观之矣。"……膑亦孙武之后世子孙也。孙膑尝与庞涓俱学兵法……孙膑以此名显天下，世传其兵法。……世俗所称师旅，皆道《孙子》十三篇。

40.《孙膑兵法》　　　　　　　　残

——见上《孙子吴起列传》。(《孙膑兵法》本亡，1972 年山东银雀山汉墓出土《孙膑兵法》残卷)

41.《吴起兵法》　　　　　　　　残

——《孙子吴起列传》：《吴起兵法》世多有，故弗论。

42.《魏公子兵法》　　　　　　　亡

——《魏公子列传》：秦兵不敢出。当是时，公子威振天下，诸侯之客进兵法，公子皆名之，故世俗称《魏公子兵法》。

43.《太公兵法》　　　　　　　　亡

——《留侯世家》：视其书，乃《太公兵法》也。

——《齐世家》：后世之言兵，及周之阴权，皆宗太公为本谋。

——《太史公自序》：《司马法》所从来尚矣。太公、孙、吴、王子能绍而明之。

44.《王子》　　　　　　　　　　亡

——见上《太史公自序》

45.《周书阴符》　　　　　　　　存

——《苏秦列传》：于是得《周书阴符》，伏而读之，期年以出《揣摩》。

46.《盘盂》诸书　　　　　　　　亡

——《魏其武安侯列传》：蚡辨有口，学《盘盂》诸书。

47.《黄帝扁鹊之脉书》　　　　　残

——《扁鹊仓公列传》：太仓公……更悉以禁方予之，传《黄帝扁鹊之脉书》。

48.《星经》　　　　　　　　　　残

——《天官书》：昔之传天数者，高辛之前重黎；于唐、虞羲和；有夏昆吾；殷商巫咸；周室史佚、苌弘；于宋子韦；郑则禅灶；在齐甘公；楚唐眛；赵尹皋；魏石申。……皋、唐、甘、石，因时务，论其书传，故其占验，凌杂米盐。

——《张耳陈馀列传》：张耳欲之楚，甘公曰："汉王之入关，五星聚东井。东井者，秦分也，先至，必霸。楚虽强，后必属汉。"

49.《历术甲子篇》　　　　存

——《历书》摘载《历术甲子篇》。

50. 医药卜筮种树之书　　　　亡

——《秦始皇本纪》，所不去者，医药卜筮种树之书。

【按】 此三类书均被自然淘汰亡失，具体书名不悉，且对于述史亦无直接联系，不必深考。

（三）古今历史书及汉室档案（24 种）

1.《百家》　　　　亡

——《五帝本纪赞》：《百家》言皇帝，其文不雅驯，荐绅先生难言之。

2.《谍记》　　　　亡

3.《历谱谍》　　　　亡

4.《终始五德之传》　　　　亡

——《三代世表序》：余读《谍记》，黄帝以来，皆有年数，稽其《历谱谍》，《终始五德之传》。……于是以《五帝系谍》、《尚书》，集世纪黄帝以来，迄共和为世表。

5.《春秋历谱谍》　　　　亡

——《十二诸侯年表序》：太史公读《春秋历谱谍》，至周厉王，未尝不废书而叹也。……汉相张苍《历谱五德》。……历人取其年月，数家隆于神运，《谱谍》独记世谥，其辞略，欲一观诸要难，于是谱十二诸侯。

6.《禹本纪》　　　　亡

7.《山海经》　　　　存

——《大宛列传》：《禹本纪》言河出昆仑。昆仑其高二千五百余里，日月所相避隐为光明也，其上有醴泉瑶池……至《禹本纪》、《山海经》所有怪物，余不敢言之也。

8.《史记》　　　　亡

——《天官书》：余观史记，考行事。

——《太史公自序》：紬史记石室金匮之书。

9.《铎氏微》　　　　亡

10.《虞氏春秋》　　　　亡

——《十二诸侯年表序》：（铎椒为楚威）王傅，为王不能尽观《春秋》，采取成败，卒四十章，为《铎氏微》。赵孝成王时，其相虞卿上采《春秋》，下观近势，亦著八篇，为《虞氏春秋》。

11.《战国策》　　　　存

12.《世本》　　　　亡

13.《楚汉春秋》　　　　亡

【按】　见本章前所引班彪、班固父子之言。《史记》采录《战国策》达93条。

14.《秦记》　　　　亡

——《六国年表序》：太史公读《秦记》。……独有《秦记》，又不载日月，其文略不具。……余于是因《秦记》踵春秋之后，起周元王，表六国时事，迄二世，凡二百七十年。

15.《秦楚之际》　　　　亡

《秦楚之际月表序》：太史公读《秦楚之际》。

16.《郦生书》　　　　亡

——《郦生陆贾列传》：世之传郦生书，多曰：汉王已拔三秦。……郦生被儒衣往说汉王。

17.《新语》十二篇　　　　残（有洪颐煊辑本）

——《郦生陆贾列传》：乃谓陆生曰："试为我著秦所以失天下，吾所以得之者何？有古成败之国。"陆生乃粗述存亡之征，凡著十二篇。每奏一篇，高帝未尝不称善，左右呼万岁，号其书曰《新语》。……余读陆生《新语》书十二篇，固当世之辨士。

【按】　今本《新语》，《四库全书总目提要》辨正为伪书。司马迁所见《新语》，亡，今有洪颐煊所辑残本。

18.《列封》　　　　亡

19.《令甲》　　　　　　　　　　　亡

20.《功令》　　　　　　　　　　　亡

——《高祖功臣侯年表序》：余读高祖侯功臣，察其首封。

——《惠景间侯者年表序》，太史公读《列封》，至便侯，曰：有以也夫！长沙王者，著《令甲》，称其忠焉。

——《儒林列传赞》：太史公曰：余读《功令》，广厉学官之路，未尝不废书而叹也。

21. 汉律令　　　　　　　　　　　亡

22. 汉军法　　　　　　　　　　　亡

23. 汉章程　　　　　　　　　　　亡

——《太史公自序》：于是汉兴，萧何次律令，韩信申军法，张苍为章程。

24.《晁错所更令三十章》　　　　亡

——《袁盎晁错列传》：晁错……学申、商刑名于轵张恢先所，与洛阳宋孟及刘礼同师。……错所更令三十章，诸侯皆喧哗。

（四）文学书（7种）

1. 乐毅、鲁仲连、邹阳、李斯等书　存

——以上诸人之书信，赖《史记》录载而存

2.《屈原赋》　　　　　　　　　　存

——《屈原贾生列传》云：故忧愁幽思而作《离骚》。又云：乃作《怀沙》之赋。《赞》云：余读《离骚》、《天问》、《招魂》、《哀郢》，悲其志。适长沙，观屈原所自沈渊，未尝不垂涕，想见其为人。

3.《宋玉赋》　　　　　　　　　　存

——《屈原贾生列传》：屈原既死之后，楚有宋玉、唐勒、景差之徒者，皆好辞而以赋见称。

4.《唐勒赋》　　　　　　　　　　亡

5.《景差赋》　　　　　　　　　　亡

——见上《屈原贾生列传》。

6.《贾谊赋》　　　　　　　　　　残

——《屈原贾生列传》：及渡湘水，为赋以吊屈原。……读《服鸟赋》。

7.《司马相如赋》　　　　　　　　存

——《司马相如列传》：乃著《子虚》之赋。……请为《天子游猎赋》，……至尝为《大人赋》。

——《太史公自序》：《子虚》之事，《大人》赋说。

【按】 考《史记》全书，载述典籍104种，以后世四部法绳之，六经及其训解书23种，诸子百家及科技书50种，历史地理及汉室档案24种，文学书7种。这些典籍仅是司马迁所见书的一部分，由此可见《史记》采录之宏博，“踢蹐于七八种书”之说，无庸置喙矣。汉时《论语》、《孟子》未尊为经，故列为子部。史部书《汉志》附于《六艺略》春秋家类，盖先秦史书皆未经整理之原始档案，湮没不传，良有以也。上列《谍纪》、《秦记》、《列封》、《功令》等均是原始档案。皆为所见书，其后亦亡。《夏小正》、《五帝德》、《帝系姓》等书，迁奉之为古史，故列入史部。上列四部之次为经、子、史、集，分类排比以便观览，至于得失允当，非敢自诩。这104种书，今存41种，残存10种，亡佚53种，存亡各居其半。书之传世，难矣哉！

第六章　《史记》残缺与补窜

第一节　史记残缺篇目考

（一）史记在西汉传布未广

——太史公曰：凡百三十篇，五十二万六千五百字，为《太史公书》。藏之名山，副在京师，俟后世圣人君子。（《太史公自序》）

——司马贞曰：言正本藏之书府，副本留京师也。《穆天子传》云“天子北征，至于群玉之山，河平无险，四彻中绳，先王所谓策府”。郭璞云“古帝王藏策之府”。则此谓藏之名山是也。（《太史公自序·索隐》）

——《汉书·司马迁传》：“迁既死，后其书稍出。宣帝时，迁外孙平通侯杨恽祖述其书，遂宣布焉。”

——《汉书·宣元六王传》：东平王刘宇“后年（成帝建始五年，即公元前28年）来朝，上疏求诸子及《太史公书》，上以问大将军王凤，对曰：‘《太史公书》有战国纵横权谲之谋，汉兴之初谋臣奇策，天官灾异，地形厄塞，皆不宜在诸侯王。不可予。’天子如凤言，遂不与。”

【按】《史记》正本藏之名山者，即藏于皇室也。副在京师，即杨恽所传之家藏本也。《汉书·杨恽传》云："恽始读外祖《太史公记》，颇为《春秋》，以材能称。"所谓杨恽宣布，并非如后世人刻印流布，而是讲读《史记》，在狭小范围内传抄流布，直到成帝之世，诸侯王欲读《史记》，只能向皇帝呈请，由此可见，《史记》在西汉之世传布未广，故尔残缺，必然之势。

——王国维云：《史记》一书，传播最早。《汉书》本传："迁既死，后其书稍出。宣帝时，迁外孙平通侯杨恽祖述其书，遂宣播焉。"其所谓"宣播"者，盖上之于朝，又传写以公于世也。《七略》"春秋类"有《太史公》百三十篇。《宣元六王传》："成帝时，东平王宇来朝，上书求《太史公书》。"是汉秘府有是书也。《盐铁论·毁学篇》："大夫曰：司马子言：天下攘攘，皆为利往（原注：见《货殖列传》）。"此桓宽述桑弘羊语。考桑弘羊论盐铁在昭帝始元六年，而论次之桓宽，乃宣帝时人。此引《货殖传》语，即不出弘羊之口，亦为桓宽所润色。是宣帝时民间亦有其书。嗣后冯商、褚先生、刘向、扬雄等均见之。盖在先汉之末，传世已不止一二本矣。

又云：汉世百三十篇往往有写以别行者，《后汉书·窦融传》：光武赐融以太史公《五宗》、《外戚世家》、《魏其武安侯列传》，又《循吏传》；明帝赐王景《河渠书》是也。

又云：记言、记事虽古史职，然汉时太史令但掌天时星历，不掌记载，故史公所撰书仍私史也。况成书之时，又在宦中书令以后，其为私家著述甚明。故此书在公生前未必进御。（《太史公行年考》）

【按】王氏所谓宣播者，盖上之于朝，又传写以公于世也。又谓《史记》为私史，在公生前未必进御。此说似可商榷。司马迁"细史记石室金匮之书"，"读高祖侯功臣"，"读列封"，"臣迁谨记高祖以来太初诸侯"云云，观此诸条，细揣情理，《史记》并非私撰。司马迁身为公职，而非布衣，所谓私撰，朝廷岂能容忍？即使容忍，哪来时间？故吾谓《史记》之作，必得汉武帝允许，生前已上朝廷。杨恽宣播，乃私塾传布也。

（二）东汉班固云：十篇缺，有录无书。

——《汉书·艺文志》："太史公百三十篇。"班固注云："十篇有录无书。"

——班彪曰：太史令司马迁作本纪、世家、列传、书、表凡百三十篇，而十篇缺焉。（《后传略论》，载《后汉书·班彪传》）

——班固曰：凡百三十篇，五十二万六千五百字，为《太史公书》。迁之自叙云尔。而十篇缺，有录无书。（《汉书·司马迁传》）

【按】十篇之缺，发自班氏父子。《艺文志》所云"十篇有录无书"，是班固注语，非《七略》原文。可见《史记》亡缺时间在两汉之际，但亡缺原因及内容，班氏父子均未言及，后世纷论，由此而起。

（三）汉魏人对史记残缺原因及篇目的论述

——卫宏曰：司马迁作《景帝本纪》，极言其短及武帝过，武帝怒而削之。后坐举李陵，陵降匈奴，故下迁蚕室。有怨言，下狱死。（《太史公自序·集解》引《汉旧仪》）

——王肃曰：武帝闻其述《史记》，取孝景及己本纪览之，于是大怒，削而投之，于今此纪有录无书。（《三国志·王肃传》）

——范文澜曰：案，两说皆无稽之谈，不足为据。（《正史考略·史记》）

【按】卫宏云《史记》亡书为武帝所削，王肃本之卫说，晋人葛洪《西京杂记》又本之王说，故削书之说卫宏一人言也。余嘉锡曰："案，卫宏东汉初人，作《汉旧仪》四篇，以载西京杂事。其时班氏父子书未成，扬雄等续太史公书盖亦传播未广，宏无所据依，故其所著书，颇载里巷传闻之辞。如所作诏定古文尚书序，谓伏生使其女传言教晁错《尚书》及此所记司马迁事皆是也。考之《汉书》，迁之得罪，坐救李陵耳，未尝举以为将，亦无下狱死之事。则其言武帝怒削本纪，自属讹传，不可以其汉人而信之也。"（《太史公亡书考》）梁玉绳亦曰："史公自序曰：'天下翕然，大安殷富，作《孝景本纪》。汉兴五世，隆在建元，作《今上本纪》。'可知纪中必不作毁谤语，祇残缺失传尔，岂削之哉。且《封禅》、《平准》诸篇，颇有讥切，又何以不削？而其余八篇，不尽是讥切，非关怒削，又何以俱亡。”（《史记志疑》卷七）余、梁二氏之说甚是。《后汉书·杨终传》云终“后受诏删《太史公书》为十余万言”，是官本《史记》因其浩繁，帝王皇子所读乃删节本，两汉之际，流传又不广，于是在删节传抄中有所残缺耳，非武帝所削也。

——张晏曰：“迁没之后，亡《景纪》、《武纪》、《礼书》、《乐书》、《兵书》、《汉兴以来将相年表》、《日者列传》、《三王世家》、《龟策列传》、《傅靳蒯成传》。元成之间，褚先生补阙，作《武帝本纪》、《三王世家》、《龟策》、《日者》列传，言辞鄙陋，非迁本意也。”（《太史公自序·集解》《汉书·司马迁传》颜注均所称引）

【按】 张晏三国时魏人，字子传，著《汉书音释》四十卷。十篇书目乃其注迁传“十篇缺”之语。查《史记》书目有《律书》而无《兵书》。又十篇中，除《孝武本纪》全取《封禅书》外，其余九篇均有目有书。于是“十篇缺”遂成争议不决之问题矣。

（四）前贤讨论“十篇缺”的五种说法

1. 申论张晏十篇全亡说

——东晋人臣瓒云：十篇缺，有录无书。（《太史公自序·集解》引《汉书音义》）

——司马贞曰：《景纪》取班书补之，《武纪》专取《封禅书》，《礼书》取荀卿《礼论》，《乐》取《礼·乐记》，《兵书》亡，不补，略述律而言兵，遂分历述以次之。《三王系家》空取其策文以缉此篇，何率略而重，非当也。《日者》不能记诸国之同异，而论司马季主。《龟策》直太卜所谓占龟兆杂说，而无笔削之功，何芜鄙也。（《太史公自序·索隐》）

——陈振孙曰：今案此十篇者皆俱在，褚所补《武纪》全取《封禅书》，《三王世家》但述封禅策书，二列传皆猥琐不足道。而其余六篇，《景纪》最疏略。《礼》、《乐》誊荀子《礼论》、河间王《乐记》。《傅靳列传》与《汉书》同。而《将相年表》迄鸿嘉，则未知何人所补也。（《直斋书录解题》卷四，转引自余嘉锡《太史公亡书考》）

——余嘉锡曰：凡考古事，当征之前人之书，不可以臆见说也。太史公书百三十篇，十篇有录无书，著于《七略》、载于本传，而张晏复胪举其篇目。其事至为明白，无可疑者。（《太史公亡书考》）

【按】 余氏著《太史公亡书考》十余万言，征引博富，辩论至微至悉。然智者千虑亦有一失。所谓"著于《七略》"非也，西汉人不云《史记》亡佚，褚少孙等补其言事之未备也，非补缺也。《艺文志》所载"十篇有录无书"班固之注语，非刘歆之言也。故余氏所论十篇全亡说仍不可以为确论，此其一证。

2. 十篇草创未成说

——刘知几曰：张晏云："迁殁后，亡《龟策》、《日者》传，褚先生补其所缺，言词鄙陋，非迁本意。"案，迁所撰《五帝本纪》、七十列传，称虞舜见厄，遂匿空而出，仲尼既殂，门人推奉有若，其言之鄙又甚于兹，安得独罪褚生而全宗马氏也。（《史通·鉴识篇》）

又云：人之著述虽同一手，其间则有善恶不均，精粗非类。若《史记》之苏、张、蔡泽等传是其美者。至于三、五本纪[1]、日者、太仓公、龟策传，故无所取焉。（《史通·叙事篇》）

又云：至宣帝时，迁外孙杨恽祖述其书，遂宣布焉，而十篇未成，有录而已。（自注：张晏《汉书注》云，十篇迁殁后亡失，此说非也）元、成之间，会稽褚先生更补其缺，作《武帝纪》、《三王世家》、《龟策》、《日者》传，辞多鄙陋，非迁本意也。（《史通·古今正史》）

【按】 综观刘氏上述三条，其意谓十篇是未成而非亡缺，褚先生所补，补其草创未就也。《史通通释》认为刘知几立说是驳张，非抑马也。《四库全书总目提要》却为刘氏申说。

——纪昀云：《汉书》本传称其十篇有录无书，张晏以为迁殁之后，亡《景帝纪》、《武帝纪》、《礼书》、《乐书》、《兵书》、《汉兴以来将相年表》、《日者列传》、《三王世家》、《龟策列传》、

① 三、五本纪：指《史记》之《夏》、《殷》、《周》三篇本纪与《五帝本纪》。

《傅靳列传》，刘知几《史通》则以为十篇未成，有录而已，驳张晏之说为非。今考《日者》、《龟策》二传，并有太史公曰，又有褚先生曰，是为补缀残稿之明证，当以知几为是也。然《汉志春秋家》载《史记》百三十篇，不云有阙。盖是时官本已以少孙所续后为一编。观其《日者》、《龟策》二传，并有“臣为郎时”云云，是必尝经奏进，故有是称。其褚先生字，殆后人追题认为识别欤？（《四库全书总目提要》卷四三《史记提要》）

3. 十篇佚而复出仅亡武纪说

——吕祖谦曰：以张晏所列亡篇之目校之《史记》，或其篇俱在，或草具而未成。惟《武纪》一篇亡耳。司马贞《索隐》信张晏之说，遂谓《景纪》后人取班书补之，是殆不然。学者合取司马氏、班氏二纪观其书法，才识高下，可默喻矣。卫宏《汉旧仪注》曰：“司马迁作本纪，极言景帝之短，及武帝之过，武帝怒而削去之。”卫宏与班固同时，两纪俱亡。《景纪》所以复出者，武帝特能毁其副在京师耳。藏之名山，固自有它本也。《武纪》终不见者，岂非指切尤甚，民间亦畏祸而不敢藏乎？（《大事解题》，转引自《太史公亡书考》）

又云：方班固时，东观兰台所藏十篇，虽有录无书，正如《古文尚书》，两汉诸儒皆未尝见，至江左始成盛行，固不可以其晚出遂以为伪也。（同上）

——王鸣盛曰：今考《景纪》见存，是迁原文，不知张晏何以言迁没后亡。且此纪文及赞，皆与《汉书景纪》绝不同。又不知《索隐》何为言以班书补之。其《武纪》则是褚少孙所补。《礼书》、《乐书》虽是取荀卿《礼论》其实亦是子长笔。非后人所补，不知张晏何以云亡。《兵书》即是《律书》，观《自序》自明。师古谓本无《兵书》以驳张晏，诚误。但今《律书》见存，即是《兵书》不亡，而张晏何以云亡，《索隐》亦误会也。《汉兴以来将相年表》，惟太始以后后人所补，其前仍是子长笔，何以云亡？《日者》、《龟策》二篇，惟末段各另附褚先生言，其原文仍出子长笔。《索隐》以《日者》传司马季主事为褚补，非也，不知张晏何以云亡。而褚《龟策传》末则云：“太史公作《龟策列传》，臣往来长安中，求《龟策传》不能得，故之太卜官，问掌故文学长老习事者，写取龟策卜事，编于下方。”然，则今所有龟策原文出子长者，褚所未见，又不知以何时出而得行也，《三王世家》，直列三王封策书，而不置一词，其赞云，王者封立子弟，以褒亲亲，自古至今，由来久矣。非有异，故弗论著也。然封立三王文辞，灿然可观，是以附之世家，此亦是子长笔。据文虽未定之笔，亦不可云亡，而张晏何以云亡。其后则有褚先生曰：“臣好观《太史公传》，传中称《三王世家》，文辞可观，求其世家，终不能得，窃从长老好故事者，取其封策书编而传之”。据赞则取封策以当世家者，亦子长所为，而褚乃以为其自所编列，是皆不可解。（自注：《索隐》据褚之言以为褚所补。）《傅靳传》俱是子长原文，并不补续，又不知张晏何以云亡。然则《汉书》所谓“十篇有录无书”者，今惟《武纪》灼然全亡，《三王世家》、《日者》、《龟策》传为未成之笔，但可云阙，不可云亡，其余皆不见所亡何文。（《十七史商榷》卷一）

【按】余嘉锡驳吕祖兼曰：“夫古书佚而复出，固亦事理所常有。然东莱不知《古文尚书》之伪，援以立书说，实非佳证也。”余氏所驳是也。吕氏之论，不过以释十篇阙之疑，拟似之辞，并无证据，故援《古文尚书》以立说也。王氏申论，则以事实为主，不过仍是祖述吕氏之成说。

4. 亡书七篇说

——梁玉绳曰：今读《孝景纪》，所书惟大事，另一体格。后世史家作帝纪，多祖此例，且有《汉书》所无者。宋真德秀录《景纪论》于文章正宗，亦以为史公之笔，夫岂他人所能伪哉！《将相名臣表》惟缺前序，自高祖元年至太初四年，完然具存，天汉已下，后人所续，亦如《建元侯表》之类，非本表有未全也。《律书》即是《兵书》，《易》称师出以律，而古者吹律以听军声，所以名律为兵，《索隐》已尝论之。观本书及《自序》可见，乌得以为阙乎？《傅靳传》非史公不能作，其叙事简而有法，与《曹相国世家》、《樊郦滕灌传》同一体例，孟坚仍其文，少所删润，其阙安在？盖《史记》凡缺七篇，十篇乃七篇之伪，故两

《汉书》谓“十篇无书”者固非，而谓九篇具存者尤非也。七篇者，《今上本纪》一，《礼书》二，《乐书》三，《历书》四，《三王世家》五，《日者传》六，《龟策传》七。或问以十篇为七篇之伪何据，曰《史》、《汉》中七十两字互舛甚多，并辨见各条，而其所以误者，篆隶字形相似，《隶释·孔和碑》二月二十七日是已。（《史记志疑》卷七）

【按】 梁氏辨《将相表》等四篇非亡不为无见，而云十篇盖七篇之误，又擅增《历书》以足七篇之数，皆穿凿无稽之谈。七与十在古书中常混立说以正事实，真可谓冠履倒置，颠倒事实矣！

5. 十篇未亡说

——李长之曰：《汉书·司马迁传》里说：“而十篇阙，有录无书。”于是凭白地给我们添了一个疑团，即不晓得这十篇是如何缺的，也不晓得这缺的十篇究竟是哪些。

为什么缺？是触忌被削，还是偶尔散逸。前者的可能性似乎小。因为就现存的书看，其中触忌的仍然不少，讽刺的也已经相当厉害，亡失的几篇也不会更刻毒到了什么地步。偶尔散逸，却比较近情些。这是因为，《史记》一书最初的流传，是各篇单行的，散逸的几篇（假如真有散逸），也许是受了自然淘汰的结果。

至于普通所谓缺的十篇是哪几篇呢？所据《汉书》注中的张晏说，是：

(1)《景纪》

(2)《武纪》

(3)《礼书》

(4)《乐书》

(5)《兵书》

(6)《汉兴以来将相年表》

(7)《日者列传》

(8)《三王世家》

(9)《龟策列传》

(10)《傅靳列传》

后人如吕祖谦、王鸣盛等，对此都有所论列。他们觉得真正亡失的，只有《武纪》一篇。现在我们看这十篇，除了《傅靳列传》外，的确都有些特别处：《景纪》由于有过因触忌而削去的传说，不知道现在的《景纪》是否就是原样？《武纪》乃是把《封禅书》又载了一遍；《礼书》抄自荀子的《礼论》及《议兵篇》；《乐书》抄自《乐记》；《兵书》为现在《史记》所无，但却有一篇与之相当的《律书》；《汉兴以来将相年表》则有表无序，和他表不类；《三王世家》只是载了些策文；《日者列传》与《龟策列传》，在风格上又仿佛真出自第二手。那么，除了《傅靳列传》外，这九篇是有些问题了。

可是也并非绝无商量的余地：《孝景本纪》和《汉书》上的并不完全相同，而且赞语的确是司马迁的笔调，再则赞语主旨也和《自序》中提出所以作《孝景本纪》者相符合，这就是在刻削诸侯，酿成七国之乱的一点。吕祖谦说："其篇具在"，我们是可以同意的。

《孝武本纪》（其实应该叫《今上本纪》）截取《封禅书》中关于武帝的一段，又加上一个冒，赞也竟是《封禅书》之赞。一字不差，的确可疑。然而我们看《自序》中称："汉兴五世，隆在建元，外攘夷狄，内修法度，建封禅，改正朔，易服色，作《今上本纪》第十二"，可知假若要作《武纪》的话，原重在他的封禅（改朔易服是随着来的），所以我疑心，焉知道司马迁不是故意地重抄一份《封禅书》，作一个最大的讽刺的？意思是："瞧吧，你自认为武功了不得，其实你一生也不过只是被一些方士所愚弄罢了，你虽然也偶尔觉悟，但是像吃鸦片一样，不知不觉就为方士的胡话所诱惑了。"试想，除了司马迁之外，谁敢在同一部书里把同一篇文章再抄一遍？除了大讽刺家司马迁之外，谁又会这样幽默而痛快？补书的法子尽多，哪有在同一部书里找出一篇现存的东西来顶替的？

《礼书》和《乐书》也难说不是原样。《史记》本是撰次旧闻的，讲礼乐而取自《荀子》和《乐记》，这采择不能算坏。（中国讲礼乐，有超过它们的么？）再说，司马迁的书中，本有许多地方袭用《荀子》，大概他对于荀学很信仰，在这里遂以荀子为代言，就毫无足怪了。况且，《礼书》和《乐书》的篇首，都有司马迁手笔的叙文，所以纵然让步了说，这两篇只能说不全，而不是缺！《兵书》就是《律书》，《律书》是存在的，不过也未必全而已。

《汉兴以来将相年表》，所差的是没有序文，我们也很难因为它没有序文，就连表的本身存在也否认了。

《三王世家》，不错，只载了些策文，然而《自序》里明明说："三子之王，文辞可观，作《三王世家》"，策文之外，本别无重要之处，所以现存的样子，也不会和原样多未远。赞则确是司马迁格调，吕祖谦又说对了！

《日者列传》和《龟策列传》笔调自然有些特别，然而司马迁的风格本来变化多端，我们也很难武断他不能写这类的文章。《龟策列传》中说到伐大宛，说到巫蛊，这是司马迁的时代；说到"余至江南"，这是司马迁的足踪；最后说出"岂不信哉"，这是司马迁惯用于反笔作讽刺的技术；所以这一篇定是司马迁的原文，至少是原文的一部分了。《日者列传》，我疑心也许是司马谈的旧稿吧。总之，这两篇也都不能放在散逸之列。

九篇既如此，而《傅靳列传》就更看不出是后人补作之迷了。假若张晏不提及，恐怕谁也不会这样怀疑过。

那末，所谓散逸的十篇，实在散逸得有限。反之，现存的其他篇中，却被后人附加得不少，也有的是显然不全的。《楚元王世家》就是后者的例。因为，赞中有"使楚王戊毋刑申公，遵其言，赵任防与先生，岂有篡杀之谋"的话，但是正文中一点记载也没有，其他传中一点补充也没有（《史记》原有互见之例），假若正文不是后人改补，也一定是有缺失的了。

总之，《史记》有零星的补缀，却无整篇的散亡。《史记》的每篇中都不免有点假，但每一篇也都有一部分真。它像陈年的古董一样，修补和锈蚀总是不免的，但原物的神态却也始终古意盎然，流动在每一部分里。（《司马迁之人格与风格》第六章）

【按】 李长之先生所说，虽系推论，仍有可取者。如不信削书之说而创自然淘汰论，情理均宜。然谓司马迁自抄《封禅书》以为《今上本纪》，实难成立。若准司马迁互见例，既有《封禅书》，则《今上本纪》对于封禅事更当略述，岂有重屋叠床自抄《封禅》之理。赵翼论曰："史公《自序》作《武帝纪》谓'汉兴五世，隆在建元，外攘夷狄，内修法度，封禅，改正朔，易服色，故作《今上本纪》。'是迁所作《武纪》，凡征匈奴，平两越，收朝鲜，开西南夷，以及修儒术，改夏正等事，必按年编入，非仅移至封禅一事也。"（《廿二史劄记》卷一），赵氏所言是也。但李长之先生的大胆假说亦可备一说（详后结论）。

（五）兵书非律书辨

——裴骃曰：《汉书音义》曰"十篇缺，有录无书"。张晏曰"迁殁之后，亡《景纪》、《武纪》、《礼书》、《乐书》、《律书》、《汉兴已来将相年表》、《日者列传》、《三王世家》、《龟策列传》、《傅靳蒯列传》……"（《太史公自序·集解》）

——司马贞曰：《汉书》曰"十篇有录无书"。张晏曰"迁殁之后，亡《景纪》、《武纪》、《礼书》、《乐书》、《兵书》……"（《太史公自序·正义》）

【按】《史记》亡书十篇中《集解》、《索隐》引同一张晏语而内容不同。《集解》谓"亡律书"，《索隐》谓"亡兵书"。《律书》《兵书》是同篇异名抑或不同篇名，原本《史记》有无《兵书》，此为亡书考中一大问题，尤须辩论明白，才能见其亡书内容，故为专题论列如次。

——《太史公自序》云：非兵不强，非德不昌，黄帝、汤武以兴，桀、纣、二世以崩，可不慎欤？司马法所从来尚矣，太公、孙、吴、王子能绍而明之，切近世，极人变。作《律书》第三。

——颜师古曰：序目本无《兵书》，张云亡失，此说非也。（《汉书·司马迁传》颜师古注引张晏说十篇阙之后按语）

【按】颜师古注《汉书》引张晏语本作《兵书》亡，故颜氏引《自序》"作律书第三"以驳张晏。《史记索隐》疏解《集解》，而司马贞摒弃裴氏所引经直采用颜注引语，可见司马贞不以裴注为然。《索隐》还进一步指出《律书》是分割《历书》以成，《兵书》亡不补，则改《律书》之名为《兵书》始自裴骃也。

——赵翼曰：《史记》所缺十篇，张晏谓《礼书》、《乐书》、《兵书》，颜师古据《史记》目录，但有《律书》而无《兵书》，以驳张晏之误，不知《律书》即《兵书》也。迁《自序》云“非兵不强，非德不昌，司马法所从来尚矣，太公、孙、吴、王子能绍而明之，故作《律书》”云云，是迁所作《律书》即《兵书》也。今褚少孙所序亦云，六律为万事根本，其于兵械尤重，遂论秦时黩武，汉定天下偃兵息战等事，是亦尚见兵律相关之意，而其传则又专序律吕上生下生之法，与兵事毫不相涉，此篇最无头绪，盖少孙补作时，见迁自有司马法，太公、孙、吴字样，故其序以兵律相关为言。至其正文，则以《律书》为名，遂专取律吕以实之，而与兵事不相涉也。张晏谓：兵书者，专指史迁序目而言。颜师古驳之者，专据少孙所补律吕而言。度史迁原文，必有兵与律相应之故，惜不可考矣。（《廿二史劄记》卷一《史记律书即兵书》条）

【按】《律书》即《兵书》，梁玉绳《史记志疑》，王元启《三书正伪》均主此说，故赵氏又从而申论之。余嘉锡驳辨之曰：“案，赵氏谓此篇最无头绪是也。惟不悟《太史公自序》本作《兵书》，今本律字为后人所改，而曰：‘张晏谓《兵书》者，专指史迁序目而言。’不思序目明言‘作律书第三’，张晏果据序目，正当称为《律书》，何以擅自改其名为《兵书》也。一间未达，遂致说不可通。”（《太史公亡书考》）

——《太史公自序》云：律居阴而治阳，历居阳而治阴，律历更相治，间不容翲忽。五家之文怫异，维太初之元论，作《历书》第四。

——又云：礼乐损益，律历改易，兵权山川鬼神，天人之际，承敝通变，作八书。

——王先谦曰：《索隐》兵权即《兵书》也。迁殁之后亡。褚少孙以《律书》补之，今《律书》亦略言兵也。山川即《河渠书》也。鬼神即《封禅书》也。故云山川鬼神也。又云：天人之

际，谓《天官书》，承敝通变谓《平淮书》也。(《汉书·司马迁传》补注)

【按】 据《自序》“礼乐损益”，即《礼书》、《乐书》也；《律历改易》即《律历书》也，故序作《历书》第四兼言律 历；“兵权山川鬼神”，即《兵书》、《河渠书》、《封禅书》也；王先谦称八书言五而缺三，推其故，盖王氏以《律书》为《兵书》，自当以“律历改易”为《历书》，则“律”字无着落，故王氏言五缺三有头无尾者也。

——洪颐煊云：案，《太史公自序》，“作律书第三”，序兼论律。疑《律书》自“王者制事立法”以下，至“孔子所称有德君子者也”，本为《兵书》。自“书曰七正二十八舍”以下至篇末，为律书(按：洪氏此云《律书》是《律历书》之省说)篇首，后人误割附于上篇《兵书》之后，而改其目曰《律书》，故张晏以为亡也。班固撰《汉书》称《律历志》，似犹见其原本。(《读书丛录》卷一七)

——余嘉锡曰：洪氏以七正二十八舍以下为《历书》，极是。惟谓自此前半为《兵书》则非也。太史公于《历书》已兼论律，使《兵书》为太史公本，何必更博会为兵律相关之说乎。(《太史公亡书考》)

【按】 洪氏所分《律书》前半 756 字，通常称为《律书序》；后半正文 1799 字。司马贞已指示：“《兵书》亡，不补，略述律而言兵，遂分历述以次之。”此为洪氏所本。按司马贞说，《律书》割《律历书》以补缺，因律兵相关，故以《律书》代《兵书》。洪氏以《律书》前后两半文体内容均迥异，认为前半是《兵书》遗文，此说极是。余嘉锡认为十篇全亡，故谓洪氏“以前半为《兵书》则非也。”余氏以补者窜乱《律书》之文所谓兵律相关以驳洪，殊难成立。

——臧镛曰：《律书》本名《兵书》。《太史公自序》云：“非兵不强，非德不昌”，本篇云：“六律为万事根本，其于兵械尤所重。又兵者圣人所以讨强暴，平乱世，夷险阻，救危殆”，中述黄帝、颛顼、成汤，及王子、孙武并桀、纣、秦二世之兴亡，故名《兵书》。今作《律书》，后人改之。特此篇为褚补无明文。

《索隐》、《正义》于本篇皆云褚补。(《拜经日记》卷九)

——余嘉锡曰：《太史公自序》，于一百三十卷总括大旨，言其作意，无不与本书相应。今《律书》自序凡十句，皆言兵事，无一字及于律者。至末句乃曰"作律书第三"，与上文渺不相关，使人读之茫然不解其所谓，他篇自序，未尝有此也。今《律书》仅篇首"自王者制事立法"起，至"何足怪哉"止，略言兵律相关之意。自"兵者圣人所以讨强暴"，至"孔子所称有德君子者耶"，皆言兵而不复有律。自"书曰七正二十八舍"至篇末，又皆言律而不复有兵。前后截然，各自为谋，不相照应，不似《兵书》亦不似《律书》，殆所谓驴非驴马非马者耶。且史公于《兵书》序无一言及律，于《历书》序乃言律历更相治。若谓古者用兵吹律听声，便名《兵书》为《律书》而不言其义，岂史公欲令后人射履乎。至于"书曰七正二十八舍"以下，则实史公《历书》之文。其言十母十二子，皆所以明律历更相治之理。故《历书》称张苍学律历，班固遂以律历名篇，律历之为一事，《自序》言之详矣。今本乃附入《兵书》之后，则《索隐》所谓"《兵书》亡不补，遂分历述以次之"者也。(《太史公亡书考》)

【按】 臧、余二氏所论极是，《太史公自序》："作律书第三"应正名为"作兵书第三"；"作历书第四"应正名为"作律历书第四"。裴氏《集解》引张晏语改《兵书》为《律书》，由此可以推知《自序》原文亦当裴氏所改也。

(六) 今本史记实际残缺篇目

依上述各家所考，按核《史记》实际，张晏所云十篇亡书实际亡一残三存六，其目如下：

1. 景纪	存
2. 武纪	亡
3. 礼书	残(书亡序存)
4. 乐书	残(书亡序存)
5. 兵书	残(书亡序存)
6. 将相表	存(征和四年后疑为褚少孙所续)

7. 日者传　　　　　存
8. 三王世家　　　　存　三篇之后均有褚少孙续
9. 龟策传　　　　　存
10. 傅靳传　　　　存

《景纪》、《傅靳传》两篇叙事简而有法，宛然司马迁笔法，内容与《汉书》亦有别，为史公原著，无可置疑。即以专好奇诡之言的崔适也认为《景纪》未亡。《日者传》、《三王世家》、《龟策传》均有褚少孙补。褚少孙共补《史记》十篇（详第二节），皆附骥《史记》而行。褚少孙是续史并非补亡。在褚少孙时代史记根本就无亡缺，所以褚少孙每每叙其续作之意，并未说补缺。《龟策》无传，《三王》无世家，褚少孙明言之，但仍没有说补缺，而是说求之不得。司马迁本来就没作传，褚少孙当然求之不得。且看《三王世家》：

> 褚先生曰：臣幸得以文学为侍郎，好览观太史公之列传。传中称《三王世家》文辞可观，求其世家终不能得。窃从长老好故事者，取其封策书，编列其事而传之，令后世得观贤主之指意。

所谓“文辞可观”正是司马迁《三王世家》赞中之文，这是《三王世家》未亡之铁证。但褚少孙“求其世家终不能得”又是怎么一回事？这是褚少孙误解了司马迁的话横生的枝节。司马迁说：

> 燕齐之事，无足采者。然封立三王，天子恭让，群臣守义，文辞灿然，甚可观也，是以附之世家。

司马迁之意，三王无事迹可传，但封王文辞可观，所以编辑起来姑名之世家。“附之世家”，即权且叫做世家之意，并非另有三王的世家。三王封于元狩六年。齐王死于元封元年无后，燕王、广陵王武帝晚年还健在，既未传代又无可传之事，所以司马迁说“燕齐之事，无足采者”。不过褚少孙的一句话不好理解：

> 窃从长老好故事者取其封策书，编列其事而传之，令后世得观贤主之指意。

赵翼曰："班书内燕王旦等封策及平阳公主以卫青为夫等事，皆采少孙语入列传，则知少孙所补，久附《史记》并传矣。"（《廿二史劄记》卷一）观赵氏之意，以《三王世家》封策为褚少孙所补，其实非也。"取其封策书"是一句插入语。所谓"取其封策书"即取司马迁之《三王世家》书也。所以后文说"令后世得观贤主之指意"，即褚补是取长老故事给封策作解释。因此褚少孙的话应作如此标点：

> 窃从长老好故事者，取其封策书，编列其事而传之，令后世得观贤主之指意。

中华书局标点本"故事者"下无逗，误标也。

全亡两篇，《武纪》、《兵书》。因这两篇补文是割取司马迁之书补缺，所以补文仍是司马迁原文，而实际未补，是真正的有录无书。

《礼书》、《乐书》篇前之序有太史公曰，当是补亡者搜求的史公遗文，所以说这两篇是书亡序存。《礼书》取《礼记》，《乐书》取《乐记》，同《武纪》取《封禅》，《律书》取《历书》一样，补亡者并不妄作，可见篇前之序是史公原文。

《将相表》，陈直曰："《史记》各表中，当以《秦楚之际月表》及《汉兴以来将相名臣年表》，最为创作，将相表每一格中，有顺文，有倒文。倒文例子统计起来有官制的建立与罢废，公卿的病死，公卿的得罪，公卿的罢免，公卿的诛杀，六种体例。因表文分两种格式，对读者有很大便利。在后代人如作此表，可用朱墨二色笔区分。因竹简诸多不便，故太史公独创此种新奇办法。"（《汉晋人对史记的传播及评价》）陈氏称之为最为创作，非史公原作者构思莫属。此表缺序，史公本未作序，或亡而不补，再次证明补亡者并不妄作。表文征和以后是续，而不是补缺。

综上所述，张晏的话未可尽信。考论古事，应以事实纠正某人之成说，而不应以某人之说来抹煞事实，这才是科学的态度，其实张晏本身的话就有不少问题。张晏云：

> 元成之间，褚先生补阙，作《武帝纪》、《三王世家》、《龟策》、《日者》传，文辞鄙陋，非迁本意。

今观褚少孙所补各篇，文雅可观，并非言辞鄙陋，此其一。《武帝纪》并无褚补，此其二。褚少孙补《史记》十篇，有七篇不在张晏所说亡书目录之内，可见褚少孙是补续，并非补缺。张晏没作交待。若十篇亡书均为褚补，张晏不应列举《武纪》等四篇书目，此其三。由此看来，张晏的话是不能全信的。

至于班氏父子所说十篇缺，并不一定就是张晏所说的十篇，也并非全指亡缺，是统括残缺续补而言。班氏是否看到褚补十篇而未加深究，或者是班氏所见本有十篇阙，这些问题，无从稽考，只能存疑了。

第二节　史记补窜

（一）区分续史补亡与增窜的界限

补与窜是两个不同的概念。所谓补，有两层含义，一是续《史记》太初以后史事；二是补《史记》原书的残缺。续史补亡皆有意为之。所谓窜，是无意增入的备注文字。《史记》在流传中，读史者抄注他书材料，或钩玄提要，或发抒评论写在篇后的备忘录，后之读史者抄入正文中，这是无意补史而窜乱了原作。补与窜既有区分，但并不是如燕越之悬绝万里，而在实际考察中有时难以区分。例如《贾谊传》末的“至孝昭时，列为九卿”一语，就难以断定是补还是窜，但是如把《史记》全书的补窜材料进行综合观察就能比较明显地看出二者的区别。补，是指大篇的文章，而窜入备注字往往是短小的句、段，此其一。补文经作者精心撰述，事理条贯，文辞典雅；而窜入文字原是备忘、书感，未必与原文相洽，故往往与原文矛盾，此其二。这两点是我们研究《史记》补窜所得出的结论，而不是先入的原则，也不可拘泥执偏，要在心领神会，以识断之。

此外，太初以后记事还有司马迁的手笔。司马迁记太初以后事另有自己的严格义例，已于第三章剖析分明，此不赘。从时间上来看，司马迁记太初以后事最晚只能至武帝之末，绝不会跨出武帝的界限。因为跨出武帝的界限，进入了新的时期，破坏了《史记》“咸表终始”的写作体系，故武帝之后的记事必为窜入无疑，此其一。司马迁在太初四年《报任安书》中已透露《史记》基本完成。太始四年距武帝之后元二年有六七年之久。司马迁在这六七年的时间写定《史记》，抄留副本，时间是足够的。假如司马迁在昭宣之世仍在写作，必当另作新传，岂会在成书中东一笔西二笔不着边际的增窜，情与理均不可能，此其二。这两点是我们区别太初以后司马迁所书与窜入文字之间的界限。

其实纵观《史记》全书，不但司马迁自己并没有全面增补太初以后史事，而且也没有一个“妄补”史记的好事者。褚少孙、冯商等人是奉诏续史，并不是续貂接尾。只不过是褚少孙补附在《史记》中流传罢了。补缺者，前节已述，并不妄作，其他断断续续的增入，是读史者备注的文字无意窜入。所以如梁玉绳，尤其是崔适等人动辄“妄人所续”，“才薄鄙陋”等等谩骂之语可以休矣，而且历来研究《史记》补亡的人，似乎都是就事论事，抓住只言片语立论，故尔未能得实，甚至得出错误的结论。司马迁往往于赞中补传中所未备。如《田儋列传赞》中述蒯通语就是因事连及，赵翼认为是窜入（《廿二史劄记》卷一）。梁启超说《酷吏传》载杜周捕治桑弘羊昆弟子事，在昭帝元凤年间（《读史记》），这就完全错了。查《酷吏传》，杜周治桑弘羊昆弟子，还包括了卫皇后亲属昆弟子。查《百官表》，杜周为执金吾在天汉二年。且《集解》引徐广说，杜周天汉三年为御史大夫，太始四年卒。可见《酷吏传》所载乃天汉年间事，梁启超扯到昭帝之世，这是断章取义立论的结果。

为了不致于立论片面，我们将太初以后记事全部辑出，进行综合排比研究，可以分为四类：（一）褚少孙补史；（二）好事者补缺；（三）读史者无意增窜；（四）司马迁所附载的大事。关于司马迁所附只有一千余字，已在前第三章中论述，下面逐层讨论前三类材料。

（二）褚少孙续史篇目内容（表一）

五体篇目		续史内容	说明	字数
年表（一）	①三代世表	张夫子问褚先生曰：《诗》言契、后稷皆无父而生。今案诸侯传记咸言有父，父皆黄帝子也，得无与《诗》谬乎？ 褚先生曰：不然。……一言有父，一言无父，信以传信，疑以传疑，故两言之。……	释司马迁“信以传信，疑以传疑”之旨	810
年表（二）	②建元以来侯者年表	后进好事者褚先生曰：太史公记事尽于孝武之事，故复修记孝昭以来功臣侯者，编于左方，令后好事者得览观成败长短绝世之适，得以自戒焉。……	补昭宣之世侯者，兼武帝征和以后四侯。褚序 240 字，表 2812 字，总 3052 字	3052
年表（三）	③汉兴以来将相名臣年表	仿迁表格式续征和四年以后事尽鸿嘉元年。	疑为褚少孙所补	1439
世家（一）	④陈涉世家	褚先生曰：地形险阻，所以为固也；兵革刑法，所以为治也。犹未足恃也。夫先王以仁义为本，而以固塞文法为枝叶，岂不然哉！吾闻贾生之称曰：……	引贾谊《过秦论》上篇述秦亡之因。（《集解》引徐广说“一作太史公”。）	953
世家（二）	⑤外戚世家	褚先生曰：臣为郎时，问习汉家故事者钟离生。……	述所闻以续补史记	1180

续表

五体篇目		续史内容	说明	字数
世家（三）	⑥梁孝王世家	褚先生曰：臣为郎时，闻之于宫殿中老郎吏好事者称道之也。……	述所闻以续补史记	1153
世家（四）	⑦三王世家	褚先生曰：臣幸得以文学为侍郎，好览观太史公列传。传中称《三王世家》文辞可观，求其世家终不能得。窃从长老好事者，取其封策书，编列其事而传之，令后世得观贤主之指意，……	释解三王世家封策文之旨意	1888
列传（一）	⑧张丞相列传	太史公赞后续述车千秋至昭宣丞相、魏相、邴吉、黄霸、于定国、韦玄成、匡衡等六人事。起句："孝武时丞相甚多，不记，莫录其行起居状略，且纪征和以来"。末段有"太史公曰"云云，论及宣帝丞相匡衡、御史大夫郑弘	起句大类褚少孙他篇所述续史之意，当为褚少孙所补。篇首应有"褚少孙曰"因脱，好事者误为司马迁补而在篇末窜加"太史公曰"四字	1204
列传（二）	⑨田叔列传	褚先生曰：臣为郎时，闻之曰田仁故与任安相善。……	著所闻以续补史记	1158
列传（三）	⑩滑稽列传	褚先生曰：臣幸得以经术为郎，而好读外家传语。窃不逊让，复作故事滑稽之语六章，编之于左。可以览观扬意，以示后世好事者读之，以游心骇耳，以附益上方太史公之三章。……	此篇褚序述著所闻以续补《太史公书》之旨意最为明白	4145
列传（四）	⑪日者列传	褚先生曰：臣为郎时，游观长安中，见卜筮之贤大夫，观其起居行步，坐起自动。誓正其衣冠而当乡人也，有君子之风。……	著所闻以续补史记	409

续表

五体篇目		续史内容	说明	字数
列传（五）	⑫ 龟策列传	褚先生曰：臣以通经术，受业博士，治《春秋》，以高第为郎，幸得宿卫，出入宫殿中十有余年。窃好《太史公传》。《太史公之传》曰："三王不同龟，四夷各异卜，然各以决吉凶，略窥其要，故作《龟策列传》。臣往来长安中，求《龟策列传》不能得，故之太卜官，问掌故文学长老习事者，写取龟策卜事，编于下方。……	《史记》原《龟策列传》序存传亡，褚先生述所闻以补传	7664
共12篇		凡褚补皆述其续补之意，并非妄作		25055

【按】《孝武本纪索隐》引韦稜云："《褚顗家传》，褚少孙，梁相褚大弟之孙，宣帝代为博士，寓居于沛，事大儒王式，号曰'先生'，续《太史公书》。"司马贞又曰："阮孝绪亦以为然。"据此，褚少孙是续太史公书，并非补亡。上表所列褚补《史记》十二篇，每篇有作史之由的交待。《陈涉世家》引《过秦论》亦有交待，真正续作的只有十篇。其他凡未有褚少孙述著作之意的皆非褚补。三家注及后世之人斥责褚补者皆臆测之词，不足为据。

褚补统计25055字。

【又按】 韦昳，字威直，梁杜陵人，官至光禄勋，著有《汉书续训》。

【又按】 阮孝绪，字士宗，梁尉氏人，博通五经，著有《七录》。

（三）好事者补亡史记篇目内容（表二）

五体篇目		补作方法	字数
本纪	① 孝武本纪	篇首60字抄自《景帝纪》，以下全录《封禅书》	6416

续表

五体篇目		补作方法	字数
八书（一）	② 礼书	存太史公序721字，“礼由人起”以下割取荀子《礼论》及《议兵篇》之文	1671
八书（二）	③ 乐书	存太史公序605字。“又尝得神马渥洼水中”一段为后人窜乱之文。“凡音之起”以下割取《乐记》之文	6236
八书（三）	④ 律书	司马贞曰：“《兵书》亡，不补，略述律而言兵，遂分历述以次之。”（《自序索隐》案）此篇篇首之序乃《兵书》遗文。“七正二十八舍”以下割取《律历书》之文，凡2555字补亡，故全篇均司马迁文	2555
共 4 篇		好事者割取成书以补《史记》之缺，并非言辞鄙陋	16878

【按】《太史公自序》及《孝武本纪》两篇三家注《集解》、《索隐》均引张晏说，褚少孙补《武帝纪》，并斥其才薄。后世王鸣盛《十七史商榷》、赵翼《廿二史劄记》、俞樾《湖楼笔谈》等皆从之。《殿本史记考证》卷十二张照曰：“班固‘十篇缺’，并不载何十篇缺，则固意数《今上本纪》与否，未尝可知。后人奋起补之，补之而又全录《封禅书》以为《孝武本纪》，愚陋妄谬极矣。说褚先生亦不至于此。张晏所为褚先生补者，亦臆说也。”钱大昕《二十二史考异》等从此说。余嘉锡曰：“褚先生当时大儒，以文学经术为郎，虽不善著书，亦何至于此。且其所补缀附益，皆自称褚先生曰，以别于太史公原书，往往自言其作意及其事之所从得者。未尝有依托剽窃之意。《武纪》一篇，全自抄袭，可谓至愚极陋，而篇末独不缀一字，其必不出少孙之手，尤大彰明显著者矣。……今案，裴氏《集解》于此篇引徐广《史记音义》语甚多，广为东晋人（原注：广以宋元嘉二年卒，年八十，见《建康实录》卷一二），所见本已如此。以此考之，盖两晋间人所为也。”（《太史公亡书考》）张、余二氏辨正极是。只是“至愚极陋”，“愚陋妄谬”等字眼值得商榷耳。以上五篇皆张晏所云亡书篇目，

补文共一万六千八百七十八字，其中《孝武本纪》六千四百十六字仍为史公文，因与《封禅书》重复故计入补文中，《律书》是载取《历书》，故不计入。

（四）读史者增窜史记篇目内容（表三）

五体篇目		增窜内容	说　明	字数
本纪（一）	① 秦始皇本纪	“秦孝公据殽函之固”以下贾谊《过秦论》上篇、中篇以及“襄公立”以下秦氏世系 2872 字 按：《集解》在“南面称帝”下引徐广曰：“一本有此篇，无前者‘秦孝公’已下，而又以‘秦并兼诸侯山东三十余郡’继此末也。”即徐广所见只有《过秦论》中、下篇而无上篇。《陈涉世家索隐》裴骃案：《班固奏事》云“太史迁取贾谊《过秦》上下篇以为《秦始皇本纪》、《陈涉世家》下赞文。”据此，司马迁引《过秦论》只有下篇，上、中篇皆窜入之文	读史者书后之文窜入。司马迁引《过秦论》下篇为始皇赞，强调“雍蔽之伤国”，二世行之而不改。读史者引《过秦论》上、中篇驳难司马迁，强调秦亡之祸自始皇，从补文后论可知	2872
八书（一）	② 乐书	世多有，故不论。“又尝得神马渥洼水中”以下至“丞相公孙弘曰：黯诽谤圣制，当族”止，158 字	读史者备注之文窜入。上文“世多有，故不论”原文已结	158
八书（二）	③ 历书	史公本文只书七十六年岁名。今本岁名下所书年号乃后人据《正义》之注误入。 按：据朱文鑫《十七史天文诸志之研究》	从太初元年至建始四年	196
世家（一）	④ 孔子世家	安国为今皇帝博士，至临淮太守，蚤卒。安国生卬，卬生欢 按：加重点号的字句即为读史者抄附的备注字，下同	司马迁问故于安国，未与卬交。至于欢，年辈差小，未必相及	7

续表

五体篇目		增窜内容	说　明	字数
世家(二)	⑤楚元王世家	襄王立十四年卒，子王纯代立。王纯立，地节二年中人上书告楚王谋反，王自杀，国除，入汉为彭城郡	地节（宣帝年号）二年，即前68年，上距武帝末已历十九年	27
世家(三)	⑥齐悼惠王世家	（一）城阳王，惠王十一年卒，子顺立，是为荒王。荒王四十六年卒，子恢立，是为戴王。戴王八年卒，子景立，至建始三年，十五岁卒 （二）（菑川顷王）三十六年卒，子终古立，是为思王。二十八年卒，子尚立，是为孝王。五年卒，子横立，至建始三年，十一岁，卒	本篇续太初以后事至成帝建始三年，其间七十一年。《正义》云“盖褚先生次之”，妄臆之也。城阳王“荒王四十六年卒”以下31字，菑川王“三十六年卒”以下40字，皆读史者之旁注字窜入正文	71
列传(一)	⑦屈原贾生列传	及孝文崩，“孝武皇帝”立，举贾生之孙二人至郡守，而贾嘉最好学，世其家，与余通书。至孝昭时，列为九卿	“至孝昭时，列为九卿”，旁注字窜入	8
列传(二)	⑧郦生陆贾列传	“初，沛公引兵过陈留”至“遂入破秦”645字重叙郦生事，与本传赞语“郦生披儒衣往说汉王，乃非也”相矛盾，显系窜入	梁玉绳曰：“初沛公引兵过陈留，……考《御览》三百六十六引《楚汉春秋》与此正同。则是后人因其小有异同而附之。”	645

续表

五体篇目		增窜内容	说明	字数
列传（三）	⑨平津侯主父列传	“太皇太后诏”以下至“累其名臣；亦其次也”827字	《集解》徐广曰：“此诏是平帝元始中元后诏，后人写此及班固所称，以续卷后。”元后诏是褒奖公孙弘，班固语即录自《汉书》公孙弘传后赞。此为汉末人读史者备注之文	827
列传（四）	⑩司马相如列传	扬雄以为靡丽之赋，劝百风一，犹驰骋郑卫之声，曲终而奏雅，不已亏乎？余采其语可论者著于篇	东汉末读史者旁注《汉书》本传赞语，而后窜入正文	28
共10篇		读史者之备注窜入正文，并非妄人续貂		4839

【按】 以上十篇增窜之文共4839字。《秦始皇本纪》及《郦生陆贾列传》两篇篇后增入的文字均与司马迁原传论赞相矛盾，显然是读史者抄录的备忘录并抒发评论的文字，本意并非补史，流传中被增入。其他各篇寥寥数语，最短的只有78字，更是旁注字的增入，不待辨说了。

（五）本章小结

1. 张晏所云《史记》亡书目录不可尽信。以实考校，亡一残三。

《武纪》一篇亡。

《礼书》、《乐书》、《兵书》三篇残。

2. 褚少孙续史12篇，另引《过秦论》为赞2篇。褚补每篇皆有述作意，文辞可观，事理条贯并非鄙陋。无褚先生曰者非褚少孙所补。

3. 综上三表所列：

褚少孙续史　　25055字

好事者补亡　　16878 字
读史者增窜　　4839 字
总计　　46772 字
前第三章所论司马迁
附记太初以后事 15 篇　　1541 字
中华书局标点本全文　555，660 字

《太史公自序》云："凡百三十篇，五十二万六千五百字，为《太史公书》。"这是《史记》定稿后司马迁自己统计的字数。现在将我们所考察的字数与司马迁自己统计的字数对较，以观《史记》原貌。

4. 今本《史记》减去褚补、好事者补亡和增窜，即：为存真的《史记》原貌。由于补亡篇目中《律书》为割取《律历书》是史公原文，故要在 46772 总字数中减去 2555 字，则今本存真字数为：

555660－（46772－2555）＝511383

则《史记》之残缺字数为：

526500－511383＝15117

为原书的 2.8％。《史记》97％的原文流传至今，基本上保持了原貌。

《太史公自序》总括的《史记》原书为 526500 字，即是验证上述考辨的标尺。以此标尺按验李长之先生的说法，他认为太史公书并未亡缺，《孝武本纪》为司马迁所自抄，《礼书》、《乐书》为司马迁自撰，今本三篇字数为 6416＋1671＋6236＝14223，比 15117 仅少 794 字，几乎与司马迁原本字数相等，因此李长之先生说不容忽视。但毕竟有 794 字之差，又说明《武帝纪》为重抄《封禅书》之说可疑。或许《礼》、《乐》两书本为司马迁草创之作，以上调查数字提供了有力的证据。总之，司马迁自己统计的《史记》字数 526500 字，是考核《史记》真伪的一把钥匙，应予重视。

第七章 《史记》义例和司马迁的历史观

第一节 史记义例

《史记》为司马迁精心创作之书，具有严密的义法义例，往往在行文中有所说明。但是没有说明的地方尚多，需要我们细心体会史文，综观全书结构作排比研究方能领略。史记义例与司马迁的历史观密切相联。不达史例，即不明史意，甚至抵牾难通，自然也就无法正确了解司马迁的思想。1929 年靳德俊氏著《史记释例》一书，阐发《史记》十五例，开辟了《史记》研究的新领域，颇不乏精意。但靳氏所发亦有未尽者，亦有可商榷者。这里所述，择其要者供阅览。

（一）史记体制为等级序列例

前述第三章《史记体制》从编纂学的角度已阐明《史记》五体的等级序列。兹述其运用。

1. 作《秦本纪》

——《太史公自序》：维秦之先，伯翳佐禹；穆公思义，悼豪之旅，以人为殉，诗歌《黄马》；昭襄业帝。作《秦本纪》

第五。

——《秦本纪》：秦王政立二十六年，初并天下为三十六郡，号为始皇帝，始皇帝五十一年而崩，子胡亥立，是为二世皇帝。三年，诸侯并起叛秦，赵高杀二世，立子婴。子婴立月余，诸侯诛之，遂灭秦。其语在《始皇本纪》中。

【按】 秦之先祖为西垂附庸之君，迁立本纪，与他篇不同。又《秦本纪》之末忽间入《始皇本纪》的内容。后之学者不明史例，多所讥评焉。

——司马贞曰：秦虽嬴政之祖，本西戎附庸之君，岂以诸侯之邦，而与五帝三王同称本纪，所必不可，降为《秦世家》。（《补史记序》）

——刘知几曰：案，姬自后稷至于西伯，嬴自伯翳至于庄襄，爵乃诸侯，而名录本纪，若以西伯庄襄以上别作《周》、《秦》世家，持殷纣以对武王，拔秦始以承周赧，使帝王传授，昭然有别，岂不善乎？必以西伯以前，其事简约，别加一目，不足成篇，则伯翳之至庄襄，其书先成一卷，而不共世家等列，辄与本纪同编，此尤可怪也。（《史通·本纪》）

——崔适曰："子政立，是为秦始皇帝"止。案各本此下终言二世子婴事，当是后人附记，误入正文。不然，全书自此篇外，复有前纪之末附载后纪之年者乎。灼然伪矣。今正。（《史记探源》）

【按】 小司马和刘知几均认为秦之先世不应为纪，宜降为世家。崔适谓《秦本纪》末段是后人附入，均非。《史记》之立纪，《夏》、《殷》、《周》、《秦》从始祖叙起。《六国年表序》云："秦始小国僻远，诸夏宾之，比于戎翟，至献公之后常雄诸侯。"《秦楚之际月表序》云："昔虞、夏之兴，积善累功数十年，德恰百姓，摄行政事，考之于天，然后在位。汤、武之王，乃由契、后稷修仁行义十余世，不期而会孟津八百诸侯，犹以为未可，其后乃放弑。秦起襄公，章于文、缪；献、孝之后，稍以蚕食六国，百有余载，到始皇乃能并冠带之伦。以德若彼，用力如此，盖一统若斯之难也。"司马迁之意旨十分清楚，三代及秦之统一虽收功于开国之君，而播种仁义恩德于千百年前之先世，故本纪叙及远代。《汉书》以后本纪只书君王，以后世之例绳司马迁之创造，谬甚。《秦纪》文长裁而为二，故于《秦本纪》末撮述《始皇本纪》内容，表明二纪实为一纪也。崔氏亦妄云。

——朱东润曰：按《自序》云："略推三代，录秦汉"，自不得不详秦之先世。《秦本纪》云："秦之先伯翳，帝颛顼之苗裔"，《秦始皇本纪赞》云："秦之先伯翳，尝有功于唐虞之际"，此言秦之由来远也。又《始皇纪赞》云："自缪公以来，稍蚕食诸侯，竟成始皇"，《自序》又言："昭襄业帝，作《秦本纪》第五"，此言秦帝业之所由来也。况诸侯史记，中经放绝，独《秦纪》仅存，为之纲领，又安得而不为本纪乎？（《史记考索》）

2. 作《六国年表》

——《太史公自序》：春秋之后，陪臣执政，强国相王；以至于秦，卒并诸夏，灭封地，擅其号。作《六国年表》第三。

【按】《六国年表》，首列周、次秦、次三晋魏、韩、赵、次楚、次燕、次齐，表名六国，实序八国。故第一栏周，因周室虽微，仍是共主，故第一栏列周，尊奖王室，存其名也。第二栏列秦，纪实也。此表序战国之世，直到二世之末，与前《秦本纪》、《始皇本纪》相呼应。合表纪并观，司马迁创《秦本纪》、《六国年表》，秦列周后，又叙事到二世末，又于序中述秦之先世，战国称雄云云，实露正统端倪，这就是司马迁的作史本意。但以秦为战国之世正统，并非如后世史家之曲意迴护本朝，恰恰相反，倒是对于当时传统理论和官方哲学的叛逆，具有进步意义。秦被视为西方僻远小国而受排斥，汉代更是否定秦国的历史地位，司马迁从秦统一天下角度立论，充分肯定秦国的历史地位，在《纪》、《表》中加以突出，反映了历史的真实面目，显然是进步的思想。

3. 作《项羽本纪》、《陈涉世家》

——《太史公自序》：秦失其道，豪杰并挠。项梁业之，子羽接之，杀庆救赵，诸侯立之，诛婴背怀，天下非之。作《项羽本纪》第七。

——桀、纣失其道而汤、武作，周失其道而《春秋》作，秦失其政而陈涉发迹，诸侯作难，风起云蒸，卒亡秦族。天下之端，自涉发难。作《陈涉世家》第十八。

——《秦楚之际月表序》：太史公读秦楚之际，曰：初作难，发于陈涉；虐戾灭秦，自项氏；拨乱诛暴，平定海内，卒践帝祚，成于汉家，五年之间，号令三嬗，自生民以来，未始有受命若斯之亟也。

——《陈杞世家》：伯翳之后，至周平王时封号为秦，项羽灭之，有本纪言。

【按】 项羽未称帝，与所封十八王并列，又未一统天下而身灭；陈涉起义六月而灭，无家可世。司马迁却为羽立纪，为陈涉立世家，后世褒贬不一。

——司马贞曰：项羽崛起，争雄一朝，假号西楚，竟未践天子之位，而身首别离，斯亦不可称本纪，宜降为系家。又云：胜立数月而死，无后，亦称系家者，以其所遣王侯将相竟灭秦，以其首事也。然陈涉时因扰攘，起自匹夫，假托妖祥，一朝称楚，历年不永，勋业蔑如，继之齐鲁，曾何等级，可降为列传也。（《补史记序》）

——刘知几曰：项羽僭盗而死，未得成君，求之于古，则齐无知、卫州吁之类也，安得讳其名字，呼之曰王者乎？春秋吴楚僭拟，书如列国，假使羽窃帝名，正可拟同群盗。况其名曰西楚，号止霸王者乎？霸王者，即当时诸侯。诸侯而称本纪，求名责实，再三乖谬（《史通·本纪》）。

又云：案世家之为义也，岂不以开国承家，世代相续。至如陈胜起自群盗，称王六月而死，子孙不嗣，社稷靡闻，无世可传，无家可宅，而以世家为称，岂当然乎？（《史通·世家》）

【按】 以上为贬抑之见。

——林駉曰：尝考迁之纪传、世家矣。子长以事之系于天下则谓之纪。项羽政由己出，且封汉王，则项羽可纪也。子长以事之有大于列传，则系之世家。陈涉在夏商则为商武，在秦则为陈涉，故以世家系之。（《古今源流至论》后集卷九《史学》）

——钱大昕曰：太史公作十二本纪，以秦、项羽于周汉之间，后人于秦始皇无异言，而于《项羽本纪》则怪之。刘知几谓羽僭盗，不当称王，似未明史公之言也。秦以暴并天下，虽自称帝，非人心所归向，史公初不欲以秦承周，以汉承周，特以六国既灭，秦主命者十有余年，秦既灭，项氏主命，又四五年。沛公之为汉王，亦项氏所立也，秦、项虽非共主，而业为天下主命，不得不纪其兴废之迹。（《十驾斋养新录》卷中）

【按】 以上认为项羽本纪、陈涉世家立之为宜。

——翦伯赞曰：《史记》中，不仅替皇帝写本纪，也替失败的人物项羽写本纪；不仅替贵族写世家，也替地主阶级的叛逆陈涉写世家。（《中国历史学的开创者司马迁》，载《中国青年》1951年总57期）

——季镇淮曰：陈涉是秦末农民起义军最初的一个领袖，从起事到失败，不到半年。但司马迁却为之作《陈涉世家》，把陈涉起义比之为“汤武作”和“春秋作”。这显然是以相当大热情歌颂了人民对暴力统治的起义和反抗。同样地，他以极端饱满的情绪写《项羽本纪》，给项羽以最高的地位，固然因为项羽“分裂天下而封王侯，政由羽出，号为霸王”，而项羽“非有尺寸，乘势起陇亩之中，三年遂将五诸侯灭秦”——这一勇猛无前，摧毁暴力统治的英雄形象，却是他崇敬项羽的一个更为根本的原因。（《司马迁和他的史记》，载《文史哲》1955年第十八号）

——王伯祥曰：本纪专叙帝王当国者的事，乃是帝王的传记。但一般地说，它的作用相当于编年的大事纪。《史记》里共有本纪十二篇，按时代先后排列。秦灭汉兴的期间，发号施令的是项羽，所以项羽列在本纪。又云：陈涉首举义旗，虽功烈未及项羽，而他所置的侯王将相，终于把秦室推翻，实比古者的管、蔡、陈、杞诸国要细得多。所以《史记》把他列为世家。排在汉初诸世家的前面。与前《项羽本纪》同为史公有意褒扬的特例。（《史记选注》）

【按】 以上为今人之评论。

【又按】 《陈涉世家》叙十四支农民起义军，（一）首事陈涉，（二）周文，（三）武臣，（四）周市，（五）韩广，（六）田臧，（七）秦嘉，（八）董绁，（九）朱鸡石，（十）郑布，（十一）丁疾，（十二）吕臣，（十三）黥布，（十四）项梁。其中有陈胜所遣之将，有别起之军。秦嘉等皆小股义军均述其始末。至于陈胜所遣别将如葛婴、吴广、邓说、伍徐、宋留、张贺等亦述其始末。陈涉死后叙吕臣、黥布与秦军反复争夺陈，以“复以陈为楚。会项梁立怀王孙心为楚王”作结。司马迁的旨意很鲜明，表彰陈涉首难，项羽灭秦，故世家中有意疏忽沛公军，以突出陈项之功，司马迁在《陈涉世家》中说：“陈涉虽已死，其所遣侯王将相竟亡秦，由涉首事也。”又于《陈杞世家》直言之“项羽灭秦”。司马迁作羽本纪、涉世家之意在此，这就是实录。刘知几以后世观念之名责古代之实，真乃迂阔之论。今之史家又认为司马迁旨在表彰人民起义领袖亦不得其平。司马迁身当汉世，值汉室统治者以灭秦之功归已，浅见寡闻之陋儒又以“见秦在位日浅，不察其终始，因举而笑之，不敢道”，故迁特为之纪实，以例明其旨云。

4. 作《吕太后本纪》不立《惠帝纪》

——司马贞曰：吕太后本以女主临朝，自孝惠崩后，立少帝而始称制，正附《惠纪》而论之，不者，或别为《吕后本纪》，岂得全没孝惠而称《吕后本纪》，今依班氏分为二纪。（《史记会注考证》引）

——林駉曰：孝惠高后之时，政不出房闼，君道不立，虽纪吕后亦可也。（《史学》）

【按】《本纪》十二取法《春秋》十二公，若孝惠立纪则过其数，《汉书》断代分之为二亦是。

【总按】　《秦本纪》、《项羽本纪》、《吕后本纪》以及《陈涉世家》皆史公破例为之。至于吴王濞、淮南衡山因叛逆不为之立世家，管蔡虽叛，却又立了世家，此亦破例为之。司马迁立例又破例，变化自如，皆以实录为旨归，真良史之法也。如断限上起尧下止获麟为其父所立例，司马迁存其名，而记事却从黄帝以来至太初，又重大事件书至武帝之末，凡此皆是立例破例之法，读

《史记》者不可不明也。

（二）附记例

——靳德俊曰：人事多矣，毕书势有不能，亦良可不必，然竟付阙如，实修史者所不忍，亦势有所不能，故附记之法尚焉，附记云者，即附记其名，或略附记其事也。其类可别为四：（1）附记其子孙，（2）附记其戚友，（3）因类而附记，（4）因事而附记。又曰：按附记中之文长者，颇似合传，然实与合传不同。所谓合传者，或二人首尾同叙，或先此后彼，或先彼后此，而后合叙，或合叙而后分叙；而此则于所附传之中，于其有关之处，或详或略以附之：而下文仍叙某人之事，与此无关，似一物之附着于一物者然。（《史记释例》）

【按】 附记之例甚明，凡传名之外人物均为附。如《卫将军骠骑列传》后附公孙贺等十六人，皆卫霍之部属也。靳氏所释例皆列传之附，而年表世家亦有附。《六国年表》，秦表附有蜀与义渠，韩表附有郑，赵表附有代、中山，魏表附有卫，楚表附有鲁、蔡、莒、吴、越，齐表附有宋。附见之国并入宗主国。晋为三家所分，而晋末之事附魏，盖晋都为魏所有也。世家如《管蔡世家》附有文王诸子。

（三）互见例

1. 互见法详此略彼，便于史事叙述线索分明

——靳德俊曰：一事所系数人，一人有关数事，若各为详载，则繁复不堪，详此略彼，则互文相足尚焉。（《史记释例》）

——张舜徽曰：古代历史书籍，特别是由一手写成的作品，在组织材料时，有着预定的义例，对于材料如何安排得更合理，更重要，是费了多番考虑的。司马迁已将某段材料摆在甲篇，遇着乙篇有关联时，便清楚地作出交代说："事见某篇"，"语在某篇"。例如《周本纪》说："其事在周公之篇"；《秦本纪》说："其事在商君语中"；又说："其语在《始皇本纪》中"；《吕后本纪》说："语在齐王语中"；《孝文本纪》说："事在吕后语中"；《礼书》说："事在袁盎语中"；《赵世家》说："语在晋事中"；《萧相国世家》说："语在淮阴事中"；《绛侯周勃世家》说："其

语在吕后孝文事中"。这一类交代，在全书中不能尽举。都是唤起读者们不要把每篇记载孤立起来看，应该联系他篇来参考问题。（《中国古代史籍校读法》）

【按】 靳、张二氏所释互见法大旨如是。但司马迁未书明互见而实互见者甚多，其义亦深而微，且其用更著。盖互见法与五体结构相辅而行。五体为《史记》之躯，互见法则为五体之经络。互见之用非止组织材料、互见相足而已，更有其发微补史之功用，即正名实，写人物，两传存疑。

2. 互见法正名实，而于迴护之中不失历史之真

——苏洵曰：迁之传廉颇也，议救阏与之失载焉，见之《赵奢传》；传郦食其也，谋挠楚汉之缪不载焉，见之《留侯传》。夫颇、食其皆功十而过一者也，苟列一以疵十，后之庸人必曰："智如廉颇，辩如郦食其，而十功不能赎一过。"则将苦其难而怠矣。是故本传晦之，而他传发之，则其与善也，不亦隐而彰乎？（《苏老泉先生全集》卷九）

——《秦始皇本纪》：秦始皇帝者，秦庄襄王子也。庄襄王为秦质子于赵，见吕不韦姬，悦而取之，生始皇。

——《吕不韦传》：吕不韦取邯郸诸姬，绝好善舞者，与居，知有身；子楚从不韦饮，见而悦之，因起为寿，请之，吕不韦怒，念业已破家为子楚，欲以钓奇，乃遂献其姬，姬自匿有身，至大期时生子政。

【按】 据《本纪》，子楚"悦不韦姬，取而生始皇"，依《不韦传》，是不韦献有身之姬而生始皇，二者相排。互见法相发明，《本纪》为始皇迴护，记其名（名义为嬴氏），《不韦传》记其实，始皇乃不韦子也。

——《秦始皇本纪》：二十年，始皇东游，至阳武博浪沙中，为盗所惊。

——《留侯世家》：秦始皇帝东游，良与客狙击秦皇帝博浪沙中，误中副车。秦始皇帝大怒，大索天下，求贼甚急，为张良故也。

【按】《本纪》称"盗"，正名也，《世家》书明张良，记实也。

——《项羽本纪》：项梁已破东阿下军，遂追秦军，数使使趣齐兵俱西。荣曰："楚杀田假，赵杀田角、田间，乃发兵。"项梁曰："田假为与国之王，穷来从我，不忍杀也。"

——《田儋列传》云：项梁使使告赵、齐发兵，共击章邯。田荣曰："使楚杀田假，赵杀田角、田间，乃肯发兵。"楚怀王曰："田假与国之王，穷而归我，杀之不义。"

【按】 楚怀王为项梁所立，全权在项梁之手，故《羽纪》、《儋传》皆云"项梁使使"，故不杀田假之语必出之项梁，《羽纪》记其实，《儋传》记其名。

3. 互见法写人物，是塑造人物形象的特写方法

——《高祖本纪》载汉王数羽十罪：始与项羽俱受命怀王，曰先入定关中者王之，项羽负约，王我于蜀汉，罪一。项羽矫杀卿子冠军而自尊，罪二。项羽已救赵，当还报，而擅劫诸侯兵入关，罪三。怀王约入秦无暴掠，项羽烧秦宫室，掘始皇冢，私收其财物，罪四。又强杀秦降王子婴，罪五。诈坑秦子弟新安二十万，王其将，罪六。项羽皆王诸侯善地，而徙逐故主，令臣下争叛逆，罪七。项羽出逐义帝彭城，自都之，夺韩王地，并王梁、楚，多自予，罪八。项羽使人阴杀义帝江南，罪九。夫为人臣而弑其主，杀已降为政不平，主约不信，天下所不容，大逆不道，罪十也。

——《高祖本纪》又论羽败之因：高祖置酒洛阳南宫。高祖曰："列侯诸将无敢隐朕，皆言其情。吾所以有天下者何？项氏之所以失天下者何？"高起、王陵对曰："陛下慢而侮人，项羽仁而爱人。然陛下使人攻城略地，所降下者因以予之，与天下同利也。项羽妒贤嫉能，有功者害之，贤者疑之，战胜而不予人功，得地而不予人利，此所以失天下也。"高祖曰："公知其一，未知其二。夫运筹策帷帐之中，决胜于千里之外，吾不如子房。镇国家，抚百姓，给馈饷，不绝粮道，吾不如萧何。连百万之军，战必胜，攻必取，吾不如韩信。此三者，皆人杰也，吾能用之，此吾所以取天下也。项羽有一范增而不能用，此其所以为我擒也。"

——《秦楚之际月表序》：太史公读秦楚之际，曰：初作难，发于陈涉，虐戾灭秦，自项氏；拨乱诛暴，平定海内，卒践帝祚，成于汉家。

——《陈丞相世家》陈平论项王：臣事魏王，魏王不能用臣说，故去事项王。项王不能信人，其所任爱，非诸项即妻之昆弟，虽有奇士不能用，平乃去楚。又曰：项王为人，恭敬爱人，士之廉节好礼者多归之。至于行功爵邑，重之，士亦以此不附。……彼项王骨鲠之臣亚父、钟离眛、龙且、周殷之属，不过数人耳。大王诚能出捐数万斤金，行反间，间其君臣，以疑其心，项王为人意忌信谗，必内相诛。汉因举兵而攻之，破楚必矣。

——《淮阴侯列传》韩信论项王：臣尝事之，请言项王之为人也。项王喑恶叱咤，千人皆废，然不能任属贤将，此特匹夫之勇耳。项王见人恭敬慈爱，言语呕呕，人有疾病，涕泣分食饮，至使人有功当封爵者，印玩敝，忍不能予，此所谓妇人之仁也。项王虽霸天下而臣诸侯，不居关中而都彭城。有背义帝之约，而以亲爱王，诸侯不平。诸侯之见项王迁逐义帝江南，亦皆归逐其主而自王善地。项王所过无不残灭者，天下多怨，百姓不亲附，特劫于威强耳。名虽为霸，实失天下心。

【按】《项羽本纪》集中笔墨刻画了项羽灭秦抗暴的英雄形象。而项羽的残暴不仁忌贤妒能，偏爱群小，恃匹夫之勇以逞能等等缺点和过错造成了他的失败，则于他篇见之。又如《魏公子列传》塑造了一个礼贤下士的政治家形象。魏公子在魏，秦兵不敢出。似乎魏公子一身紧系魏国之安危。但是对魏公子的评价却在《魏世家赞》中写出，魏国的命运并不取决于魏公子的个人作用。并且在《范雎传》中记载了魏公子畏秦不纳魏齐的虚饰情态，受到了侯嬴的批评。《史记》中这样的例子是举不胜举的。司马迁笔下的人物形象之所以光彩照人，是因为他用特写笔法刻划人物，对材料作了取舍。但是舍去不利于塑造人物形象的材料则有害于历史的真实，司马迁用互见法于他篇互见，两全其美，治文史于一炉。这是互见法运用的最大成功，也是司马迁的一个伟大创造，毫无疑义应作高度评价。

4. 运用互见法两存传疑

——《殷本纪》：九侯女不憙淫，纣怒杀之，而醢九侯。鄂侯争之强，辨之疾，并脯鄂侯。西伯昌闻之窃叹：崇侯虎知之，以告纣，纣囚西伯羑里。

——《周本纪》：西伯曰文王，遵后稷、公刘之业，则古公、公季之法，笃仁敬老慈少，礼下贤者，日中不暇食，以待士，士以此多归之。……崇侯虎谮西伯于殷纣曰："西伯积善累德，诸侯皆响之，将不利于帝。"帝纣乃囚西伯于羑里。

【按】 崇侯虎之谗西伯，《战国策·赵策》及《吕览·行论》所载为《殷本纪》所本。而《周本纪》所载为异说，《淮南子·道应训》以及东汉桓谭《新论》有类似记载，可见司马迁别有所本，故两存之。

——《殷本纪》：纣作炮烙之刑，王子比干曰："主过不谏，非忠也，畏死不言，非勇也，见过即谏，不用即死，忠之至也。"遂谏。三日不去朝，纣囚杀之。又云：比干谏而死，箕子曰："知不用而言愚也；杀身以彰君之恶不忠也；二者不可，然且为之，不祥莫大焉。"遂解发佯狂而去。

——《宋世家》云：纣为淫逸，箕子谏不听，人或曰："可以去矣！"箕子曰："为人臣谏不听而去，是彰君之恶，而自说于民。吾不忍为也。"乃被发佯狂而为奴。又云：王子比干见箕子谏不听而为奴，则曰："君有过而不以死争，则百姓何辜！"乃直言谏纣。纣怒曰："吾闻圣人之心有七窍，信有诸乎？乃遂杀王子比干，刳视其心。"

【按】《本纪》载比干谏而死箕子为奴，而《世家》言箕子奴而后比干死。《本纪》之说与《韩诗外传》所载同。《世家》言与《论语·微子篇》同，司马迁两存之。

——《周本纪》：西伯崩，太子发立，是为武王。又云：西伯盖即位五十年，其囚羑里，益《易》之八卦为六十四卦，诗人道西伯，盖受命之年称王而断虞芮之讼。后十年而崩，谥为文王。

——《六国年表序》：秦始小国僻远，诸夏宾之，比于戎翟，至献公之后常雄诸侯。论秦之德义不如鲁卫之暴戾者，量秦之兵不如三晋之强也，然卒并天下，非必险固便，形势利也，盖若天所助焉。又云：或曰“东方物所始生，西方物之成孰”。夫作事者必于东南，收功实者常于西北。故禹兴于西羌，汤起于亳，周之王也以丰镐伐殷，秦之帝用雍州兴，汉之兴自蜀汉。

——《老子韩非列传》：老子者，楚苦县厉乡曲仁里人也，姓李氏，名耳，字聃，周守藏室之史也。……或曰：老莱子亦楚人也。著书十五篇，言道家之用。与孔子同时云。盖老子百有六十余岁，或言二百余岁，以其修道而养寿也。

【按】 上列“盖云”“或曰”者亦两存之例，见于一篇之中。此与隔篇互见之两存传疑者略有不同。互见之两存是并列关系，孰轻孰重不可分不必分。而“盖云”“或曰”者，乃附见之，有主从之分也。

（四）对比见义例

1. 司马迁书明对比者

——《张耳陈馀列传赞》：张耳、陈馀，世家所称贤者；其宾客厮役，莫非天下俊桀，所居国无不取卿相者。然张耳、陈馀始居约时，相然信以死，岂顾问哉。及据国争权，卒灭亡，何乡者相慕用之诚，后相倍之戾也！岂非以势利交哉，名誉虽高，宾客虽盛，所由殆与太伯、延陵季子异矣。

——《儒林列传》：公孙弘治《春秋》不如董仲舒，而弘希世用事，位至公卿。……自公孙弘得用，尝集比其义，卒用董仲舒。

——《酷吏列传》：郅都者，杨人也。郅都迁为中尉。行法不避贵戚，列侯宗室见都侧目而视，号曰“苍鹰”。又云：宁成，其治效郅都，其廉弗如。又云：（义）纵廉，其治放郅都。又云：尹齐迁为关内都尉，声甚于宁成。又云：杨仆治放尹齐，以为敢挚行。

——《佞幸列传》：孝文时中宠臣，士人则邓通……文帝尝赐通巨万以十数，官至上大夫。文帝时如邓通家游戏。于是赐邓通蜀严道铜山，自得铸钱。“邓氏钱，布天下”。其富如此。又云：孝景帝时，郎中令周文仁，仁宠最过庸，乃不甚笃。又云：今天子中宠臣，士人则韩王孙嫣，宦者则李延年。嫣官至上大夫，赏赐拟于邓通。又云：李延年善承意，与上卧起，甚贵幸，埒如韩嫣。

2. 未明书对比而实对比者

——《秦楚之际月表序》：昔虞、夏之兴，积善累功数十年，德洽百姓，摄行政事，考之于天，然后在位。汤武之王，乃由契、后稷修仁行义十余世，不期而会孟津八百诸侯，犹以为未可，其后乃放弑。秦起襄公，章于文、缪；献、孝之后，稍以蚕食六国，百有余载，至始皇乃能并冠带之伦。以德若彼，用力如此，盖一统若斯之难也。……然王迹之兴，起于闾巷，合从讨伐，轶于三代，向秦之禁，适足以资贤者为驱除难耳。故愤发其所为天下雄，安在无土不王。此乃传之所谓大圣乎？岂非天哉！非大圣孰能当此受命而帝者乎？

——《李将军列传赞》：李将军悛悛如鄙人，口不能道辞，及死之日，天下知与不知，皆为尽哀，彼其忠心诚信于士大夫也。

——《匈奴列传赞》：尧虽贤，兴事业不成，得禹而九州宁。且欲兴圣统，唯在择任将相哉！唯在择任将相哉！

——《卫将军骠骑列传赞》：苏建语余曰：吾尝责大将军至尊贵，而天下之贤士大夫毋称焉。

【按】《秦楚之际月表序》盛赞高祖得天命而有位，与三代及秦祖先积善累功得天下相对比，讽汉高祖因时成事，并非有德之君也。《李将军列传》、《匈奴列传》、《卫将军骠骑列传》三传互相对比。汉征匈奴得以解除边患，功归于如李将军者，百姓口碑之。而卫将军、骠骑者，藉人主之尊贵以得宠，故民无称焉。宜乎王鸣盛之言也，曰："《李广传赞》，美其死天下知与不知皆尽哀，忠心诚信于士大夫。《卫青传赞》则著其不肯招士，位尊而天下贤士大夫无称。两两相形，优劣自见，乃青名为不荐士，而倾危如主父偃，残贼如减宣，皆其所荐。又郭解请免徙关内。然则青特不荐贤耳，于不肖者未尝不交通援引也。"（《十七史商榷》

卷六）

【按】　七十列传之序列多对比组合，苏秦与张仪为一纵一横之长短说对比，孟尝君、平原君、魏公子、春申君四公子相对比。循吏、汲郑与儒林、酷吏四传合一组两两相对比。古有循吏而今则酷吏。儒学兴起多公孙弘虚伪之徒，汲郑率直却不宗儒。四传参差对比，盖有深意焉。

（五）微词讽谕例

——《六国年表序》：孔子次《春秋》……七十子之徒口授其传指，为有所刺讥挹损之文辞不可以书见也。

——《匈奴列传赞》：太史公曰：孔氏著《春秋》，隐桓之间则章，至定哀之际则微，为其切当世之文而罔褒，忌讳之辞也。

【按】　此两则为司马迁自明其微词讽谕之意，靳德俊云："史公之修《史记》，原欲续周孔之业，法《春秋》，寓褒贬，示一己之意，垂后世而为一家之言也。然先代褒贬，诚无所讳，而于汉时之君相，岂敢放笔直书，明加褒贬乎？故不得不隐寓而微其词也。"（《史记释例》）靳氏之言是也。司马迁对当时君臣用讥刺语言以记实成为《史记》的一大特色。其讽谕之法主要有五端：①状摹本人自矜声色动态以寓讽。②引用他人之语以寓讽。③言古事以讽今。④用以褒为贬的反写法寓讽。⑤用无声的沉默以寓讽。

1. 状摹本人自矜声色动态以寓讽

——《高祖本纪》：六年，高祖五日一朝太公，如家人父子礼。太公家令说太公曰："天无二日，土无二王。今高祖虽子，人主也；太公虽父，人臣也。奈何令人主拜人臣！如此，则威重不行。"后高祖朝，太公拥彗，迎门却行，高祖大惊，下扶太公。太公曰："帝，人主也，奈何以我乱天下法！"于是高祖乃尊太公为太上皇。心善家令言，赐金五百斤。又云：（九年）未央宫成。高祖大朝群臣，置酒未央前殿。高祖奉玉卮，起为太上皇寿，曰："始大人常以臣无赖，不能治产也，不如仲力。今某之业所就孰与仲多？"殿上群臣皆呼万岁，大笑为乐。

【按】"心善家令言，赐金五百斤"这一行动深刻地提示了刘邦伪孝做作的内心世界。又通过父子的家常对话，用素描手法画出刘邦自鸣得意的流氓故态。用这一手法刻画人物，入木三分。《叔孙通传》载叔孙通作礼仪，“于是高帝曰：‘吾乃今日知为皇帝之贵也。’乃拜叔孙通为太常，赐金五百斤。”这更是典型的例子。

2. 引用他人之语以寓讽

——《叔孙通传》：于是叔孙通使征鲁诸生三十余人。鲁有两生不肯行，曰：“公所事者且十主，皆谀以得亲贵。今天下初定，死者未葬，伤者未起，又欲起礼乐。礼乐所由起，积德百年而后可兴也。吾不忍为公所为。公所为不合古，吾不行。公往矣，无污我。”叔孙通笑曰：“若真鄙儒也，不知时变。”……叔孙通因进曰：“诸弟子儒生随臣久矣，与臣共为仪，愿陛下官之。”高帝悉以为郎。叔孙通出，赀以五百斤赐诸生。诸生皆喜曰：“叔孙生诚圣人也，知当世之要务。”

【按】 司马迁引用鲁生及叔孙通弟子之言对好面谀以取宠的叔孙通极尽其嬉笑奚落的讽谕。

3. 言古事以讽今

——《六国年表序》：论秦之德义，不如鲁卫之暴戾者，量秦之兵，不如三晋之强也，然卒并天下。

【按】 吴汝纶《点勘史记》眉批云：“语虽论秦，意乃指汉。”

——《平准书赞》云：太史公曰：……秦卒并海内……中一国之币为二等，黄金以镒名，为上币；铜钱识曰半两，重如其文，为下币。而珠玉、龟贝、银锡之属为器饰宝藏，不为币。然各随时而轻重无常。于是外攘夷狄，内兴功业，海内之士力耕不足粮饷，女子纺绩不足衣服。古者尝竭天下之资财以奉其上，犹自以为不足也。

【按】 茅坤《史记评林》眉批云：“不及本朝，而以秦事为言若此，其旨深矣。”方苞《评点史记》亦云：“举秦事以譬况汉也。”

4. 用以褒为贬的反写法寓讽

——《酷吏列传序》：昔天下之网尝密矣，然奸伪萌起，其极也，上下相遁，至于不振。当是之时，吏治若救火扬沸，非武健严酷，恶能胜其任而愉快乎？言道德者，溺其职矣。故曰："听讼吾犹人也，必也使无讼乎？""下士闻道大笑之"，非虚言也。

【按】 方望溪《评点史记》云：史序多微文，敢指斥，如酷吏，天下所共恶也，而序乃曰"民奸轨弄法，善人不能化，唯一切严削能齐之"，皆辞为褒而义存讥刺也。

——《萧相国世家赞》：太史公曰：萧相国何，于秦时为刀笔吏，碌碌未有奇节。及汉兴，依日月之末光，何谨守管籥，因民之疾秦法，顺流与之更始。淮阴、黥布等皆以诛灭，而何之勋烂焉。位冠群臣，声施后世，与闳夭、散宜生等争烈矣。

——《傅靳蒯成列传赞》：太史公曰：阳陵侯傅宽、信武侯靳歙，皆高爵。从高祖起山东，攻项籍，诛杀名将，破军降城以十数，未尝困辱，此亦天授也！蒯成侯周緤，操心坚正，身不见疑。上欲有所之，未尝不垂涕，比有伤心者然，可谓笃厚君子矣！

【按】 萧何是刀笔吏，刘邦的管家奴；傅、靳、周等均低能之将，因能阿谀迎逢皆封高爵，而攻城野战之将如淮阴侯、黥布等反被屠戮，岂非天意？高祖伐陈豨，周緤挥泪送高祖说："始秦攻破天下，未尝自行。今上常自行则为无人可使者乎？"高祖以为"爱我"，赐"入殿门不趋，杀人不死"。司马迁活画出了一副奴才相，而曰"此亦天授""此有伤心者然"，讥刺刻骨，显系以褒为贬。太史公序赞，直接发抒评论，故反语以寓讽是论赞讽刺的主要手法。

5. 用无声的沉默以寓讽

——《匈奴列传赞》：尧虽贤，兴事业不成，得禹而九州宁。且欲兴圣统，唯在择任将相哉！唯在择任将相哉！

【按】 何焯《义门读书记》云："下即继以卫、霍、公孙弘，而全录主父偃谏伐匈奴书，太史公之意深矣。"吴汝纶《点勘史记》亦云："此篇后，继以卫霍公孙弘二篇，著汉所择任之将相也。"《佞幸传》末忽赘二语："卫青、霍去病亦以外戚贵幸，然颇用材能自进。"王鸣盛曰："一若以此二人本可入《佞幸》者。"

（《十七史商榷》卷六）又《平准书赞》不及汉事，《大宛传赞》不评述征宛事，皆无声之讽。

（六）夹叙夹议或于叙事中寓论断例

——《伯夷列传》："孔子序列古之仁圣贤人，如吴太伯、伯夷之伦详矣。余以所闻由、光义至高，其文辞不少概见，何哉？"又云："孔子曰：'伯夷、叔齐，不念旧恶，怨是用希'。'求仁得仁，又何怨乎？'余悲伯夷之意，睹轶诗可异焉。"又云："由此观之，怨耶非怨？"从此至篇末三百七十余言，皆论断之辞。

【按】 章学诚《文史通义·书教下》云："《伯夷列传》乃七十篇之序例，非专为伯夷也。"章氏之言极是。本传七百九十四字，传文仅二百一十字，议论文字竟占三分之二强，此篇夹叙夹议。

——《屈原列传》："离骚者，犹离忧也。夫天者，人之始也；父母者，人之本也。"至"推此志也，虽与日月争光可也"，二百三十余言，乃传中夹论。又同传下文"人君无贤愚智不肖，莫不欲求忠以自为，举贤以自佐"至"王之不明，岂足福哉"一百三十余字，亦纯为论断。

【按】 章学诚《文史通义·书教下》云："《屈原列传》所以恶绛灌之谗，其叙屈之文，非为屈氏表忠，乃吊贾之赋也。"此云以叙事为论也，即于叙事中寓论断。《史记》中俯拾皆是。而发明此旨，自顾炎武得之。《日知录》卷二十六云："古人作史，有不待论断，而于序事之中，即见其指者，惟太史公能之。《平准书》末载卜式语；《王翦传》末载客语；《荆轲传》末载鲁勾践语；《晁错传》末载邓公与景帝语；《武安侯田蚡传》末载武帝语，皆史家于序事中，寓论断法也。"今人白寿彝先生撰《司马迁寓论断于序事》（载1961年《光明日报》，1981年《史学史资料》第一期重载），对顾氏所论有进一步阐发，其旨甚精，兹录二例于下。

——《淮阴侯列传》：蒯通至。上曰："若教淮阴侯反乎？"对曰："然。臣固教之。竖子不用臣之策，故令自夷于此。如彼竖子用臣之计，陛下安得而夷之乎？"上怒曰："烹之。"通曰："嗟乎！冤哉烹也！"上曰："若教韩信反，何冤？"对曰："秦之纲绝而维弛，山东大扰，异姓并起，英俊乌集。秦失其鹿，天下共逐之。于是高材足疾者先得焉……且天下锐精持锋，欲为陛下所为者甚众，顾力不能耳。又可尽烹之耶?”高帝曰：“置之。”乃释通之罪。

【按】 白寿彝曰：写这段故事，也只是要写高帝对韩信之“畏恶其能”。因此，信必不可释，而教信谋反的人倒可以无罪了。……司马迁在《史记》一书里，曾广泛使用了以历史叙述表达历史论断这一基本形式。他善于通过代表性的历史人物去说明，论断历史问题。他着意去写一定时期中的风云人物。他的《项羽本纪》、《陈涉世家》、《萧相国世家》、《吴起列传》、《商君列传》、《李斯列传》都属于这样的篇章。他同样着意去写虽非风云人物，但可供以集中反映问题的人物。他的《万石张叔列传》、《魏其武安侯列传》、《李将军列传》、《平津侯列传》又都属于这一类的佳传。

——《卫将军骠骑列传》：大将军既还，赐千金。是时，王夫人方幸于上，宁乘说大将军曰：“将军所以功未甚多，身食万户，三子皆为侯者，徒以皇后故也。今王夫人幸而宗族未富贵，愿将军奉所赐千金，为王夫人亲寿。”大将军乃以五百金为寿。天子闻之，问大将军。大将军以实言，上乃拜宁乘为东海都尉。

【按】 白寿彝曰：司马迁善于用细节描写从侧面去反映一定时期的政治风气、政治问题，同时也就其中表达了作者的褒贬。《卫将军骠骑列传》这一段，一方面是在写卫青“以和柔自媚于上”，同时也在写女宠在政治上的作用。

（七）阙文传疑例

《史记释例》云：“《三代世表》：‘孔子因史文，次《春秋》纪元年，正时日月，盖其详哉！至于序《尚书》则略无年月，或颇有，然多阙不可录，故疑则传疑，盖其慎也。’是史公之阙文传疑之法，亦有所授受也。”

——《楚世家》：其后中微，或在中国，或在蛮夷，弗能纪其世。

——《越王勾践世家》：越王勾践，其先禹之苗裔，而夏后帝少康之庶子也，封于会稽，以奉守禹之祀，文身断发，披草莱而邑焉。

——《荆燕世家》：荆王刘贾者，诸刘不知其何属。

——《韩信卢绾列传》：陈豨者，宛朐人也，不知始所以得从。

【按】《勾践世家》不叙其先世系，盖文献不足征也，故阙而不载。

（八）引书不拘原文例

《太史公自序》云：“厥协六经异传，整齐百家杂语。”即《史记》所据原始材料，并不拘泥原文，而进行了加工改造，以成“一家之言”。

1. 博征旁引考求实事，不录荒诞之说

——《五帝本纪赞》：太史公曰：学者多称五帝，尚矣。然《尚书》独载尧以来；而《百家》言黄帝，其文不雅驯，荐绅先生难言之。孔子所传《宰予问五帝德》及《帝系姓》，儒者或不传。余尝西至空桐，北过涿鹿，东渐于海，南浮于江淮矣，至长老皆各往往称黄帝、尧舜之处，风教固殊焉，总之不离古文者近是。予观《春秋》、《国语》，其发明《五帝德》、《帝系姓》章矣，顾弟弗深考，其所表见皆不虚。《书》缺有间矣，其轶乃时时见于他说。非好学深思，心知其意，固难为浅见寡闻道也，余并论次，择其言尤雅者，著为本纪书首。

【按】《五帝德》、《帝系姓》载于《大戴礼》，《尚书》立于学官，都是当时的权威文献，《五帝本纪》取材于此。但是司马迁却用《春秋》、《国语》来印证，又补充《百家》之言和各地传说的故事，经过综合考实，选择可信的材料写入书中。

——《刺客列传》云：豫让曰：“……今日之事，臣固伏诛，然愿请君之衣而击之，焉以致报仇之意，则虽死不恨。非所敢望也，敢布腹心！”于是襄子大义之。乃使使持衣与豫让。豫让拔剑三跃而击之，曰：“吾可以下报智伯矣！”遂伏剑自杀。

【按】“豫让拔剑三跃而击之”句，《索隐》曰：“《战国策》曰：‘衣尽出血。襄子迴车，车轮未周而亡。’此不言衣出血者，太史公恐涉怪妄，故略之耳。”《战国策》为纵横家言，夸张离奇故事以助其说，《史记》采事征实，故删去不经之言。

2. 剪裁熔铸历史材料，重新评价历史人物

——《仲尼弟子列传赞》：太史公曰：学者多称七十子之徒，誉者或过其实，毁者或损其真，钧之未睹厥容貌，则论言弟子籍，出孔氏古文者近是。余以弟子名姓文字悉取《论语》弟子问，并次为篇，疑者阙焉。

——《苏秦列传赞》：太史公曰：苏秦兄弟三人，皆游说诸侯以显名，其术长于权变。而苏秦被反间以死，天下共笑之，讳学其术。然世言苏秦多异，异时事有类之者皆附之苏秦。夫苏秦起闾阎，连六国从亲，此其智有过人者。吾故列其行事，次其时序，毋令独蒙恶声焉。

——《游侠列传序》：至如闾巷之侠，修行砥名，声施于天下，莫不称贤，是为难耳。然儒、墨皆排摈不载。自秦以前，匹夫之侠，湮灭不见，余甚恨之。以余所闻，汉兴有朱家，田仲、王公、剧孟、郭解之徒，虽时捍当世之文罔，然其私义廉洁退让，有足称者。

【按】 用《战国策》、《论语》与《史记》的《苏秦列传》、《仲尼弟子列传》对校，引文多有异文，他篇亦然。并非司马迁引书窜易，而是根据综合材料熔铸剪裁，重新评价人物，使之合于历史真实，司马迁引《过秦论》为赞，文字亦有小异。《秦始皇本纪索隐》引邹诞生云："太史公删贾谊《过秦》篇著此论，富其义而省其辞。"明乎此旨，今读《史记》则不妄据他书以窜改本书，反之亦然。

3. 引用经典以语译文字代之

——《五帝本纪》：数法日月星辰。

【按】《索隐》云：《尚书》作"历象日月"，则此言"数法"，是训"历象"二字。

——又：试不可用而已。

【按】《尚书》作"试可乃已"。《史记会注考证》引钱大昕曰："古人语急，以'不可'为'可'也"。司马迁增"不"字即作了口语翻译，其义显明，否则会作误解。《史记》引据经典文字，随文翻译是一个伟大的创举，其例不胜枚举，兹从略。

（九）舒愤自解例

——《伍子胥列传赞》：太史公曰：怨毒之于人甚矣哉！王者尚不能行之于臣下，况同列乎？向令伍子胥从奢俱死，何异蝼蚁。弃小义，雪大耻，名垂于后世，悲夫！方子胥窘于江上，道乞食，志岂尝须臾忘郢邪？故隐忍就功名，非烈丈夫孰能致此哉？

——《平原君虞卿列传赞》：太史公曰：虞卿非穷愁，亦不能著书以自见于后世云。

——《季布栾布列传赞》：太史公曰：以项羽之气，而季布以勇显于楚，身屡军搴旗者数矣，可谓壮士。然至被刑戮，为人奴而不死，何其下也！彼必自负其材，故受辱而不羞，欲有所用其未足也，故终为汉名将。贤者诚重其死。夫婢妾贱人感慨而自杀者，非能勇也，其计画无复之耳。

——《平津侯主父列传赞》：太史公曰：主父偃当路，诸公皆誉之，及名败身诛，士争言其恶。悲夫！

——《汲郑列传赞》：太史公曰：夫以汲、郑之贤，有势则宾客十倍，无势则否，况众人乎！下邽翟公有言，始翟公为廷尉，宾客阗门；及废，门外可设雀罗。翟公复为廷尉，宾客欲往，翟公乃大署其门曰："一死一生，乃知交情。一贫一富，乃知交态。一贵一贱，交情乃见。"汲，郑亦云，悲夫。

【按】靳德俊云："史公因李陵之事，受无妄之灾。君父见疑，友朋不救，是以幽囚受辱，而被极刑，故书中于此等处，多尽力书之，以舒其愤；又诟莫大于宫刑，而公因欲有所论著，垂于后世，故亦隐忍苟活，函粪土之中而不辞，然恐他人之不见谅，故书中于此等处，尤多借他人之事，以为表白。议伍子胥'向令'数语，正谓其隐忍受宫刑也；'弃小义，雪大耻'二语，正其自解也；'方子胥'数句，正与其《报任安书》'肠一日而九徊'相类也。又史公于主父，于他人传中，曾未稍加赞许，且深述其恶，而乃于赞中有此语者，盖自伤其受祸而友朋莫助焉！《史记》之中，此类颇多，苟有明此意，每以虚为实，至于误解。"（《史记释例》）

（十）文中自注例

——《项羽本纪》：项王、项伯东向坐，亚父南向坐，——亚父者，范增也——沛公北向坐；张良西向侍。

——《封禅书》：天下名山八：而三在蛮夷，五在中国。——中国：华山、首山、太室、泰山、东莱——此五山。黄帝之所常游，与神会。

——《陈涉世家》：陈胜自立为将军，吴广为都尉。攻大泽乡，收而攻蕲，蕲下。——乃令符离人葛婴将兵徇蕲以东——攻铚、酂、苦、柘、谯皆下之。行收兵，比至陈，车六七百乘，骑千余，卒数万人。

——《梁孝王世家》：自山以东，游说之士，莫不毕至。——齐人羊胜、公孙诡、邹阳之属——公孙诡多奇邪计。

——《三王世家》褚先生曰：窃从长老好故事者，——取其封策书——编列其事而传之，令后世得观贤主之指意。

——《田叔列传》：月余，上迁拜为司直。数岁，坐太子事，——时左丞相自将兵，令司直田仁主闭城门，坐纵太子——下吏诛死。

——《魏其武安侯列传》：丞相言："灌夫家在颍川，横甚，民苦之，请案。"上曰："此丞相事，何请?"灌夫亦持丞相阴事。——为奸利，受淮南王金，与语言——宾客居间，遂止。俱解。

——《匈奴列传》：匈奴大攻围马邑。高帝自将兵往击之。……于是冒顿佯败走，诱汉兵。汉兵逐击冒顿，冒顿匿其精兵，见其羸弱，于是汉悉兵——多步兵，三十二万——北逐之。

【按】 文中自注例为近人杨树达所发现。杨氏云："古人行文中有自注。不善读书者，疑其文气不贯，而非实也。"（《古书疑义举例续补》卷一）此例非《史记》所独有，然而亦虽如此，方不至牴牾。

第二节　司马迁的历史观

（一）大一统的历史观

杨向奎先生曰："战国秦汉之交鼓吹大一统最有力者是公羊学派，公羊学派因此被说为代汉立法，代后王立法。司马迁继承了公羊学派的传统也在为后王立法：大一统。他同时也在为后人立法：反对暴政。这两者是对立统一体，陈胜吴广因反对暴政而亡秦，亡秦而后才有汉刘邦的大一统。项羽与强秦类似，都不过是过渡阶段的'闰'"。（《司马迁的历史哲学》，载《中国史研究》1979年第1期）《史记》起于黄帝，其旨就在于宣传大一统。夏商周三代之君，秦汉帝王，春秋以来列国世家，无不为黄帝后代。中华民族，皆黄帝子孙，这一民族观念就奠基于《史记》。

司马迁从大一统历史观出发，认为四方夷狄皆兄弟之国，把匈奴、南越、西南夷等传与中国人物传并列齐观，插在相应的人物传中，这也是难能可贵的进步观点。

（二）详近略远的变革历史观

1. 详近略远，取法后王

——《孔子世家》：（孔子）因史记作《春秋》，上至隐公，下讫哀公十四年，十二公，据鲁，亲周，故殷，运之三代。约其文辞而指博。故吴楚之君自称王，而《春秋》贬之曰"子"；践土之会实召周天子，而《春秋》讳之曰"天王狩于河阳"；推此类绳当世。贬损之义，后有王者举而开之。《春秋》之义行，则天下乱臣贼子惧焉。

【按】《史记》效法《春秋》而作，故这段话亦可视作对《史记》的自我评价。《春秋》有微言大义，故《史记》亦有褒有贬，以史为借鉴。《春秋》据鲁亲周，故殷，运之三代，则《史记》亦详近略远，取法后王。

——《六国年表序》：秦既得意，烧天下《诗》、《书》，诸侯史记尤甚，为其有所刺讥也。……独有《秦记》，又不载日月，其文略不具。然战国之权变亦有可颇采者，何必上古。秦取天下多暴，然世异变，成功大。传曰“法后王”，何也？以其近己而俗变相类，议卑而易行也。

——《高祖功臣侯者年表序》：居今之世，志古之道，所以自镜也，未必尽同。帝王者各殊礼而异务，要以成功为统纪，岂可混乎，观所以得尊宠及所以废辱，亦当世得失之林也。

——《汉兴以来诸侯王年表序》：臣迁谨记高祖以来至太初诸侯，谱其下损益之时，令后世得览。

——《酷吏列传赞》：太史公曰：自郅都，杜周十人者，此皆以酷烈为声。……然此十人中，其廉者以为仪表，其污者足以为戒。

【按】 详近略远法后王的历史观是先秦唯物主义思想家荀子提出的。《荀子·非相》说：“传者，久则论略，近则论详。”但是荀子只提出了理论，并没有实践。而且荀子法后王的理论并不彻底。他在《王制篇》说：“王者之制，道不过三代，法不贰后王，道过三代谓之荡，法贰后王谓之不雅。”综观荀子的法后王，即是法三代之王。荀子反对法虚无飘渺的尧舜之道，亦反对法春秋战国之世的乱世。司马迁则不然，直接主张法秦汉。《史记》130篇，专记百年之间的汉史就占62篇，兼记汉史的11篇，三代以前的传说历史二千多年只一篇《五帝本纪》即足。三代为世表，近代为年表，现代分门别类作专题表。八书亦特详近现代。“法后王何也？以其近己，而俗变相类，议卑而易行也”。司马迁从理论到实践都生动而具体地反映了他详近略远，取法后王的历史观，无疑地这是一种进化论的历史观，这和儒家的法尧舜之道比较，显然是一种进步的观点。

2. 详变革历史，以终始为鉴

——刘伟民曰：司马迁看宇宙间一切事物，均为变动不居，故对历史事件，亦视为演化无常，而名之曰“变”，曰“渐”，曰“终始”。其言曰：

——“罔罗天下放失旧闻，王迹所兴，见盛观衰……天人之际，承敝通变。”（《太史公自序》）

——“臣弑父，非一旦夕之故也，其渐久矣。”（同上）

——“故汉兴，承敝易变，成一家之言。”（《报任安书》）

——“儒者断其义，驰说者骋其词，不务综其终始。”（《十二诸侯年表序》）

——“观其所以得尊宠，及所以废辱，亦当世得失之林也。何必旧闻？于是谨其终始，表见其文。”（《高祖功臣侯者年表序》）

——“叔孙通希世度务，制礼进退，与时变化，卒为汉家儒家。”（《刘敬叔孙通列传赞》）

——“然魏其不知时变，灌夫无术而不逊，两人相翼，乃成祸乱。”（《魏其武安列侯传赞》）

所谓“变”，就是演化；所谓“渐”，就是进行；所谓“终始”，就是在演化进行中之原因、经过、结果及影响之全部过程。一个历史家最重要之任务，在能做到“综其终始”，“察其终始”之功夫。“综”是组织，“察”是观察，“谨”是实行。只有能“终始古今；深观其变”者，方能“究天人之际”，只有“综其终始，稽其成败兴坏之纪”者，始能“通古今之变”，而“成一家之言”。故“儒者断其义”，只可称为哲学家；“驰说者骋其词”，只可称为文学家；惟有“综其终始”者，始配称为历史学家也。（刘伟民：《司马迁思想研究》）

【按】 刘氏所释司马迁的“演变史观”极是。综观《史记》，司马迁用笔最多的历史有四个段落：（一）西周建国历史，（二）秦汉之际的变革历史，司马迁称这两段为“革命之世”，即是变革天命的历史，叙写极详。其次是：（三）战国之世的变化历史，（四）武帝建元元封间的变化历史。这两段历史虽然天命未改，仍是比较剧烈变化的历史时期。《史记》详记变革历史，而略升平之世。在司马迁笔下，历史是一起一伏地向前演进，是有阶段性的，仿佛是一种圆周似的滚动，故司马迁作十表，明确地把历史划分成阶段研究，每一阶段力求终始自成一个圆圈。《三代世表》、《十二诸侯年表》、《六国年表》、汉兴以来诸表就是《史记》中划分的历史发展阶段：即远古、上古、近古、今世。秦汉之际的剧烈变革特作“月表”来反映。司马迁撰述十表来划分历史段落，求其变革终始，是一个成功的大胆尝试，做出了卓越的贡献，应予高度评价。

（三）司马迁的二元论历史观

1. 司马迁究天人之际，却又对占星术的荒诞迷信表示怀疑。

——《天官书》：秦始皇之时，十五年彗星四见，久者八十日，长或竟天，其后秦遂以兵灭六王，并中国，外攘四夷，死人如乱麻，因以张楚并起，三十年之间，兵相骀籍，不可胜数。自蚩尤以来，未尝若斯也。

项羽救钜鹿，枉矢西流，山东遂合从诸侯，西坑秦人，诛屠咸阳。汉之兴，五星聚于东井。平城之围，月晕参、毕七重。诸吕作乱，日蚀，昼晦。吴楚七国叛逆，彗星数丈，天狗过梁野；及兵起，遂伏尸流血其下。元光，元狩蚩尤之旗再见，长则半天。其后京师四出，诛夷狄者数十年，而伐胡尤甚。越之亡，荧惑守斗；朝鲜之拔，星茀于河戍；兵征大宛，星茀招摇；此其荦荦大者。若至委曲小变，不可胜道。由是观之，未有不先形见而应随之者也。

——《太史公自序》：星气之书，各杂机祥，不经；推其文，考其应，不殊。比集论其行事，验于轨度以次，作《天官书》第五。

2. 司马迁认为“天”能支配人事，但又对“天道无亲”提出了怀疑。

——《六国年表序》：论秦之德义不如鲁卫之暴戾者，量秦之兵不如三晋之强也，然卒并天下，非必险固便形势利也，盖若天所助焉。

——《秦楚之际月表序》：秦既称帝，患兵革不休，以有诸侯也，于是无尺土之封，堕坏名城，销锋镝，鉏豪桀，维万世之安。然王迹之兴，起于闾巷，合从讨伐，轶于三代，乡秦之禁，适足以资贤者为驱除难耳。故愤发其所为天下雄，安在无土不王。此乃传之所谓大圣乎？岂非天哉，岂非天哉！非大圣孰能当此受命而帝者乎？

——《魏世家赞》：说者皆曰：“魏以不用信陵君故，国削弱至于亡。”余以为不然。天方令秦平海内，其业未成，魏虽得阿衡之佐，曷益乎？

——《留侯世家赞》：学者多言无鬼神，然言有物。至于留侯所见老父予书，亦可怪矣。高祖离困者数矣，而留侯常有功力焉，岂可谓非天乎？

——《傅靳蒯成列传赞》：太史公曰：阳陵侯傅宽，信武侯靳歙皆高爵，从高祖起山东，攻项籍，诛杀名将，破军降城以十数，未尝困辱，此亦天授也。

【按】 以上材料是说明上苍意志能支配人事。

——《项羽本纪赞》：太史公曰：羽非有尺寸，乘势起于陇亩之中，三年，遂将五诸侯灭秦，分裂天下，而封王侯，政由羽出，号称霸王，位虽不终，近古以来未尝有也。及羽背关怀楚，放逐义帝而自立，怨王侯叛己，难矣。自矜功伐，奋其私智而不师古，谓霸王之业，欲以力征经营天下，五年卒亡其国，身死东城，尚不觉悟而不自责，过矣。乃引“天亡我，非用兵之罪也”，岂不谬哉！

——《伯夷列传》：或曰：“天道无亲，常与善人。”若伯夷、叔齐，可谓善人者非耶？积仁洁行如此而饿死！且七十子之徒，仲尼独荐颜渊为好学；然回也屡空，糟糠不厌，而卒蚤夭，天之报施善人，其何如哉？……余甚惑焉，傥所谓天道，是耶非耶？

——《蒙恬列传赞》：夫秦之初灭诸侯，天下之心未定，痍伤者未瘳，而恬为名将，不以此时强谏，振百姓之急，养老存孤，务修众庶之和，而阿意兴功，此其兄弟遇诛，不亦宜乎！何罪地脉哉？

【按】 上述材料认为成败事在人为而不在天，并且“天道无亲，常与善人”是欺人之说，罪过地脉是十分荒谬的，这又是对于天命、宿命的怀疑。

3. **司马迁认为历史是英雄创造的，但又承认人心背向起最后的决定作用**

——《太史公自序》：桀纣失其道而汤武作，周失其道而《春秋》作。秦失其政而陈涉发迹，诸侯作难，风起云蒸，卒亡秦族。天下之端，自涉发难。作《陈涉世家》第十八。

——子羽暴虐，汉行功德，愤发蜀汉，还定三条，诛籍业帝，天下惟宁，改制易俗。作《高祖本纪》第八。

——司马谈曰："今汉兴，海内一统，明主贤君忠臣死义之士，余为太史而弗论载，废天下之史文，余甚惧焉，汝其念哉！"迁俯首流涕而曰："小子不敏，请悉论先人所次旧闻，弗敢阙。"

——《太史公自序》：二十八宿怀北辰，三十辐共一毂，运行无穷，辅拂股肱之臣配焉，忠信行道，以奉主上，作三十世家。扶义俶傥，不令己失时，立功名于天下，作七十列传。

【按】 司马迁创造了以人物为中心的纪传史，为帝王将相树碑立传。特别是三十世家中的皇子贵族诸侯，他们骄恣放淫，只是社会的寄生虫，根本不能与立功名的功臣宿将，文臣宰相相提并论。但司马迁为他们作世家，详列世系，认为他们是"辅拂股肱之臣"，是巩固统治的支柱，宣扬"人治"，强调英雄人物的创世作用，这是唯心主义的历史观。

——《项羽本纪》云：（项羽）攻襄城，襄城坚守不下。已拔，皆坑之。又云：楚军夜击坑秦卒二十余万新安城南。又云：烧夷齐城郭室屋，皆坑田荣降卒，系虏其老弱妇女，徇齐至北海，多所残灭。齐人相聚而叛之。

——《高祖本纪》：（汉高祖）召诸县父老豪桀曰："父老苦秦苛法久矣，诽谤者族，偶语者弃市。吾与诸侯约，先入关者王之，吾当王关中，与父老约，法三章耳：杀人者死，伤人及盗抵罪。余悉除去秦法。诸吏人皆案堵如故。凡吾所以来，为父老除害，非有所侵暴，无恐！且吾所以还军霸上，待诸侯至而约束耳。"乃使人与秦吏行县乡邑，告谕之，秦人大喜，争持牛羊酒食献享军士。沛公又让不受，曰："仓粟多，非乏，不欲费人。"人又益喜，唯恐沛公不为秦王。

——《孝文本纪》：孝文帝从代来，即位二十三年，宫室苑囿狗马服御无所增益，有不便，辄弛以利民。尝欲作露台，召匠计之，直百金，上曰："百金，中民十家之产，吾奉先帝宫室，常恐羞之，何以台为。"上常衣绨衣，所幸慎夫人，令衣不得曳地，帏帐不得文绣，以示敦朴，为天下先。治霸陵皆以瓦器，不得以金银铜为饰，不治坟，欲为省，毋烦民。南越王尉佗自立为武帝，然上召贵尉佗兄弟，以德报之；佗遂去帝称臣。与匈奴和亲，匈奴背约入盗，然令边备守，不发兵深入，恶烦苦百姓。……专务以德化民，是以海内殷富，兴于礼义。

——《酷吏列传》：自温舒等以恶为治，而郡守、都尉、诸侯二千石欲为治者，其治大抵尽放温舒，而吏民益轻犯法，盗贼滋起。南阳有梅免、白政，楚有殷中、杜少，齐有徐勃，燕赵之间有坚卢、范生之属。大群至数千人，擅自号，攻城邑，取库兵，释死罪，缚辱郡太守、都尉，杀二千石，为檄告县趣具食，小群以百数，掠卤乡里者，不可胜数也。于是天子始使御史中丞、丞相长史督之。犹弗能禁也，乃光禄大夫范昆、诸辅都尉及故九卿张德等衣绣衣，持节，虎符发兵以兴击，斩首大部或至万余级，乃以法诛通饮食，坐连诸郡，甚者数千人。数岁，乃颇得其渠率。散卒失亡，复聚党阻山川者，往往而群居，无可奈何。

【按】 项羽与刘邦较，刘弱项强，而终于项败刘胜，盖民心向刘也。孝文与孝武较，文帝以德辅民，天下安集；武帝以酷法治民，天下纷乱，亦民心向背不同故也。为此，《史记》除帝王将相外，下层社会之侠客、医卜、商贾、俳优、博徒、渔夫、猎户、妇女等等均入史传，司马迁创类传，即所叙人物为一阶层人之代表。合传亦具类传性质。由于司马迁肯定人心向背对历史有最后的发言作用，故《史记》内容丰富，各色人物代表不仅入于史传，而且叙述有声有色。《游侠列传》《货殖列传》最为精彩。游侠、商贾两类人物在西汉没有政治地位，常被迁徙、从军、抄家、杀头，而司马迁倾心颂扬。杨向奎先生对此作了高度评价。其言曰：

——在所有的中国封建社会时期的史学著作，能够抓住新生事物看出它有利于社会发展而加以肯定的，司马迁是最为突出的一个。他为陈涉立《世家》，为扁鹊仓公立传，为游侠立传，为日者立传，为货殖立传，或者是医卜星相，或者是布衣之士，在过去和后来，在所有的封建社会内的历史学家从来没有人为他们立传。……游侠与货殖，在司马迁的时代已经不算新生事物了，但一直没有得到任何历史学家的肯定。他们或者是发展社会生产的人，或者是对封建社会秩序进行挑战的人，而太史公对于他们都给予肯定的评价。在二十四史中能够作类似这种评价的人，除

太史公，更没有任何人，从此我们说太史公有两颂：一颂货殖，二颂游侠。（《司马迁的历史哲学》）

4. **司马迁认为历史是循环的，却又认为求“利”的欲望是历史发展的动力**

——《高祖本纪赞》：太史公曰：夏之政忠，忠之敝，小人以野，故殷人承之以敬。敬之敝，小人以鬼，故周人承之以文。文之敝，小人以僿，故救僿莫若以忠。三王之道若循环，终而复始。周秦之间，可谓文敝矣。秦政不改，反酷刑法，岂不缪乎？故汉兴，承敝易变，使人不倦，得天统矣。

——《历书序》：夏正以正月，殷正以十二月，周正以十一月。盖三王之政若循环，穷则反本。

——《货殖列传》：太史公曰：夫神农以前，吾不知已。至若《诗》《书》所述虞夏以来，耳目欲极声色之好，口欲穷刍豢之味，身安逸乐，而心夸矜势能之荣使。俗之渐民久矣，虽户说以眇论，终不能化。又云：故曰：“仓廪实而知礼节，衣食足而知荣辱。”礼生于有而废于无。故君子富，好行其德；小人富，以适其力。渊深而鱼生之，山深而兽往之，人富而仁义附焉。富者得势益彰，失势则客无所之，以而不乐，夷狄益甚，谚曰：“千金之子，不死于市。”此非空言也。故曰：“天下熙熙，皆为利来；天下攘攘，皆为利往。”夫千乘之王，万家之侯，百室之君，尚犹患贫，而况匹夫编户之民乎！

——《货殖列传》又云：夫山西饶材、竹、谷、纑、旄、玉石；山东多鱼、盐、漆、丝、声色；江南出楠、梓、姜、桂、金、锡、连、丹沙、犀、玳瑁、珠玑、齿革；龙门、碣石北多马、牛、羊、旃裘、筋角；铜、铁则千里往往山出棊置，此其大较也。皆中国人民所喜好，谣俗被服饮食奉生送死之具也。故待农而食之，虞而出之，工而成之，商而通之。此宁有政教发征期会哉？人各任其能，竭其力，以得所欲。故物贱之征贵，贵之征贱，各劝其业，乐其事，若水之趋下，日夜无休时，不召而自来，不求而民出之。岂非道之所符，而自然之验邪？

又曰：富者，人之情性，所不学而俱欲者也。

【按】 司马迁的循环论从文化道德方面探讨历史的演变，无疑是唯心的观点。但是司马迁仅仅是提出了一个模糊的概念，既没有强调，也没有阐述。司马迁提出循环论的观点旨在说明历史不断演变，核心是一个“变”字。这也是对官方哲学“天不变道亦不变”的反动。司马迁说三王的历法也是循环的，即天，它是在变，而不是不变。由于历史的局限，这一进步思想，采用了循环论的提法来表述。我们应当指出这一提法的历史局限性，但其主要之点是进步的。所以司马迁能够具体而生动地说明历史的演进和社会习俗是由经济利益决定的，这却是朴素的唯物主义观点。恩格斯就曾指出：“卑劣的贪欲是文明时代从它存在的第一日起直至今日的动力，财富，财富，第三还是财富，——不是社会的财富，而是这个微不足道的单个的个人财富，这就是文明时代唯一的，具有决定意义的目的。”（《家庭私有制和国家的起源》）司马迁肯定商贾流通货物，繁荣经济，并提出求利是人们的一致欲望，推动社会演进的动力，是当时最进步的思想。

【总按】 司马迁的历史观是二元论的历史哲学。他讲天人之际，认为天道日月星辰的变化和人间政治互相关联，统治者要研究天道的变化规律才能立于不败之地。上帝的意志能够支配人事，没有尺寸之封的匹夫英雄豪杰承受天命就是天的意志的反映。历史像轮盘一样周而复始循环前进，这些都是唯心主义的哲学世界观，也正是西汉统治者的官方哲学。董仲舒宣扬的《公羊春秋》就是讲天人之学的。司马迁撰史之初正值西汉鼎盛时期，历史的局限和阶级的局限使他接受了当时官方哲学的思想影响。《史记》中的上述糟粕就是这一思想的烙印。但是司马迁思想的主导方面是朴素的唯物主义历史观。他对天道的正义性，即所谓“天道无亲，常与善人”提出了置疑。他看到了人心向背对历史起最后的决定作用，认为求“利”的欲望是历史的动力，他坚信历史不断演变，肯定愈是近代愈有借鉴价值，叙史详近略远，宣扬大一统历史观，这些都是当时最先进的光辉思想。司马迁的进步历史观是融汇了古文经学与今文经学各家之长而重新治于一炉的“一家之言”。司马迁的这些进步思想是对客观历史的实际演变总结的直观经验，并不是超越历史阶段的空想。换句话说：司马迁的进步思想得之于实录历史。《汉书·司马迁传》班固的批评是符合实际的。班固说："司马迁言秦汉，详矣。……其是非颇谬于圣人，论大道则先黄老而后六经，序游侠则退处士而进奸雄，述货殖则崇势利而羞贱贫，此其所蔽也。然自刘向，扬雄博极群书，皆称迁有良史之材，服其善序事理，辨而不华，质而不俚，其文直，其事核，不虚美，不隐恶，故谓之实录。"班固指出司马迁之"所蔽"，今天看来恰恰是司马迁的优点和光明面。可是正由于班固的批评，《史记》的进步历史观没有得到发扬。封建正统的卫道士认为《史记》是一部谤书。班固的《汉书》又树立了宣传封建正统思想的准则。"始自汉末，迄于陈世，为其注解凡二十五家，至于专门受业，遂与《五经》相亚。"（《史通·古今正史》）所以《史》《汉》并行以后，《汉书》压倒了《史记》。唐代以后官修正史，层层相因，更是绝少创新，纪传正史成了宣传封建正统思想的有力工具，根本不能与《史记》相提并论。用马列主义观点来审查，班固的《汉书》根本不能与《史记》相提并论。《史记》体大思精的体系创造和进步历史观在今天仍然闪耀着它的光辉。《史记》和司马迁这一光辉名字，将同日月永存，同山河不朽矣！

第八章 《史记》流传

第一节 史记的研读与注疏

（一）史记在汉唐期间的传播

司马迁的《史记》撰成："藏之名山，副在京师"以"俟后世圣人君子"。（见《太史公自序》）至宣帝时，迁外孙杨恽于是宣布焉。迁书年止太初，好事者相继续撰，而汉元成之间有褚少孙，其后有刘向，向子刘歆、冯商、卫衡、扬雄，史岑、梁审、肆仁、晋冯、段肃（段，又作殷）、金丹、冯衍、韦融、萧奋、刘恂等相次撰续，迄于哀平间，仍称史记，或别行如冯商所续《太史公》七篇，或附《史记》相关篇题正文之后，如褚少孙补。缘至东汉，有班彪出，以为诸家所作言辞鄙俗，不足以继《史记》之后。于是采其旧事，旁贯异闻，作后传六十五篇。彪子班固，犹以父书名《后传》，未成一家之言，于是效法史迁，乃起西汉高祖，下尽王莽，自成一史名曰《汉书》。东汉以后，《史记》成为太史公书专称，与《汉书》并称《史》《汉》；成为专门传习之学。嗣后范晔《后汉书》追踪《史》《汉》，三书并称，号曰三史。唐人三史并重，立为科制，汉唐之间，注疏三史者，代有名家，唐人荟萃集成，注《史记》者有司马贞《索隐》，张守节《正义》，合前刘宋裴骃《集解》并称三家注。《汉书》有颜师古注。《后汉书》有李贤注。最初注与原书各单行。北宋版印群籍，各史遂大行于世，并合刻书注，学者至便，以至于家喻户晓焉。兹就《史记》一书，由汉至唐，传播线索，略述典籍所记，举次如下：

1. 西汉，杨恽宣布《史记》。《汉书·杨敞传》敞子忠，忠弟恽。恽母，司马迁女也。恽始读外祖《太史公记》，颇为《春秋》，以材能称，好交英俊诸儒，名显朝廷。

2. 褚少孙续《史记》。《史记·龟策列传褚补》：褚先生曰：臣以通经术，受业博士，以高弟为郎，幸得宿卫，出入宫殿中十有余年，窃好《太史公传》。《史记孝武本纪索隐》注引韦稜云：《褚觊家传》，褚少孙，梁相褚大弟之孙，宣帝代为博士，寓居于沛，事大儒王式，号为"先生"，续《太史公书》。

3. 冯商续《史记》。《汉书·艺文志》春秋类：冯商续《太史公》七篇。注引韦昭曰："冯商受诏续《太史公》十余篇，在班彪《别录》。商字子高。"师古曰："《七略》云：商，阳陵人，治《易》，事五鹿充宗，后事刘向，能属文，后与孟柳俱待诏，颇序列传，未卒，病死。"

4. 刘歆、扬雄等十余人续《史记》。《史通·正史》：《史记》所书，年止汉武。太初已后，阙而不录。其后刘向、向子歆及诸好事者若冯商、卫衡、扬雄、史岑、梁审、肆仁、晋冯、段肃、金丹、冯衍、韦融、萧奋、刘恂等相次撰续，迄于哀平间，犹名史记。（按：以上十五人均班史未成之前，两汉之际人氏）。

5. 东汉杨终删《史记》。《后汉书·杨终传》：终拜校书郎，后受诏删《太史公书》为十余万言。

6. 延笃注《史记音义》。《史记索隐后序》：古今为注解者绝鲜，音义亦希，始后汉延笃乃有《音义》一卷，又别有《音隐》五卷，不记作者何人。《后汉书·延笃传》：延笃字叔坚，南阳人也，能著文章，有名京师。

7. 张衵注《史记》。《龙城录》：沈休文有《龙山史记注》即张衵著。衵后汉末大儒，世亦不称誉。（按：《龙城录》旧题柳宗元著。）

8. 魏文帝雅好《史》《汉》。《三国志·魏文帝纪》注引《典论·自叙》，余是以少诵诗论，及长而备历《五经》四部《史》《汉》诸子百家之言，靡不毕览。

9. 孙权读三史，亦奖示部属读三史。《三国志·吕蒙传》注引《江表传》：权谓吕蒙及蒋钦曰：孤……统事以来，省三史，诸家兵书，自以为大有所益。如卿二人，意性朗悟，学必得之，宁当不为乎！宜急读《孙子》、《六韬》、《左传》、《国语》及三史。

10. 蜀汉张裔读《史》《汉》。《蜀书·张裔传》：裔字君嗣，蜀郡成都人也，治《公羊春秋》，博涉《史》、《汉》。汝南许文休入蜀，谓裔干理敏捷，是中夏钟元常之伦也。

11. 晋张辅论马班异同。《晋书·张辅传》：辅历梁州刺史，尝论班固司马迁云：迁之著述辞约而事举，叙三千年事唯五十万言；班固叙二百年事，乃八十万言，烦省不同，不如迁一也。良史述事，善足以奖劝，恶足以监诫，人道之常，中流小事，亦无取焉，而班书皆书之，不如二也。毁贬晁错，伤忠臣之道，不同三也。迁既造创，固又因循，难易不同矣。又迁为苏秦、张仪、范睢、蔡泽作传，逞辞流离，亦足以明其大才。故述辨士则辞藻华靡，叙实录则隐核名检，此所以迁称良史也。

12. 刘殷授一子读《史记》。《晋书·孝友传》：刘殷有七子，五子各授一经，一子授《太史公》，一子授《汉书》，一门之内，七业俱兴，北州文学，殷门为盛。

13. 刘宋徐广注《史记音义》十二卷。《隋书·经籍志》：《史记音义》十二卷。宋中散大夫徐野民撰。《宋书·徐广传》：徐广字野民，东莞姑幕人也。百家数术，无不研览。

14. 裴骃注《史记集解》八十卷。《宋书·裴松之传》：松之子，南中郎参军，注司马迁《史记》，行于世。《隋书·经籍志》：《史记》八十卷。宋南中郎外兵参军裴骃注。

15. 齐崔慰祖欲注《史》、《汉》。《南齐书·文学传》：崔慰祖与从弟纬云，常欲更注迁、固二史，采《史》、《汉》所属二百余事，在厨簏，可检写之以存大意。

16. 梁曹景宗读《史记》。《梁书·曹景宗传》：景宗，字子震，颇爱史书，每读穰苴、乐毅传，辄放卷叹息曰："丈夫当如是"。

17. 袁峻抄《史》、《汉》。《梁书·文学传》：袁峻字孝高，天监六年，直文德学士省，抄《史记》、《汉书》各为二十卷。

18. 陈陆从典续《史记》。《陈书·陆琼传》：琼第三子从典仕隋除著作佐郎。右仆射杨素奏从典续司马迁《史记》迄今于隋，其书未就。

19. 陆庆学《史记》。《苏州府志》：陆庆字士季，从同郡顾野王学司马史，仕陈桂阳府左常侍。（又见《新唐书·孝友传》）

20. 隋包恺通《史记》。《隋书·儒林传》：包恺从王仲通受《史记》，尤称精究。《李密传》：密师事国子助教包恺受《史记》励精忘倦，恺门徒皆出其下。

21. 唐王绯受《史记》。《新唐书·王绯传》：绯字方庆，以字显，起越王府参军，受司马迁、班固二史于记室任希古。希古它迁，就卒其业。

22. 郗士美诵《史记》。《新唐书·郗士美传》：父纯，字高卿，举进士，拔萃制策，皆高弟。士美年十二，通《史记》、《汉书》，皆能成诵。

23. 刘伯庄撰《史记音义》、《史记地名》各二十卷。《旧唐书·刘伯庄传》：龙朔中，兼授崇贤馆学士，撰《史记音义》、《史记地名》十卷，行于代。（按：刘书《两唐书》均著录）

24. 高子贡精《史记》。《新唐书·儒学传》：高子贡弱冠游太学，遍涉《六经》，尤精《史记》。

25. 王元感注《史记》。《旧唐书·王元感传》：元感虽年老，犹能烛下看书，通宵不寐，长安三年，表上其所撰《尚书纠谬》、《春秋振滞》、《礼记绳愆》并所注《孝经》、《史记》稿草，请官给纸笔，写上秘书阁。诏令弘文、崇贤两馆学士及成均博士详其可否。

26. 褚无量著讲《史记至言》。《旧唐书·儒学传》：褚无量刻意坟典，尤精司马《史记》。殁后有人于书殿得讲《史记至言》

十二篇，上之。帝叹息，以绢五百匹赐其家。

27. 殷侑，言三史宜立科目。《日知录》卷一六《史学》：唐穆宗长庆三年二月谏议大夫殷侑，言：司马迁、班固、范晔三史为书劝善惩恶，亚于《六经》，比来史学废绝，至有身处班列，而朝廷旧章莫能知者，于是立三史科及三传科。《通典》举人条例，其史书《史记》为一史《汉书》为一史，《后汉书》并刘昭所注志为一史，《三国志》为一史，《晋书》为一史，李延寿《南史》为一史，《北史》为一史，习《南史》者兼通《宋》、《齐》志，习《北史》者通《后魏》《隋书》志。自宋以后，史书烦碎冗长，请但问政理成败所因，及其人物损益关于当代者。其余一切，国朝自高祖以下及《睿宗实录》并《贞观政要》共为一史，今史学废绝，又甚于唐时，若能依此法，举之十年之间，可得通达政体之士，未必无益于国家也。

（二）史记三家注

见于《隋志》两《唐书》及司马贞《索隐后序》著录的传于唐世的《史记》注家有十七家，十九种：

（1）	后汉延笃	《史记音义》	一卷	（《索隐后序》）
（2）	无名氏	《史记音隐》	五卷	（同上）
（3）	吴张莹	《史记正传》	九卷	（《旧唐志》）
（4）	刘宋徐广	《史记音义》	十二卷	（《隋、唐志》）
（5）	裴骃	《史记集解》	八十卷	（同上）
（6）	梁邹诞生	《史记音义》	三卷	（同上）
（7）	隋柳顾言	《史记音解》	三十卷	（《索隐后序》）
（8）	唐许子儒	《史记注》	一百三十卷	（两《唐志》）
（9）	刘伯庄	《史记音义》	二十卷	（同上）
		《史记地名》	二十卷	（同上）
（10）	王元感	《注史记》	一百三十卷	（同上）
（11）	徐坚	《注史记》	一百三十卷	（同上）
（12）	李镇	《注史记》	一百三十卷	（同上）
		《史记义林》	二十卷	（同上）
（13）	陈伯宣	《史记注》	一百三十卷	（同上）

（14）韩琬　《续史记》　一百三十卷　（同上）
（15）司马贞　《史记索隐》　三十卷　（同上）
（16）张守节　《史记正义》　三十卷　（两《唐志》）
（17）悲安时　《史记纂训》　二十卷　（同上）

各家注本在流传中大多被自然淘汰，传世的仅裴骃《集解》、司马贞《索隐》、张守节《正义》三家。今传本，三家注释与《史记》正文合于一编，称三家注本。

1. 宋裴骃《史记集解》八十卷

——裴骃曰："故中散大夫东莞徐广，研核众本，为作《音义》。具列异同，兼述训解。粗有所发明，而殊恨省略。聊以愚管，增演徐氏。采经传百家，并先儒之说，豫是有益，悉皆抄内。删其游辞，取其要实。或义在可疑，则数家兼列。《汉书音义》，称臣瓒者，莫知氏姓；今直云"瓒曰"。又都无姓名者，但云《汉书音义》。时见微意，有所裨补。譬彗星之继朝阳，飞尘之集华狱。以徐为本，号曰《集解》。未详则阙，弗敢臆说。"（《史记集解序》）

——《四库全书总目提要》：《史记集解》一百三十卷，宋裴骃撰。骃字龙驹，河东人，官至南中郎参军。其事迹附见于《宋书·裴松之传》。以徐广《史记音义》粗有发明，殊恨省略。乃采九经诸史，并《汉书音义》及众书之目，别撰此书。其所引证，多先儒旧说。张守节《正义》尝备述所引书目次。然如《国语》多引虞翻注，《孟子》多引刘熙注，《韩诗》多引薛君注。而守节未著于目。知当日援据浩博，守节不能遍数也。原本八十卷。《隋》《唐》志著录并同。此本为毛氏汲古阁所刊，析为一百三十卷。原第遂不可考。然注文犹仍旧本。自明代监本，以《索隐》《正义》附入其后，又妄加删削，讹舛遂多。

——王鸣盛曰：裴注于《尚书》则引郑玄、王肃注，不但引伪孔安国。于《左传》则引贾逵、郑众，服虔注，不但引杜预。于《谷梁传》则引麋信注，不但引范甯。于《国语》则引贾逵、唐固注，不但引韦昭。于《孟子》则引刘熙注，不但引赵岐。于《战国策》则引綦母邃、孙检注，不但引高诱。又引《尚书大传》、《韩诗章句》、《司马法》、《孙子兵法》、《尸子》、《鲁连书》、《皇览》、《楚汉春秋》，茅盈《内纪》、刘向《别录》、谯周《古史考》、皇甫谧《帝王世纪》及宋忠《世本注》、左思《齐都赋注》、王肃《礼记注》诸书，今皆亡，藉其采用，存千百之一二，亦为有功。所引虽系随手掇拾，非有鉴裁，然亦博雅。（《十七史商榷》卷一）

——又云：裴注上半部颇有可观，其下半部则简略，甚至连数纸不注一字。世家陈涉以下，列传自张耳陈余以下，裴注于徐广旧注外，但袭取服虔《汉书注》、晋灼、臣瓒及蔡谟《汉书音义》。裴所自为者十无一二。《汉书》之所取者，《史记》也。今《史记注》及取《汉书注》以为注，陋矣。大约自战国以前关涉经传者，尚属用心，一入汉事，即无足取。

2. 唐司马贞《史记索隐》三十卷

——司马贞曰：逮至晋末，有中散大夫东莞徐广，始考异同，作《音义》十三卷。宋外兵参军裴骃，又取经传训释作《集解》，合为八十卷。虽粗见微意，而未穷讨论。南齐轻车录事邹诞生，亦作《音义》三卷。音则微殊，义乃更略。尔后其学中废。贞观中，谏议大夫崇贤馆学士刘伯庄，达学宏才，钩深探赜，又作《音义》二十卷。比于徐邹音则具矣。残文错节，异音微义，虽知独善，不见旁通。欲使后人，从何准的。贞谀闻陋识，颇事钻研，而家传是书，不敢失坠。初欲改更舛错，裨补疏遗，义有未通，兼重注述。然以此书残缺虽多，实为古史，忽加穿凿，难允物情。今止探求异闻，采摭典故，解其所未解，申其所未申者。释文演注，又重为述赞，凡三十卷，号曰《史记索隐》。（《史记索隐序》）

——《四库全书总目提要》云：唐司马贞，河内人，开元中官朝散大夫弘文馆学士。贞初受史记于崇文馆学士张嘉会。病褚少孙补司马迁书，多伤踳驳。又裴骃《集解》，旧有音义，年远散佚，诸家《音义》、延笃《音隐》，邹诞生、柳顾言等书，亦失传。而伯庄、许子儒等，又多疏漏。乃因裴骃《集解》撰为此书。首注裴骃序一篇，载其全文。其注司马迁书，则如陆德明《经典释文》之例，惟标所注之字，盖经传别行之古法。凡二十八卷。末二卷为述赞一百三十篇，及补史记条例。欲降《秦本纪》、《项羽本纪》为系家，而吕后、孝惠各为本纪。补曹、许、郲、吴芮、吴濞、淮南系家，而降陈涉于列传。萧何、曹参、张良、周勃、五宗、三王各为一传，而附国侨、羊舌肸于管晏，附尹喜、庄周于老子，附邹阳、枚乘于贾生。又谓《司马相如》、《汲郑传》不宜在《西南夷》后。《大宛传》不合在《游侠》、《酷吏》之间。欲更其次第，其言皆有条理。至谓司马迁述赞不安，而别为之，则未喻言外之旨。终以《三皇本纪》自为之注，亦未合阙疑传信之意也。此书本于《史记》之外别行。及明代刊刻监本、合裴骃、张守节及此书，散入句下，恣意删削。如《高祖本纪》母媪母温之辨，有关考证者，乃以其有异旧说，除去不载。又如《燕世家》启攻益事，贞注曰："经传无闻，未知其由。"虽失于考据《竹书》，亦当存其原文，乃以为冗句，亦删汰之。此类不一，漏略殊甚。然至今沿为定本，与成矩所刊朱子《周易本义》，人人明知其非，而积重不可复返。此单行之本，为北宋秘省刊板。毛晋得而重刻者，录而存之，犹可以见司马氏之旧，而正明人之疏舛焉。

【按】《索隐》三十卷前二十八卷注《史记》正文，大抵采徐广、裴骃、邹诞生、刘伯庄旧注，兼下己意，按文生义。自序一篇附于末。第二十九卷及第三十卷之上半卷，为贞重写的《史记述赞》，最后半卷则补序一篇，自述其补之之由，又逐段论其改删升降之意。其实贞之改补升降皆非是。详《十七史商榷》，已见第四章所引，兹不赘。

3. 唐张守节《史记正义》三十卷

——张守节曰：守节涉学三十余年。六籍九流，地理苍雅，锐心观采，评《史》《汉》，诠众训释而作《正义》。郡国城邑，委曲申明。古典幽微，窃探其美。索理允惬，次旧书之旨，兼音解注，引致旁通，凡成三十卷，名曰《史记正义》。……于时岁次丙子，开元二十四年八月，杀青斯竟。(《史记正义序》)

——《四库全书总目提要》云：守节始末未详，据此书所题，则其官为诸王侍读率府长史也。是书据《自序》三十卷，晁公武、陈振孙二家所录，则作二十卷。盖其标字列注，亦必如《索隐》，后人散入句下，已非其旧。至明代监本，采附《集解》《索隐》之后，更多所删节，失其本旨。

——范文澜曰：《史记正义》三十卷，唐张守节撰。守节自序涉学三十余年，六籍九流，地理苍雅，锐心观采，盖积一生精力为之，故能通裴骃之训辞，折司马之同异，题曰《正义》，殆欲与五经正义并传，自明监本多所节删，失其本旨，坊刻本互有增损，辗转舛讹，唯震泽王氏所刻称为足本。今取监本与王氏对勘，则监本之脱误，殆不可枚举。虽讹字衍字，王本时亦不免，而求《正义》之全文，不能无取资于是焉。详见邵晋涵《南江书录》。（《正史考略·史记》）

【按】 三家注各有所长。《集解》之长在于多著传本古字，《索隐》之长在于训诂，《正义》之长在于地理。《集解》八十卷，《索隐》、《正义》各三十卷。三家注卷数均与《史记》一百三十篇卷数不合，因原本是各自单行。南宋合刻三家注。由于三家注所据本不同，合刻者只能根据一本，而分散三家注强隶于各句正文之下。在文字歧义处，三家注不同，合刻者就删削划一，加上拆散变更不免使条文零落散乱。《正义》被削落者最多，以至于其特点被湮没。现在传世的，《索隐》古刻单行本有毛晋汲古阁翻刻本，而《集解》、《正义》之原貌不能再现。日泷川资言合《史记考证》本搜求遗落，竟多《正义》一千余条。《提要》批评明监本合刻三家注削落最多，并非三家注合刻始于明监本也。

4. 三家注的相互关系及其得失

——程金造曰：司马贞和张守节……都生当玄宗开元之际，而张守节年辈后于司马贞。……《正义》《索隐》虽各自为书，而其实彼此确有结合，只不像《五经正义》对注解那种“寸步不离，犹恐失之”的态度而已。①《正义》有针对《索隐》所说，加以申明解释的；②《正义》有驳斥《索隐》所说或所引之义者；③《正义》有针对《索隐》之文，虽不明斥，而另立新义以纠正之者。（《从史记三家注商榷司马迁的生年》之第四节，载《文史哲》1957年1月）。

【按】 钱大昕《二十二史考异》卷一云《正义》、《索隐》其书不相称引，而邵晋涵《南江文钞》卷三《史记正义提要》则说“守节能通裴骃之训辞，析司马贞之同异”。学者多从钱说。程金造先生考证三家注互相关联，后出者疏通前书。但黄烈先生撰文说《正义》《索隐》“二书不相称引”。（见《文史哲》1958年四月号《关于史记三家注的关系》一文）1962年《文史哲》第六期，程金造先生又发表《史记正义索隐关系证》的文章，提出了十条坚实的证据来论证他的新说，无庸置疑，此说对于研读《史记》，解决疑难问题有重大意义，读者可详阅程文，引例兹不赘。

——程金造曰：三家注本身有其缺失。

（1）三家注所据传本各不相同。流传到今的《史记》以南宋建安黄善夫本为最古，世称建安本。由于三家所依据的版本不同，所以建安本《史记》正文与合刻的三家注解或三家注解彼此之间往往见其龃龉而相符，使读者有时瞠目不识其所以。

（2）三家注正文各有谬误。有三家注与正文文字龃龉处，有字义训释谬妄处，有解释句义不妥处，有引书释义失实处，有地理说明错误处，有须加注释而三家遗略处。

（3）三家注之删削、混乱及脱讹。《集解》、《索隐》、《正义》三家注均被删削，至于混乱，重复及讹误，亦屡见不鲜。

又云：总括三家注之失，可归纳为五点。一、三家注各据传本，文字有时参差。合刻者未加详考，而强相杂侧。致《史记》正文与三家，或三家之间，彼此各异。二、传抄版刻，经时已久，有删节讹误，三家注均已非完书。三、三家注释，有错误处，或彼此乖牾处。四、《索隐》以《汉书·地理志》释地域，《正义》以唐时《括地志》释地域，引在当时尚能使人清楚，今时经千年，地名地址，多有变改。三家注释地域，当今读者已不了然。五、三家都以“良史实录”的观点去解释《史记》，而未有从《史记·太史公自序传》所述的著书宗旨去加以剖释，使太史公“一家之言”之实旨，湮晦不明，此三家注解的重大缺点。（《论史记裴骃集解司马贞索隐张守节正义三家注解》，载《文史》1979年第七集）

——程金造曰：三家注虽有诸多缺失，其书仍有它一定的宝贵价值。三家对《史记》的观点一致，注释方法相同，它已成为三家独有的《史记》文字，应与《史记》长存下去。今条述如下：

（1）三家注解中，都引著古本《史记》异字，可为后世研读《史记》者提供文字上的珍贵材料。它是任何宋本珍本不能比伦的古材料。

(2) 三家注解引述《史》《汉》古注，如延笃、徐广、应劭、韦昭诸人之说，往往得其真解。使后世读《史记》者，寻绎注文，对《太史公书》能有深入的理解。

(3) 三家在释某事解某文时，多摘引太史公所据用的原书文字，或其注解之语，去加解释。虽然不太完全，而此已足为后世读《史记》书者提供出研究太史公"一家言"实质之可靠材料。

(4) 三家所引某书云云，某人云云，都是隋唐以前的书籍或书注，距今已千有余年。其书见于《隋志》《唐书志》者虽多，而传到现在的却甚少，这是古代留存至今的宝贵资料，用它所引的，考证一事，订正一文，往往可以作决定性的论证。就是现在流传下来的书，如《韩诗外传》、《战国策》、《博物志》等书，或文字上有异同，或其条文为今时存书中所不著。那天，三家所引之书，又可以补其缺佚，正其文字，它又是极宝贵的资料。

(5) 三家所引的书，合之有一千多部，除其重复，可得五百种左右，有为《隋志》、《唐志》所不录者，而绝大部分已失亡。但即此五百左右之书，可以验中国学术之消长，可以明书籍存亡之时代，在目录学上，是有其重要价值的。(同上)

【按】《史记》三家注各有五千余条，合之一百余万言，浩博难读，研究者甚寡。程氏锲而不舍，创获颇多。阐发三家注之互相关联，剖析三家注之得失，均能发前人所未发，所撰文章宜反复诵读，置之座右以为研读三家注者之指南焉。

(三)《史记会注考证》一百三十卷

1.《考证》的优点和缺点

——程金造曰：泷川的《史记会注考证》，根据日本东北大学所藏宽永活字本《史记》书眉所录《正义》一千二三百条，为我国《史记》三家注所没有的，与日本桃源《史记钞》，幻云古本《史记》等，先录为《史记正义存佚》二卷。继而写《史记会注考证》就把这一千多条《史记正义》，散入《史记》各篇之中。又采集了中日人士关于《史记》的专著、考证、注解、校勘、评论等等的文字，加以是正说明。其未经前人解说，而有待于注释的，泷川更特为之注解。这部《考证》的优点，具体说来，有下列五项：

（1）泷川考证之书，所载《正义》，多于我国各本《正义》，千有余件。这是它的优点之一。

（2）《史记会注考证》，汇集了三家注以后许多关于讲史记的资料，给读者许多方便。这是《考证》优点之二。

（3）《考证》无论是本文，无论是注文，都给断了句。这对读者也有许多方便。这是它优点之三。

（4）《考证》往往于本文之下，注明太史公采于何书，或其事又见于何书。这给研究《史记》者以溯本追源之便。这是考证优点之四。

（5）《考证》书后，附《史记》总论一编，论述太史公的事历，与《史记》资料、体制、补缀、流传、版本等等，这给研究太史公的人一个有利的参考。这是《考证》优点之五。

《考证》的缺点是存在于其优点之中的。有本文断句失当者；有考证注解失当者；有三家注解，反有正确说法，《考证》别立新义，反致失当者；《考证》有时昧于文义，援据误说，反致失当者；三家注文，纠纷伪误，宜加疏通是正，《考证》有的徒事抄录，不能校勘，使文义不能明畅者；《考证》有对古今地理，不能确指，或指说失当者；《考证》有昧于史义，加以驳斥或怀疑，出于武断者。以上七类，都比较重要。至于《考证》疏忽之处，如《田敬仲世家》田乞欲为乱说景公事，乃是《春秋》定公十三年的话，《考证》误为《左传》定公二年；又如《吕不韦列传》，太史公曰“孔子所谓闻者”云云，这是《颜渊篇》里的话，《考证》误为《论语·子张篇》。这些统不必提作一种类型。（《论泷川资言的史记会注考证》，载《文史哲》1958年第一期）

【按】《史记》问世两千多年以来，研究《史记》的论文专著，浩繁量多，翻之不胜翻，求之不得全，因此荟萃众书精华对《史记》作一总的整理是非常必要的。日人泷川资言，雅好《史记》，汇集了数百种参考资料，从大正二年至昭和九年（1913—1934）历二十余年撰成《史记会注考证》一书，这是继三家注之后对《史记》一次规模最大的整理，昭和三十一年（1956）日水泽利忠又撰述《史记会注考证校补》一百三十卷，补充版本资料，弥足珍贵。

2.《考证》中的《正义佚存》

——程金造曰：唐人张守节《史记正义》，原为三十卷，是标字列注，独自成书的；宋人刻书，把它的《集解》、《索隐》散入本文各句下以后，不但卷帙变了原样，在文字上，也被删落许多。若是从见到的版本说，当以南宋黄善夫本最古。（程注：《天录琳琅书目》说，宋版三家注合刻《史记》有元祐张耒校本，元祐为哲宗年号，似是最早。但是所谓张耒校本，据叶德辉勘定，认为是书贾伪造。北宋传世残本，都无《正义》。）黄本《正义》比明人王延喆本多，王本《正义》，又比清官本多。但是黄本《正义》，也并非完书，因为见于他书所引的，黄本有的也不载。总的说来，《史记正义》的残脱，是由一再锓版被删落的；加以各版传刻，它所本照的不同，因此也产生《正义》有多有少的现象。至于《正义》原书究竟删落了多少，实在无法知道。（见《史记会注考证新增正义的来源和真伪》载《新建设》1960年第2期）

【按】钱大昕《十驾斋养新录》卷六，钱泰吉《甘泉乡人稿》卷五，张文虎《史记札记》卷三、卷四等书均对《正义》的删落作了考录搜佚，但收获甚微，寥寥无几。日泷川资言《考证》出，自谓从日宽永活字本、桃源本、幻云本、博士家本搜求《正义》千二三百条，程氏考证十之八九为伪品，二氏之说如下。

——泷川氏曰：吾读三家书（按：即《十驾斋养新录》、《甘泉乡人稿》、《史记札记》三书），益知三注本所录《正义》多削落甚多也。偶翻东北大学所藏庆长宽永活字本《史记》（自注：狩野享吉旧藏，盖依元彭寅翁本），上栏标记《正义》一千二三百条。皆三注本所无。但缺十表，其后又得桃源《史记抄》（自注：僧桃源，名瑞仙，永享九年生于近江，延德元年寂，年五十七。东京帝国大学藏其原稿。宽永三年，阴山立佐活刷发行。）幻云抄（自注：幻云名寿桂，亦五山僧徒，后于桃源。）博士家《史记》异字（自注：或题《天朝传本史记说》，前田后爵藏。）所载《正义》略与此合。吾邦有《索隐》本，有《正义》本。《索隐》与此注所载大同。《正义》者，此注所不载者夥，故诸本之上书之。余于是知大学本标记之所由，欣喜不能措，手录以为二卷，题曰《史记正义佚存》。我邦幸存之，岂不亦愉快乎。今录之《会注正义》各条，略复张氏之旧云。(《考证总论·史记正义佚存》)。

——程金造曰：泷川这千三百条"佚存"，若以清官本为准，其多出于各篇的：本纪以周、高祖、文帝三篇较多，其余较少；《吕后本纪》最少，只五六条。十表全无。书只《封禅书》有二十多条。世家以齐、晋、楚、赵四篇最多；田完、孔子等篇次之；《五宗世家》只一条，为最少。列传以苏秦、张仪、屈原、张苍、儒林、酷吏、游侠、货殖等篇较多；鲁连、淮阴、大宛等次之；孙吴、蒙恬、魏彭、韩安国、循吏、田单、平津、韩卢等篇较更少。传中更有无有者。而百三十篇，以《司马相如传》为最多，约百许条。若从每条字数说，少者只二、三字，多者到二、三百言，共计千二百多条。若从"佚存"的每条出处里，推见其是否出于张氏。更从每条具体内容考核真伪，其结果，除去十分之一是曾见于王本、凌本，可以肯定为张氏本文以外，余下的可分为四类：第一类，解释离奇，疑非中国学人所为者；第二类，引证属常见书，又多可疑者；第三类，袭取颜师古《汉书注》者；第四类，移录张氏旧《正义》之文者。又可分为两种形式：一种是录，凡录自百三十篇中《正义》原文的，成为前后重出现象，这自然不能算作亡佚的增补。另一种是录自它书转引的《史记正义》，是《史记》各本所没有的，这够得上说是增补部分，但是居极少的数字。总而言之，泷川这千三百条佚存，只有十分之一二是可靠的，绝大部分是读者的杂抄和注解。它不出于一人之手，也不是一代之物，它是天朝史记说，有精确的文字训释，自然有中国人的手笔；它有离奇的训释，也当有异邦人士的手笔。绝大部分非张氏《正义》佚文。(《史记会注考证新增正义的来源和真伪》)

——程氏又曰：泷川氏《史记会注考证》一书，虽然自称增补千三百条，而实不能全信。其书所增《正义》之文，有见于《礼记集说》《吴郡志》诸书所引者，当为《正义》佚落之条。而亦有虽属《正义》之文，不过前后篇第中之移录。凡此都居少数。而其录自《汉书注》及非张氏手笔者实多。因为著《考证》者乃是从其国古本《史记》书眉上移录而来。其书眉所记，是彼国前人读《史记》杂录于上端者，或自记于篇眉者。彼后人不能辨其真伪，遂误 以为都是《正义》之佚文，殊误。《正义》原本三十卷，与《索隐》同。《索隐》全书不过五千多条。虽有失落，实是少数。《正义》原书，料亦在五千条左右，绝不能删落四五分之一。（《论史记裴骃集解司马贞索隐张守节正义三家注解》载《文史》第七集，1979 年出版）

【按】泷川氏《考证》搜求《正义》佚文一千二百余条，为世推重，号称"正义善本"。经程氏所揭：有前后重出《正义》者，有抄自《汉书注》者，有后人考辨三家注误入为《正义佚存》者，有日人读史之注者，凡此十之八九为伪。据泷川氏自注，日本庆长宽永本是据元代彭寅翁本翻刻的，并非古本，因此出处是不可靠的。虽然如此，这一千多条《正义佚存》对《史记》的音义有不少注释精当的，值得重视。

（四）《考证》遗略的近现代《史记》注家

——刘伟民曰：清代史学昌明，《史记》为家传户诵之本，校勘异文，考订名物，发明史意，乃至评论文章，研讨字义，或勒为专书，或散见文集杂著，实属美不胜收。日人泷川龟太郎为《史记会注考证》，引用清代学者自顾炎武以下，至六十余人，各种著作至七十种，而遗落仍多。举其要者述之如下：

清人著述有：

方苞	《史记注补证》一卷
邵泰衢	《史记疑问》一卷
杭世骏	《史记考证》七卷
梁玉绳	《史记志疑》三十六卷
王元启	《史记三书正伪》三卷 又《史记月表正伪》一卷
汪越	《读史记十表》十卷
孙星衍	《史记天官书考证》十卷
洪颐宣	《天官书补正》

宋书升　　《史记正伪》
洪遵　　《订正史记真本》
章诒燕　　《读史诤言》
尚镕　　《史记辨证》
张文虎　　《史记札记》五卷
杨于果　　《史汉笺论》十卷

近人研究史记著作有：

崔适　　《史记探源》八卷
瞿方梅　　《史记三家注补正》八卷
李笠　　《史记订补》八卷
梁启超　　《史记解题及读法》
缪凤林　　《史记探源正谬及读史微言》
朱师辙　　《史记补注》
胡韫玉　　《史记汉书用字考证》
朱东润　　《史记考索》
施之勉　　《汉史辨疑》

《史记》之校刊有：

钱泰吉　　《史记校勘记》又《味经堂校记》
王录友　　《史记校》
张森楷　　《史记新注》
汪远孙、吴春昭　　《史记校本》

此外如顾炎武之《日知录》，赵翼之《廿二史劄记》，钱大昕之《二十二史考异》，王鸣盛之《十七史商榷》，王念孙之《读书杂志》，钱泰吉之《曝书杂记》等书，关于《史记》均有精僻之考订。（《司马迁思想研究》）

第二节　史记的版本

《史记》流传两千多年以来，影响很大，历代抄本、刻本以及近代活字本，十分繁多。但是流传下来的古代善本并不多，唐以前抄本仅有少许残卷。《史记》刻本始于北宋，有三家注单刻本，南宋始有合刻本，嗣后又有新刻本。有的侧重文字训释，有的侧重文章评论。贺次君撰《史记书录》，著录《史记》版本六十四种，皆现存之书。作者亲自翻阅，比勘，按时代先后排列，逐本分析，是集《史记》版本研究大成的一部著作，1958 年商务印书馆出版。但贺氏《书录》，冗赘繁琐，缺乏条理，不便披阅。兹以贺氏书为主，参考它书，择其重要版本，作一简明介绍如下。

（一）史记善本

1. 集解本

（1）史记集解景祐本残卷

——北宋景祐间刊本。

——北京图书馆藏。

——《史记书录》云：存《项羽》、《高祖》、《吕后》、《孝文》、《孝景》、《孝武本纪》六卷，《三代世表》、《十二诸侯年表》、《六国年表》、《秦楚之际月表》、《汉兴以来诸侯年表》五卷，《吴太伯》、《齐太公》、《鲁周公》、《燕召公》、《管蔡》、《陈杞》、《卫康叔》、《宋微子世家》八卷，《信陵君》、《春申君》、《范雎蔡泽》、《乐毅》、《廉颇蔺相如》、《田单》、《鲁仲连邹阳》、《屈原贾生》、《吕不韦》、《刺客》、《李斯》、《蒙恬》、《张耳陈馀》、《大宛》、《游侠》、《佞幸》、《滑稽》、《日者》、《货殖列传》、《太史公自序》二十卷，共三十九卷。每半页十行，行十九字；注双行，行二十五、二十六字不等。白口。左右双边。版心上记本页大小字数，鱼尾下题“史本纪七”四字，中记本卷页数，下记刻工郭书、魏正、郭敦、吴永年、伍祥、曹允、陈彦、范倾敏、余翌、詹允、刘山、赵宗义等姓名。《史》文第一行题《项羽本纪》第七六字，空三字题“史记七”三字，每卷均小题在上，大题在下，卷末空一行标小题。

【按】北宋太宗淳化五年（994），合刻《史记》、两《汉书》等三史为最早之《史记》刻本。但此本不传，优劣无从妄议。景祐本为今存最早之北宋刊本。

（2）史记集解明补刊本一百三十卷

——北宋景祐间刊，明弘治三年（1957）补刊本。

——北京图书馆藏。

（3）史记集解绍兴本一百三十卷

——南宋绍兴间（1130—1162）刊本。

——北京图书馆藏。文学古籍刊行社 1955 年影印。

——《史记书录》曰：北宋所刊《史记》，今传世者已无完帙，此本虽刻于南宋初期，犹存北宋之旧，故其《史》文及注，与南宋间差异甚大，多可补其伪漏，即以清乾隆四年四库馆臣齐召南、杭世骏等精校之武英殿本对勘，益可知此本之善。

【按】 现存集解本完帙一百三十卷共有三种。此外还有两种绍兴本。（一）绍兴十年（1140）邵武、朱中奉刊本，现藏日本；（二）绍兴中淮南路无为州官刻本，藏北京图书馆。

2. 索隐本

（4）史记索隐汲古阁本三十卷

——明崇祯十四年（1641）毛氏汲古阁北宋大字本。

——《史记书录》曰：首裴骃《集解序》，载其全文，司马贞为之注；《史记》本文惟标注之字句，不录全文，盖亦陆德明《经典释文》之例，乃《经》《传》剔行之古法，故其卷数与传世《史记》以一百三十篇为一百三十卷不同。首行题“史记索隐卷第一”，下题“小司马氏撰”五字。次行出“五帝本纪第一”六字，下为注，注双行，行二十五字，注下接“黄帝”二字，下为注，又下接“少典之子”四字，下为注。每卷所出《史》文及注均连书，不提行；一卷完则另起标题。全书三十卷。第一卷为《五帝本纪》至《周本纪》……第二十八卷为《日者列传》至《太史公自序》，第二十九卷为《五帝本纪述赞》至《三王世家述赞》，第三十卷为七十列传述赞。又有《补史记序》，记其补《三皇本纪》之由。后附条例，论《史记》体制……末即所撰《三皇本纪》，并有自注。此本无目录，盖古书目录多置于末，《太史公自序》即《史记》之目录也。毛氏此刻，谓是“北宋秘省大字刊本”，四库即据此著录，故其注文多胜于南宋诸刻。毛晋谓刊刻此本，“亟正其伪谬重脱”，是北宋秘省原本，错脱已多，毛晋特为之校勘改正。此本于考校今本《史》文及注，至为重要。

3. 两家注合刻本（《集解》《索隐》合刻本）

（5）史记集解索隐南宋蔡梦弼刊本残卷。

——南宋乾道七年（1171）建溪蔡梦弼刊本。

——北京图书馆藏。

——《史记书录》曰：此本残缺，今见者存九十一卷。刘燕庭百衲本《史记》中有十五卷，亦是此本。合此二者，并去其重复及孱入，蔡刊之幸存于今世者止九十五卷耳。首有司马贞《补史记序》，次《索隐序》，次《目录》，次《三皇本纪》。《三皇本纪》后有“建溪蔡梦弼傅卿亲校刊于东塾，时岁乾道七月（按：“七月”乃“七年”之伪）春王正月上日书”题记二十六字，凡两行。《五帝本纪》大题在下，小题在上，各卷均同。每半页十二行，行二十一字，注双行，行二十八字，白口。四周双边。版心鱼尾上记本页大小字数，但亦有不记者。鱼尾下题“纪一”“表一”“书一”“世家二十五”“列传一”等式，无刻工姓名。其他款式多与黄善夫本同。《史记集解》、《索隐》合刻，今传以此本为最早。

4. 三家注合刻本

（6）史记集解索隐正义南宋黄善夫本一百三十卷

——南宋庆元二年（1196），建安黄善夫刊本。

——北京图书馆藏黄本残卷 68 卷。日本有数种藏本，上海涵芬楼据日藏本影印发行，流传广泛。

——张元济曰：其三家注俱全者，宋刻有黄善夫本。首《集解序》，次《补史记序》，次《索隐序》，次《索隐后序》，次《正义序》，次《正义论例谥法解》，次目录。《集解序》后有“建安黄善夫刊于家塾之敬室”木记二行，目录后有“建安黄氏刻梓”木记一方。半叶十行，每行二十字，小注二十三字。前有《三皇本纪》，《老》、《庄》二传，已升在《伯夷传》前，注云依《正义》本，然目录却未改。无刊刻年月，宋讳避至光宗，当刊于绍熙之世。此本未见我国著录，惟日本涩江全善森立之《经籍访古志》载之，余为涵芬楼在京师收得半部，亦由日本来者。尚有安成郡彭寅翁刊本，亦三注俱全，半叶十行二十一字，小注同，不著年月，验有板式，为之刊本。（《校史随笔》）

——《史记书录》曰：按日本《经籍访古志》谓黄氏与《史记》同时刊有《汉书》，其《汉书目录》后有“集诸儒校本三十余家，又五六友澄思静虑，雠对异同，是正舛伪。始甲寅之春，毕丙辰之夏。建安黄善夫谨启”识语。甲寅即宋光宗绍熙五年（1194），丙辰即宋宁宗庆元二年（1196），故知《史记》刻成亦在庆元二年。日本藏书家称为“庆元本《史记》”，上海涵芬楼影印本亦题为“南宋庆元黄善夫《史记》”也。

【按】 宋、元、明三代尚有善本多种，《集解》《索隐》两家注本如南宋淳熙三年（1176）张杅桐川郡斋本；南宋淳熙八年（1181）澄江耿秉重修桐川郡斋本，此本《索隐》比蔡梦弼本和黄善夫本均多四十余条；蒙古中统本（中统二年1261平阳道段子成刊）等。三家注本，有元至正二十五年（1288）安福彭寅翁崇道精舍刊本，此本正文与黄善夫本同，而对三家注作了大幅度删削。此外明嘉靖三刻亦有名：（1）嘉靖四年（1525）莆田柯维熊校，金台汪谅刊本，（2）嘉靖四年震泽王延喆刊本，（3）嘉靖十三年（1534）秦藩朱维焯刊本。以上各本《史记书录》均有详述，兹从略。

（二）史记百衲本

《史记》的百衲本是清人辑宋本之残卷补以成完帙之本。百衲之义谓残卷补缀有如僧衣故名之。清钱曾（字遵王，江苏常熟人）辑有百衲本《史记》，他在《读书敏求记》中说：“余藏《史记》有四，而开元本亦其一焉。今此本乃集诸宋版共成一书，小大长短，各种咸备。李沂公取丝铜之精者杂掇为一琴，谓之百衲，予亦戏名此为《百衲本史记》以发同人一笑焉。”但此本未流传下来。

傅增湘《藏园群书记》说：“大兴朱笥河有百衲本《史记》，刘燕庭家亦有之。”朱本不传。刘氏原刻亦不存，有宣统三年（1911）贵池刘世珩玉海堂影印刻本，上海涵芬楼影印本二种。

涵芬楼本较玉海堂本为佳。

刘燕庭百衲本包括宋刻四种：

（1）北宋景祐国子监本《史记集解》十九卷，即前述第（1）种。

（2）南宋绍兴本七十五卷，即前述第(3)种。1955年文学古籍刊行社影印本。

（3）南宋乾道七年蔡梦弼本二十六卷，即前述第（5）种。

（4）南宋集解索隐合刻本十卷，此本未见单行，亦未见藏书家著录。

刘氏百衲本影印本各大图书馆均有藏。

（三）史记评林本

评林本始自明代，这是有别于三家注及其他注本而言。明人崇尚评论，是当时风气。史书评论，分一句一段的小评和全篇总评两种形式。评论附史文合刻。小评刻于书眉，总评刻于篇末。或称“评林”，或称“题评”，或称“辑评”，或称“集评”，或称“汇评”等等，名虽各异，质实同，总称评林本。又有一种“评点本”，略有不同，亦属此类。

1. 史记题评一百三十卷

——明杨慎、李元阳辑，高士魁校。嘉靖十六年（1537），胡有恒、胡瑞敦刊本。

此本为杨慎讲学，其弟子李元阳辑，高士魁校，此书有三家注。杨氏辑前代评论和自己对疑难句、段的疏解均刻于书眉之上，不署明其某某曰的评论是李元阳的话。

2. 凌稚隆史记评林一百三十卷

——明吴兴凌稚隆辑校。万历四年（1576）刊。

此本版分上下两栏，下栏为《史记》正文和三家注，上栏是评论。凌氏辑录的历代的《史记》评论，收罗广博，内容丰富，故称“评林”。对正文校勘，凡两可不决者都用小字旁注。个别评论不入上栏者亦用小字旁注。篇后有总评。凌本辑录的历代名家有：魏陆机，梁沈约、刘勰、李萧达，唐刘知几、韩愈、白居易、柳宗元，宋欧阳修、司马光、苏洵、苏辙、郑樵、倪思、吕祖谦，元吴澄、金履祥，明唐顺之、吴宽、丘濬、杨士奇、方孝儒、杨慎、田汝成、李梦阳、许应元、柯维骐、余有丁、茅瓒、茅坤等。对苏辙的《古史》和吕祖谦的《读书杂记》全部录载。对《史记》正文取材于古书如《诗》、《尚书》、《左传》、《国语》、《世本》、《战国策》、《吕氏春秋》、《楚汉春秋》等，凡引用不详或不全的，凌氏均抄录全文于上栏作参考。凌氏认为古书中可与史文互相印证，互相发明的地方，也都摘录在上栏里。这些典籍包括了先秦诸子，《风俗通》、《白虎通》、《越绝书》、《说苑》、《新序》、《论衡》、《韩诗外传》等。这对于研究《史记》与原始材料和相互关系的人来说省去了查找资料的繁琐劳动，至为方便。凌氏还对史注均作校勘，许多考订有独到见解，不仅胜过明柯维熊本，而且许多地方不比南宋本差。明陈仁锡的《史记评林》，清梁玉绳的《史记志疑》都是依据凌本。由于有上述特点，凌本是评林本中的佳乘，影响很大。光绪十年（1884）湖南刘鸿年翻刻本，对史文和注均作有补证。

3. 增补史记评林一百三十卷

——明李光缙增补。

凌氏增补本流传海外，日本曾五次刊刻：（一）永宽十三年（1638），（二）延宝二年（1674），（三）宽文十三年（1673），（四）明和七年（1770），（五）明治二年（1869）。朝鲜也有翻刻。泷川氏的《史记会注考证》大多取材于此。

4. 陈仁锡史记评林一百三十卷

——明陈仁锡评，崇祯元年（1628）刊。

此本特点有二：一是陈氏评论辞由己出，不录前人评论。陈氏评论对史文精神、司马迁旨意了解很深。对史实的评论有许多创见，对每篇的评论精当，甚为晚明学者所推重。嗣后葛鼎、金蟠刻《史记汇评》基本取陈说。二是陈本注重断句和校勘，较为实用。

5. 归震川评点史记一百三十卷

归氏为桐城派文宗，他的评点为明清两代文章家所重视。

"好古者照临一本，珍若拱璧"（《桐城文学撰述考》卷一归朝煦《跋评点史记》）。归氏评点本与评林本有区别。不取三家注，评语用双行小字夹于史文中如注然。正文加圈点，钩玄文章意境。清方苞撰《史记评点》四卷，是归氏本的延续。

其他评林本：

1. 史记辑评二十四卷

——明邓以赞辑。

此本无三家注，评语浮泛。但刊刻较精，字画整齐。

2. 史记集解索隐正义一百三十卷

——明钟伯敬辑评。

此本任意删节三家注，评语无足采。

3. 钱塘钟人杰刊本史记一百三十卷

此本专注文章评语。

4. 史记测义一百三十卷

——明陈子龙、徐孚远撰。

此本对史实、注文有不少订正发明之处，为清武英殿本考证所采择。

5. 史记汇评一百三十卷

——明葛鼎、金蟠评。

6. 史记集评善本一百三十卷

——明崇祯间朱东观辑，朱氏家刻本。

此本名为善本，其实不善。

7. 桐城吴先生点勘史记读本一百三十卷

——清吴汝纶点勘。

此本承归、方二氏之衣钵，圈点并加句读。

评林本创始于杨慎，推波于凌氏。然杨、凌二本有其可取者的精华不少，嗣后评林峰起，大多空泛虚浮，很少有创新的观点和真实的学问。但评林对史文精意，司马迁思想的研究颇为重视，开辟了新途径，是值得注意的。

（四）史记的通行版本

这里所说的通行本是指正史系统的官私刻本。作一简表胪列于下：

<table>
<tr><th>朝代</th><th colspan="3">版　　本</th><th>书　　名</th></tr>
<tr><td rowspan="5">宋</td><td rowspan="4">监
本</td><td colspan="2">太宗淳化五年（994）</td><td>史记、两汉书</td></tr>
<tr><td colspan="2">真宗咸平三年（1000）</td><td>三国志、晋书、两唐书</td></tr>
<tr><td rowspan="2">仁宗</td><td>天圣二年（1024）</td><td>南北史、隋书</td></tr>
<tr><td>嘉龄六年（1061）</td><td>梁书、陈书</td></tr>
<tr><td colspan="3">浙、蜀、闽等坊本</td><td>十七史</td></tr>
<tr><td>元</td><td colspan="4">官私汇刻本</td></tr>
<tr><td rowspan="2">明</td><td colspan="3">南北监本、经厂本</td><td>二十一史</td></tr>
<tr><td colspan="3">毛晋汲古阁本</td><td>十七史</td></tr>
<tr><td rowspan="9">清</td><td rowspan="2">殿
本</td><td rowspan="2">高宗
乾隆</td><td>四年（1739）</td><td rowspan="2">二十史、二十四史、聚珍廿四史</td></tr>
<tr><td>三八年（1773）</td></tr>
<tr><td rowspan="7">同治五局合刻廿四史本</td><td colspan="2">金陵局翻汲古本</td><td>史记、两汉书、三国志、晋书、南北史、南北朝八史</td></tr>
<tr><td colspan="2">杭州局翻汲古本</td><td>隋　书</td></tr>
<tr><td rowspan="3">杭州局</td><td>翻汲古本</td><td>新唐书</td></tr>
<tr><td>翻殿本</td><td>宋　史</td></tr>
<tr><td>翻江都惧盈斋本</td><td>旧唐书</td></tr>
<tr><td>苏州局</td><td>翻道光补印殿本</td><td>辽、金、元史</td></tr>
<tr><td>武昌局</td><td>翻汲古本
翻殿本</td><td>新五代史、旧五代史、明史</td></tr>
<tr><td rowspan="2">民国</td><td colspan="3">1922 年商务印书馆影印百衲本</td><td>二十四史</td></tr>
<tr><td colspan="3">开明书店活字缩印本</td><td>二十五史</td></tr>
<tr><td colspan="4">新中国成立后中华书局 1959 年标点本</td><td>史记</td></tr>
</table>

上表所列举其要者，宋元刊本多已不传。保存下来的正史系统原刻本有：

（1）明汲古阁本十七史

（2）明南北监本二十一史

（3）清武英殿本二十四史。广东新会陈氏翻武英本殿本，湖南宝庆三味堂翻殿本，四川成都局翻殿本

（4）五局合刻二十四本

（5）清末石印二十四史本。同文书局本。竹简斋本。涵芬楼本

（6）晚清活字二十四史本。图书集成本

（7）民国商务印书馆影印百衲本二十四史

（8）商务四部丛刊本二十四史。丛书集成本二十四史

（9）中华书局四部备要本二十四史

（10）开明书店缩印本二十五史

这些通行本中汲古本《史记》、武英殿刻本《史记》、五局合刻金陵本《史记》是三大善本，其中武英殿本最流行。殿本以明监本为底本，校以当时所得善本，附以考证，参与工作者有张照、杭世骏、齐召南等。金陵本为金陵局所翻汲古本为底本又经张文虎参酌多本精校，号晚清善本。

（11）中华书局标点本《史记》一百三十卷

新中国成立后中华书局1959年出版。此本以金陵局本为底本，进行分段标点，是最新最善的读本，销行全国，随处查得。此本的特点有二：一是分段标点，二是技术处理合理。已详本书《序论》，兹从略。

中编　史记名篇讲析

【说明】作者开设“史记课”的文章讲析有数十篇，在不同场景发表的有十余篇。讲析是作者研究《史记》的初步体悟，在讲课中边学边积累。讲析文章大多升华转化为《史记》专题论文，以及《史记论赞辑释》中的“简论”，已无单独结集的价值。这里收入一组，共十篇讲析，用以记录作者从事《史记》研究的步骤和历程，特别是初步体悟的原型，提供雅爱《史记》者评说。

《史记选注讲》题记

一　缘起

1981年，我经过两年备课，在兰州大学正式开设了“史记课”。我的备课是编选了《史记》五体皆备的42篇选文，题名《史记选注讲》，用腊纸刻板油印三大册。[①]

1983年10月，中国历史文献研究会在开封召开了第四届年会。在这届年会上，研究《史记》的同好共同商定组织两个集体科研项目来迎接1985年司马迁诞辰二千一百三十周年。一个项目是组织一本《史记》研究论文集，再一个项目是组织一部文史并重的《史记》选注讲本。历史文献研究会副会长刘乃和先生主持了讨论会，并亲自负责筹组论文集的工作；关于选本的工作，因为我开设了“史记课”，学会及各院校参加注讲的同志委托我来主持，这就是本书得以提出的缘由。

《史记选注讲》，要求运用马列主义观点，吸收最新学术成果，做到学术性与通俗性结合，雅俗共赏，既可作中学文史教师

① 本段文字，为这次入集时所增。

及广大知识青年自修提高的读物，也可作为高校中文、历史两系的专业教学参考书。由于各位作者的共同努力，特别是得到了山东教育出版社和兰州大学历史系领导的支持，工作得以顺利开展，书稿在1985年5月按期完成。全书约80万字，分上下两册。选目五体皆备，上册包括纪、表、书、世家，下册全为列传。

二　选目

本书体例包括选目原则和注讲内容两个方面。司马迁是集思想家、历史家、文学家于一身的文化巨人，他所撰述的《史记》是一部百科全书式的通史，体大思精。已往各家选本偏重于文学性强的人物传记，不能全面反映司马迁的思想体系和《史记》的编纂系统。本书编选的宗旨和目的，就是要在文史并重的基础上，把司马迁之所以为司马迁的人格风格全貌反映出来。选目原则有四点。

（一）要完整反映《史记》内容的系统性，全面体现司马迁的历史观，并突出《史记》作为通史之“通”的优点。

（二）要反映《史记》体大思精的特点。体大是指《史记》内容的全面性、丰富性和五体编纂形式；思精是指《史记》思想的深刻性。为此，本书选目，纪、表、书、世家、列传五体皆备，内容上包括天文、地理、人事、物事各个方面。

（三）《史记》以人物为中心述史，创造了传记文学的典范，是一部文学名著。因此，《史记》名篇要系统选入，而人物传记仍是重点。

（四）司马迁在《史记》中运用的述史的理论和方法，如述史断限、详今略古、详变略渐、互见对比、纵横比较等等，均要通过选目反映出来。例如，项羽、刘邦两纪均入选，含对比见义之例；秦汉篇目入选比较多，以反映详今略古。又如，《史记》首卷《五帝本纪》和末卷《太史公自序》以及各年表序，贯穿了司马迁的思想脉络，包含了《史记》的述史断限理论，本书系统选入，这是一般选本所没有的。

按上述原则，本书共从《史记》中选出四十二篇[①]，十四万二千余字，占《史记》全书一百三十篇，五十二万六千五百字的十分之三，在各种《史记》选本中是最大的一种。

本书所选《史记》正文以中华书局点校本为底本，但分段和标点个别地方有改动，并一律采用简化汉字。

三　体例

本书注讲力求以阐明司马迁的一家之言为旨归，为此创设了相应的体例形式，包括序言、五体说明、题解、段意、简注、讲析等六个部分。“序言”系统而扼要地评价司马迁和《史记》。“五体说明”对《史记》五体特点以及篇目系统作简明地概说，写在每体选目之前。单篇注讲各有“题解”、“段意”、“简注”、“讲析”四个部分。注讲要求反映新见解、新成果，行文深入浅出，形成本书独具的风格。

（一）题解。题解内容为解题与提要相结合，包括四个基本项：1. 释题篇；2. 介绍传主；3. 提示篇旨；4. 作者意向。“题解”与“讲析”两项有联系，而非重复。“题解”着重指出司马迁的创造精神，反映《史记》编纂特色；“讲析”具体分析正文内容，两者并不雷同。传主写入题解，在“简注”中就不再另立题目。

（二）段意。段意是对段落内容的概括，具有点题、剖析、归纳的作用，并非重复。“太史公曰”是作者的赞论，单独作段意。

（三）简注。简注内容包括为难字注音、解词、串译、释人名、地名、职官、掌故等。简注要求通俗性，用白话简释，一般不作引证，歧说只注一说。人名注释，凡重要历史人物正史中有传者，均注出传名，供读者备查；《史记》中的历史人物，只注传名，一律省略书名；见于本书者，则注明本书所选。地名注

① 篇目见本文后附录。

释，凡行政地区只注治所在今天的准确方位，一律不注沿革；对于指称人名的地名如“条侯”、“绛侯”、“临汝侯”等中的“条”、“绛”、“临汝”等地名，也一律不注，但传主除外。官名注释，只简注其品位、职掌，不详注其秩禄。各篇之间的简注自成单元，重出条目不注互见，以省读者翻检之劳。重出条目行文有具体的语言环境，详略不必求同，但释义不相抵牾。

（四）讲析。讲析内容扣紧正文分析其思想内容、历史过程、艺术风格，评价其史料价值等。“讲析”要求具有学术性，并尽量反映新见解，不能写成读书札记或考证文章。“讲析”不进行争鸣讨论，而是扣紧正文作具体分析。

《史记》是一部文史兼长的名著，它应该成为广大平民百姓所占有、所享受的知识宝库和艺术珍品，而不能只是文人学士的案头物。因此对《史记》这部名著应当进行多层次的整理。所谓多层次的整理是指学术研究与普及相结合，编著或整理适应广大的不同年龄和不同文化程度的读者阅读的多种著作。拿整理来说，中华书局出版了点校本，还应有新的会注本、译注本。选本则可以有大、中、小的各种注译本。还应有初级的故事性普及读本，以适应少年读者的需求。本书是一种大型的注讲本，适应中等以上文化程度的读者，所以不附译文以省篇幅。在古籍整理中如何做到学术性与普及性相结合，如何运用历史唯物主义的观点对所整理的古籍作初步的分析，这次所采用的注讲形式是一个尝试。希望本书的出版能够得到社会各界的支持。

四　附录：《史记选注讲》篇目

全书选文 42 篇，书目如次。

一、本纪 6 篇：五帝本纪/秦始皇本纪/项羽本纪/高祖本纪/吕太后本纪/孝文本纪

二、年表序 5 篇：十二诸侯年表序/六国年表序/秦楚之际月表序/汉兴以来诸侯王年表序/高祖功臣侯者年表序

三、书 3 篇：天官书（节选）/河渠书/平准书

四、世家5篇：孔子世家/陈涉世家/外戚世家/萧相国世家/曹相国世家

五、列传23篇：伯夷列传/管晏列传/孙子吴起列传/商君列传/孟子荀卿列传/魏公子列传/范雎蔡泽列传/廉颇蔺相如列传/田单列传/屈原列传/荆轲列传/李斯列传/淮阴侯列传/张释之冯唐列传/魏其武安侯列传/李将军列传/西南夷列传/汲郑列传/儒林列传序/张汤列传/游侠列传/货殖列传/太史公自序

1985年元月30日于兰州

《秦始皇本纪》讲析

【提要】 秦始皇（公元前 259—前 210 年），姓嬴名政，是我国历史上第一个专制主义中央集权封建帝国秦王朝的建立者，功大过亦大，是一个典型的双重性格历史人物。《秦始皇本纪》详尽地记载了秦始皇一生的事迹，由于秦二世短祚，亦附其事迹于后。因此，本篇上起公元前 246 年秦始皇即王位，下讫公元前 207 年秦帝国覆亡，前后 40 年，实际上是秦王朝完整的编年史。《秦始皇本纪》全文 13011 字（不含标点符号），是《史记》中最大的篇章，也是最经典的篇章，不仅精炼形象地刻画了秦王朝两代帝王的典型形象，而且生动地写出了一代王朝，一个庞大帝国的兴灭历史。在司马迁笔下，秦帝国四十年的重大政治事件，统一战争的复杂进程，都描述得脉络清楚，层次分明。对秦统一全国以后，在政治、经济、文化等各方面所进行的重要改革，也作了如实的反映。特别对秦始皇由一个创建新王朝的英主到残暴帝王的转变过程，作了真实的叙述，从而为我们研究秦朝的历史，提供了极为珍贵的资料。

一、《秦始皇本纪》的内容结构

中华书局点校本分《秦始皇本纪》正文为55个自然段，其中写秦始皇44个自然段，写二世皇帝11个自然段，篇末史论，太史公曰引贾谊《过秦论》下篇为赞。后人增附了《过秦论》上篇、中篇，还增附了秦襄公以下秦先公先王世系及立国年代，文字与《秦本纪》略有不同，可对照参证。

《秦始皇本纪》全篇正文55个自然段，可概括为八个结构大段，以条理全篇内容。

第一、二两个自然段，为第一大段，写秦始皇出生与成长，此为亲政前的情况。

这一大段交代秦始皇登上政治舞台的历史背景，出现影响秦王朝历史的有八个人物，即秦始皇、其父子楚、其母赵姬、大商人吕不韦、秦将蒙骜、王齮、麃公，以及后来辅秦的相国李斯。吕不韦是改变秦王朝历史和秦始皇命运的关键人物。秦始皇十三岁即王位，权落相国吕不韦之手。吕不韦致力于秦王朝的统一战争，委派麃公、蒙骜连年不停顿地发动对韩魏的进攻，扩大了秦国的疆域，建置东郡。吕不韦还平息了秦国的两次叛乱，一次是晋阳地方的叛乱，一次是秦王弟成蛟在屯留发动的军事叛乱。

第三至第十三共十个自然段，为第二大段，写秦始皇亲政，粉碎嫪毐、吕不韦集团，以及统一六国的过程。

秦始皇即秦王位第九年亲政，到第二十六年，十七年间完成了统一大业，是秦始皇人生最辉煌的时期。秦王年青有为，实施铁腕政治，毫不犹豫铲除嫪毐集团，灭了吕不韦势力，主宰一切。为了统一天下，秦王纳谏用贤。一是听取齐人茅焦建议，迎接母后回朝，向全天下宣布孝道以争取人心。二是接受李斯建言，废止逐客令，广招贤才，用缭为国尉，施反间计配合军事进攻，迅速瓦解了六国的抵抗。秦始皇实施统一战争的策略，军事外交双管齐下。外交策略是恫吓与反间两手并用，破坏东方六国之间的关系，使其合纵不成，又自毁长城，便于秦军各个击破。军事上，秦始皇给予桓齮、王翦等老将以全权的指挥权，倾全国之力扫境六十万大军委王翦灭楚。秦始皇的雄才大略，于此可见。

第十四至十八共五个自然段，为第三大段，写秦始皇初并天下，立即大规模改制，挟统一之功的权威，创建中央集权的国家机器。

秦王改制可归纳为政治制度、管理制度、经济文化政策三个方面。政治制度，一是创立皇帝集权制度，秦王称“始皇帝”，权力至高无上。中央设“三公”“九卿”机构，皆为皇帝辅助，听命于皇帝。一切行政与官员任免、赏罚，以至生命予夺，都取决于皇帝。司马迁写道：“天下之事无大小皆决于上。”二是全国地方废分封，推行郡县制度。全国建置 36 郡，后扩大为 44 郡。秦国疆域，东至于海，西到临洮、羌中，南到北向户，北达阴山至辽东。管理制度，更民曰“黔首”，令“黔首自实田”，在全国范围确立土地私有制，建立帝国公民的统治基础。同时又实施高压，移豪民于京师，销毁兵器，取缔民间武装，夷平城墙险阻。经济文化政策，实施车同轨，书同文，统一度量衡和钱币，加速统一民族的建立，意义极为重大。

第十九到二十九共十一个自然段，为第四大段，写秦始皇东巡封禅，刻石颂功。

秦始皇巡行郡县，炫耀皇帝声威，是加强全国统治的有力措施。秦始皇二十七年巡视西北陇西、北地，兼示威于戎狄；二十八年巡视东方和南方，东上邹峄山、泰山，转彭城南下，经泗水，渡淮，临江，上衡山，还祭湘山祠，北归；二十九年又东巡阳武、之罘、琅邪、转上党而归。一路刻石颂功，司马迁记录下泰山刻石、琅琊刻石、之罘刻石。

第三十至三十四共五个自然段，为第五大段，写秦始皇求仙开边。

求仙标志秦始皇人生道路转轨，骄奢淫逸，求长生，欲壑膨胀。开边，北击胡“略取河南地”，派三十万兵戍守，筑长城；

南略取五岭之南，置桂林、象郡、南海三郡，移民 50 万以加强开发。秦始皇开边，扩大统一局面，加强国防，应予肯定。

第三十五至三十八共四个自然段，为第六大段，写秦始皇焚书坑儒，横暴自是，终成孤家寡人。

第三十九至第四十四共六段，为第七大段，写秦始皇之死和沙丘政变。

第四十五至五十五共十一个自然段，为第八大段，写秦二世变本加厉实行暴政统治，终于导致陈胜、吴广大泽乡起义，秦王朝在暴风雨中灭亡。

最后“太史公曰”为作者论赞，评论秦始皇继承先人业绩才统一了中国，因拒谏不仁，暴虐统治，二世亡国。作者引贾谊《过秦论》下篇以助评论。

二、读《秦始皇本纪》应把握的要点

秦二世立国短暂，所以《秦始皇本纪》主要写秦始皇的一生。全篇写两代皇帝的正文 9425 字，写秦始皇 6897 字，占 73%。司马迁是怎样展示秦始皇的，可从三个方面把握其脉络。其一，秦始皇一生的传奇和人生旅程阶段；其二，司马迁大量记录秦始皇刻石的意义；其三，司马迁记录的秦始皇功过。分说于次。

1. 秦始皇人生旅程的阶段

秦始皇充满传奇，他的人生旅程可分为五个阶段，行文中有五个标志性的年代是他人生旅程的分界线。一为秦始皇元年继位；二为秦王九年亲政；三为二十六年一统天下，改制易俗；四为秦王三十一年改腊月为“嘉平”，始求长生；五为秦始皇三下七年驾崩。

秦始皇出生异国，身世传奇。他之得以继承王位，靠的是吕将不韦“奇货可居”的运作。吕不韦看到天下大势将一并于秦，秦自商鞅变法重农抑商，统一后的秦国没有商人的地位。吕不韦弃商从政，运用商人的嗅觉，投机的手段取得成功。传说秦始皇是吕不韦的儿子，即使不实，但吕不韦与赵姬的特殊关系，吕不韦对秦始皇进行了精心的培养，吕不韦当政，也把秦国的事业当家事来办。秦始皇年少即王位，元年晋阳反叛，八年弟成蛟叛乱，三年秦国大饥，四年秦国大蝗，八年黄河泛滥，六年五国攻秦，可以说内忧外患不断，自然灾害频发，吕不韦从容应对。秦始皇从中学习治国理民之术，吕不韦是一个很好的老师，尽职的老师。这些都是秦始皇的传奇人生。秦王嬴政九年亲政，以铁腕手段粉碎嫪毐、吕不韦两个盘根错节的权势集团，年少皇帝崭露锋芒。秦始皇二十六年的统一改制，奠定了他千古一帝的丰碑。秦始皇三十一年设腊月为“嘉平”，开始求仙欲长生，是从大有为之君转为昏聩暴戾之君的节点。秦始皇三十七年驾崩，死于道路，发生宫廷政变，秦帝国步入灭亡的深渊。秦始皇人生传奇的节点，与秦国政局发展与兴衰紧密相关，这是集权政治的必然归宿，是司马迁揭示的历史思维。

2. 司马迁记载刻石的意义

《秦始皇本纪》大量录载秦始皇刻石颂功，这是当时国家向天下臣民昭示统一新政最便捷的形式。刻石相当于用布告形式发布国家政令，司马迁为后世保留中国历史上第一个中央集权制度推行政令的第一手资料，弥足珍贵。秦始皇的治国纲领、大政方针、政治思想路线宣明地揭示在刻石碑文中，内容涵盖新国家、新制度的政治、经济、思想、文化各个方面。二十八年的《泰山石刻》、《琅邪石刻》、《之罘石刻》，大肆宣扬皇帝制度统一天下的优越，遣责六国分立带给民众的灾难。刻石碑文遣责古之分封，造成“诸侯各守封域，或朝或否，相侵暴乱，残伐不止”。而“今皇帝并一海内，此为郡县，天下和平”，“上农除末，黔首是富”。此是宣传废分封，立郡县。《泰山石刻》开宗鲜明地提出：“皇帝明位，作制明法。”碑文屡称：“皇帝作始，端平法度”，“皇帝之功，勤劳本事”，“皇帝之明，监察四方”，“皇帝之德，存定四极”，“六合之内，皇帝之土”，“应时动事，是维皇帝”。此是宣扬皇帝制度。碑文称颂：“器械一量，同书文字。日月所照，舟舆所载。”这是宣扬车同轨，书同文，统一度量衡制度。秦始皇三十七年《会稽刻石》大肆宣扬整齐风俗，对家庭婚姻，男女关系，设置严厉的堤防。碑文说：

有子而嫁，倍死不贞；禁止淫佚，男女洁诚；夫为寄豭，杀之无罪；妻为逃嫁，子不得母。

寄豭，就是公猪。男子有婚外恋，被称之为公猪，被视为社会公害，生命不受法律保护，人人可以诛杀。春秋时，越王勾践卧薪尝胆，鼓励人口增殖以报强吴，导致风俗轻薄，秦始皇大加整顿。

司马迁记载刻石，不用说教，就生动地反秦始皇推行新制度的内容、方法，活脱脱地再现了出来。

3. 秦始皇的功过

秦始皇对中国历史的发展，建立了盖世之功，他自认为功过五帝，德过三王，始建号皇帝，被后世称为千古一帝。单说一个“功”字，秦始皇当之无愧。是他秦始皇领导的统一战争，结束了春秋战国五百多年的乱世，给天下黎民带来了和平与安定的生产环境。是他秦始皇建立的中央集权制度，废分封，立郡县，加强了各地区政治、经济、文化联系，为我国长期的统一奠定了基础。是他秦始皇统一海内，开疆拓土，早在两千年前就奠定了中华民族的大国疆域。中华民族，炎黄子孙，长期屹立在世界文明的前列，尽管内乱、分裂不断发生，而统一是大局，而且能有效顽强地抵抗外来侵略，保持国家独立，这与秦始皇的丰功伟业及其留传的民族精神是密不可分的。

秦始皇嬴政既是历史的弄潮儿，也是历史的幸运儿。秦始皇在十年之间统一六国，他掀起的波涛无人可以比拟，所以说他是历史的弄潮儿。从历史大势来看，秦国先君贤臣，自秦孝公变法以来，君明臣贤，一直处于上升势头，东方六国日益削弱，有如郡县，秦始皇继位，天下三分秦有其二，所以贾谊称秦始皇“奋六世之余烈”（《过秦论》）。司马迁推得更远，他说：“秦起襄公，章于文、穆；献、孝之后，稍以蚕食六国，百有余载，至始皇，乃能并冠带之伦，以德若被，用力如此，盖一统若斯之难也。”

（《秦楚之际月表序》）用力虽难，秦统一已是水到渠成，所以又说秦始皇是一个幸运儿。为此，司马迁在《秦始皇本纪》之前特作《秦本纪》，用以表达他的思想。

但是作为实录史家的司马迁，他没有放过秦政暴虐的记载。秦始皇功过五帝三王，而德就要逊色了。最为人所指目的莫过于焚书坑儒。《秦始皇本纪》用了大篇幅来记载，又在《六国年表序》中说："秦既得意，烧天下《诗》《书》，诸侯史记尤甚，为其有所刺讥也。"看来，要为秦始皇洗刷这一罪行是徒劳的了。

三、秦王朝二世而亡的原因

秦王朝二世而亡，西汉承袭秦朝制度，走向何处？或者说路该怎么走，如何施政才能长治久安？这是西汉初统治者面临的一个大课题。高帝时从陆贾写《新语》起，到汉文帝时贾谊、贾山的政论止，思想界长时期探讨秦朝灭亡的原因。司马迁写《秦始皇本纪》重点总结了这一历史教训。

秦二世暴虐昏聩，杀功臣，信群小，一系列的倒行逆施，只是加速秦王朝的灭亡，而不是致秦朝灭亡的根本原因。秦始皇身在之日，秦王朝根基已经大坏。秦始皇出巡，遇刺遇盗，不只一次，甚至在京师咸阳夜行也不安全。秦始皇三十六年，有坠星降落东郡，至地为石，黔首刻其石曰："始皇帝死而地分。"三十七年，民谣传："今年祖龙死。"当秦始皇初并天下时，人民痛感脱离纷乱争斗之苦，真心拥护秦王朝，贾谊说："民莫不虚心而仰上。"（《过秦论》）但是秦始皇没有珍惜。他不给人民以修养生息的机会，他利用统一国家的机器，全力开动役使人民。秦始皇进行一系列的浩大工程，修驰道，筑长城，戍五岭，如果说这些公共工程有利于国家，人民尚能忍耐。但是修骊山陵，修建上林苑以及宫室，为个人享乐而劳止全国百姓，超过社会承受的极限，黔首还能忍耐吗？秦朝上林苑扩地三百里，关中肥沃土地成为野兽出没之所。大兴土木，单修骊山陵一项工程就年复一年役使七十万众民工。当时秦王朝全国人口二千万，每年的徭役征发达二百万，占总人口的十分之一，大大超过了社会承担的极限。司马迁说："海内之士力耕不足粮饷，女子纺绩不足衣服。"（《平准书》）这就是秦始皇施行暴政的现实。秦始皇个人品格，"刚毅戾深，事皆决于法，刻削毋仁恩和义"，加深加重了阶级压迫。秦朝刑法严苛，有各种肉刑和死刑。笞、耐、髡、黥、断左趾、腐等肉刑，戮、磔、凿顶、弃市、车裂等死刑，共有十多种。秦朝又施行轻罪重刑，商鞅刑弃灰于道，杀人无边，一次杀人四百多人，积习至于秦始皇、秦二世，变本加厉，以至于赭衣满道，人人自危。陈胜、吴广大泽乡起义，就是因为大雨误期，戍卒到达皆为死刑，成为了导火线。

司马迁写史宗旨，就是要在叙述历史中探索"成败兴坏之纪"，所以对秦朝二世而亡感触很深。在"太史公曰"中破例地引载贾谊《过秦论》以为论赞，完全同意贾谊对秦王朝灭亡的分析。贾谊总结秦亡有三大原因，即《过秦论》上、中、下三篇。上篇："仁义不施，攻守之势异也。"中篇："危民易与为非。"下篇："壅蔽之伤国。"《过秦论》代表当时思想界的最高水平，可以说是西汉人们评价秦王朝政治得失的一篇定论之作。司马迁肯定秦制，否定秦政，也为西汉的承袭秦制画了一个句号。《秦始皇本纪》，这篇经典史传，有很高的思想价值，至今阅读，仍可从中得到许多启示。

《项羽本纪》讲析

【提要】《项羽本纪》是司马迁精心撰写的人物传记之一，它集中笔墨刻画项羽的英雄形象，而于叙事之中揭示他失败的原因，其真实地再现了项羽这一历史人物和秦汉之际的历史事势，具有很高的文学价值和史料价值。

在中国历史上，项羽是一个失败的英雄，用文学语言叫做"悲剧英雄"。司马迁聚精会神用笔于巨鹿之战、鸿门宴、垓下之战三件大事上，生动地塑造了一个叱咤风云的悲剧英雄形象，所以本篇讲析，就围绕这三大事件展开。

公元前 207 年九月，秦将章邯在定陶击杀项羽，使河南起义军遭受了沉重的打击，转入了低潮。于是章邯移兵河北。驻屯长城的数十万秦军由王离率领南下增援章邯，南北两路秦军合围赵军于巨鹿，声势浩大。转战山东、河南的各支楚军收缩会聚彭城共商大计。楚怀王主持了彭城会议，并夺取了军事领导权。楚怀王分兵两路攻秦。一路由刘邦率领西征，取道武关乘虚直捣秦都咸阳。主力由宋义率领北上救赵，项羽隶属宋义。怀王与诸将约：谁先入关，谁做秦王。

公元前 207 年十月，宋义率领楚军北上，他害怕和秦军决战，不敢渡过黄河，把军队屯驻在安阳（今山东曹县东），滞留四十六日不进。当时“天寒大雨，士卒冻饥”。项羽建议，立即进兵河北，与被围的赵军里应外合击破秦军，解救赵国之围，同时也可使自己的部队就食河北。宋义想保存实力，乘秦赵相斗，坐收渔人之利。并与齐王相田荣勾结，送子出使齐国，以图日后割据。因此，他对项羽的建议不但不听，反而下禁令说：“像猛虎一般的勇猛，像公羊一般的顽强，像狼一般的贪婪，而不听号令的，杀无赦。”他还挖苦项羽说：“冲锋陷阵，我不如你；运筹帷幄，你不如我。”项羽忍无可忍，决定排除宋义这块北上救赵的绊脚石。一天清晨，他进帐参见宋义，趁机砍了宋义的头，大义凛然地向全军宣布：“宋义与齐国密谋反楚，不北上救赵，我奉楚怀王的手谕把他处死。”全军欢呼。众将军说：“拥立楚怀王的本来就是项家将军，现在你处死叛将是完全应该的。”于是众将推举项羽为全军统帅。从此，楚军主力就牢牢地掌握在项羽手中。

项羽整顿军队后，挥师前进，抵漳河南岸，与围困赵国的秦军隔岸相持。由于秦军势大，把赵军团团围困在巨鹿城中。诸侯救赵的各路大军在巨鹿城外，驻扎了十几座营盘，坚壁自守，谁也不敢与秦军交战。赵国危在旦夕。项羽夺军后下令渡河，与秦军决战。他派黥布和蒲将军带领二万精兵先渡，占领滩头阵地。然后，亲率全军渡河，过河后凿破渡船，打碎炊具，烧掉营落，每个战士只带三天的干粮，以示勇往直前义无反顾的决心。这就是千古流传的破釜沉舟的故事。楚军以高昂的战斗意志向秦军发起总攻，战士无不以一当十，奋勇杀敌，喊声震天动地。项羽九战九胜，俘虏了秦军大将王离，杀死了秦军副将苏角，另一个秦军副将涉间自焚而死，精锐的秦朝长城军急剧瓦解。最后，只有章邯军实力尚存，他顽固地与项羽相持半年多。最后见秦朝大势已去，独木难支，才率领残兵二十余万，向项羽投降。

巨鹿之战，项羽全歼秦军主力，决定了秦朝覆亡的命运，有力地支援了刘邦向关中进军。公元前 206 年十月，刘邦早项羽两个月进入关中，秦王子婴向刘邦投降。刘邦封藏了府库，除秦苛法，与关中民约法三章，维护社会秩序，并展开政治宣传，大肆宣扬怀王之约，谁先入关，谁做秦王。于是“秦人大喜”，“唯恐沛公不为秦王”（《高祖本纪》）。刘邦拒绝项羽入关，派兵把函谷关把守起来。

公元前 206 年十二月，项羽攻破函谷关，拥兵四十万屯驻新丰鸿门，扬言与刘邦决战。刘邦只有十万军队，驻在霸上，根本不是项羽对手。正当项羽决定攻击刘邦的前夜，项羽的叔父项伯夜访张良，劝他逃走，不要跟着刘邦一块儿送死。因为项伯和张良是至交，项伯曾经杀过人，张良救了他。此时张良趁机拉项伯与刘邦相见，并与刘邦结为兄弟和儿女亲家。刘邦要项伯在项羽面前替自己赔罪。项伯一口应承，对刘邦说：“明天赶早来向项王赔罪。”刘邦答应了。项伯又连夜赶回军中对项羽说：“若不是沛公先打进关中，你怎么能不费力气地进关呢？现在人家立了大功，你还要去攻打他，这是不义的。明天沛公要来赔罪，趁这机会好好招待他。”项羽应承了。

第二天清早，刘邦带着随从来鸿门，向项羽谢罪，项羽设宴招待。坐定之后，刘邦装出一付情意恳切的样子说：“我和将军同心协力灭了秦朝，将军在河北作战，我在河南作战，没料到我先进了关中，今天能在这里见到将军，实在是万幸。不知是哪个小人播弄是非，让将军与我不和。”性情直爽的项羽被刘邦的这一席话说得飘飘然起来，脱口说道：“你的左司马曹无伤说，你要当关中王。”项羽的谋臣范增见项羽没有杀掉刘邦的意思，就把项庄叫来，让他舞剑。项庄知道范增让他舞剑的用意，于是一边舞剑，一边杀气腾腾地靠近了刘邦。项伯起身拔剑与项庄对舞，用身子保护刘邦。张良见情势危急，连忙去叫刘邦的侍卫官樊哙救驾。樊哙是一员猛将，他全身披挂，直撞军营，打倒守门的卫士，来到宴席边，瞪圆一双虎眼，愤怒地数落项羽说：“楚怀王和诸将约定先入关者王之，可是，沛公进关后却秋毫无犯，等待大王来安排，想不到你竟听信小人的话，要杀害劳苦功高的人。你这样做和残暴的秦朝有什么两样！”项羽不知道樊哙这一席话是预先安排好的，一时对答不上来，沉默了一会，觉得理亏，顺口夸赞樊哙：“好一个壮士，你请坐吧！”紧张的气氛缓和了下来。老谋深算的刘邦，趁这机会，推说上厕所，招呼樊哙溜出军营，一溜烟逃回自己军营中。这就是历史上有名的鸿门宴。刘邦利用项羽年轻，缺乏政治斗争经验，又仗恃项伯内应，所以亲入虎穴，打探虚实，不仅化险为夷，而且弄清了内奸。他回到军营立刻杀了曹无伤。

鸿门宴拉开了楚汉相争的序幕，也是项羽事业的转折点。这是一场说理斗智的政治斗争，刘邦从此变被动为主动，由此，范增已料定刘胜项败不可避免，他遗憾而又感叹地说："今天放走了刘邦，日后我们都要成为他的俘虏！"

四年之后，又一个十二月的寒冬，范增的话果然应验了，项羽山穷水尽，被刘邦围困在垓下。这一回楚汉力量对比恰好颠倒过来，刘邦拥众四五十万，项羽只有十万。夜间，汉军四面大唱楚歌，迷惑项羽。项羽惊惶不解地说："难道汉军把楚地都占领了么？为何有这么多人唱楚歌？"项羽心烦意乱，一个劲地喝闷酒，他不理解自己为什么会落到这步田地？他让人牵来陪他南征北战的乌骓马，面对爱妾虞姬，禁不住唱起了离别的悲歌：

力拔山兮气盖世，时不利兮骓不逝。
骓不逝兮可奈何，虞兮虞兮奈若何！

项羽一遍又一遍地慷慨悲歌，泪流不止，左右的人也一个个泣不成声。英雄陷入了生离死别的窘境，他在痛苦的思索中得出结论，"时不利兮骓不逝"，这真是天真而又执迷。项羽决定突围。夜已经很深了。项羽跨上乌骓马，率领八百多壮士悄悄地冲了出去，次日清晨，汉军觉察，立刻出动五千骑兵追击。项羽过了淮河，只剩了一百余骑。行经阴陵，迷失道路，又被耕田农父欺骗陷入大泽，汉兵追上来，项羽被逼围在离长江边上乌江浦 35 里的四隤山上，身边只剩下二十八骑。前面是浩瀚的大江，后面有黑压压的追兵，英雄已走到末路。但项羽仍要一展雄风，他对身边的二十八骑说："我起兵八年，身经七十余战，从没打过败仗，故能称霸天下。今天走投无路，是上天要我失败，不是我不会打仗，不信我再与汉军决战，打一个痛快仗给你们看一看，我要斩将、夺旗、并为你们解围。"于是，项羽在乌江边的四隤山上，表演了一场精彩的决战与快战，斩杀两员汉将，突围两次，项羽只损失了两员骑兵。然后率领二十六骑，驰马到乌江浦长江边上，只有亭长一条小船，无法尽渡二十六骑。项羽改变渡江的主意，喝令二十六骑下马步战，殉职沙场。项羽从容不迫赐马乌江亭长，自刎而亡。

生当作人杰，死亦为鬼雄。

至今思项羽，不肯过江东。

这首《夏日绝句》是宋代女词人李清照怀着对项羽的崇敬心情留下的绝唱，它表达了千百年来人们对项羽英雄气概的肯定，这也正是《项羽本纪》所要阐扬的精神。

从上述的内容梗概中，可以清楚地看出司马迁的思想倾向，他同情和惋惜项羽，所以《项羽本纪》不以编年为纲，而用传体精心布局，选择典型事例塑造项羽的英雄形象。《太史公自序》云："秦失其道，豪杰并扰；项梁业之，子羽接之；杀庆救赵，诸侯立之；诛婴背怀，天下非之。作《项羽本纪》第七。"这段话，表现了司马迁的卓越史识，他不以成败论英雄，把项羽的贡献放在秦末人民反暴秦的生死斗争转折关头来评价，充分肯定了项羽的历史地位，把项羽作为一个悲剧英雄来讴歌，实在难能可贵。可以说，若无司马迁之识，就无项羽的形象在高文典册中。

项羽失败了，他是怎样失败的？《项羽本纪》深透地揭示了它的原因。

项羽是楚国世代将家之后，他的祖父项燕是楚国的名将。公元前224年曾大破秦将李信军二十万。接着，秦将王翦率六十万大军来灭楚，项燕寡不敌众，才兵败自杀。第二年，秦灭楚，项羽仅十岁。秦始皇通缉项氏，项羽随叔父流落到吴中避难。国破家亡的悲痛，流亡生活的凄惨，在项羽幼小的心灵中埋下了仇恨暴秦的种子。为报国仇家恨，他立志学"万人敌"。项梁教他兵法，他很高兴。但是，仅"略知其意，又不肯竟学。"项羽的这一粗犷的性格，使得他没能把兵法学到家。项羽打仗，长于治兵置阵，摧锋挫敌，而不足于权谋，疏于筹略，可以说这是他演成兵败自杀的原因之一。

本来兵法是与政治紧密相联系的。项羽只学置阵破敌，不研究兵政关系，造成了他的智略勇力的畸形发展，直率粗犷的性格演化成“悍猾贼”，残暴不仁。项羽只知杀戮、力战，不懂得斗智、争取民心，所过无不残灭。他攻襄城，久攻不下，已拔，尽坑之。他收降了秦卒二十余万，也不知处置，尽坑之。在灭秦中的这种简单的复仇行为与人民反暴秦的朴素心理相合拍，所以还能得到诸侯将的拥护。可是项羽入关屠咸阳，杀秦降王子婴，入山东烧夷齐城郭，屠杀齐民，这是因迁怒刘邦、田荣而报复人民，这就毫无道理，而是为渊驱鱼，为丛驱雀了。司马迁批评说，“汉行功德，子羽暴虐”（《太史公自序》），一点也不错。所以在楚汉战争中，项羽胜利越多，敌人越多，直到四面楚歌而后已。

刘邦起兵，投靠项梁，与项羽约为兄弟，经常并肩作战。而第一个起来与项羽争天下的却是刘邦。这使得项羽错误地总结了生活的和政治的经验，猜忌功臣，只听信项伯等亲戚的话，把人才都赶到刘邦那边去了，能征善战的韩信，得不到项羽的重用，给刘邦当了大将；足智多谋的陈平，背叛项羽，给刘邦当谋臣；甚至替项羽打天下的先锋将淮南王黥布也让刘邦挖了墙脚。这些都是造成项羽悲剧结局的原因。然而最致命的却是他听信范增之策，误封诸侯十八王。

项羽封王，争论最大。论者或曰，项羽分封代表旧贵族的割据势力，开历史的倒车，必然失败。这种观点值得商榷。公元前210年，秦始皇出游天下，巡行浙江，当时项梁、项羽叔侄随众观看，项羽情不自禁地说，“彼可取而代也”，可见他不是不想做皇帝，不是一心想分封。但是如果认为，项羽分封是迫于形势，那就更不符实际。巨鹿之战，诸侯折服，强捷有力者皆归项羽旗下，成了他的部将。最大的异己刘邦，欲与项羽争衡，心有余而力不足，他像踩钢丝一样，冒死入虎穴乞和。当时，谁敢和项羽对抗？那项羽为何分封十八王？追本溯源是范增劝项梁立楚怀王这一政治失计，给入世未久的项羽套上了绳索。鸿门宴后，项羽不欲刘邦为秦王，报请怀王，怀王不允，回答说“如约”。这使得项羽在政治上陷入了极端的被动。项羽迫不得已，来个大家都称王。这一着棋，项羽彻底走错了，他把亲信将领封王善地，以为这样就可控制局面，殊不知诸将得地称王，就不听他的号令了，黥布封淮南王以后不听调遣就是一个典型例证。项羽封刘邦为汉中王，将三秦将章邯、董翳、司马欣封为三秦王来拒塞刘邦，实际上等于拱手将关中送与刘邦。一是关中三分而势弱；二是因项羽在新安坑杀了秦降卒二十余万，关中秦民恨透了三秦王。又，项羽封王，主观武断，未能处置好一些拥有实力的军事集团。山东田荣、河南彭越、河北陈余皆被排斥在封王之外。所以，项羽回到彭城，还没来得及坐下来休息，这几个军事巨头就联合起来反抗项羽。刘邦趁机明烧栈道，暗渡陈仓，占了关中，杀出函谷，直捣彭城，端了项羽的老窝，幸亏项羽及时回救，在彭城打了一个大胜仗，才避免了过早的覆亡。

封王失计，项羽大怒，迁怒怀王，不惜用暗杀手段来泄愤，这更是错上加错，把道德信义全都送给了刘邦。假如项羽在鸿门诛了刘邦，一脚踢开怀王，称帝关中，唯曰不然！项羽真的这样做了，与刘邦胜利后诛除功臣又有什么两样？有的论者认为项羽在鸿门放走刘邦是深明大体，他若杀了友军领袖，岂不要逼反诸侯将？这些论点看起来貌似有理，其实放在政治天枰上，是经不起推敲的。项羽在军事上是一个巨人，在政治上恰是一个侏儒。阴谋手段并不是高明的政治斗争，当然不应赞许。但是，兵不厌诈，刘邦就是一个阴谋老手，刘邦却胜利了。既然刘邦为友军，他却派兵守函谷，先失一着，而后自来谢罪，项羽斩之名正言顺，何阴谋之有？看看后世，林冲火并王伦带来了梁山泊的兴旺；李自成谋杀罗妆才并不妨碍他入主北京，这些历史事实是很可以说明问题的。

历史总归是历史，鸿门宴的主人项羽，当年才是一个二十七岁的马背上的将军，他还不懂得用阴谋手段来除异己，而且以形势论，项羽并不需要搞阴谋手段。本来，项羽用范增的计谋，封刘邦为蜀王，想把他困在巴蜀，又是张良运动项伯说情，改封刘邦为汉中王。项羽这一改动，既负背约之名，而又实授关中之地，为一大失策。他在鸿门宴上即使杀了刘邦，也担不起靖乱安邦的历史重担。而刘邦多次出入险地，九死一生却安然无恙。鸿门宴上，项伯保了他；彭城战败，丁公释放了他；荥阳出逃，有纪信替死，成皋跳出，项羽不察，这一切仿佛暗中有神灵保佑似的。怪不得司马迁发出了“岂非天哉，岂非天哉！”（《秦楚之际月表序》）的慨叹。以今天的观点来看，这“天”就是历史必然之中的偶然取得了胜利，或者说是一个老谋深算的中年战胜了一个鲁莽天真的青年，刘邦的胜利是必然的，项羽的失败是值得同情的。

还有一种观点认为，范增非善谋之士，他对项羽的失败应负主要责任，这也是不妥当的。范增只是一个谋臣，听不听还在项羽，何况智者千虑之一失并不足以导致项羽的失败。分封固然是馊主意，但设计鸿门除害、王刘巴蜀，主意并不坏。问题是，范增的馊主意，项羽采纳了；范增的好主意，项羽拒绝了，最后把范增赶走了，重瞳子以亲疏画界，虽有一范增而不能用，不亡何待！而那个改姓了刘的项伯，却是项羽言听计从的一个笨伯和内奸！

最后，司马迁在赞中列述了项羽失败之因有五：第一，分裂天下，引起争斗；第二，背关怀楚，失去地利；第三，放逐义帝，诸侯叛乱；第四，自矜功伐，不行仁政；第五，专恃武力，失去民心。司马迁的批评，无疑是切合实际的。

《高祖本纪》讲析

【提要】《高祖本纪》写了西汉开国皇帝刘邦一生的经历和成就的功业。因为刘邦的庙号为高祖，所以称《高祖本纪》。司马迁记事实录，叙刘邦之初起，则称刘季；及得沛，称沛公；及王汉，称汉王；即皇帝位后，才称上。不同时期的称谓，不仅仅是表现不同时期的社会身分，而且写出了刘邦不同时期的思想发展和性格转变。刘邦原本是一个游手好闲的普通人，他却不安于命运，抓住了秦末战乱的时势登上政治舞台。刘邦顺应时势，结人心，驭英雄，知人善任，恩威兼施，团结内部，分化敌人，歼灭了项羽，开创了汉家二百年基业。刘邦既豁达大度，而又十分忌刻，尤其是晚年屠灭功臣，更表现了他的残忍。刘邦创业的成功和他的过失，史公都一一作了生动的记叙，既有歌颂，也有刺讥。

一、汉高祖是时势造就的英雄

陈涉起义，喊出的口号："王侯将相宁有种乎!"起义的人不信天命，解脱苦难，靠自己拼争，这就是人为。司马迁写汉高祖刘邦，是循着陈涉的路子，塑造汉高祖的形象是时势造就的英雄，而不是循着“君权天授”的路子写成神。

先来看一看《高祖本纪》的内容和结构。

《高祖本纪》全文 9497 字，篇幅仅次于《秦始皇本纪》的一篇恢宏大传，是司马迁精意创作的名篇之一，文字精彩比之《项羽本纪》毫不逊色。《高祖本纪》与《项羽本纪》蝉联并列，创作本意就是要构成强烈对比。分析《高祖本纪》的内容和结构，要把握秦汉之际与楚汉相争的大变局，从时势巨变的角度，看《高祖本纪》是怎样展现刘邦的一生。

中华书局点校本《高祖本纪》划分传文为八十个自然段落，按刘邦一生的转折可分为四个大的结构段，分说于下。

第一到第八共八个自然段，为第一大段，写刘邦的身世、婚姻及不平凡的种种神奇故事，展示刘邦起义前的丰采。

第九到第二十六共十四个自然段，为第二大段，写刘邦率众起义到攻入秦朝都城咸阳的历程，展现刘邦在秦末战乱中怎样成长为一个英雄的。

第二十三到第五十四共三十二个自然段，为第三大段，写楚汉战争经过，刘邦知人善任，由弱变强，终于并灭项羽，登上皇帝宝座。

第五十五到第八十共二十六个自然段，为第四大段，写刘邦称帝后削平异姓王的经过以及晚年心态。

篇末“太史公曰”，是为论赞，指出汉家制度符合天道，顺应民心。

刘邦建立大汉王朝，从一个田舍郎登上了皇帝宝座，还带领了一大批贫困时的哥们兄弟也从一个平民百姓成了王侯将相，这是天地间一大变局。在古代人们相信“君权神授”，认为刘邦是得了天命的真龙天子，在这样的思想笼罩下，刘邦必然是一个传奇人物，要附会出许许多多的神奇故事。《高祖本纪》开篇就写刘邦出生不凡，其母在野外与神遇，有龙来投胎。董仲舒在《春秋繁露》中大肆宣扬：“王者承天意以从事。”又说：“受命之君，天意之所予也。”刘邦自己也说：“吾以布衣提三尺剑取天下，此非天命乎？命乃在天！”司马迁也有些迷惑，他在《秦楚之际月表》中也对刘邦登基发出了感叹：“此乃传之所谓大圣乎？岂非天哉，岂非天哉！非大圣孰能当此受命而帝者乎?”但作为实录史家的司马迁，他并没有按刘邦定的调子，把他写成一个受命于天的人物，而是把刘邦写成一个时势造就的英雄。司马迁记录的许多神奇故事，有的是带有揭露性质的。刘邦之母与神遇，在雷电晦冥中有蛟龙显现，出自刘太公之口。刘邦及其子女有大贵之相，出自吕后之口。刘邦隐于芒碭山，天空上有祥云，也出自吕后之口。至于喝酒不给钱，酒家到了年终把欠账一笔勾销，本是无奈之举，惹不起刘邦，于是编出刘邦到店喝酒，客流增多，酒家多赚了几倍利润。刘邦起事，带领十多个壮士进芒砀山，乘着酒兴，斩了挡道的一条大蛇，这本是一件寻常事，刘邦比别人胆大一些，他是领头羊，遇险开路也属天经地义。但刘邦抓住这件事大力宣传，说成是赤帝子杀了白帝子。大概刘邦的造神运动就是从起事时开始的。司马迁写刘邦的神奇故事，多发生在正式打出反秦旗号，在沛县起义之前，而起义之后反秦与反楚，历经许多艰难困苦，靠的都是谋略与得人死力相助，才一路走了过来。刘邦在打天下的过程中没有任何神力相助。刘邦笼络天下英雄，又得民心归服，所以他赢得了胜利。对照《高祖本纪》与《项羽本纪》的“太史公曰”，十分鲜明地表达了司马迁的历史观，谁得民心，谁得天命。子羽暴虐而失天下，汉行功德而得天下。司马迁直斥项羽“天亡我”为谬。

在和平安定的环境里，出生平民的刘邦不会有多大作为，他只不过是一个小小的亭长。刘邦不事生产作业，他在游手好闲中沾染了许多市井恶习，到处钻营，好酒及色，在沛县与一个曹姓女子姘居，刘邦的大儿子刘肥就是这位曹姓女子所生。如果没有秦末战乱，刘邦走不出沛县，他最多不过到县衙当差而已。刘邦生于秦庄襄王三年，公元前 247 年，秦二世元年九月起义，在公元前 209 年，已三十九岁。一个年届不惑之年的男子，仅仅是一个亭长，还能有什么出息呢？刘邦不发迹，那些神奇的故事也不会流传了。

刘邦天生一副傲骨，他不安于命运。他使枪弄棒，粗通武功。他喜与游侠交游，曾经到外黄造访张耳。张耳原是战国末魏公子信陵君无忌的门客，大名鼎鼎。刘邦造访，两人恨相见之晚，盘桓了几个月才分开。刘邦又曾到咸阳服徭役，且睹过一回秦始皇出行，十分歆羡皇帝排场，喟然长叹说："嗟乎，大丈夫当如此也。"一个男子汉就应当这样出人头地。秦政暴虐，社会动荡，给刘邦带来了机会。刘邦在沛县纠合一群无赖兄弟，如狗屠樊哙，织薄曲为生、替人吹箫办丧事的周勃，同村人大力士雍齿，与高祖同日所生的卢绾，都是刘邦的兄弟，在地方形成一股势力，这些兄弟尊刘邦为"长者"，即"刘老大"、"刘大哥"之意，用今天的话说，是黑社会的头目。刘邦又混了一个亭长的身份，是身跨黑白两道的一个"长者"。县衙官吏，掌人事大权的主吏萧何、典狱长曹参、在县衙掌管车马的司御夏侯婴都是刘邦社团的中坚人物，所以沛县县令也对刘邦另眼相看。单父人吕公，是沛县县令的好朋友，因避仇家报复来投靠沛县县令，沛县令看中了吕公的长女，即刘邦皇后吕雉。沛县令要娶吕雉为妻，吕公不同意，却单单看上了吹牛皮的刘邦。吕公觉得投靠一个地头蛇比一县之尊的县令更可靠。这一事件生动地说明了社会动荡，强捷有力者在民众心目中的号召力。又过了几年，秦始皇驾崩，秦末农民起义爆发了，沛县青年要反秦，萧何、曹参等人都不敢出头，他们一致推举了刘邦，于是刘邦做了沛公。

初起时，刘邦势力很小，只在故里丰、沛一带活动。他要兑现起义时的诺言"完父兄子弟"，保卫家乡。此时刘邦还不服众，哥们雍齿反了他，带着丰邑投靠了魏王。刘邦兄事的王陵，拉起了一支队伍另立山头。刘邦无奈，选择了依附。他投靠从江东起义北上反秦的项梁，这个靠山找对了。项梁给了刘邦五千人马和十名将领，势力大增。刘邦又与比他小十五岁的项羽拜了盟兄弟，甘愿当副手并肩作战。心计老道的刘邦始终保持了自家武装的独立地位。项梁死后，楚怀王与诸将排斥项羽，夺了他的兵权。刘邦被楚怀王升任为西路军统帅，扶义西征，直捣秦都咸阳。项羽被贬为北路军副将，让宋义为统帅节制项羽。楚怀王与诸将约："谁先入关，谁做关中王。"十分明显，楚怀王与诸将是让刘邦去做关中王。一个依附项梁的刘邦反客为主，足见刘邦的亲和力及其心计，他是一个与众不同的人物。

秦王朝灭亡后，假如项羽不坑杀秦降卒，入关不杀秦降王子婴，不封侯王，自个做了皇帝，或者在鸿门宴上灭了刘邦，历史将是另外一番模样。一个不读书不识大局的项羽，又是一个固执己见，逞强好胜，只一味迷信武力的项羽，犯了一系列致命的错误，改变了历史的方向。项羽坑杀降卒，杀降王，烧秦宫室，使天下人失望。项羽大封十八王带来了新的战乱，刘邦又不失时机地把握了争胜的时局，就这样，项羽把刘邦送上了皇帝宝座。

时势造就了刘邦。

二、《高祖本纪》的读法

"本纪"是一书之纲。《高祖本纪》混合编年与传人两种写法。编年提纲挈领记载天下大势；传人刻画人物形象记载言行。《高祖本纪》为西汉建国历史之纲，所以读《高祖本纪》要联系西汉开国人物，所有与高祖并肩战斗的人物传记对照，如萧何、曹参、留侯张良、陈平、周勃等人的世家，以及樊哙、夏侯婴、淮阴侯韩信等人传记对照，互相发明。作为写人的传记，《高祖本纪》与《项羽本纪》两传尤其要对照。本节重点分析两传的对照。

《项羽本纪》与《高祖本纪》合起来就是一部楚汉相争的历史，项羽、刘邦两人是对手。起初，项强刘弱；继后，刘强项弱。项弱用力，刘邦用智。项羽暴虐，刘邦仁德。楚亡汉兴，项羽是失败的英雄，刘邦是开国的帝王。两篇历史大传都写得辞采流漓，是千古绝唱的名篇。

项羽出身将门，遭破家亡国之痛，性情粗犷，幼小就充满仇恨，这是他暴虐的基因。刘邦出身农家，生活在社会底层，劳动人民的勤劳朴实感染刘邦幼小心灵，成人后"仁而爱人"，"常有大度”，又能言巧辩，说大话，讲义气，很能团结人。刘邦“为县送徒骊山”，道多逃亡，刘邦索性把徒役人全都释放。刘邦对徒众说：“你们逃命去吧，我从今天起也流亡逃命了。”这一“仁而爱人”的豪举赢得了十余个壮士的追随，这就是刘邦起家的本钱。楚怀王和诸将看中刘邦也是他的“仁而爱人”，举拔他为西征军统帅。刘邦入关，除秦苛法，只约法三章，约束部队，对秦民秋毫无犯，于是秦民大喜，唯恐沛公不为秦王。这和项羽暴虐，一路烧杀。形成鲜明对比。

项羽诚实，刘邦狡诈。项梁误立楚怀王而听命于人，羽欲西入关，怀王不许，而委命沛公入关，乃使项羽北上救赵，其后项羽反而背上了负约之名，项羽怀怒，又不理智地迁杀义帝，在天下人面前留下恶名。刘邦反是。他力量弱小时依附项氏，当羽翼丰满，起来与项羽争天下的恰恰是刘邦。王鸣盛说“刘藉项噬项”。（《十七史商榷》）刘邦为义帝发丧，在广武数羽十罪，戏谓项羽说“吾能斗智不斗力”。刘邦纵反间假项羽之手驱除范增；用随何挖项羽的墙角，说黥布归汉；项羽欲烹太公以逼迫刘邦，刘邦却说，我俩是盟兄弟，“吾翁即若翁，必欲烹而翁，则分我一杯羹”；刘邦与项羽约，以鸿沟为界中分天下，诱使项羽东归，随即毁约追击，这就是刘邦用智。王鸣盛评议说“汉始终惟利是视”，又说“若以旆公居项羽之地，在鸿门必取人于杯酒之间，在垓下必渡乌江而王江东矣。”（《十七史商榷》）王鸣盛的评议，十分犀利。刘项两人，性格不同，行事相反，项羽笃厚，刘邦狡诈。但停留在道德信义上远远不够。司马迁写刘项两人对比，小处看是道德信义，大处看，是政治得失。项羽是军事巨人，政治侏儒，项羽笃厚乃“妇人之仁”。刘邦是谋略用智，政治巨人，“有急则使纪信代死，不顾子女，推堕下车”，是政治成熟的表现，这就是项伯说的：“且为天下者不顾家”。

项刘两纪，人物品性，事业成败，处处针锋相对。两纪收束的“太史公曰”情采笔调也针锋相对。《项羽本纪》“太史公曰”，历数项羽之败，批评“天亡我”为谬；《高祖本纪》“太史公曰”赞其事业成功，汉家制度顺应民心，符合天道。两纪对比，突出司马迁以人为本位写史，得人心者得天下的历史观，十分鲜明。

三、刘邦天生的帝王气度

韩信心高气傲，成为了阶下囚仍不服输。有一次韩信路过樊哙住所，樊哙礼数甚恭，跪拜送迎，仍称韩信为王，自己称臣，说："大王乃肯临臣！"韩信出门，苦笑自嘲说："生乃与哙等为伍！"我活着怎么与樊哙这等人同列，表现了韩信被贬为侯极端不满，称病不上朝，闷坐在家里生怨气。有一次朝见，高祖刘邦有意折杀韩信心气。高祖问韩信："我刘邦能带多少兵？"韩信回答："陛下不过能将十万。"高祖笑着说："韩将军能带多少兵？"韩信应声回答："臣多多而益善耳。"高祖大笑，说："多多益善，何为为我禽？"韩信说："陛下不能将兵，而善将将，此乃信之所以为陛下禽也。且陛下所谓天授，非人力也。"韩信机敏，为自己的失言打圆场，其实所言也是事实。刘邦带兵56万败于彭城，带兵32万被匈奴冒顿单于困于平城。但刘邦却能善将将，包括韩信自己死心踏地效劳，替刘邦打下半壁江山，而遭其所擒。这一场君臣对话，韩信没有听蒯通策反之言后悔莫及，却也输得心服口服。刘邦善将将，就是能驾驭人才，这是天生的本领。《高祖本纪》用大量历史事实记叙刘邦取得成功，是与他的性格和主观努力分不开的。刘邦天生一副帝王气度，可从四个方面来说明：察纳雅言、知人善任、克制自己、坚韧不拔。这里所说的天生，是指刘邦与众不同，他的品德修养，智慧谋略，仍然是后天学习来的。只是别人学不来，刘邦善学罢了。例如张良谈论兵法谋略，诸将听不懂，刘邦一听就心领神会，张良折服。

察纳雅言。这句话说起来容易，做起来很难。凡做大事业成功的人，都善于察纳雅言。刘邦是一个狂傲之人，但也善于听各种人的意见，而且听了就执行。刘邦有一句口头禅："为之奈何。"这件事怎么办呢？他不懂就虚心下问，问了就执行，别人也乐意奉献高见。刘邦在关键时刻取胜的所有方法都来自于察纳雅言。举其大端有：韩信拜将，是听了萧何的推荐；信用陈平，是听了魏无知的推荐；楚汉相争用韩信开辟北方战场，游说楚将黥布归汉，是听了张良的下邑画策；刘邦迁都，与匈奴和亲，是听了一个戍卒娄敬的建言；刘邦尊礼儒生，建立汉家制度，是听了陆贾、叔孙通的建言。张良、陈平所出策谋善计，刘邦一一采纳，得则执行，不俱述。凡天下奇才，都想发挥才干，在上者不尽其才，人才就要流失。陈平、韩信都是从项羽营垒中转到刘邦阵营的。三国时周瑜对曹操所派说客蒋干说："丈夫处世，遇知己之主，处托君臣之义，内结骨肉之恩，言行计从，祸福共之，假使苏张更生，郦叟复出，犹抚其背而折其辞，岂足下幼生所能移乎?"周瑜这这番言论，可以说是放之四海而皆准的。

知人善任。这是刘邦自诩的优长，可以用他自己总结楚亡汉兴的一段话来说明。刘邦说："夫运筹策帷帐之中，决胜于千里之外，吾不如子房。镇国家，抚百姓，给馈饷，不绝粮道，吾不如萧何。连百万之军，战必胜，攻必取，吾不如韩信。此三者，皆人杰也，吾能用之，此吾所以取天下也。项羽有一范增而不用，此其所以为我擒也。"刘邦能任人杰之能，更能用一般人才之力。试看项羽所派说客，只相信项氏子弟和妻子昆弟一班蠢才，在外交上全偾了事。刘邦所派郦食其、随何，能说降齐王、九江王。刘邦所遣将，骑将灌婴、步将曹参，都发挥了巨大作用。任用彭越扰楚后方，搅得项羽疲于奔命。

克制自己。刘邦有很深的城府，极善伪装，能听逆耳之言，克制自己，意志坚强。刘邦攻入咸阳，他贪财好色的毛病发作，一头栽进秦宫室不出。樊哙劝说，张良分析利害，刘邦立即退出，封府库，还军霸上，躲过了鸿门宴一劫。刘邦进入彭城，贪财好色的毛病再次发作，这一次刘邦天天摆宴与功臣宿将一起作乐，防范项羽反攻不力，56 万大军一败涂地，刘邦差点当了俘虏。这一次给刘邦的教训是极为深刻的。在整个楚汉相争过程中，他都在成皋第一线与将士同甘共苦，内心的喜怒绝不外露，处处检点，事事克己，给人的形象是推诚坦率，从善如流。刘邦有极强的杀伐心，他深藏起来。他恨雍齿咬牙切齿，但雍齿立功赎罪，很卖力气，找不到机会下手，等待时机，决不感情用事，最后竟先封雍齿，平息诸将争功。刘邦自制的城府心计，没有人能发觉提防，乃至聪明如韩信，念念不忘刘邦“解衣衣我，推食食我，言听计用，故吾得以至于此。”长达五年，遭到刘邦两次夺军，韩信都没有觉察刘邦的猜忌，不相信刘邦会杀害自己。刘邦称帝之后，他的小肚鸡肠和报复本性慢慢显露出来。他没有忘记老爹刘太公对他的批评，在庆祝未央宫落成的宴会上，刘邦对父亲敬酒说：“始大人常以臣无赖，不能治产业，不如仲力，今某之所就孰与仲多?”搞得老父十分尴尬，恨不得有一条地缝钻下去。刘邦得意洋洋，群臣高呼“万岁”，一阵欢笑声解了老人的尴尬。刘邦也没有忘记当年大嫂不管饭的旧账，老父说情才给侄儿封了一个羹颉侯。对亲人如此，对别人的报复可想而知。刘邦晚年屠功臣，那是意料中的事。

坚韧不拔。刘邦打天下，把他的主观努力发挥到了极致。他坚韧不拔，百折不挠，能屈能伸。刘邦初起，雍齿背叛，他没有灰心。成皋之战，刘邦两次出逃，而阻击项羽的勇力陪增，输了老本到河北去夺军。广武对峙，胸部中箭，重伤病危，还是强起劳军。消灭异姓王，连年带病出征。一次次的挫折，没有消蚀刘邦的斗志。不利时能屈己事人，这是坚韧不拔的最高境界。鸿门宴上，刘邦谦恭屈己，坐在下位，向小于自己十五岁的项羽称臣，奉承项羽为大王，一顿迷魂汤灌得项羽飘飘然脱口说出了范增安插在刘邦军中的内线，使得刘邦除掉了内奸左司马曹无伤。刘邦忍辱接受项羽封的汉中王。刘邦的坚韧品德与项羽的率性感情用事，形成鲜明对比。

刘邦的帝王气度还表现在他的雅量器识和驭人有术上。刘邦反击匈奴，刘敬谏言不可，刘邦把刘敬下到牢里，平城受困，证明刘敬说对了。刘邦立即改错，还在行军路上就下诏赦免刘敬，升职任用，而诛杀了阿谀迎逢建言反击匈奴的使者。对照三国时袁绍，田丰反对袁绍发动官渡之战，结果袁绍大败，袁绍不诛迎逢拍马的人，反而杀了田丰，还说什么“果为田丰所笑”。刘邦虚怀若谷，这才是帝王气度，袁绍刚愎自用，乃是孤家寡人。项羽九江王黥布来投，刘邦冷落怠慢，在卧室召见，令两女子洗足。黥布蒙耻，恨不得自杀。等到回到替他安排的馆舍，账具规格与汉王一样，也有两女子在侍候。黥布大喜，认为刘邦是故意让他进卧室，看一看王礼的规格。刘邦怠慢，先折杀黥布的傲气，而后施恩惠攻心，使投归的人心悦诚服。

四、读《高祖本纪》的误区

金无足赤，人无完人。刘邦青年时无赖，沾染一些市井恶习，司马迁作了如实记载，塑造刘邦是人不是神，这正是实录史家的大手笔。于是有人认为《高祖本纪》的基调是揶揄讽刺，例如王鸣盛《十七史商榷》就是这一基调读《高祖本纪》，其实这是误读。《太史公自序》提示说："子羽暴虐，汉行功德。愤发蜀汉，还定三秦，诛籍业帝，天下惟宁。改制易俗，作《高祖本纪》。"这才是司马迁写《高祖本纪》的基调，乃是一曲颂歌。《高祖本纪》塑造的汉高祖不仅是一个"拨乱诛暴，平定海内"的英雄，而且还是一个"改制易俗，天下惟宁"的圣明贤君。司马迁对刘邦品德污点的揭露，揶揄讽刺极有分寸，惟其如此，刘邦才是一个起自民间可以信赖的帝王。刘邦是时势造就的英雄，他的志趣和人格是在时势变化中不断发展的。秦建国之初，全天下的人盼望和平，"莫不虚心而仰上"，刘邦只好安于做一个地方小吏；时势动荡，刘邦组织社团，上芒砀山为盗，只图保命；起义后南征北战，入关后要关起门来做关中王。韩信拜将，劝说刘邦东向与项羽争天下，要做皇帝的梦想提上议事日程。刘邦的皇帝梦是逐渐膨胀的。起义前刘邦"多大言，少成事"，不是一个成熟的男子汉。自从他看到秦始皇的排场，触动他的心灵，修养性格，要努力做一番事业。娶了吕后之后，得了贤内助，史称吕后"佐高祖定天下"，不单单是指吕后屠功臣，也包括吕后佐高祖起义，大力宣传造神运动，这对刘邦的事业是有帮助的。在反秦斗争和楚汉相争中，刘邦做事脚踏实地，虚心学习，"为之奈何”的下问，智谋益开，加之坚毅顽强，一步步走向成功。这时期刘邦是一个成熟的政治家。称帝以后，恶习膨胀，精忌残忍，连萧何都差点遭其毒手。晚年面对大好河山，昔日功臣宿将的雕零，不免心生苍凉，作大风歌给自己画了人生句号。歌曰：“大风起兮云飞扬，威加海内兮归故乡，安得猛士守四方。”刘邦带有些许遗恨离开人世。

秦汉之际，天下三嬗，陈涉发难，项羽灭秦，刘邦诛暴，显然最大的英雄是刘邦。司马迁天下三嬗的识见，光耀千古，而《陈涉世家》、《项羽本纪》、《高祖本纪》正是按照这一史识记下历史实录，三篇都是英雄的颂歌，前两篇写的是悲剧英雄，《高祖本纪》写的是开国帝王。刘邦的形象与项羽一样丰富饱满，栩栩如生，而性格更为复杂，思想更为丰富。

《吕太后本纪》讲析

【提要】《吕太后本纪》在《史记》中是别具一格的一篇传记，它和《陈涉世家》一样具有纪事本末体的笔法。作为本纪，它没有年经月纬的系统内容，政令疏奏也略而不载，但诸吕之变的始末却是首尾完具。试将《吕太后本纪》与袁枢的《通鉴纪事本末·诸吕之变》一目相对照，除行文有详略外，基本情节事实都无多大出入。这一对照，就鲜明地显现出司马迁作《吕太后本纪》的思想倾向和运笔手法。司马迁以首尾完具的纪事本末体突出诸吕之变，可以说是抓住了时代的脉膊，是独具慧眼的卓越史识。因为诸吕之变是西汉王朝在巩固统一政权过程中的一场尖锐复杂的政治斗争。这场斗争是由于吕太后擅权扶植外戚势力而引起的，所以《吕太后本纪》曲折详尽地记载了这场斗争的因果始末，谴责了女主临朝，给后世帝王留下以史为鉴的宝贵历史经验，意义是深远的。汉武帝立昭帝将其生母赐死就是有鉴于吕太后擅权乱国而迫不得已采取的果断措施，发人深思。

吕太后长期与狡诈多智的刘邦一起生活，楚汉战争中备尝囚虏生活，佐刘邦阴谋诛杀韩信、彭越，在一系列政治斗争中锻练成为一个身手不凡的女人。刘邦死后，她作为皇太后，在擅权自恣，滥用威福这一点上，更算得上是一个“巾帼英雄”，司马迁评论她“为人刚毅”。秦始皇就是“刚毅戾深”（《秦始皇本纪》）。可见吕太后是秦始皇一类的暴虐不仁之主，再加上她妇人的“性狭猜疑”，在残虐上似比秦始皇更胜一筹。她报复戚夫人，砍断了戚夫人的手足，去目熏耳，饮以哑药，使居厕中，称为“人彘”。这种惨绝人寰的手段，令人目不忍睹，耳不忍闻，以至于她的亲生儿子惠帝也说：“此非人所为。”

吕太后突出的性格特点就是能为“非人所为”的“刚毅”，司马迁抓住吕太后性格的这一特点生动地塑造了一个擅权自恣的女主形象。惠帝即位，她以皇太后身份紧紧控制惠帝作为她擅权的工具，迫使惠帝“不听政”，“日饮为淫乐”，不仅丧失了生育能力，而且只活了二十四岁。惠帝死后，吕“太后哭，泣不下”，她盘算的是怎样诛除文武功臣来保住权位。权力欲胜过了对亲生儿子的感情。陈平等大臣洞察其意，请拜吕台、吕产、吕禄为将，掌握南北军权，诸吕入宫，吕太后才一块石头落地，流下了几滴跟泪。司马迁的这一情节描写，维妙维肖地揭示出吕太后权欲熏心、诡谲狡诈的本质。

吕太后临朝称制以后，她开始着手破坏刘邦法约：“非刘氏而王，天下共击之。”他明升暗降解除了右丞相王陵的相权，不许太尉周勃典军，以宠臣审食其为左丞相居宫用事，升左丞相陈平为右丞相，而实际被架空。吕太后掌握了朝政大权以后，追封已死的父吕公、兄吕泽为王，为扶植诸吕封王封侯造舆论，树先例。接着又封了几个刘姓宗室子弟及功臣侯，为诸吕封王封侯搭台阶。就这样吕太后一步步为诸吕封王封侯扫清了道路。她称制八年，封诸吕四王八侯。受封诸吕的血缘世系表列如下：

- 吕公
  - 吕泽
    - 吕台（元年封吕王）
      - 吕嘉（二年袭封，六年被废）
      - 吕通（八年封燕王）
      - 吕庄（八年封东平侯）
    - 吕产（六年封吕王，七年徙梁王，为相国，居南军）
  - 吕释之
    - 吕禄（七年封赵王，为上将军，居北军）
    - 吕种（元年封沛侯）
  - 吕长姁—吕平（六年封扶柳侯）
  - 吕媭（四年封临光侯）

诸昆弟子：

吕他（四年封俞侯）

吕更始（四年封赘其侯）

吕忿（四年封吕成侯）

吕荣（八年封祝兹侯）

以上是《吕太后本纪》所载吕太后所封诸吕四王八侯。据《惠景间侯者年表》载，吕太后四年封吕更始为滕侯，吕胜为赘其侯，共九侯。但吕他是袭父爵为侯，故吕太后所封为八侯。

在吕太后的一手扶植下，诸吕掌握了京师很大一部分军政大权。但是，外戚掌权，若根本不固，太后一旦百岁后，外戚就成了无根之木。吕太后又绞尽脑汁用移花接木之法，使后宫美人与诸吕交媾，或以诸吕有身之姬入宫生子，诈称惠帝之子，以吕氏血统子弟冒名刘氏篡取皇位，巩固吕氏政权。本纪载所名惠帝子共有七人。表列如下：

太子少帝刘某（元年立，四年又废杀）

淮阳王刘强（元年封，五年死）

常山王刘不疑（元年封，二年死）

少帝刘弘（原名刘山，元年封襄城侯，二年改名义，封常山王，四年又改名弘，立为少帝）

常山王刘朝（元年封轵侯，四年封常山王）

淮阳王刘武（元年封壶关侯，五年封淮阳王）

梁王刘太（七年封济川王，八年改封梁王）

以上七个冒名惠帝子，一子被杀，两子夭亡。陈平、周勃诛除诸吕以后，这时还有四个冒名惠帝子，即少帝刘弘，常山王刘朝、淮阳王刘武、梁王刘太，理所当然为大臣所杀。

有人认为周勃等人杀惠帝子是大臣们造作的“虚词”，是借故枉杀。事实并非如此。以惠帝的年齿和事实考察，惠帝子的真假血统是说不清的。惠帝十七岁就病魔缠身，二十四岁就夭亡，哪来那一大群儿子？再以太子少帝的年齿来看，他在做了四年的傀儡皇帝以后说：“后安能杀吾母而名我？我未壮，壮即为变。”

这口气至少是八九岁的小儿才能说出。以此推之，当是惠帝十八、九岁时所生。那时惠帝新娶皇后张氏，吕太后怎能让惠帝去与后宫生子？所以《正义》引刘伯庄云："诸美人元幸吕氏，怀身而入宫生子。"又梁王刘太，《惠景间侯者年表》高后七年载："吕产徙王梁，二月丁巳，王太元年，惠帝子。"《索隐》云："吕太，故昌平侯。"司马贞径直云刘太为吕太。即刘太实际是吕产之子。因为这里"吕太"不能解为"吕王太"，《索隐》没有这样的笔法。所以滕公夏侯婴清宫时对少帝刘弘说："足下非刘氏，不当立。"如果这些惠帝子是真实的刘氏血统，吕太后为何要一一杀其母而名之惠帝子？吕太后移花接木而杀其母，可以说这是又一桩"非人所为"的既荒唐而又残忍的行为。

更荒谬绝伦的是吕太后以鲁元公主女配惠帝为皇后。鲁元公主是惠弟亲姐，其女为惠帝的亲外甥女。再以年齿考之，高祖二年（公元前205年）刘邦在彭城败逃途中得鲁元公主和孝惠帝姐弟。三年鲁元公主为赵王张敖妻。因此鲁元公主生惠帝张皇后最早只能在高祖四年，即公元前203年。公元前194年惠帝即位，娶张皇后，当时张皇后只有九岁。吕太后为了固权，把一个九岁的外甥女嫁给一个十七岁的舅舅，要这一对少男少女生儿子，实在荒谬绝伦。司马迁在《外戚世家》写道："吕后长女为宣平侯张敖妻，敖女为孝惠皇后。吕太后以重亲故，欲其生子万方，终无子，诈取后宫人子为子。"吕太后的初心也许是让惠帝刘盈生子承袭天下，她死后配高庙血食刘氏香火。只是她太急于求成，让少年童女去"欲其生子万方"而摧残了惠帝的身心健康，丧失了生育能力，而后不择手段移花接木了。司马迁在《吕太后本纪》中曲折详载这些宫廷丑事也就从一个侧面淋漓尽致地揭露了一个集权者的卑劣灵魂。

吕太后一方面扶植吕党，移花接木，另方面大肆翦伐刘氏子弟，摇其根本。刘邦八子，被吕太后害死者有五房，四子一孙，包括亲生子惠帝，表列如下：

刘邦—庶长子刘肥，封齐王，吕太后酖杀未遂。

—次子惠帝，被吕太后胁迫摧残而早死。
—三子刘恒，封代王，后为文帝。
—四子刘如意，封赵王，为吕太后酖杀。
—五子刘恢，封梁王，后徙赵王，被吕太后逼迫自杀。
—六子刘友，封淮阳王，后徙赵王，被吕太后幽杀。
—七子刘长，封淮南王，为吕太后所养，故得全。
—八子刘建，封燕王。建死，吕太后杀其子夺其地封吕通。

吕太后在残害刘氏子弟时又用吕刘联姻的办法遮人耳目。她把齐王两子朱虚侯刘章、营陵侯刘泽召入宫中侍卫，以吕禄女妻刘章，吕媭女妻刘泽，既是笼络，又是人质。以诸吕女为赵王刘友妻，吕产女为赵王刘恢妻。刘友、刘恢厌恶吕氏女，不惜以死抗争。刘章、刘泽用软化办法俘获了吕氏女，诸吕之阴谋反因此败露。吕太后机关算尽太聪明，到头来只落得诸吕遭族灭。她的联姻监视政策遭到彻底破产。

吕太后也深知她一系列“非人所为”的倒行逆施，不得人心，大臣不平，刘氏反抗，而疑神疑鬼，坐卧不宁。她称制的第七年正月己丑，日食，昼晦，吕太后心忧不乐，对左右说：“此为我也。”八年三月中，过轵道，见物如苍犬，据吕太后掖，于是遂病掖伤，卜之，云赵王如意为祟。司马迁借吕太后之口，自己道出，天怒人怨，鬼神不容。所以当她弥留之际，深感大臣不可信赖。她告诫吕禄、吕产，她死后“必据兵卫宫，慎勿送丧，毋为人所制。”这既表现了吕太后的老谋深算，也说明她已预感吕氏末日来临，妄图垂死挣扎。无奈吕禄、吕产平庸无能，吕太后尸骨未寒，诸吕就被一网打尽了。

封建专制政权以家天下的宗法制度为根基，皇帝死后由嫡长子继承这是不能动摇的国本。叔孙通对高祖刘邦说：“太子天下本，本一摇天下振动，奈何以天下为戏。”（《叔孙通列传》）因为国君诸公子众多，而嫡长子是唯一的法定人，避免争立，所以是国本。本纪一开头就提出了皇权继承这个国本问题。孝惠帝是无庸置疑的国本，但刘邦认为“孝惠为人仁弱，高祖以为不类我，常欲废太子，立戚姬子如意，如意类我”。有人认为这“类”与“不类”只不过是刘邦的托词，实质是刘邦怜爱幼子少妻而欲废太子。其实刘如意并非刘邦少子。刘邦临终，惠帝十七岁，刘如意十一岁，两人都年少，年齿也接近，个性刚柔，聪明智慧是可以比较出来的。刘邦的“类我”与“不类我”当有一定根据。但是宗法制度立嫡不立庶，立长不立贤，废太子则意味着废皇后吕雉，而更立赵王母戚姬为皇后。当时吕后无恶行，太子虽仁弱却慈爱，刘邦下不了这个决心。但太子立，大权就要旁落皇太后，权移外家，这是刘邦所忧虑的，圣智果决如刘邦，在太子的废立问题上犯难了。所以他只把废立大事一直挂在口头上，目的是试试功臣集团的态度。功臣集团从维护宗法制度的立场出发，反对动摇国本。刘邦从功臣集团的这一态度上看到了希望。他认为功臣集团忠于刘氏，可以控制吕后，仁爱之惠帝是恰当的守成之君。于是杀白马盟，与大臣约：“非刘氏而王，天下共击之。”刘邦作了这些安排之后，决计不废太子，只好怏怏地牺牲戚姬和赵王如意了。

刘邦低估了吕太后的“刚毅”能力，他和大臣们苦心策划的为赵王置贵强相的办法未能保护赵王母子的安全。刘邦与大臣杀白马盟也未能阻止诸吕染指侯王。幸亏吕产、吕禄平庸，才未能酿成亡国之祸。《吕太后本纪》详载吕太后的一系列恶行，紧紧扣住了诸吕兴灭乱政组织材料，旗帜鲜明地谴责了女主临朝。因为女主临朝，权移外家，动摇宗法制度，往往形成皇族与外戚的直接矛盾，引起政局动荡。所以“牝鸡司晨，惟家之索”就是周武王伐纣的一条理由。我们不能以二十世纪妇女解放的新时代观念去否定古代所法定的秩序。那些认为男女平等，男人和女人都可当皇帝的观念是不符合古代家天下的宗法制度的。

杰出的实录史家司马迁，他虽然谴责女主临朝，但对吕太后当政时奉行无为政治带来的国家安定又是肯定的。司马迁在论赞中说：“孝惠皇帝、高后之时，黎民得离战国之苦，君臣俱欲休息乎无为，故惠帝垂拱，高后女主称制，政不出房户，天下晏然。刑罚罕用，罪人是希。民务稼穑，衣食滋殖。”一片称扬之情溢于言表。论赞的称扬与传文的揭露与谴责似乎形成了很不相称的对照。因为论赞的称扬在传文中找不出具体内容。查《汉书》的《惠帝纪》、《高后纪》才能了解司马迁论赞的称扬是有具体内容的。高惠时改什一田租为十五税一，这是薄赋。高惠时和匈奴休宁北边，且城长安只在农闲进行，这是轻徭。高惠时五大夫及六百石以上官吏如果有罪，收审时不带械；一般刑徒犯四岁刑筑城，减为三岁刑为宗庙服杂役，这是约法。还有行五分钱、赐民爵、除挟书律、置孝悌力田等等一系列恢复生产的措施。这一切司马迁是肯定的，也是赞扬的，所以在论赞中作了补充记载。但这只是司马迁对吕太后奉行无为政治方面的评价，而不是对吕太后其人以及女主临朝这一根本问题的评价和肯定。以今天的观点来看，吕太后的个人品质只是小节，她应不应当作女皇并不是评价她的主要依据，这观点当然也是成立的。但这并不是《吕太后本纪》的思想倾向。《吕太后本纪》是谴责女主临朝，揭露和鞭挞吕太后擅权自恣几乎倾危刘氏天下的恶行，为后世人君提供借鉴，亦为后世太后外戚者戒。

《孔子世家》讲析

【提要】《孔子世家》是司马迁精心创作的一篇人物大传，也是一篇出现最早而又比较完整的孔子传记，是研究孔子生平事迹及思想的重要历史文献。本文讲析着重阐释司马迁为何要为布衣孔子立世家，又是如何塑造孔子人物形象，揭示其人格魅力和记载孔子的功业。

一、孔子的人格魅力

《孔子世家》是一篇特别的人物传记，司马迁大量录入孔子言论，一部《论语》的精华囊括其中，所以《孔子世家》既是孔子的传记，同时又是儒家学术思想汇篇，思想内涵极其丰富。本文讲析着重谈司马迁塑造孔子形象所揭示的人格魅力，以及对孔子最主要业绩创私学，述《六经》的评价两个方面。

孔子（前551—前479）名丘，字仲尼，春秋时鲁国人，在今山东曲阜。孔子是先秦儒家学派创始人，中国古代史上一位伟大的思想家、教育家、史学家。司马迁北涉汶泗，访问孔子故居；讲业齐鲁之都，细审学术源流；探寻孔子所走过的足迹，访查孔子的生平事迹，研究孔子的学说言论，为孔子作传，命名为“孔子世家”。诸侯立“世家”，表示“开国承家，世代相续”(《史通》卷二《世家》)。孔子为布衣，其学为世人所宗，代代相传，故称其传记为“世家”，以示推崇。《太史公自序》说：“周室既衰，诸侯恣行。仲尼悼礼废乐崩，追修经术，以达王道，匡乱世反之于正，见其文辞，为天下制仪法，垂六艺之统纪于后。作《孔子世家》第十七。”孔子的思想学说能够拨乱反正，为后世立法，这就是司马迁作世家的原因。

司马迁笔下的孔子，具有远大的政治思想和执着追求的精神。孔子的政治思想是以“礼”为治，达到“仁”的境界。“仁者，爱人”(《孟子》卷八《离娄下》)。仁的境界就是一个充满了普遍人性爱的社会，上下有序，一片和融。实现仁的手段是“礼”。所以《孔子世家》以“礼”为线索叙述孔子一生行迹。孔子幼年时“为儿嬉戏，常陈俎豆，设礼容”。“年少好礼”，“懿子与鲁人南宫敬叔往学礼焉。”他还曾和南宫敬叔“适周问礼”。齐景公问政，他答以“君君；臣臣，父父，子子”，也讲的是礼。夹谷之会，他辅助鲁定公挫败齐景公，也是以“会遇之礼”。他劝定公堕三都，根据的是“臣无藏甲，大夫毋百雉之城”的礼。他由曹去宋，“于弟子习礼大树下”。卫灵公问兵阵，他说：“俎豆之事则尝闻之，军旅之事未之学也。”他“追迹三代之礼”熟知其沿革损益而盛赞周礼。他删诗，“取可施于礼仪”者。他教弟子，“以诗书礼乐”。孔子言礼，以身作则，一丝不苟。“君命召，不俟驾行矣”，“鱼馁，肉败，割不正，不食”，“席不正，不坐”，“见齐衰，瞽者，虽童子，必变”。子贡说，孔子一生恪守的格言是：“礼失则昏，名失则愆”。他死后，“鲁世世相传，以岁时奉祠孔子冢”。这是鲁国人民受孔子精神感召，世世相承，按时行礼来表示对他的悼念。可见孔子一生把“礼”作为安身立命的根本，其目的是用“礼”来区别亲亲，尊尊，长长，男女有别等社会伦理以及等级贵贱，为当时的统治者提供治理动乱社会的药方。

孔子以“礼”为核心的治世药方，不合时宜，以致他周游列国，到处碰壁。孔子从政，一生中最得意的时间不过是五十六岁那年为鲁司寇，“与闻国政”三个月。这三个月与孔子一生七十三岁相较，是多么短暂。最后，他想得到一块祭肉，也成了泡影，只好离开鲁国。他周游列国十四年，吃尽了苦头，却一无所获，落魄得“累累若丧家之狗”。最艰难的一段是被困于陈、蔡。孔子一行被隔离在旷野，粮也断了．跟随的人也病了，孔子仍然“讲诵弦歌不衰”子路发起了脾气，子贡变了脸色。孔子坚信自若，引用《诗经》：“匪兕匪虎，率被旷野”来开导。他要弟子们追步伯夷、叔齐和王子比干。子路、子贡说：“先生的道至高至大，但天下不能容，是否稍稍降低一点标准呢？”[①] 颜渊作了坚定的回答。他说：“夫子之道至大，故天下莫能容。虽然，夫子推而行之，不容何病？不容然后见君子！”孔子欣然而笑，十分称赞颜渊，说：“有是哉，颜氏之子，使尔多财，吾为尔宰。”

这个故事生动地表现了孔子至大至刚的个性和人格，也是孔子坚守理想信念的反映。《论语》载，“孔子罕言利”（《论语》第九《子罕》），表现一种反功利精神。但在《孔子世家》里，司马迁塑造的孔子形象，“知其不可而为之”，并不是反功利的精神，而是一种执着追求的精神，不达目的，绝不休止。用今天的话说，就是彻底的，忘我的，无私的奉献。这种奉献表现为“只问耕耘，不问收获”，但它只是反对急功近利，而并不是不要收获。《孔子世家》写孔子在政治上的潦倒落魄，“知其不可而为之”，恰恰是以孔子在政治上的悲剧，来为尔后从事整理六经作铺垫。也就是说，司马迁笔下孔子的奉献精神，恰恰是为了社会经世的某种目的而献身的功利精神。正是这种精神，才使得孔子在政治理想破灭以后，仍不甘心于沉寂无闻，而发愤致力于教育文化事业。这种“知其不可而为之”的真精神，可以说是司马迁与孔子在人格和个性上的契合点。所以司马迁激昂地写道：孔子“不仕，退而修《诗》《书》《礼》《乐》，弟子弥众”。用孔子的话说，就是“君子病没世而名不称焉。吾道不行矣，吾何以自见于后世哉！”

---

① 为行文流畅作了语译。《孔子世家》原文作：“夫子之道至大也，故天下莫能容夫子。夫子盍少贬焉？”

孔子的奋起和努力成功了，他成为人伦的万世师表，成为司马迁学习追步榜样。他景仰，他崇拜，简直到了忘情的地步，司马迁用夸张孔子及其弟子的贤能来表达他无限敬仰的感情。司马迁说，孔子“与闻国政三月”，使鲁国大治，移风易俗，道不拾遗，甚至使邻近的大国齐国恐惧，要主动送大片土地与鲁国修好。司马迁借楚国令尹子西的口说，楚围的贤人没有一个赶得上孔子的高足弟子. 以此衬托孔子的超凡入圣。最后，司马迁禁不住要直接说话了。司马迁说：

> 太史公曰：《诗》有之：“高山仰止，景行行止。”虽不能至，然心向往之。余读孔氏书，想见其为人。适鲁，观仲尼庙堂、车服、礼器，诸生以时习礼其家，余祗回留之，不能去云。

孔子的道德学问，像高山一样使人瞻仰，像大路一样导人遵行。这就是孔子的人格魅力。

二、孔子创私学，述《六经》的功绩

孔子是我国历史上开创私人办学的第一人。他首倡“有教无类”，冲破教育的等级界限，凡自愿赠他一束干肉作为贽礼，孔子就可收他为学生。在他住处设讲学的“堂”，还设有安排弟子住宿的“内”，形成颇具规模的私人学堂。“受业者甚众”，正式成为孔氏门徒的总数达三千余人，其中高才异能的弟子据《仲尼弟子列传》记载有七十七人，史称七十弟子。学生来自鲁、卫、吴、陈、齐、宋、楚、晋、秦等许多国家。按地区范围说，他的学说几乎很快就传播到当时中国的全部。按学生年龄说，学生中年长的和年幼的相差达四十余岁，长幼兼备。按学习后的成就说，有的长于文学，有的长于辞令，有的以德行著称，有的从政取得尊显的位置，有的在学术上自创流派。孔子教育的目标是培养"士"和"君子"。他确实把不少出身于下层平民的人培养成了"士"和"君子"。例如"子路，卞之野人；子贡，卫之贾人；颜涿聚，盗也；颛孙师，驵也；孔子教之，皆为显士"（《群书治要》卷三十六）。"子张鲁之鄙家"；"仲弓父，贱人"；"子贡、季路，故鄙人也，被文学，服礼义，为天下列士"①。季康子问仲由，子贡、冉求可以"从政"吗？孔子回答都可以从政。这说明他既主张"有教无类"，同时又主张"学而优则仕"。在这一定程度上打破世官世禄的身份限制，在当时有一定的进步性。孔子的教育，很讲究教与学的方法。弟子们发问，孔子按各人的特点给予解答。孔子主张"毋意、毋必，毋固，毋我"，就是不任私意、不武断、不固执、不自以为是。孔子注重诱导式的启发教育，教导学生力求触类旁通，"闻一知二""闻一知十"。主张"不愤不启、不悱不发；举一隅不以三隅反，则弗复也"。这说明他反对死读书，要学生学得活，善于独立思索。实行启发诱导，需要循序渐进，所以颜渊称颂孔子的教导说："夫子循循然善诱人，博我以文，约我以礼，欲罢不能。既竭我才，如有所立、卓尔。虽欲从之，蔑由也已。"这种使学生竭力钻研、"欲罢不能"的情状，正是对循循善诱、启发教育的绝好写照。这种"循循善诱"、启发教育的方法，在教育史上是伟大的贡献。孔子在长期的教育实践中确实总结出不少可贵的教育经验。特别是他"学而不厌"，持之以恒，"诲人不倦"，毫不保留，循循然善诱直到"不知老之将至"，这种毕生致力于教育事业的献身精神，尤对后世留下深刻的影响。他所开创的私人讲学体制和因材施教的办法，千百年来为无数教育家所承袭。

孔子编纂六经，《孔子世家》作了生动的记载。一是教学需要，给学生提供学习教材；二是因"道不行"而"发愤"，收集文献，承传古代优秀文化。孔子整理出《礼》《书》《诗》《乐》《易》《春秋》六部典籍，后世称为六经。《乐经》亡佚，传世的只有五经。孔子整理六经有三条原则：一是"述而不作"，尽量

① 见《吕览》、《荀子·大略》、《史记·仲尼弟子列传》。

保持原来的文辞；二是“不语怪、力、乱、神”。删去芜杂妄诞的篇幅；三是“攻乎异端，斯害也已”，排斥一切违反中庸之道的议论。所以孔子整理六经，从形式上说是叙述旧文，从整理的原则和经意阐明可以说是创造了新意。

六经施教对象有一定差别。所谓“孔子以诗、书、礼、乐教，弟子盖三千焉”，指诗、书、礼、乐是孔子教一般学生的教材。这里并未讲到《易》和《春秋》。孔子晚年才研究《易》，所以说“孔子晚而喜《易》”。《春秋》也是孔子晚年作的。孔子认为《易》、《春秋》是比较精深的学科，因而不用来作普通教材，只有少数高材生才能学习《易》和《春秋》，因而“身通六艺者”只有七十子。

孔子注重《诗》教，他说：“不学《诗》，无以言。”又说：“诵诗三百，授之以政”。可见《诗》确是孔子教学的主要课程之一。关于孔子删诗，司马迁说：“古者《诗》三千余篇，及至孔子，去其重，取可施于礼义……三百五篇，孔子皆弦歌之，以求合《韶》、《武》、《雅》《颂》之音。礼乐自此可得而述”。可见孔子收集所得的三千多篇中，有相当多的一部分是重复的。所以说“去其重”；但除开去其重复的以外，还做了筛选的工作，既“取可施于礼义”，把不合于礼义的删除，这也该占有一部分的数量。另外，孔子还配以“弦歌”，使合音律。这说明孔子对《诗》做了大量的搜集、整理、删订、校勘和校正乐律的工作。

关于《尚书》的整理，据传孔子搜访到三千余篇。《孔子世家》载：“序《书传》，上纪唐虞之际，下至秦缪，编次其事。”《汉书·艺文志》也记载：“《书》之所起远矣，至孔子纂焉。上断于尧，下讫于秦，凡百篇，而为之序，言其作意。”司马迁言“编次”，班固说是编纂，都说孔子对《尚书》作过编辑整理工作，把大量神话荒诞和重复的内容作了删削修订，才使三千简策缩成百篇。

《礼》是孔子教学的重要内容，他对礼的研究下过很深的功夫《礼记·杂记下》记载：“恤由之丧，哀公使孺悲之孔子学士丧礼，士丧礼于是乎书。”足以证明至少有部分礼是经由孔子整理才著录的。所以司马迁说："故书传、礼记自孔氏。"

孔子注意音乐教育。他自言："吾自卫反鲁，然后乐正，雅颂各得其所。"说明他在审定整乐律方面作出过贡献。

孔子研究过《易经》，并曾以此教授过一部分高材生。司马迁说："孔子晚而喜《易》，序《彖》、《系》、《象》、《说卦》、《文言》，读《易》韦编三绝。曰：假我数年，若是，我于《易》则彬彬矣。"孔子读《易经》，把竹简上的皮条磨断了多次，说明翻阅至勤。但有"假我数年"的话，反映他的研究工作并未完成。他的门人后来发展了他的研究成果，《系辞》里有好些"子曰"，就是证明。

《春秋》算是孔子整理的最后一部著作。《孟子》记载："孔子作《春秋》。"司马迁加以补充说："因史记作《春秋》。"因为《春秋》本是鲁国的一部编年史，孔子只是对《鲁春秋》作了加工。现在还可以从某些点滴的史料中看到孔子纂修《春秋》的一点痕迹。如旧史原文"雨星不及地尺而复"，孔子修订为"星殒如雨"（《春秋》庄公七年）。《春秋》虽行文甚简，而孔了修《春秋》这件事，开私人修史的先例，这在中国历史上具有创造性的功绩。正如章太炎所称颂的："令仲尼不次《春秋》，虽欲观定、哀之世，五伯之迹，尚荒忽如草昧。夫发金匮之藏，被之萌庶，令人不忘前王，自仲尼、左丘明始"（《检论·订孔上》）。

孔子收辑整理古代文献，保存了我国春秋以前的重要文化遗产，实是不朽的功业。特别是由于秦始皇焚书、项羽又焚秦皇宫殿以后，古代史籍遭受浩劫，大部亡佚。唯《诗》、《书》、《礼》、《易》、《春秋》等典籍，由于儒家徒众遍布全国，赖以保存，就更显得孔子伟绩永垂不朽。这千秋功过，后世终究会给予客观评说："追惟仲尼闻道之隆，则在六籍。""今人人知前世废兴，中夏所以创业垂统者，孔氏也。""微孔子，则学皆在官，民不知古"（章太炎：《检论·订孔上》）。

《孔子世家》用相当多的篇幅记述了孔子的生平事迹，称颂他博学强识、多才多艺、学而不厌，以坚持仁行的品德。但孔子一生最大的业绩是创私学，述《六经》，所以司马迁写《孔子世家》，正是抓住这一要点给予崇高的评价，申说写《孔子世家》的理由。司马迁说："天下君王至于贤人众矣，当时则荣，没则已焉。孔子布衣，传十余世，学者宗之。自天子王侯，中国言《六艺》者折中于夫子，可谓至圣矣！"（《孔子世家赞》）

司马证断言："自天子王侯，中国言六艺者，折中于夫子。"在司马迁以前，此言未免夸大。但自董仲舒推尊于前，司马迁力行于后，尤其是汉武帝"罢黜百家，独尊儒术"的政治推动，孔子在西汉日益显赫起业，成为独尊的儒术教主，在尔后两千年的封建社会中，成为自天子王侯至庶民百姓的万世师表。司马迁发扬孔子学说及其精神的功绩是不容埋没的。

《外戚世家》讲析

【提要】《外戚世家》是司马迁独具匠心创作的优秀篇章之一，甚至是一篇另类传记。下面从标题、序论、内容三个方面逐层分析，领略司马迁的创作宗旨。

先说《外戚世家》的标题。明明是写后妃，却要标名“外戚”。《史记测义》作者徐孚远批评说：“纪后妃而号曰‘外戚’非也。后代史书皇后自作纪，而外戚别作传，乃为得之。”再说，无论是外戚，还是后妃，均无“世代相续”之义，何以称世家？

那么，《外戚世家》的题名之义在哪里呢？“外戚”与“世家”是两层含义。《太史公自序》曰：“成皋之台，薄氏始基。诎意适代，厥崇诸窦。栗姬偩贵，王氏乃遂。陈后太骄，卒尊子夫。嘉夫德若斯，作《外戚世家》第十九。”《太史公自序》撮述《外戚世家》所定为后妃，显然司马迁是特意把外戚与后妃划等号，用“外戚”来指代“后妃”，寄寓的微言大义就隐含在指代之间。以“外戚”指代“后妃”，这是《外戚世家》题名的第一层意义。指代之义，本文下面在解读序论中做进一步分析。《外戚世家》是以类传命名的一篇合传，共载西汉前期高、惠、文、景、武共五朝皇帝的后妃十二人。其中汉高帝皇后两人，吕太后、薄太后；汉惠帝皇后一人，孝惠皇后；汉文帝皇后一人，窦太后；汉景帝后妃三人，皇后两人，薄皇后、王太后，嫔妃一人，栗姬；汉武帝后妃五人，皇后两人，陈皇后、卫皇后，嫔妃三人，王夫人、李夫人、尹捷好。同一姓王朝的一代又一代皇帝后妃相接续，如同世家，故司马迁以“世家”名篇。以后妃为帝王的附属一代又一代相续，这是《外戚世家》命名的第二层含义。

《外戚世家》的序论，揭示该篇创作动机，有两大主题。其一，警示帝王择偶必以德；其二，警示后妃要有德，安于命运。次第解读如下。

帝王择妃必以德。《外戚世家》序论开篇就指出：“自古受命帝王及继体守文之君，非独内德茂也，盖亦有外戚之助焉。夏之兴也以涂山，而桀之放也嬖妲己。周之兴也以姜原及大任，而幽王之禽也淫于褒姒。”司马迁从活生生的历史事件中洞察到夫妇之爱是人伦道德中最重要的关系，性爱感情能左右人主的意志。按儒家正统观念。五常人伦关系的排序为君臣、父子、兄弟、夫妇、朋友。司马迁却说：“夫妇之际，人道之大伦也。礼之用，唯婚姻为兢兢。”夫妇关系为人际关系最重要的关系，这一认识最贴近生活，把夫妻关系提到了第一位，在当时是超前的进步思想，符合现代法律意识。司马迁感慨地说：“甚哉，妃匹之爱，君不能得之于臣，父不能得之于子。”这是从性爱角度说明夫妇关系的独特性。帝王的婚姻关系国家大政，关系国家安危，不能不慎重。帝王择妃以德则国家兴旺，帝王以色择妃将不免于外戚之祸，这是家天下专制政体的必然产物。因为家天下的专制政体，“朕即国家”，皇帝至高无上。所以靠近皇权的人，可以假皇帝以肆虐。宦官是皇帝的家奴，因靠近皇权，时常祸国乱政，成为封建专制政体的一大肿瘤。后妃是靠近皇权最密切的人，得宠的后妃，尤其是成为太后的后妃，她们参政，外戚得势，专横跋扈，祸国乱政，甚于宦官。因为外戚在外朝，与朝士大夫为一体，外戚专权，直接充任执政大臣，更有合法性。王莽、杨坚，他们就是以外戚擅权而转移了天命，改了朝，换了代。司马迁虽然没有看到外戚篡国的事件发生，但司马迁从吕太后封王诸吕、王太后宠信田蚡所造成的政治动荡中已经洞察到后妃与外戚的一体关系，写后妃假名外戚，警示外戚干政，要从以德选妃做起，表现了司马迁的卓越史识，见微知著，寓意良深。

后妃要有德，安于命运，警示后妃要节制欲望，这是《外戚世家》的第二大主题。序论突出一个“命”字，司马迁认为“命运”是不可以用人力来抗争的。后妃以色侍君，时间短暂，要获得持久的尊宠地位，第一，争皇后之位，第二，争为嗣子之母，即争太后之位。司马迁说：“既欢合矣，或不能成子姓，能成子姓矣，或不能要其终，岂非命也哉!”后妃得到了宠爱，得到了正位，有的不能生育儿子，结果是一场空。能够生了儿子，甚至也立了太子，最终被废被夺嫡，仍然是一场空。西汉前期的五代后妃，她们的经历，通过司马迁的组织，十分离奇，仿佛真有一个命运在掌控。明人钟惺说：“总叙中突出一‘命’字，遂作全篇主意。逐节叙事，不必明言‘命’字，而起伏颠倒，隐然各有一‘命’字散 于一篇之中，而使人自得之。非独文情章法之妙，使宫帏恩幸之间各有以自安而无所觊。夺无限妄想，消无限隐忧，固作史之深心也。”（钟敬伯评《史记》）

钟惺认为，司马迁写《外戚世家》，用一个“命”字贯通全篇，不仅仅是作文技巧，而且更是警示后妃“各有以自安而无所觊”，修德以保平安，有很深的用意。钟惺的解读十分中肯。

《外戚世家》主要写薄太后、窦太后、栗姬、王太后、陈皇后、卫皇后六位后妃，这是《太史公自序》提示的六位，还要加上一个吕太后，共七位。吕太后另有本纪，《外戚世家》只是补充，所以《太史公自序》没有提及。七位后妃的事迹，各自独立，但合起来又是一个有机的整体，而且还有一个“命”字在贯穿，只有合起来看，才能彰显司马迁的创作动机。

《外戚世家》传文第一个写吕太后，细读行文，其实是写孝惠皇后，由于孝惠皇后只是吕太后手中的道具，一个傀儡，孝惠皇后毫无作为，因此写孝惠皇后，实际是写吕太后，欲知吕太后的详情，必须再读《吕太后世纪》。

吕太后为固权，她置伦理道德于不顾，让外甥女为孝惠皇后。孝惠皇后是汉惠帝同胞姐姐鲁元公主所生。吕太后美其名曰“亲上加亲”。孝惠帝四年立孝惠皇后，其时惠帝二十岁，孝惠皇后还没成人，最大年龄十一二岁，还是一个小姑娘。孝惠帝又多病，心情郁闷，二十三岁就死了，此时孝惠皇后才十四五岁。吕太后想尽一切办法让孝惠皇后生儿子，司马迁写道“欲其生子万方”，一个还未成年的小女孩怎么能生孩子呢！吕太后盼孙子，简直是昏了头。吕太后又想出办法，诈取后宫美人子说成是孝惠皇后生的儿子，把美人子的母亲杀死灭口。还有景帝薄皇后，武帝陈皇后，都属于“既欢合矣，或不能成子姓”，两位皇后的命运，最后被废黜。

汉文帝之母薄太后原是西魏王魏豹之妃，汉军破魏，薄氏成为俘虏被发配到皇家织室做苦工，却被刘邦偶然看中，纳入后宫为夫人。刘邦又冷落薄氏，一年多以后又偶然地被刘邦一幸生男，这就是汉文帝刘恒。薄氏因遭刘邦冷落，刘恒被封在近胡的边地为代王，反而是福，未遭吕太后的毒手。诸吕之乱，大臣拥立代王为皇帝，这又是一个偶然。如果没有冥冥之中的神灵护佑，怎么有这么多偶然呢？

窦太后更为奇特。她出身卑微，家道贫困，曾采桑从树上掉下。窦太后以良家子身份进宫为吕太后侍女。吕太后选了一批宫人赐给诸王。窦太后家在赵国观津县，她请托主管分配宫女的宦官，把自己分配给赵王，就近照顾家庭。由于宦官疏忽，阴差阳错被分配给代王刘恒。代王的原配夫人代王后年纪轻轻就死了，代王后所生的四个儿子也相继病死。窦太后独蒙代王宠爱，生两男一女。代王即皇帝位，窦太后得立为皇后。景帝立，十分孝顺，尊窦皇后为太后。景帝死，武帝立，尊窦太后为太皇太后。窦太后晚年失明，仍牢牢掌握政权不撒手。窦太后一连串的意外反而得福，难道不是她的命运好吗！

汉景帝薄皇后无子被废，栗姬最早生子，名刘荣，被立为太子。栗姬缺教养，没头脑，爱使性子。也被景帝废黜，栗太子被贬为临江王。栗姬属于“能成子姓矣，或不能要其终”的类型。与栗姬争胜的汉景帝王皇后，景帝死后被尊为王太后。王太后原为平民之妻，生有一女。因看相巫师说王氏有大贵之相，王氏竟隐瞒婚史，入太子宫侍奉，她野心勃勃要当皇后，竟然如愿以偿，挤兑掉了栗姬，两相对照，一个命好，一个命不好。

汉武帝卫皇后卫子夫，原来是平阳公主的侍女歌伎。平阳公主是汉武帝的姐姐。有一天，汉武帝过访平阳主，卫子夫在席间侍奉被汉武看中，在尚衣轩中得幸。平阳公主送卫子夫入宫，一年多被冷落，汉武帝不再复幸。卫子夫哭哭啼啼要出宫，汉武帝见状心生怜爱，卫子夫时来运转，倍受宠幸，替汉武帝生了长子。卫子夫被立为皇后，所生子刘据被立为太子。《史记》断限至太初，所以《外戚世家》没有写到卫皇后的下场。当卫皇后贵盛之时，卫青、霍去病两人既以军功，又以裙带关系尊贵无比。卫青为大将军，封长平侯，三个儿子也蒙恩封侯。当时民谣说。“生男无喜，生女无怒，独不见卫子夫霸天下！”生动地说明了外戚的显赫和人民的怨愤。

李夫人，出身市井，是长安城里一位当红歌星。李夫人的二哥李延年善音律，被召入宫在皇家戏班效劳。李延年谱写了一首流行歌曲来推荐妹妹。歌词曰：“此方有佳人，绝世而独立，一顾倾人城，再顾倾人国。宁不知倾城与倾国，佳人难再得。“化城倾国的典故就从李夫人得来。汉武帝召幸，爱得如痴如醉。可惜红颜薄命，李夫人早死，生有一子。李夫人病危时，因容颜憔悴，拒不面见汉武帝，只是蒙被哭泣，以兄弟、儿子相托。李夫人的长兄李广利才庸为将军，封海西侯，二哥李延年为旋律都尉，佩二千石印绶，与汉武帝同卧起。三兄李季也恃宠入宫禁。李氏兄弟骄恣，李夫人死后遭灭族。由此可见，外戚的荣辱，取决于后妃升沉。所以后妃争宠，各自拿出浑身解数，乃至犯下种种罪恶与丑行，也就不难理解了。

《外戚世家》写作艺术有两大特色。第一，结构严谨而奇巧。人物众多，有主有次。人物事件，首尾贯穿，既独立成篇，又相互补充。开篇序论，统贯全篇，点明主题，议论说理，为全文的灵魂。第二，行文序事状人，形象生动。语言简洁，三言两语，勾勒出鲜活的人物形象。吕太后“夷戚氏，诛赵王”，“以重亲故，欲其生子万方”，“以吕禄女为少帝后，欲带固根本牢甚”，几个事件，寥寥数语，写活了吕太后，她的狠毒和残忍，她的刚愎和跋扈跃然纸上。其他几个主要人物，薄太后的慈善，窦太后的专断，王太后的狡诈，栗姬的暴躁，陈皇后的忌妒，一个个性格鲜明，呼之欲出。即便是一语带过的人物，也寓意深刻。传末写尹婕妤等人相继得宠，以毋庸置疑的论断语作结说："然皆以倡见，非王侯有土之士女，不可以配人主也，"意在言外，实际是对全篇所写汉代后妃的评语。由于汉家开布衣将相之局，开国皇帝是出身田舍郎，汉初几代皇帝的后妃都出身不隆，非王侯仕女，则"德"不厚，所以后宫争宠倾轧，层出不穷。

司马迁以人物为中心写历史，《外戚世家》是经典篇章之一。全文通过几个皇后、太后的片断活动就展示了中国封建社会后宫与外戚的政治生态，以及与整个国家政治变幻的关系。作者表现出的劝诫与借鉴的用心，感人心脾。《外戚世家》，无疑是《史记》中的上乘名篇。

《淮阴侯列传》讲析

【提要】《淮阴侯列传》以封爵名篇，它是汉初杰出军事家韩信的传记。策士蒯通、武涉作为相关人物附见。读本传当以两司马的评论为指南。

韩信是在秦末农民战争中涌现出来的杰出历史人物，但他的才能发挥却是在楚汉战争中显现出来的。他本是淮阴一个流荡青年，贫无以食。秦末动乱，先投靠项羽，未得重用，又奔投刘邦，仍未被重用，后经萧何推荐，得以举拔为大将，由是感激汉王刘邦。在楚汉战争中，刘邦从彭城败逃，靠韩信在京、索间挫败项羽，才稳住了楚汉相争的阵脚。随后，韩信率领一支队伍，开辟北方第二战场，以少胜众，取得了吞灭魏、赵、燕、齐的胜利，完成了对项羽的战略包围。最后与刘邦会师在垓下歼灭项羽。

韩信功高震主，遭刘邦猜忌。他的精锐部队，经常被刘邦抽走。但韩信却不知时务，竟然在楚汉相争难分难解之时，逞兵挟迫刘邦封自己为齐王，这就种下了灭族的祸胎。项羽死后，韩信的兵权立即被解除，迁为楚王，随后又以谋反罪削王贬爵为淮阴侯，牢笼于京都。韩信失势，日益怏怏，于是暗中与陈豨通谋，企图谋反，被萧何用计捕杀，夷灭三族。司马迁对韩信这样一个杰出的智能之士而惨遭不幸，深表同情和惋惜，以充满激情和深沉的笔触写下这一悲剧史传，成为千古传颂的名篇。

读《淮阴侯列传》，当从司马迁、司马光两司马的评论入手，谈三个问题。

1.《淮阴侯列传》的思想倾向

这是一篇司马迁替淮阴侯韩信写的翻案史传，满怀作者同情的泪水，读来使人心酸。淮阴侯韩信是西汉第一大功臣，他替刘邦打下了半壁河山，忠心耿耿地效尽了犬马之劳，又拒武涉蒯通之说，成就了汉家天下，到头来却陷于"叛逆"之罪，被夷三族，蒙上了污秽的恶名。司马迁愤愤不平，笔端饱含着极大的热情替韩信写了翻案史传，并用"淮阴侯"这一封爵名篇，表示了他深厚的同情和赞叹。司马迁以其高超的艺术手法为我们塑造了一个光彩的形象，赢得了后之读史者憎刘惜信。司马迁用简练的笔法，寓褒贬于序事之中，写出韩信亡楚归汉，定策汉中，擒魏取代，破赵胁燕，东击齐，南灭楚，是一个无往而不胜的名将，把他比之为周、召、太公。司马光《资治通鉴》，就是依据《淮阴侯列传》作赞，曰："世或以韩信首建大策，与高祖起汉中，定三秦，遂分兵以北，擒魏，取代，仆赵，胁燕，东击齐而有之，南灭楚垓下，汉之所以得天下者，大抵皆信之功也。"（《资治通鉴·汉纪》四）由于两司马都肯定了韩信的功绩，淮阴侯才彪炳于纪传史和编年史中，这是符合历史实际的结论。

韩信是中国古代史上杰出的军事家，他有着过人的才能。刘邦也情不自禁地作了这样的评价，他说："连百万之军，战必胜，攻必取，吾不如韩信。"（《高祖本纪》）并称之为"人杰"。明茅坤说："予览观古兵家者流，当以韩信为最，破魏以木罂，破赵以立汉赤帜，破齐以囊沙，彼皆从天而下，而未尝与敌人血战者。予故曰：……韩信，兵仙也。"（《史记抄》）韩信用兵，多多益善，灵活多变。垓下之战，他为全军统帅，指挥三十多万大军，一举全歼项羽军，此为多多益善，载于《高祖本纪》。但更能表现韩信军事艺术天才的却是以少击众，以弱胜强。擒魏取代，破赵胁燕，东击齐，南破楚，一个胜利接着一个胜利，都是以弱胜强，智计胜算，层出不穷。敌方赵相陈馀，楚将龙且，生搬硬套兵法，骄傲轻敌，刚愎自用，一个个被歼灭，从反面烘托了韩信的高大形象。《淮阴侯列传》突出韩信以少胜众，目的是集中笔墨写他的“智”，既深刻地抓住了韩信光辉形象的特点，也是为悲剧的结局作铺垫。

汉初三个军事功臣韩信、彭越和黥布，都以谋反罪被夷三族，刘邦死后也没有人敢替三个平反。在封建专制制度下，身为汉廷史官的司马迁要为三人树碑立传，是需要巨大勇气的。三人中韩信功最大，亦最冤，第一个遭擒拿，司马迁也最同情。因此，《淮阴侯列传》是一篇立意撰述的翻案史传。司马迁在《苏秦列传赞》中示例说：“夫苏秦起闾阎，连六国从亲，此其智有过人者。吾故列其行事，次其时序，毋令独蒙恶声焉。”这“毋令独蒙恶声焉”就是司马迁写翻案史传的原则。以今语言之，即还历史的本来面目。韩信有大功于汉，本意并不反汉，而他通谋陈豨是蒙冤后被逼上梁山的，是不能让他“独蒙恶名”的。韩信拒武涉、蒯通之说一节最为精彩。如果说武涉说词更加句句为项羽，而蒯通设喻则句句是为韩信，以相人之术进说词更加耸动视听，韩信犹豫之后终不背汉王。可以说这段文字就是司马迁在为韩信辨诬。司马迁还用互见法在《陈丞相世家》中，对汉六年楚王信谋反案作了淋漓尽致的揭露。这次谋反是刘邦蓄意策划的一场政治陷害案，记载是十分鲜明的。

但是以“实录”精神垂名于世的司马迁，他不为贤者讳，因此对于韩信谋反关中不加掩饰，而是抱着十分惋惜的心情，批评韩信不能学道谦让，功成身退，对悲剧的演出含有自作孽的成分。这表明司马迁裁断历史的公案是十分严肃的。

2. 韩信关中谋反，形势所逼

“成也萧何，败也萧何。”韩信登坛拜将，靠的是萧何力荐；韩信被斩，亦是萧何设谋。一个萧何干出了这样似不相容的两件事，正是形势使然。南宋陈亮说：“汉高帝所藉以取天下者，固非一人之力，而萧何、韩信、张良杰然于其间。天下既定，而不免于疑。于是张良以神仙自脱；萧何以谨畏自保；韩信以盖世之功，进退无以自明，萧何能知之于未用之先，而卒不能保其非叛，方且借信以为自保之术。”（《陈亮集》卷九《论》）陈亮揭露专制统治集团的内部矛盾是十分深刻的。在刘邦猜忌功臣的高压政策之下，人人自危，如何做到明哲保身，也颇不容易。萧何不但“谨畏自保”，而且他还能逢迎高帝和吕后之意。韩信正相反，文武兼资，功高震主，是刘邦要拔除的第一个眼中钉，反而不能顺时取容，失职生怨，溢于言表。所以萧何“卒不能保其非叛”，而借韩信之头以自保了。韩信的思想变化，《淮阴侯列传》作了生动的记载：

> 信知汉王畏恶其能，常称病不朝从。信由此日夜怨望，居常鞅鞅，羞与绛、灌等列。信尝过樊将军哙，哙跪拜送迎，言称臣，曰：“大王乃肯临臣！”信出门，笑曰：“生乃与哙等为伍！”上常从容与信言诸将能不，各有差。上问曰：“如我能将几何？”信曰：“陛下不过能将十万。”上曰：“于君何如？”曰：“臣多多而益善耳。”上笑曰：“多多益善，何为为我禽？”信曰：“陛下不能将兵，而善将将，此乃信之所以为陛下禽也。且陛下所谓天授，非人力也。”

这就是夺王贬爵后的韩信。司马迁善于在对比中刻画人物性格情态，揭示内心世界。韩信能忍夺军徙王，而不能忍夺王贬爵，这是对他热中功名利禄的生动写照。青年时代的韩信，能忍恶少年的胯下之辱，却不能忍南昌亭长的怠慢不食，因为恶少年的羞辱，是一场无知逞强的胡闹，信为前途计能忍；南昌亭长有意怠慢，为德不终，信不能忍。刘邦诈捕韩信，夺王贬爵，乃属为德不终之类，故韩信不能忍。韩信的忍与不忍都与他的壮志屈伸有密切联系。司马迁通过韩信葬母，行营高敞地的故事，揭示他“其志与众异”，早就蓄有裂地封王的欲望。所以韩信不能忍项氏的压抑，而亡楚归汉。他登坛拜将，首建大谋，就迫不及待地说出了“以天下城邑封功臣，何所不服”的话。王夫之评论说：“为人主者可有是心，而臣子且不可有是语。”（《读通鉴论》卷二）李贽也说：“明以自家把柄授沛公矣”。（《史纲评要》卷五）

正当韩信“日夜怨望，居常鞅鞅”之时，陈豨来访，燃起了东山再起的欲望。司马迁作了这样的记载：

> 陈豨拜为巨鹿守，辞于淮阴侯。淮阴侯挈其手，辟左右与之步于庭，仰天叹曰：“子可与言乎？欲与子有言也。”豨曰：“唯将军令之。”淮阴侯曰：“公之所居，天下精兵处也；而公，陛下之信幸臣也。人言公之畔，陛下必不信；再至，陛下乃疑矣；三至，必怒而自将。吾为公从中起，天下可图也。”陈豨素知其能也，信之，曰：“谨奉教！”汉十年，陈豨果反。

陈豨守代，尝告归过赵，赵相周昌见豨宾客随之者千余乘，邯郸官舍皆满。周昌见此情况，向刘邦报告，早为防备。陈豨到京，明知韩信为朝廷所忌，是被软禁，他却偏偏冒险去访，这一行动本身就是非常之举。这说明陈豨有争天下之志，故阴养宾客，又不惜冒人主之忌拜访韩信。所以两人一见如故，韩信才敢以谋反言论挑之，同时也是现身说法。韩信捧钟离眛之头晋谒刘邦，委曲求全而遭捕，已知其必死，故当即愤怒地喊出了“狡兔死，走狗烹；高鸟尽，良弓藏；敌国破，谋臣亡”的怨言。至洛阳，刘邦赦为淮阴侯，韩信深知，这只不过是刘邦把他作为政治人质而使其残喘岁月。因彭越、黥布还拥兵在外，众多功臣还没有分封，政局尚未稳固，屠功臣的时机还未到来。查《高祖功臣侯者年表》可知，汉初封授的第一批功臣，恰值捕系韩信之后。诸将仍不平，相聚谋叛，刘邦用张良计，封雍齿为侯，这才安定了局势。刘邦的大仇人雍齿尚且不能杀，自然杀韩信的时机更不成熟。但这只在早晚之间，韩信反亦死，不反亦死。俗话说“困兽犹斗”，蒯通之语，句句在心，韩信想求得雍齿的地位而不能，因此他的谋反是在情理之中。须知韩信是一个自请“假王”的人，他并不是一个效愚忠的腐儒。

3. 如何评价韩信的功过是非

韩信之功，如日月之明，司马迁比之于周朝开国的太公、周公、召公，无须多说。这里客观评论韩信之过。俗话说：“金无足赤，人无完人。”韩信智勇双全，特立于世，但他由于功名心切，也糊涂一时，招来杀身之祸。具体说以下几个方面触犯了刘邦的忌刻，生命不保，良有以也。

其一，韩信身为大将，其职责是攻城略地，至于政治上的措置自有汉王布置，无须他来操心。但是，韩信打下赵地以后，"乃遣使报汉，因请立张耳为王，以镇抚其国"，这是一种越职犯分的行为。实际上这一行动包藏了韩信的隐私，是自以为封王立例。刘邦迫于形势，不得不应，"乃立张耳为赵王"，但迟迟不正式封拜。查《汉书·异姓诸侯王表》，正式策封张耳为赵王，已是汉四年十一月韩信破齐之时。刘邦修武夺军，"以麾召诸将，易置之"，实萌于韩信为张耳请王。后来韩信不敢谋反齐地，对武涉说"我倍之不祥"，因其部属皆刘邦亲信。如副手曹参，先锋骑将灌婴皆刘邦心腹，韩信不能不有所忌讳。

其二，郦食其说降齐国，已经形成了对项羽的包围形势。可是韩信为了邀功，掌握齐国，背信袭齐，破坏了这一形势。明李贽说："即此一端，信有死道矣。"（《藏书》）

其三，韩信拒武涉、蒯通之说，不忍背汉，也是从形势上考虑。当时并没出现三分天下的地理均势。因山东居高以临彭城，若刘邦西退，项羽必来争齐，这是韩信熟虑的。韩信三思蒯通之言，自作聪明，借重兵在握之机，要挟为王，以为是上策，使当事者韩信至愚。韩信遣使报汉王。刘邦大怒，立即就要讨伐。由于张良、陈平的点画，才将计就计笼络他为齐王。刘邦杀信，实萌于此。韩信立为齐王后，仍消极观战，不听调遣，以索重赏，彭越也跟了上来。查《秦楚之际月表》，汉四年十一月，韩信已破齐并击杀楚将龙且，此时项羽震恐，谋臣死，良将亡，众叛亲离，本可一举歼灭。但是由于韩、彭观望，使得项羽苟延残喘在广武与刘邦对峙了一年。刘邦迫不得已，诈项羽东归，权用张良之计增封韩信、彭越地盘，直到汉五年十二月才会围垓下。这是明显的搞分裂割据。从动机上立论，韩信无争天下之志，故不忍背汉，但他热衷于裂土称王的落后政治观念，无可讳言是取死之道。

司马光说得有道理："臣以为高祖用诈谋禽信于陈，言负则有之；虽然，信亦有以取之也。始，汉与楚相距荥阳，信灭齐，不还报而自王；其后汉追楚至固陵，与信期共攻楚而信不至；当是之时，高祖固有取信之心矣，顾力不能耳。及天下已定，酬功而报德者，士君子之心望于人，不亦难哉！”（《资治通鉴·汉纪》四）司马光的这一评论是十分中肯的。长沙王吴芮，并无大功，可以传世久远；韩信功最大，首先遭诛灭。

从巩固一统的家天下来看，也是正常的，所以萧何设谋诛韩信。但功臣遭屠，无论如何是大失人心的。可以说正是封建专制主义的弊端，其手段的残忍，令人发指。

以上三点就是论韩信的功过是非。下面再简说韩信的人格魅力。由于韩信出身下层平民，他身上闪射出勤劳人民的许多美德，值得称道。具体说韩信的形象光采有以下几点。第一，少小立大志，识见高远。由于秦朝统治，严刑苛法，社会不稳，因此青年韩信不肯用苦力治生，而使枪弄棒，好带刀剑，结识豪侠，立志干一番大事，常常搞得自己饥肠辘辘，被人看不起，在背后对他指手画脚，说东道西。于是一个淮阴青年屠夫当众羞辱韩信，要他比武，不然就是胆小鬼，从他胯下爬过，这就是韩信受“胯下之辱”的故事。韩信面对这突如其来的羞辱，满街人众的讥笑，他“熟视之”，打量了半天，认真思考后决定忍让，因他立有大志，值不得把生命舍去与无赖赌博，这是度量宏大，识见高远的表现，用时下流行语说，是一个思想成熟的表现。第二，以德报怨，度量宽广。韩信当了楚王，回到家乡，找到当年侮他的屠夫，韩信没有报复，而是任用为中尉，明代思想家李贽在《史纲评要》卷五对此评论说“尤难”，难就难在韩信超脱于世俗之上，其度量容人之宽广就像一个虔诚的普度众生的神父，或者说是耶稣般的心肠，却实难得。第三，不耻下问。井陉之战，韩信活捉赵将李左车，韩信亲自替他解开绳索，安置在上座，像学生尊敬老师一样听取李左车的形势分析，为自己出谋献计。由于韩信的真诚，李左车也无保留地贡献了才智，韩信获得了好处，兵不血刃降燕。韩信的智慧从不耻下问的学习中来。第四，韩信拒武涉、蒯通之说，不搞割据，维护统一大局，精神难能可贵。以上这些，韩信保留了勤劳人民的朴素本质，与他逆境生活有关。但韩信过于功名心切，没有谦谦退让之风，看不起樊哙等武将，竟至于与汉高祖刘邦辩论带兵几何，自誉“多多益善”，也不能不说是取祸之道。

最后略说本传特点。《淮阴侯列传》的章法结构，偏年记事而波澜起伏；剪裁巧妙，虚实相参；行文精妙，欲扬先抑，艺术上可以说是精湛妙绝。韩信的前半生走背字，给人的印象是志大才疏，又不安本分，背项羽，又从汉中出逃，差点成了刀下鬼，此为先抑。萧何月下追韩信，时来运转，登台拜将，一席汉中对，语惊四座，刘邦心服，韩信的才华如惊雷闪电爆发而出，一路顺风，打了半壁江山，封楚王，衣锦还乡，陡然生变又成阶下囚。司马迁的疏息组合，前后对照，行文造句，说客妙语，编织成一篇精美艺术品。《淮阴侯列传》可以一气读完，掩卷长思，沉重而不气闷，却催人奋起。《史记》的悲剧文章，总是激扬人生，《淮阴侯列传》是典范之一。

读《淮阴侯列传》给人们以多方面的教益与启发，永远有现实意义。

《魏其武安侯列传》讲析

【提要】《魏其武安侯列传》是司马迁写的一篇当代史传。它翔实生动，寄意深微，是研究西汉政治史的重要资料。本传的三个主要人物，窦婴、田蚡、灌夫，都是平庸的官僚，并不是建有殊勋的显赫历史人物。但司马迁捕捉住他们各自具有的典型个性特征，在实录中塑造了生动的形象，蕴蓄了使后人深思的哲理，具有很高的文学艺术价值，因而成为历代传颂的名篇。在《史记》中，本传是最精采的篇章之一。

封建专制政治，有着不可救药的两大病根，一是用人唯亲，二是争权夺利。司马迁“稽其成败兴坏之理”，把这两大病根，用寓论于叙事的手法，含蓄地显于笔端。分析本传，关键在此。

本传是窦婴、田蚡、灌夫三人的合传，标题只称“魏其武安侯列传”，是为了突出矛盾主线。窦田两人都是外戚。窦婴是汉文帝皇后的本家侄儿，田蚡是景帝王皇后的同母异父弟，两人于汉武帝都是国舅。汉武帝初即位，年仅十六，两宫皇太后争相干预朝政。而窦田这一对外戚之间的斗争，既反映了汉武帝与两位皇太后之间的矛盾，也反映了西汉政治从重刑名到独尊儒术这一转折过程中的矛盾斗争。围绕窦田相争这一矛盾主线，司马迁还写了一大群作背景的陪衬人物。两个不可一世的皇太后，两个至高无上的君主，一班保官自重的朝臣，一帮苟且蝇营的宾客，纷纷登场表演。司马迁将错综复杂的各种矛盾巧妙地组织起来，用他那犀利的笔锋展示了统治集团上层各色人物的内心世界，勾画出一幅绝妙的群丑图，使《魏其武安侯列传》成为两千年前的“官场现形记”实录。

让我们具体分析本传的矛盾斗争和人物刻画，看看这些高踞庙堂的人物是怎样在司马迁笔下现形的。

在专制主义政体下，品行愈是卑鄙无耻，愈能在斗争中占上风，这就是在封建社会中常见的君子败而小人胜。本传用主要篇幅刻画的田蚡，就是这样一个卑劣人物。

田蚡是一个典型的势利小人。他贪婪无厌，阴险狡诈，专横跋扈，仗势害人，集中了市井无赖与贵族官僚骄奢淫逸的一切劣根性，合二者于一身。田蚡原本是长陵一市井小民，油头粉面，极善逢迎。他形陋貌丑，身材矮小，从外形到灵魂都十分丑恶，实在是一个上不了桌面的人物。他的发迹完全是靠王太后。当其姐王太后未贵之时，田蚡“往来侍酒魏其，跪起如子姓”，不择手段地钻营。此等势利小人，一旦得势，就要反噬他曾经卑躬屈体侍奉过的主人，雪洗他当年的耻辱。明茅坤说：“‘往来侍酒魏其’一句，专伏魏其所以轻武安而相起衅”（《史记评林》引）。果然，景帝后三年，田蚡被封为武安侯后，他的眼睛就立即瞄向了丞相宝座。他故作姿态，卑下宾客，而目的则在于“欲以倾魏其诸将”。天下吏士多趋炎附势之徒，“皆去魏其归武安，武安日益横”。窦太后一死，田蚡果然上升为丞相，不仅势夺魏其，甚至“权移主上”，日益骄恣。他在兄长面前摆丞相尊严。他夺人良田，营造甲第，前堂罗钟鼓，后房妇女以百数，还超越礼制，竖起了曲柄大旗。他气焰熏天，颐指气使，生活极端腐化堕落。他还仗着王太后撑腰，对自己不快意的人肆意阴谋陷害，必欲置之死地。只因灌夫曾奚落过他，并且使酒骂坐，田蚡就无限上纲，以“大不敬”的罪名逮捕了灌夫，并借口灌夫横恣颍川，侵害百姓，问了个灭族的罪。窦婴营救灌夫，田蚡就血口喷人，造谣诬陷窦婴和灌夫“日夜招聚天下豪杰壮士与论议，腹诽而心谤”，谋划造反。田蚡又指控窦婴替灌夫辩解不实，犯了欺君之罪，下在牢里。窦婴依照景帝遗诏便宜上书申辩，田蚡说他伪造诏书，又进一步打成死罪。为了在季冬之末杀害窦婴，田蚡制造流言，说窦婴在牢里咒骂武帝。通过这一次又一次的陷害，硬是把窦婴杀了。“杯酒责望，陷彼两贤”，表现了田蚡是多么的狠毒。作者流露出的感情倾向是很鲜明的。

在外戚中，窦婴是一个有所作为的“贤者”。孝景三年，吴楚七国反汉，“上察宗室诸窦毋如窦婴贤”，于是“拜婴为大将军，赐金千斤”。窦婴肩负重任后，荐“袁盎、栾布诸名将贤士在家者进之”，又将所赐千金“陈之廊庑下，军吏过，辄令财取为用，金无入家者”。由于他如此公忠体国，荐贤爱士，不贪财利，又有荥阳监军平吴楚的战功，因而获得了很高的声望，封魏其侯，“诸游士宾客争归魏其侯”。在朝仪中，魏其侯与条侯周亚夫等列，而“诸列侯莫敢与亢礼”，可以说人臣之贵已极。但是，窦婴之贵，在很大程度上仍靠的是裙带关系，这一点和田蚡并无区别。所以“太史公曰”，劈头一句就说，“魏其武安皆以外戚重”。传中又借高遂之口说窦婴：“能富贵将军者，上也；能亲将军者，太后也。”事实正是这样，因此窦太后一死，窦婴权势立即一落千丈。“魏其失窦太后，益疏不用，无势”。但是魏其侯不知时变，他结纳“无术而不逊”的灌夫，两人相翼，终至酿成祸乱。对此，窦婴夫人看得很清楚。她曾对窦婴说：“灌将军得罪丞相，与太后家忤，宁可救邪?”当然窦婴也是明白这一层利害关系的。他和夫人“益市牛酒，夜洒扫，早帐具至旦”，以迎接田蚡的来临。田蚡娶妇，他又强拉着灌夫去庆贺。目的还是为了逢迎丞相。不过田蚡太骄横，他仗恃王太后，竟请魏其城南田。久处权势地位的窦婴不能忍受这一口气，又低估了王太后的势力，不顾一切地和田蚡作起对来。他瞒着家人上书，锐身救灌夫，武帝不直田蚡，特诏三公九卿在东朝廷辩。结果，王太后一耍泼，“悉论灌夫及家属”，窦婴也终于“论弃市渭城”。什么是非曲直，什么廷议刑律，甚至天子尊严，全被践踏在泼妇王太后的脚下，一文不值了。盛平之世，英明天子，尚且如此，司马迁在这里深刻地揭示了专制政治只讲亲疏，不论是非的种种黑暗和腐败。

卷入窦田之争的灌夫不是外戚，他出身低下，在矛盾主线上是一个陪衬人物。灌夫的父亲张孟只不过是颍阴侯灌婴的门下舍人，忠实奴仆，因卖姓投靠灌氏而发迹起来，基本上还是田蚡一流。但灌氏父子与田蚡又有本质上的区别。田蚡是典型的市井小民，完全靠拍马术和裙带关系而飞黄腾达。灌氏父子是一介武夫，以军功作进身的资本。灌夫有鲠直的一面。他倔强，在统治阶级上层凌强不欺弱，有游侠之风，所以仕途不得意。但灌夫同时又是一个恶霸。他结交豪桀大猾，宗室宾客横恣颍川，颍川人民深受其苦。这样一个灌夫，他失势后，自然不甘寂寞，混迹于京师贵族间。他最后虽是蒙冤而死，但也是罪有应得。司马迁对窦田之争的思想倾向是极其鲜明的。他同情窦灌，颂扬他们的战功、美德，但同时也遣责他们的横暴，描绘他们贪权逐利的嘴脸。在压榨细民百姓上，窦婴、灌夫和田蚡都是一丘之貉，并且是利害一致的。“魏其子尝杀人，蚡活之。”这些地方生动地表现了一个实录史家的正义感，也就是《史记》的人民性之所在。

封建社会统治集团内部错综复杂的矛盾，离不开“权”与“利”两个字。本传生动地揭示了从皇太后、皇帝到朝臣、宾客，人人都在为自己的权势利益而竞进斗争。用人唯亲，其目的是为了保住自己的权势。一旦权势有损，则六亲不认。这可说是宫廷斗争以及贵族之间互相倾轧的一条规律。

窦太后是庇护窦婴的，目的是使窦婴成为自己的支持者。当窦婴的行事一旦不遂自己的心意，甚或触犯了自己的权势，窦太后就立即表示憎恶，并褫夺其官职，毫不手软。窦太后疼爱少子梁王，景帝为了讨好母亲的欢心，在梁王进朝的家宴上随便说了句“千秋之后传梁王”，窦婴一本正经地谏说景帝失言：皇帝只能父子相传，不能兄终弟及。这又触犯了窦太后，窦婴不仅被罢了官，而且还被削除了门籍，连亲戚都不认了。窦太后信奉黄老，推行“无为”政治，汉武帝推尊儒术，要改弦更张。窦婴和田蚡倒向武帝，推重儒术，危及窦太后的权势。于是窦太后大怒，罢了窦婴的丞相。这一次窦婴被罢相，背后却是帝后斗争。

田蚡为相，汉武帝本来是“所言皆听”的，没想到这位无赖国舅竟然有些忘乎所以，十分跋扈，“荐人或起家至二千石，权移主上”，武帝就大为不满了。他讽刺田蚡：“君除吏已尽未？吾亦欲除吏。”田蚡又请考工地扩建住宅，武帝愤愤地说：“君何不遂取武库！”田蚡胆大妄为，是因为他的权势和王太后连体相依。武帝不直田蚡，背景仍是一场帝后斗争。

东朝廷辩既是窦田矛盾的高潮，更是宫内外权势斗争的一场精采表演。太后、皇帝、外戚、朝臣俱会朝廷，各方势力，明争暗斗，人人自谋，审势度力，司马迁把其间的细意委典写得淋漓尽致。

廷辩开始，首先是窦婴和田蚡辩论。窦婴“盛推”灌夫之善，田蚡“盛毁”灌夫之恶。两个“盛”字极状争辩之激烈。“蚡辩有口”，鼻子眉眼都会说话，巧言善对，鲠直的窦婴不是他的对手。窦婴无可奈何，他仗恃武帝撑腰，话锋一转，“因言丞相短”。这一下闯下了大祸，把本来可以妥协解决的窦田矛盾一下激化了。他“因言丞相短”，实质把帝后矛盾的面纱揭开了，但窦婴又有些迂阔，他没有揭发田蚡与淮南王谋反的阴事，无非是指责田蚡受贿舞弊，生活奢侈之类，留有余地，不失君子风度。阴险毒辣的田蚡则善于窥伺人主心病，他信口开河，诬陷窦婴结纳灌夫谋反。田蚡之所以敢于当着满朝文武撒下弥天大谎，逼使群臣在权势面前表态，不仅因为有王太后作后台，而且也利用了汉武帝的忌疑之心。司马迁在另一外戚传，《卫将军骠骑列传》的“太史公曰”中对此作了交代。苏建指责大将军卫青不荐贤招士，卫青说：“自魏其武安之厚宾客，天子常切齿。彼亲附士大夫，招贤绌不肖者，人主之柄也。人臣奉法遵职而已，何与招士！”正由于此，田蚡的陷害造谣终于得逞。集权者多疑，这就是封建社会愈是卑劣无耻之徒，在斗争中愈能占上风的重要原因。

在家天下伴君的朝臣，大都谨小慎微。疏不间亲，这是一条作官的秘诀。东朝廷辩，论理应是魏其，论势则党田蚡。朝臣于此人人自危，手足无措。御史大夫韩安国最善全身，他此亦一是非，彼亦一是非，请求“唯明主裁之！”本来汉武帝不直田蚡，就是要借朝臣舆论来抑制王太后，韩安国却巧妙地把矛盾又交还汉武帝。戆直不阿的主爵都尉汲黯以魏其言为是，内史郑当时“是魏其”，但又“不敢坚对”。其余大臣，噤若寒蝉，“皆莫敢对”，汉武帝大怒，他冲着内史郑当时说：“公平生数言魏其、武安长短，今日廷论，局趣效辕下驹，吾并斩若属矣。”武帝不欢罢朝。王太后早已伺察虚实，以“不食”逼迫汉武帝让步。汉武帝不得已，谢太后。就这样，窦灌两人被灭族的命运在帝后妥协的饭桌上决定了。此后的调查和法律程序都不过是掩人耳目的把戏。在这里，司马迁把封建社会温情脉脉的伦理面纱撕开了，显露出专制政治争权夺利、营私舞弊的黑暗内幕。

窦灌蒙冤，还有一种人在背后做了手脚，那就是八面玲珑的石建这号人物。《万石张叔列传》载，“建为郎中令，事有可言，屏人恣言，极切；至廷见，如不能言者。”他在东朝廷辩时察颜观色，背后顺风转舵，向汉武帝“分别言两人事”。他到底说了些什么，传中未作具体交待。但司马迁用互见法在石建本传中刻划了他的为人，这是一个以驯良为谄媚能事的官僚，专爱在背后打小报告。他之不得罪王太后，趋附武安，迎合武帝，是不言而喻的。茅坤曰：“石建所分别，不载其详，大略右武安者。”（《史记评林》引）不能说是毫无根据的判断。

对封建社会的世态炎凉，本传也作了深刻的揭示。请看那些游士宾客、郡吏诸侯的势利嘴脸。窦婴贵时，“诸游士宾客争归魏其侯”，无势，“诸客稍稍自引而怠傲”；田蚡得王太后亲幸，“天下吏士趋势利者，皆去魏其归武安”，田蚡升丞相，“天下为映衬权势者的兴衰，是寓有深意的。这是一种普遍的社会现象，它正是专制政治腐败黑暗的必然产物。

如上分析，《魏其武安侯列传》是一幅寓意深微的政治风云画卷，它揭示了西汉宫廷内外形形色色的矛盾斗争，深刻地刻画了贵族们互相倾轧、横暴自恣的丑恶形象，有力地抨击了当时专制政治的黑暗和腐朽。它所记叙的只不过是窦婴、田蚡、灌夫三个平庸人物的荣辱过程，然而却生动形象地展开了广阔的生活画面，描写了各色人物。看似平淡，读来却扣人心弦。本传作为《史记》中的名篇，不只是思想内容深刻，它的艺术手法，也使人击节赞赏。

本传的艺术手法有着多方面的精采表现。人物形象生动，个性鲜明，有血有肉，栩栩传神。语言简洁，叙事精练，人物对话，声口毕肖。篇末评论，画龙点睛，是非允当，含蓄犀利。本传所具有的独创的艺术手法，还有如下两个方面：

第一，章法结构，别开生面，似散而紧凑，千头万绪而条理明晰。清郭嵩焘说："魏其、武安、灌将军，各以其势盛衰相次言之，合三传为一传，而情事益显。"（《史记札记》）三传分开来读，各具首尾只反映各个人物的个人荣辱，平淡无奇。司马迁把三传联缀起来，利用两个外戚的瓜葛，穿插各色人物，从而把各种复杂的矛盾交织起来，反映了波澜壮阔的历史画面。窦田矛盾只是反映贵族之间的斗争，这是宫外的一条矛盾线。汉武帝与窦太后争权，继又与王太后争权，它反映的是帝后之间的斗争，这是宫内的两条矛盾线。一共三条矛盾线，错综交织，把皇帝、太后、朝臣都卷进了窦田矛盾的漩涡中。由于人们分析本传着眼点不同，智者见智 ，仁者见仁，有很大分歧。从矛盾线来分析，主张窦田矛盾为主线的，认为本传主要是写魏其武安两大贵族集团的斗争；主张帝后矛盾为主线的，认为本传主要是揭露最高统治者帝后之间的互相倾轧。从故事情节的发展来分析，又有两种看法。着眼于两大集团宾客的散聚来看，本传似乎主要是反映世情。如明代凌约言说："魏其灌夫皆聚客以树党，岂所宝者之非贤欤！太史公三传联合，微旨见矣"。（《史记评林》引）着眼于是非随权势颠倒来看，本传又似在谴责强权。清代曾国藩说："武安之势盛时，虽以魏其之贵戚元功而无如之何，灌夫之强力盛气而无如之何，廷臣内史等心非之而无如之何，主上不直之而无如之何，子长深恶势力之足以移易是非，故叙之沉痛如此。"（《求阙斋读书录》）这些不同角度的分析都说明了本传内容的丰富性，但从传目的标题和叙述内容来看，窦田矛盾显然是主线，其它的矛盾交织都是这一主线的背景。由于司马迁抓住了主线，所以叙述井然。本传内容的丰富和背景的广阔，正是司马迁将三人合传这一特殊章法结构产生的系列效应。清代李景星在《四史评议》中对此作了精到而中肯的分析。他说：

> 传以魏其武安为经，以灌夫为纬，以窦王两太后为眼目，以宾客为线索，以梁王、淮南王、条侯、高遂、桃侯、田胜、丞相绾、籍福、赵绾、王臧、许昌、庄青翟、韩安国、盖侯、颍阴侯、窦甫、临汝侯、程不识，汲黯、郑当时、石建许多人为点染，以鬼报为收束，分合联络，错综周密，使恩怨相结，权势相倾，杯酒相争情形宛然在目。

第二，筛选一系列典型的生活场景来组织故事，刻画人物，反映不同政治集团势力的消长，富有生活情趣，引人入胜。窦田矛盾的发展有两个重要场面。一是窦婴夫妇宴请田蚡，一是灌夫使酒骂坐。田蚡邀灌夫去拜访窦婴，这本是一句毫无诚意的人情话，灌夫却当了真，窦婴夫妇更是受宠若惊，买酒买肉，忙了一天一夜。这次宴请田蚡，倒助长了田蚡的骄矜，一席酒肉，换来了田蚡求索城南田，真是陪了夫人又折兵。昔日“往来侍酒魏其，跪起如子姓”的田蚡，竟爬到头上来拉屎撒尿了。这一前一后的生活场景表现了两个贵族集团之间权势地位的逆转是多么使人触目惊心！灌夫使酒骂坐促使了窦田矛盾的进一步发展。田蚡行酒，座上的人一个个离席跪伏，表示谦恭，吃罪不起；而窦婴行酒，却一个个只是“半膝席”，略微客气了一下。当朝丞相，人人巴结，失势的魏其侯，人人冷眼。这本是势利眼的常情，灌夫却受不了，他要打抱不平，又没别的本事，只会使酒骂坐，结果引来横祸。灌夫强请田蚡赴宴，弄假成真，自找麻烦；使酒骂坐，又是找上门去，自讨苦吃，演出了两场滑稽戏。本来这两件事的起因都是窦婴、灌夫主动讨好田蚡，结果反而弄巧成拙，原因在哪里呢？原来窦婴、灌夫失势，内心对田蚡这种势利小人既极为嫉恨、憎恶，于是结成同党来对抗；可是由于他们不甘寂寞，想借重田蚡之势，所以又千方百计找机会逢迎。窦灌两人违心事权贵，内心既矛盾又痛苦，所以在表演中出差错。司马迁捕捉住这些典型的生活场景来铺叙故事，情节虽无波澜起伏，却曲折生动，准确而形象地反映了窦田之间矛盾消长变化的消息。

《匈奴列传》讲析

【提要】《史记》中有五篇民族史传，有匈奴列传、南越列传、东越列传、朝鲜列传、西南夷列传。此外，大宛列传，因是外国史传，不是民族史传，故编入类传中。民族史传与人物传记混编，表明司马迁视各少数民族为天子臣民，这是当时独步思想界的先进思想，《史》、《汉》对照，其义显明。

五大民族史传，匈奴居首。本传是八千余字的大传，是司马迁用力创作的名篇之一，民族融合和民族斗争，推演了精彩的活剧。汉武帝雄才大略，突出地表现在对外征讨，对内兴作把西汉推向极盛。对内兴作包括政治制度改革与水利宫室等的兴建，本文姑置不论。对外征讨，主要是征匈奴。汉武帝征大宛、平两越、开通西南夷等战争都是围绕征匈奴进行的。尤其是征大宛更是汉匈战争不可缺少的一个组成部分。因为征大宛，一是断匈奴右臂，二是引进大宛汗血马改良中国马种，组建骑兵与匈奴抗衡。汉武帝反击匈奴的战争从元光五年（公元前 133）马邑之谋发动到征和三年（公元前 90）李广利兵败降匈奴，前后四十四年。汉武帝在位五十四年，汉匈战争就打了四十四年，汉朝付出了“海内虚耗，户口减半”的代价终于消除了匈奴边患，保卫了长城以内农耕民族的文化，历史意义极其深远。汉匈战争，已经超过了两大民族的战斗，而是古代东方游牧民族与农耕民族决定历史进程的大拼搏，汉朝的胜利，是先进文化农耕民族的胜利。民族大决战是民族大融合的先决条件，汉匈战争推进民族大融合，奠定汉文化版图，保卫了中华文化的承传，意义极为重大。司马迁的良史之笔，载述武帝征伐雄略之事，所以本传内容丰富，主题多重，思想深邃，梁启超评为《史记》十大名篇之一，史识不凡。

《匈奴列传》内容由三部分组成。第一部分叙述匈奴社会习俗及其与中国的历史渊源关系。第二部分写汉初高帝、高后、文景之世的汉匈和亲。第三部分叙述汉武帝时的汉匈战争。为了突出司马迁创作民族史传的光辉思想与历史意义，本传汉匈战争的主题姑置不论，因此，《讲义》只节选匈奴列传的第一部分及高帝和亲，仅占本传篇幅的三分之一，仍不失宏大风采。其内容可分五个段落，分述于下。

第一段，描写匈奴社会实体，即文章的开头一节。司马迁只用了二百二十字就把匈奴民族生活的地域、经济、文化及风俗习惯介绍出来。尽管匈奴内部的民族成分十分复杂，但他们都长期过着“逐水草迁徙”的游牧生活。匈奴人民食畜肉，饮湩酪，衣皮革，披毡裘，住穹庐，其畜产多马、牛、羊、骆驼、駃騠、騊駼、驒騱等。游牧生活，驰逐原野，养成了人民善于攻战的天性。其俗“贵壮健，贱老弱，父死，妻其后母；兄弟死，皆取其妻妻之”。司马迁正是抓住了这些共同特点，所以把居地万里的匈奴作为一个民族实体来叙述。

第二段，写先秦时期，夏商周三代及春秋战国时匈奴族与华夏族的关系。司马迁依据传说，在第一段行文开头就说：匈奴祖先是夏后氏的苗裔，名叫淳维。这是说匈奴民族源远流长，与华夏关系密切，都是黄帝子孙。第二段开头，夏道衰，而周族祖先公刘变于西戎，实际是说周祖先兴起于戎狄。西周兴起，戎狄攻太王古公亶父，西伯姬昌伐犬戎，周武王放逐戎夷于泾洛之北，穆王伐犬夷，犬戎杀幽王。平王东迁，至周襄王娶戎狄女为后，建立和亲关系。这种关系维系和平很脆弱，周襄王一度为戎狄所逐。北方山戎曾伐燕、伐齐。于是西方之戎入居关中，北方之戎南下幽并。春秋时，秦用由余之谋霸西戎，晋用魏绛之策服戎翟。战国时，燕用秦开，赵用李牧，威服胡戎，秦并天下，大击北胡，于是筑长城以拒守。先秦时期漫长的夷夏斗争，同时也是逐渐融合的过程。

第三段，写秦汉之际匈奴盛强，冒顿单于统一匈奴各部。冒顿单于东并东胡，西灭月氏，南没白羊、楼烦、河南王，东西万里，控弦之士三十万，匈奴达于鼎盛。

第四段，写匈奴全民皆兵的社会组织，以侵扰掠夺为畜牧生业之补充，因此是一个好战、能战、敢战的民族。从社会形态分析，匈奴进入了奴隶社会。

第五段，写公元前 200 年，冒顿单于提兵四十万南侵，汉代开国之主高帝发兵三十二万亲征，两军相战于平城，汉兵为匈奴所困，被围于白登山七日七夜，汉兵差点全军覆没。汉朝初建，虽然民疲财乏，但多能征惯战之将，匈奴亦不能展其所欲，汉匈双方在势钧力敌的情况下和亲，开关市，维护和平。

此后，汉匈关系历高帝、高后、文帝、景帝四代，六七十年间，双方维持和亲关系，但匈奴百约百叛，时常犯边，杀略汉吏民，基本是小摩擦，没有大规模战斗。其间，高后时，冒顿单于向吕后挑衅，要与吕后结秦晋之好，汉朝忍让，没有酿成大战。汉文帝十四年，匈奴大入，汉朝严备，匈奴不战而还。文景时期，汉朝已在西北沿边各郡大规模养马，入粟买爵，移民实边，长期蓄聚力量，准备反击匈奴。汉武帝即位，将汉匈决战提上议事日程。《匈奴列传》完整地记述全过程。前文已及，这些内容，本书入选《讲义》作了删节，不作讲析。

梁启超何以列《匈奴列传》为《史记》十大名篇呢[①]？因本传是司马迁精意所写的一篇大传。前文指出，本传内容丰富，已如上述，主题多重，思想深邃，下文作简略的具体分析，不能不使

---

① 梁启超在《要籍解题及其读法》的《史记读法》中提出《史记》十大名篇之说。其篇目为：《项羽本纪》、《信陵君列传》、《廉颇蔺相如列传》、《鲁仲连邹阳列传》、《淮阴侯列传》、《魏其武安侯列传》、《李将军列传》、《匈奴列传》、《货殖列传》、《太史公自序》。此一家言之观点。

人拍案叫绝。

首先，司马迁首创民族史传，识见超群。自古以来，中国就是一个由多民族组成的国家。周初分封时就有许多内附的“夷狄”之国。例如吴太伯之勾吴，楚子荆蛮都不是华夏民族。周襄王通婚于翟，秦穆公霸西戎。中华民族的历史，是汉族和少数民族共同创造的历史。但是，儒家正统思想却一再宣扬“夷夏之辨”，以中原华夏民族为冠带之国，贬称周边少数民族为夷狄之邦，以区分种族贵贱。周边民族被贬称东夷、西戎、北狄、南蛮，视为荒服之地。孔子修春秋，内诸夏而外夷狄。孟子在辩论中，直斥楚人许行说话像鸟叫，称之为“南蛮鴃舌之人”。《诗经》上说：“戎狄是膺，荆舒是惩”。这两句诗成为历代统治者压迫周边各民族的理论根据。西汉大儒董仲舒在《春秋繁露·精华》中提出大夷小夷不能与中原华夏平等，说“大小不逾等”。司马迁在汉武帝“罢黜百家，独尊儒术”的时代，不同凡响首创民族史传，说南越“集扬越以保南藩”，东越“葆守封禺为臣”，西南夷“请为内臣受吏”，匈奴“夏后氏之苗裔”，写了周边五个民族史传，其中匈奴居首，最为精彩，司马迁把每一个民族都作为实体来写，尊重各民族风俗。他奉命出使西南夷，设郡置吏，“以故俗治”。特别《匈奴列传》，通过中行说与汉使辩论民族风俗长短，称赞匈奴风俗适合该民族历史背景，汉使不能难。司马迁把民族史传与名臣将相交错等列，认为各民族都是天子臣民，这是难能可贵的。《汉书》作者班固批评司马迁的这一作法，他认为“西南外夷，种别域殊”，不能与名臣交错等列，而是把民族史传侧于列传之末。两相对照，更可见司马迁史识不凡。

其次，司马迁写各民族都是黄帝子孙，匈奴是夏后氏之苗裔，并承认周边各民族有革命的权利，可以参与中原事务。东越人反秦佐汉，《东越列传》作了肯定的记载。司马迁把各民族作为一个实体来写，写他们活动的地域，生活习惯，承认民族并立于世的权利。民族史传与名臣交错等列。这一切都反映了进步的民族等列思想。

第三，实录史事，冷静记载民族之间的斗争与融合。融合是在斗争过程中完成的，应该说具有辩证的唯物思想。例如，汉匈战争的性质，在汉武帝当世就引起了争论，直到今天也没有定论。有的说汉武帝好大喜功，伐匈奴为不义。有的说汉武帝反击匈奴是正义的，因匈奴犯边，百约百叛。有的说司马迁反对汉武帝伐匈奴。《太史公自序》明确指出："自三代以来，匈奴常为中国患害；欲知强弱之时，设备征讨，作《匈奴列传》。"《匈奴列传》的"太史公曰"却又对汉武帝伐匈奴提出了批评。批评内容有两点：汉武帝用人唯亲，主要指后期伐匈奴，用宠姬李夫人哥哥李广利这位庸将，使汉朝付出了沉重的代价；第二批评汉朝君臣不能平等对待匈奴，一定要"臣服"匈奴，把匈奴推到了顽抗的立场。伐匈奴之事，司马迁是肯定的，而且写《匈奴列传》就是为了总结"强弱之时"，掌握时机反击侵扰。汉匈斗争，武帝时期的大决战，恰好是东方亚州大陆上，北方游牧民族最盛之时南侵一个统一的农业民族大国，斗争异常激烈，波澜壮阔，司马迁以如椽大笔记载了这一历史事迹，总结了历史经验，留下千古名篇，是值得尊敬的。

《货殖列传》讲析

【提要】 本传载述了从春秋末年到西汉初以工商业致富的货殖大家的活动，是一篇商人类传，故题名《货殖列传》。货，指财富，殖言增长。货殖者，言如何增长财富。本传的序言论述了商品经济在社会生活中的重要作用。司马迁认为出现农、工、商、虞的分工是社会经济、人俗发展的必然之势。他把商业作为人民衣食之源来考察，强调农、工、商、虞四业并重，从而彻底地否定了传统“重农抑商”政策。《太史公自序》说：“布衣匹夫之人，不害于政，不妨百姓，取与以时而自息财富，智者有采焉。作《货殖列传》第六十九。”这里十分鲜明地指出，工商业者是创造财富的，“不害于政，不妨百姓”，为什么要抑商呢？难道人们拒绝财富吗？当然不是。《货殖列传》中描写的人群逐利图，生动地证明人人欲财，“礼生于有而废于无”，经济是基础，生财逐利有什么不好？因此本传是商人的颂歌。司马迁一反重本抑末的传统陋见，勇敢地歌颂商人的进步作用，以崭新的观点总结他们的治生致富之术，无论在政治、经济或学术上，都是一个有深远历史意义的创举。全篇的宗旨在于说明落后的自然经济终归要被淘汰，只有发展商业和商品生产，社会才能进步，国家才能强盛，人民才能富足，这乃是一条不可抗拒的客观规律。

《货殖列传》内容丰博，初一看有些杂乱，传记不像传记，论文又不像论文，写人物又写地域，欲说难理头绪。从时间上，从古到今，从地域上，全国范围，全都包容了。《货殖列传》是一篇奇文，奇就奇在把古今商人，东西南北物产与地理融于一篇，冶于一炉。从古到今，正是司马迁对经济发展作贯通的考察，具有探索规律的明显意图，这在古代是了不起的识见。

让我们来逐层分析吧。

全文分五个段落，简析之如次。

第一大段，是传序，司马迁写的一篇经济论，从历史的发展之势揭示了财富在社会生活中的重要性，人人欲财，个个追求，因此治生是人类社会最基本的活动，经济发展、商业活动没有地域限制，人们生活要求没有止境，全天下之材之物皆为我用，这就要农工商虞共同分工来开发。所以开篇就把道家的小国寡民理论作为批判的靶子。清心寡欲的理论与历史事势不符，即使挨家挨户劝说，人们也不会接受。司马迁的论述从理论上剥去了禁欲者虚伪的面纱。

第二段，写秦以前著名商人的言行及社会、政治效果。越王勾践卧薪尝胆，终报强吴，就是生聚增财的结果。范蠡、白圭、猗顿、乌氏倮等先秦商人的活动，总结了他们的治生经验。

第三段，写汉初全国一统的生产发展，司马迁提出了区域经济的理论。分全国为四大经济区，次第记叙各经济区的物产、交通、城市、商业和民俗，可以说是一篇精彩的天下周流指南。

第四段，写人的本性就是为了过美好生活而追求财富，由于财富多少而形成了人间社会的等级。司马迁生动描写的人间社会逐利图，说明人欲是历史发展的杠杆，人欲的负面影响带来争利争斗并形成等级差别。这些都是唯物主义的认识论。司马迁把剥削、压迫看做是天经地义的，所谓“凡编户之民，富相什则卑下之，佰则畏惮之，千则役，万则仆，物之理也”，视人间不平为合理，当然是唯心主义观点，这是那时人们的历史局限性，是阶级存在的客观现实，被司马迁勾勒出来，应该也是唯物主义的认识。这里唯心与唯物是交织的，古人不能分野，不可苛求。

第五段，生动地论述了汉代著名商贾的业绩，结尾强调人才在致富中的作用，才智高超的人，经营任何行业都能致富，成为“素封”。旨意在于说明，财富可求，人人可致富。

《货殖列传》的五个段落层次，在原文结构大段落中用段意做了简明的概括。下面着重对《货殖列传》全篇的内容以及司马迁灌注的货殖理论进行条列和阐释。

《货殖列传》的理论建树是多方面的，它使司马迁站在了时代前列的思想家，其中关于治生规律，即商品经济规律的一些揭示，甚至是超前的杰出思想。举其大端有以下几个方面。

1. 首创经济史传，意识到经济是社会安定的基础

司马迁第一个为商人立传，总结治生之术，开创了经济史传，触摩到了“人类社会生活的基础是物质生活资料的生产”，具有“力图从经济条件来说明人们的社会地位、思想意识和政治制度”。这是司马迁的一大创造，而且是产生在重农抑商的时代，实在是了不起的。

司马迁如此重视财富，他是希望人民富裕，社会富裕。为什么要致富？因为财富的作用可使社会安定。司马迁认为，追求财富和“与王者同乐”的物质生活是人的天赋本质，是人的一种自然属性，“富者，人之情性，所不学而俱欲者也”。人们的全部活动都可归结为为了获得财富，“天下熙熙，皆为利来”。财富不单能使人过上舒适的生活，更重要的是，财富充实，社会秩序才会安定，人们的精神面貌才会变得高尚，“衣食足而知荣辱，礼生于有而废于无”，贫或富的经济状况将决定整个社会的风尚和文明程度。不过财富也把人们分成高低不同的等级，赋予人们截然相反的各种社会属性，“凡编户之民，富相什则卑下之，伯则畏惮之，千则役，万则仆，物之理也”，经济地位的悬殊产生了社会地位的悬殊，产生了人压迫人、剥削人的残酷现象，而这又是社会发展和财富积累所不可避免的。司马迁还敏锐地观察到，财富差不多在社会的每一件事上都发挥着不容忽视的魅力，它的阴影投向了人们生活所有角落。它可以给现有的社会关系人为地染上各种不同的绚丽色彩并改善人们在这些社会关系里的位置。为什么"千金之子不死于市"？为什么从事畜牧的乌氏倮能厕身于"列臣"之间"？经营朱砂矿的巴寡妇清又为什么能得到"礼抗万乘"的优遇？原因便在于他们拥有令人欣羡的财富。不仅政治上如此，就是学术问题亦不例外，孔子能够扬名天下，流芳于世，正是由于有他那商人学生子贡的财富的支持。所以在司马迁的笔下，财富的社会作用是惊人的巨大和无情，不管你愿意与否，都得受它的支配和摆弄。

人们追求财富是好事，不是坏事，不但不应加以拦阻，还应当给以鼓励和帮助。"富无经业"，致富的途径很多；基于财富主要是以货币来体现，故最正确最有效的致富捷径是经营商业或商品生产。可是在经营中，财富对于第一个经营者并非都一视同仁，客观的现实是"巧者有余，而拙者不足"。司马迁十分重视个人才能在求富竞争中的作用，他认为只要有才能并在自己从事的行业里专心努力地去干，就一定能使财源"辐凑"。任何人都必须有自己的获得财富的本领，因为财富是人们生活所不可缺少的部分，于是儒家的"长贫贱，好语仁义"，便受到了毫不留情的讽刺和奚落 ：一个一点不懂"治生"、连"饮食被服不足以自通"的人，乃是最可"惭耻"的。至于那种"危身取给"以致富或搞邪门歪道的"奸富"，司马迁还是持否定态度的，称之为最下等的富人。

2. 认识到社会分工推动生产发展，并重农工商虞

司马迁心目中的商人，并不仅指纯粹的商业经营者，也包括以奴隶劳动为基础的大工业家，面向市场的手工业者和农林牧业中的各种商品性经营者。依据传统的习惯看法，商人从事的是对于社会没有什么益处的"末业"，商人的形象被歪曲为游手好闲，专搞欺诈，是永远都值得痛恨和批判的对象。司马迁从他的重商主义观点出发，提出了一种完全相反的新见解，商人不仅于社会无害，而且扮演的是人类经济舞台上必不可少的重要角色，商人的活动同农、工、虞的活动一样，是生产性的，是财富的源泉，他极其明确地写道："此四者，民所衣食之原也，原大则饶，原小则鲜"，社会财富的丰盈或寡少，就是由这四种基本的经济力量决定的。社会物质生活的正常进行，生产、分配和消费间的协作与平衡，也依靠这四者来推动和维持，“故待农而食之，虞而出之，工而成之，商而通之……若水之趋下，日夜无休时”。这种自然形成的经济关系和社会分工，国家只能因势利导，使其沿着自身的规律向前发展，如果企图按照主观意志，强制地加以干涉和改变，不但会破坏财富的增殖和积累，而且还会带来严重的不良后果，那就是经济发展停滞和经济生活混乱，所以决不能伤害商人的利益，“末病则财不出”。为了促使经济车轮不停地向前顺利运转，社会财富不断地大量涌现，唯一的办法便是大力发展商业（包括各种商品生产），做到“关市不乏”以繁荣经济。

司马迁认为商业在创造财富上居于社会之首，他作过这样的排队，“夫用贫求富，农不如工，工不如商”。无论富国还是富家，都必须发展商业（包括手工业），为此，他举了历史上齐国的例子来证明他的理论，齐国本来贫穷不堪，由于政府提倡“极技巧，通鱼盐……故齐冠带衣履天下”。商业、工业的发展，使财富增多，国力亦随之强盛，“海岱之间敛袂而往朝焉”，最后还把齐桓公推上霸主的地位。越国也是执行了保护商贾的“农末俱利”政策，国家才变得富裕起来，在强大经济力量的支持下“厚赂战士”，逐渐取得了军事上的优势，终于一举灭吴，洗雪了会稽之耻，从汉朝立国到武帝继位，社会繁庶，财富充溢，这同当时“富商大贾周流天下，交易之物莫不通”是分不开的，因此司马迁对汉初“开关梁，驰山泽之禁”——给工商业发展开绿灯的政策，十分赞赏。

3. 为商人立传，总结治生之术

司马迁称赞商人是“智强仁勇”的贤人，是社会经济的推动者，在司马迁笔下备受表扬。司马迁为春秋战国至汉初三十个商人立传，把古今的治生者会于一堂，说长道短。秦灭赵，商人卓氏被扫地出门，秦朝把他作为俘虏发配到边远地区，卓氏不求近，而求资源丰富、有工商业发展前途的地方安家，最后以冶铁治富拟于人君。商人刁间对于别人感到头痛难办的“桀黠奴”，他却特别喜爱，给予信任，用其所长以经营商业，结果“得其力，起富数千万”。司马迁认为商人同历史上那些大名鼎鼎的政治家和军事家没有什么不同，商人经商，“犹伊尹、吕尚之谋，孙吴用兵，商鞅行法是也。”其他如商人“相矜以久贾”不回家的事业心以及不惧艰苦的经营作风等，均在本传中得到了应有的褒述。

商人凭自己的能力致富，而“千乘之王，万家之侯”的财富则是凭自己手中的特权，所以商人的历史地位和社会的贡献是超过王侯们的，至少也可和他们媲美并肩。与此同时，司马迁对道家不要商品交换、鼓吹“至老死不相往来”那种以穷为乐的迂腐之论，也投过去了一道又一道鄙夷的目光，他直言无讳地指出，这样的生活表面上似“无饥馑之患”，实际上是“呰窳偷生”过日子，是低级落后的表现。

司马迁总结商人的治生之术有两个方面。一是考察商品的流通，总结货财增值的经验，例如商业上的供求关系、价格和利润等等，即商品经济的规律，可以说提出了许多超前的经济理论。二是考察自然地理经济和民俗，总结商业活动推动生产发展的作用。本文限于篇幅，只对司马迁考察商品流通总结的经济，可以看出司马迁对商品经济理论所达到的高度。

司马迁对商品流通的考察，获得了一系列符合价值规律的珍贵见解。主要之点有四：

（1）知时。计然“旱则资舟，水则资车”；范蠡“与时逐”；白圭“乐观时变”这都说的是掌握商业行情，调查市场需要，“逐时而居货”，利用供求规律，牟取大利。

（2）知物。“积著之理，务完物”，“腐败而食之货勿留，无敢居贵。”这是说要研究商品学，提高商品的竞争能力。

（3）无息币。商业赢利是在流通过程中取得，资本在流通领域里运动的时间愈长，也就是交换的次数愈多，就愈能赚钱。因此他提醒商人们注意，要尽量做到“无息币”，“财币欲其行如流水”。这里，司马迁那深刻的洞察力和抽象的分析力，的确令人佩服。

（4）择地择人。范蠡居陶，因陶为天下之中，“诸侯四通，货物所交易也。”范蠡治产积居，“十九年之中三致千金”。刁间善用“桀黠奴”，使他们“逐渔盐商贾之利”，“终得其力，起富数千万”。这里透出人才就是财富的思想。

此外，供求关系，司马迁也有精湛的论述，“论其有余不足则知贵贱”，市场上的供与求是相互消长的，而这样的消长同商品价格的涨落又紧密相连，供多于求则物价下降，这时便应当“人弃我取”——买进低价商品；求多于供则物价上升，这时便应当“人取我与”——卖出价格上涨了的商品，从而在价格的差额中获利。本传中多次提到了要“争时”、“与时俯仰”，这个“时”指的主要就是当时社会供求关系的变化，弄清“时”的变化，方可决定自己是买还是卖？应买什么和应卖什么？秦末有一个姓任的商人，曾准确地判断当时供求形势，因而致富，这件事，司马迁有清楚的记载，“秦之败也，豪杰皆争取金玉，而任氏独窖仓粟。楚汉相距荥阳也，民不得耕种，米石至万，而豪杰金玉尽归任氏，任氏以此起富”。战争年代，粮食的生产量小，需求量大，价格一定上涨，故任氏囤积粮食以居奇，自然就大获其利。司马迁举出这个例子是语重心长的。目的在于说明，要从商业经营中求富，不研究和懂得供求关系的变化，那是不会成功的。

商业本身并不创造财富，它只是运动产品的流通，促进人们消费。但商业的发展，有力地带动商品生产，社会物质产品增多，意味着社会生产力的发展，于是商业有力地促进了财富的积累和创造，表现为人们口袋的货币增多，社会繁荣整体社会的财富也就增加了。

总上，司马迁创立《货殖列传》以及他的另一篇经济史传《平准书》，是学术史上的一件大事。它开创了我国正史记载生产活动的先例，提供了大量的经济史料，成为中国史学的优秀传统。司马迁以他天才的洞察力从人欲争利的行为中看到了人欲争利的生产动力。他考察了生产领域中的社会分工，并重农工商虞，认识到这是古代社会基本的经济结构。司马迁为古代商人立传，从中总结了治生之术，获得了许多符合价值规律的见解，肯定了商业活动在促进生产发展中所起的纽带作用，颂扬货殖。《平准书》对汉武帝与民争利的经济政策提出了批评，与颂扬货殖相呼应。毫无疑问，司马迁提出的学说主张与批评意见是正确的和有助于社会经济前进的。可惜这些闪耀着夺目光辉的伟大思想，无论在当时或后世，都不曾为愚昧专断的封建经济者所重视，相反遭到种种的诽谤和攻击，这确实令人感到愤懑和痛心。现在，应该是替这位才华横溢的经济思想家清除诬垢和恢复名誉的时候了，让被历史烟尘长期掩没了的明珠重放光明。

下编　史记选评

【说明】本编《史记选评》，上海古籍出版社2003年出版，收入该社文史哲经典读本普及读物丛书中。选文30篇，本纪、表、书、世家、列传五体皆备，因系普及读物，选文全系节选《史记全本新注》相关篇目的精彩段落，故多数单篇内容只包括题解、原文、简注、简评，无段意一项。书前导论，以及末篇《太史公自序》，因内容与别卷重复，入集时删略。万里之行，始于足下。《史记》课之开设与选讲，是作者跋涉《史记》研究征程的基础。《史记选评》正是这一跋涉过程的一个缩影，也是作者创新古籍整理注释体例的一个尝试，是以收入本集为下编。

本　纪

《五帝本纪·正义》引裴松之《史目》云："天子称本纪，诸侯曰世家。"张守节发挥说："本者，系其本系，故曰本；纪者，理也，统理众事，系之年月，名之曰纪。"刘知几曰："盖纪者，纲纪庶品，网罗万物，论篇目之大者，其莫过于此乎！"又云："盖纪之为体者，犹《春秋》之经系日月以成岁时，书君上以显国统。"（《史通·本纪》）据此，"本纪"之义有五：

1. "本纪"为法则、纲要之意，它"纲纪庶品"，故为最尊贵之名称。

2. "本纪"为记载天子国君之言事所专用。

3. "本纪"是"网罗万事"的，即国家大事无所不载，不得视为人物传记。

4. "本纪"编年，记正朔，象征天命攸归。从编纂学角度立论，编年记事是我国史法的优秀传统，使叙列的历史事件的兴衰发展线索分明，它创自《春秋》。

5. "本纪"效《春秋》十二公，故为十二篇。《太史公自序》云："著十二本纪。"

十二本纪序列为：（一）五帝本纪、（二）夏本纪、（三）殷本纪、（四）周本纪、（五）秦本纪、（六）秦始皇本纪、（七）项羽本纪、（八）高祖本纪、（九）吕太后本纪、（十）孝文本纪、

（十一）孝景本纪、（十二）今上本纪。《今上本纪》缺失，今本《孝武本纪》是补缺者截取《封禅书》所补，为《史记》之重复篇目。本书选评了八篇本纪。

五帝本纪

【题解】 本篇节选自《史记》开篇《五帝本纪》。五帝是中国上古父系氏族传说时代的五个圣王。五帝禅让相承，序列为黄帝、颛顼、帝喾、唐尧、虞舜。五帝同姓而而非一家，不是一个王朝，司马迁合写一篇本纪，所以题名《五帝本纪》。

《五帝本纪》寓含司马迁的历史观，是《史记》全书的一个缩影。儒家经典《尚书》记事起于尧，宣扬让德。司马迁将历史开端向上推移至黄帝，宣扬天下一统。五帝时代约当公元前24至前23世纪之间，距今四千多年，正当原始社会末期军事民主部落联盟时代，司马迁的记载大致符合历史进程。五帝禅让相承，典礼制度一步步完善，黄帝草创国家，虞帝时制度大备，鲜明地体现了司马迁进化论的历史观。黄帝用战争统一诸侯，表明平乱世要用暴力。尧、舜二帝举贤任能，天下大治，表明治国要用德。故篇末总括说："自黄帝至舜、禹皆同姓而异其国号，以率其德。"司马迁在《太史公自序·律书序目》中说"非兵不强，非德不昌"，表述了治理天下要德与力并重的历史观点。《五帝本纪》生动地体现了这一思想。司马迁寓史论于序事之中，可以说《五帝本纪》既是述史之端，也是《史记》全书的一篇序论。

黄帝者①，少典之子②，姓公孙，名曰轩辕③。生而神灵，弱

①黄帝：姬姓，号轩辕氏，又号有熊氏。传说中的部落联盟首领，被认为是中原华夏各族的共同祖先。 ②少典：传说中的有熊氏部落首领。 ③姓公孙，名曰轩辕：黄帝本姓公孙，因生于轩辕之丘，故以地为姓氏，称轩辕氏。轩辕，在今河南省新郑县西北。

而能言①，幼而徇齐②，长而敦敏③，成而聪明④。

轩辕之时，神农氏世衰⑤。诸侯相侵伐⑥，暴虐百姓，而神农氏弗能征。于是轩辕乃习用干戈⑦，以征不享⑧，诸侯咸来宾从⑨。而蚩尤最为暴⑩，莫能伐。炎帝欲侵陵诸侯，诸侯咸归轩辕。轩辕乃修德振兵⑪，治五气⑫，艺五种⑬，抚万民，度四方⑭，教熊罴貔貅貙虎⑮，以与炎帝战于阪泉之野⑯。三战，然后得其志⑰。蚩尤作乱，不用帝命⑱。于是黄帝乃征师诸侯，与蚩尤战于涿鹿之野⑲，遂禽杀蚩尤⑳。而诸侯咸尊轩辕为天子㉑，代神农氏，是为黄帝。天下有不顺者，黄帝从而征之，平者去之㉒，披山通道㉓，未尝宁居。

东至于海，登丸山㉔，及岱宗㉕。西至于空桐㉖，登鸡头㉗。南至于江㉘，登熊、湘㉙。北逐荤粥㉚，合符釜山㉛，而邑于涿鹿之阿㉜。迁徙往来无常处，以师兵为营卫㉝。官名皆以云命，为云

①弱而能言：生下几十天就会说话。弱，七十天以内的小孩称弱。 ②幼而徇齐：少年时思虑敏捷。徇齐，通“迅疾”，即思想敏锐。幼，不满十岁曰幼。 ③敦敏：敦厚懂事。 ④成：到成年人时候。 ⑤神农氏：又称炎帝，与轩辕氏黄帝并称“炎黄”。传说神农氏是农业耕作和医药的发明者。 ⑥诸侯：这里是指当时中原地区的各部落首领。 ⑦习用干戈：积极使用战争手段。干，盾。戈，矛。此处代指战争。 ⑧不享：不交纳贡物，即抗命不服。 ⑨宾从：如宾从主，即归服。 ⑩蚩（chī）尤：黄帝时部落酋长之一。 ⑪修德振兵：兴德教，整武备。 ⑫治五气：推算历法节气，旧说指东南中西北方之气，东气主春，南气主夏，西气主秋，北气主冬之类。 ⑬艺五种：种植黍稷菽麦稻五种谷物。艺，栽植。 ⑭度（duò）四方：考虑四方诸侯情况，定出措施。度，虑度。 ⑮教熊罴（pí）貔（pí）貅（xiū）貙（chū）虎：意谓教练士卒像熊罴貔貅貙虎一样去勇猛作战。 ⑯阪泉之野：阪泉，地名，在今河北省涿鹿县东。野，原野。 ⑰得其志：达到了目的，指打败了炎帝。 ⑱不用帝命：不听从黄帝的命令。 ⑲涿鹿：涿鹿山，今河北省涿鹿县东南。 ⑳禽：通“擒”。 ㉑天子：代天行事之人，有无上权威。实指当时的部落联盟领袖。 ㉒平者去之：平服者舍而不征。去，通“弃”，舍弃。 ㉓披山通道：辟山开路。 ㉔丸山：山名，又名凡山、丹山、纪山，在今山东省临朐县境。一说在昌乐东南五十里。 ㉕岱宗：即泰山。 ㉖空桐：山名，在今甘肃平凉县境。 ㉗鸡头：即大陇山，在今甘肃平凉西。 ㉘江：指长江。 ㉙熊、湘：二山名。熊山，即今湖南省益阳县西之熊耳山。湘山，又名君山、洞庭山，在今湖南洞庭湖中。 ㉚荤（xūn）粥（yù）：当时的匈奴族名。 ㉛合符釜山：黄帝在釜山和各部落首领规定符节（交往信物），正式确定黄帝的首领地位。釜山，地名，在今河北省怀来县北。 ㉜邑于涿鹿之阿：建都于涿鹿山下。邑，成，此处意为筑城。阿，依山平地。 ㉝以师兵为营卫：把军队分营环绕驻地周围，用以警卫。

师。置左右大监，监于万国。万国和，而鬼神山川封禅与为多焉[①]。获宝鼎，迎日推荚[②]。举风后、力牧、常先、大鸿以治民[③]。顺天地之纪[④]，幽明之占[⑤]，死生之说[⑥]，存亡之难[⑦]。时播百谷草木[⑧]，淳化鸟兽虫蛾[⑨]，旁罗日月星辰水波土石金玉[⑩]，劳勤心力耳目，节用水火材物[⑪]。有土德之瑞，故号黄帝[⑫]。

黄帝二十五子，其得姓者十四人[⑬]。

黄帝居轩辕之丘，而娶于西陵之女[⑭]，是为嫘祖。嫘祖为黄帝正妃，生二子，其后皆有天下：其一曰玄嚣[⑮]，是为青阳，青阳降居江水[⑯]；其二曰昌意，降居若水[⑰]。昌意娶蜀山氏女[⑱]，曰昌仆，生高阳，高阳有圣德焉。黄帝崩，葬桥山[⑲]。其孙，昌意之子高阳立，是为帝颛顼也[⑳]。

【简评】 黄帝是中华民族的始祖，今陕西黄陵县西北桥山上有黄帝陵。在先秦时代，黄河流域，大江南北，到处流传着黄帝

①而鬼神山川封禅与为多焉：此释“万国和”的原因。意谓黄帝以天子身份把名山大川神秘化，到处筑坛祭告。鬼神，用作动词，即鬼神之。与，通“许”，认可。 ②迎日推荚：用蓍草作筹码，推算日历，指导农业生产。荚，同“策”，用蓍草作的筹码。相传黄帝得神策，能迎日，实指黄帝时已掌握了运用筹码推算日月运行、四时八节的方法。迎，逆推而知。 ③举：任用。风后、力牧、常先、大鸿：都是黄帝的助手。 ④顺天地之纪：顺应天地阴阳四时变化规律。纪，纲纪。 ⑤幽明之占：关于阴阳变化的预告。幽，阴。明，阳。占，依数预测，占数。 ⑥死生之说：死和生的自然道理。 ⑦存亡之难：对于安不忘危、存不忘亡的辩难。难，辩论。 ⑧时：及时，顺应时令。 ⑨淳化鸟兽虫蛾（yì）：指淳厚的教化遍及各种动物昆虫。蛾，同“蚁”，即蚂蚁。 ⑩旁罗日月星辰水波石土金玉：广泛阅历各方面的自然现象，如日月星辰水波土石金玉等，对之进行考查研究。这就是所谓“法天则地”。旁，广泛，不限一方。罗，通“历”，阅历。 ⑪节用水火材物：教育众民有节制地利用自然产物。节，节制。 ⑫有土德之瑞，故号黄帝：这里是依后世五行相生之说，炎帝为火德，黄帝代炎帝，火生土，土色黄，故号黄帝。土德之瑞，象征土德的祥瑞，所谓“黄龙地见”之类。 ⑬得姓者十四人：黄帝以二十五个儿子中十四人为有德行的人，依其出生之地赐给了姓。传说上古有德之人才有姓，故黄帝其余十一子不得姓。得姓之人十四人，《索隐》记载共十二姓，即：姬、酉、祁、己、滕、葴（zhēn）、任、荀、僖、姞（jí）、儇（xuān）、衣。据后人考订，“荀”当作“苟”，“儇”当作“轘”。 ⑭西陵之女：即嫘（léi）祖。西陵，古部落名。 ⑮玄嚣（xiāo）：黄帝长子。 ⑯降居江水：降为诸侯，住在长江边。江水，即长江，与下文若水相对。 ⑰若水：古水名，即今四川省境的雅砻江。 ⑱蜀山氏：居住在今四川省境内的一个部落名。 ⑲桥山：又名子午山，在今陕西省黄陵县城北。 ⑳颛（zhuān）顼（xū）：高阳氏之名。

的故事，百家书籍中也记载着黄帝的事迹。有的说黄帝是神，有的说黄帝是人，司马迁排除神秘色彩，把黄帝写成一个与人民打成一片，同甘共苦的创业帝王形象。黄帝擒灭蚩尤，兼并炎帝，统一天下，草创国家，中华文明社会就从这里开始。在司马迁笔下，五帝承传，夏、商、周三代天子，秦汉王朝，以及春秋以来的列国诸侯，都是黄帝子孙。中华民族皆黄帝子孙，这一民族一统观念就奠基于《史记》。司马迁的这一伟大思想成为历代以来进行爱国主义传统教育的宝贵历史资料，数千年来激励了无数的仁人志士为中华民族的生存、繁荣和进步而斗争。“黄帝子孙”，至今仍是一个神圣名词，具有无限凝聚力。黄帝是中华民族的人文始祖，是中华文化的民族魂。与黄帝齐名的炎帝号“神农氏”，教民耕种，也是传说中的圣王。所以“黄帝子孙”又称“炎黄子孙”。

先秦古籍记载我国历史，有着不同的开端。孔子删订《尚书》，断自唐尧、虞舜。而《易》又起于伏羲、神农，《礼记》则笼统地说“昔者先王”。这是儒家经典的情况。诸子著作论及上古之事，有的始于有巢氏，有的起自神农氏。

司马迁记载中华民族的开端，既不从“经”，又不从“子”，而是自立新例，起自黄帝。这一新例，司马迁在篇末赞语中作了交代，他漫游全国各地，考察四方风俗，到处都有黄帝的传说。古代的传说有两类。一类是原始社会的人们通过幻想编织的一些神奇故事，叫神话故事。神话故事都有超人的力量。其实神话是人们劳动斗争与对自然及社会认识的折光反映。神话中的黄帝活了三百年，最后乘龙升天。另一类是传说故事，其人物有血有肉，食的是人间烟火，他们之间的关系也比较复杂，或辩论，或打仗，或通婚，等等。这后一类传说中有许多真实的记录，反映了原始社会的缩影。《五帝本纪》即是根据后一类传说编次而成的，因而具有很高的史料价值，大体反映了我国原始社会末期的真实情况。中国原始社会部落之间由分离而开始联盟，走向合并和融合，最后形成统一的华夏民族，黄帝作出了卓越的贡献。

按照马克思主义理论，一个民族的形成是伴随着国家的出现而完成的。国家的胚胎形式，在《五帝本纪》中得到了生动的反映。黄帝所训练的熊罴貔貅虎，就是由他率领，专事征战的军队。而“师兵为营卫”，并且“命以云师”则更是职业武装的设施了，这是暴力机器的主要成分。黄帝时还设“左右大监”，尧时有“四岳”，“十二牧”，舜时则百官齐备。尧时有象征性的刑罚，舜则制五刑、流四凶，具备了法典，掌管刑法的皋陶也成为著名的人物。这些都说明国家机器的胚胎已在产生和形成的过程中，并不断完善，私有财产观念的加强和贵族与平民的分化也可以从中看出来。黄帝“黄收纯衣”，很是朴素，并且“劳勤心力耳目”、“未尝宁居”。到了舜时，就“载天子旗”去朝拜父亲了。而且尧可以赐仓廪牛羊，象又要设法窃据舜的宫室妻子。从这些传说故事来看，国家的正式出现已是相当迫近的了。总之，马克思主义所论述的关于民族形成过程的必然现象，在《五帝本纪》中大体都得到了反映，而这些现象在黄帝以前的传说中是没有的。

司马迁对黄帝以前和黄帝以后的传说是作过比较的。现代考古已发现夏代的文化遗存。夏朝正式创立国家。五帝禅让是原始社会的军事民主时期，司马迁将之作为国家萌芽的雏形来写，表彰黄帝统一各部落，具有深意。他至少已认识到黄帝时代是一个新的历史阶段的开端。他说：“维昔黄帝，法天则地，四圣遵序，各成法度，唐尧逊位，虞舜不台；厥美帝功，万世载之。作《五帝本纪》第一。”（《太史公自序》）在司马迁的心目中，黄帝就是一位开辟新时代的英雄人物，黄帝统一了各部族，草创制度，立下了万世效法的准则。黄帝打开了中国文明历史的大门。黄帝被中华民族儿女尊为共同的祖先，成为这一伟大民族向心力的象征，首先应归功于司马迁《五帝本纪》的创造。

夏本纪

【题解】 本篇节选自《夏本纪》。中国家天下的开端是从夏朝开始的。《夏本纪》系统地记载了夏王朝的帝系及大事，有材料根据的就多写，没有材料根据的就少写。全篇三分之二篇幅是依据《尚书·禹贡》写禹治水和受禅。本篇即有关大禹治水的故事。

黄河是中华民族的摇篮，但她也给人们带来了水患。历史上她曾多次决口横流泛滥成灾。提起黄河水祸，人们就不寒而栗。历代王朝在治水上所耗费人力、物力之大，亦莫过于治河。征服自然，变害为利，是勤劳勇敢的中华民族的悠久传统。早在唐虞时代，我们的祖先就以勤劳的双手和无穷的智慧治理黄河，兴修水利，发展生产。大禹就是一个当时的治水英雄。当然大禹是传说中的历史人物，是我们中华民族祖先集体智慧的象征。因而他的功绩、才智，代代流传，家喻户晓，是中华民族精神文明的宝贵遗产。

大禹，姓姒，名文命，又称夏禹、戎禹，鲧的儿子。禹部落生活在黄河之南，以农业发达著称，必然要与黄河水患作斗争。禹的父亲鲧，因为治水方法不当，用堵塞的办法造成了更大的水患，被舜处以死刑。禹继承父志，改用疏导的办法，治水成功。父子两代治水的不同效果，正是人与自然作斗争，不断总结经验，不断开发智慧的过程和结果。

夏禹，名曰文命[①]。禹之父曰鲧，鲧之父曰帝颛顼，颛顼之父曰昌意，昌意之父曰黄帝。禹者，黄帝之玄孙而帝颛顼之孙也。禹之曾大父昌意及父鲧皆不得在帝位，为人臣。

当帝尧之时，洪水滔天，浩浩怀山襄陵，下民其忧。尧求能治水者，群臣四岳皆曰鲧可。尧曰："鲧为人负命毁族，不可。"四岳曰："等之未有贤于鲧者，愿帝试之。"于是尧听四岳，用鲧治水。九年而水不息，功用不成。于是帝尧乃求人，更得舜。舜登用[②]，摄行天子之政，巡狩。行视鲧之治水无状，乃殛鲧于羽

①夏：禹所封地，在今河南禹县。文命：司马迁以禹为谥，文命为名，因夏代无谥，禹亦是名。　②登用：提升，重用。

山以死①。天下皆以舜之诛为是。于是舜举鲧子禹，而使续鲧之业。

尧崩，帝舜问四岳曰："有能成美尧之事者使居官？"皆曰："伯禹为司空，可成美尧之功。"舜曰："嗟，然！"命禹："女平水土，维是勉之。"禹拜稽首，让于契、后稷、皋陶。舜曰："女其往视尔事矣。"

禹乃遂与益、后稷奉帝命，命诸侯百姓兴人徒以傅土②，行山表木③，定高山大川④。禹伤先人父鲧功之不成受诛，乃劳身焦思⑤，居外十三年，过家门不敢入。薄衣食，致孝于鬼神。卑宫室，致费于沟淢⑥。陆行乘车，水行乘船，泥行乘橇⑦，山行乘檋⑧。左准绳，右规矩⑨，载四时⑩，以开九州，通九道，陂九泽，度九山。令益予众庶稻，可种卑湿。命后稷予众庶难得之食⑪。食少，调有余相给，以均诸侯，禹乃行相地宜所有以贡⑫，及山川之便利。

道九山⑬：汧及岐至于荆山⑭，逾于河；壶口、雷首至于太岳；砥柱、析城至于王屋⑮；太行、常山至于碣石⑯，入于海；西倾朱圉、鸟鼠至于太华⑰；熊耳、外方、桐柏至于负尾⑱；道番冢，至于荆山⑲；内方至于大别⑳；汶山之阳至衡山，过九江㉑，

---

①殛：流放。 ②兴人徒：动员大批人力劳作。傅土：划分施工的地域。 ③行山表木：循山勘测线路，立木以为表记。 ④定：指命名。 ⑤焦思：苦苦地动脑筋。 ⑥薄衣食四句：指禹节衣缩食而尽力孝敬鬼神，居处简陋而把财力全用于开沟挖渠的水利上。沟淢：渠道深广四尺叫沟，深广八尺叫淢。淢，通洫。 ⑦橇(qiāo)：行于冰雪或泥路上的滑行工具。 ⑧檋（jú）：鞋底下有锥齿的登山鞋。 ⑨左准绳，右规矩：随身带着测量工具。 ⑩载四时：四季工作不违时宜。 ⑪难得之食：指五谷。古代农作单一，后稷推广五谷，故称难得。 ⑫相：考察。 ⑬九山：指汧山、壶口、砥柱、太行、西倾、熊耳、番冢、内方、岷山。 ⑭汧：山名。在今陕西陇县南七十里。荆山：此指陕西富平县之荆山。 ⑮砥柱：山名，在河南陕县东北黄河中流。砥柱将奔腾东下的河水劈成三股激流，故又称"三门峡"。析城：山名，在今山西阳城县西南七十里。王屋：山名，在今山西垣曲县。 ⑯太行：山名，横跨河南、山西、河北的大山。常山：即垣山，主峰在今河北曲阳县西北。 ⑰朱圉：山名，在今甘肃甘谷县南。太华：即陕西华阴县境之华山。 ⑱熊耳、外方、桐柏、负尾：均山名。熊耳山在今河南省卢氏县（非指湖南益阳之熊耳山）。外方山在今河南登封县北，即中岳嵩山。桐柏山在今河南桐柏县北。负尾山在今山东泗水县东五十里。 ⑲荆山：此指荆州之荆山。 ⑳内方、大别：山名。内方山今名章山，又名马良山，在湖北钟祥县西南。大别山今称龟山，在今湖北汉阳县东北。 ㉑九江：指沅、渐、元、辰、叙、酉、澧、资、湘诸江。

至于敷浅原①。

道九川②：弱水至于合黎③，余波入于流沙④。道黑水⑤，至于三危⑥，入于南海。道河积石，至于龙门，南至华阴，东至砥柱，又东至于盟津⑦，东过雒讷，至于大邳⑧，北过降水⑨，至于大陆，北播为九河⑩，同为逆河⑪，入于海。番冢道漾⑫，东流为汉，又东为苍浪之水⑬，过三澨⑭，入于大别，南入于江，东汇泽为彭蠡⑮，东为北江⑯，入于海。汶山道江，东别为沱，又东至于醴⑰，过九江，至于东陵⑱，东迤北会于汇⑲，东为中江，入于海。道沇水⑳，东为济，入于河，泆为荥㉑，东出陶丘北㉒，又东至于荷，又东北会于汶，又东北入于海。道淮自桐柏，东会于泗、沂，东入于海。道渭自鸟鼠同穴，东会于沣，又东北至于泾，东过漆、沮，入于河。道雒自熊耳，东北会于涧、瀍，又东会于伊，东北入于河。

于是九州攸同㉓，四奥既居㉔，九山刊旅㉕，九川涤原㉖，九泽既陂㉗，四海会同㉘。

东渐于海㉙，西被于流沙㉚，朔、南暨㉛：声教讫于四海。于是帝锡禹玄圭㉜，以告成功于天下。天下于是太平治。

---

①敷浅原：山名，即今江西之庐山。 ②九川：指弱水、黑水、黄河、漾水（汉水）、长江、沇水（济水）、淮水、渭水、洛水。 ③合黎：山名，在今甘肃张掖、酒泉等县北。 ④流沙：即沙漠，此指内蒙额济纳旗之居延海。 ⑤黑水：此指云南省之澜沧江。 ⑥三危：此指云南省云龙县西之三崇山，又名三危山（非指甘肃敦煌之三危山），澜沧江流经其山麓，有黑水祠。 ⑦盟津：河津名，在今河南孟县境。 ⑧大邳：山名，在今河南浚县东南。 ⑨降水：即绛水，原出今山西屯留县内漳水之上游。 ⑩九河：指黄河在冀州分开的若干支流的总称。 ⑪逆河：分岔的黄河支流，到河北沧县以东又合为一大河，称逆河。 ⑫漾：汉水上游称漾水。 ⑬苍浪：又作沧浪，汉水在今湖北均县的一段称苍浪水，因水中有苍浪洲而得名。 ⑭澨：又名三参水，源出湖北京山县，东流至汉川县入江水。 ⑮汇：回复宛转。彭蠡：泽名，即今江西鄱阳湖。 ⑯北江：长江从彭蠡分三道入震泽（太湖），故有北江、中江、南江之称。 ⑰醴：通澧，即今湖北入洞庭湖之澧水。 ⑱东陵：即巴陵，今湖南岳阳市。 ⑲东迤北会于汇：再往东又斜流往北汇入鄱阳湖。迤，斜流。 ⑳沇水：济水上流称沇水。 ㉑泆：泛滥。 ㉒陶丘：丘名，在今山东定陶县西南。 ㉓攸：语助词。 ㉔四奥：四方之内。 ㉕刊旅：削木为记以利通行。 ㉖涤原：疏浚了源泉。 ㉗陂：堤防。 ㉘会同：诸侯集会。单独会见叫会，多数人会见叫同。 ㉙渐：濒临。 ㉚被：覆及。 ㉛朔、南：北方与南方。 ㉜帝：指帝舜。锡：颁赐。

【简评】 大禹勇敢有智慧，任何困难和挫折都不能使他低头。他治水考虑周密，方法正确，表现了超人的智慧。总的来说，大禹治水分三个步骤，每一个步骤，他都克服了困难，充满了智慧之光。

第一步，调查研究，摸清情况。如何疏导洪水？大禹和他的同伴，在茫茫水泽中发明了指南针指示方向，长途跋涉，走遍了黄河流域。当时遍地洪水，行路十分不便，禹还发明了各种各样的交通工具。陆上行走乘车子；水上行走坐木船；泥滩上行走乘橇车。橇车象畚箕的样子，用木板做成，两头微微翘起，人坐在橇里，一只脚微微弯曲踏在橇外泥滩上，用力蹲地，乘泥沙滑行，速度很快。这种交通工具至今在江浙乡村沙滩上还能看到。山上行走便坐轿子。这种轿子极其简单，用三块木板挂在两根长竹竿上，中间一块木板坐人，左边一块搁脚、右边一块作靠背，山再陡，也能抬过去。冬天，北风凛冽，天寒地冻，禹的两脚冻裂，鲜血淋漓，他仍咬紧牙关，测量地势；夏天，赤日炎炎，如火如燎，他两脚起泡，便用泥土涂抹，继续踏勘水势。虽然大禹小腿上的毛脱落得精光，身子累得疲劳不堪，但为了人民利益，早日治好洪水，他顾不得坐一坐，歇一歇，抓紧时间工作。有一次，他考察经过涂山，路过自己的家门口听到小孩子的哭声，还隐隐约约听到妻子在哄着孩子："乖孩子，不要哭，你爸爸治水去了，一去三年，没有回家来看看宝宝。"禹听了心中非常辛酸，只要向前一步，一抬腿，就可跨进家门，看到爱妻和没有见过面的孩子。他的同伴都劝他回家看一看再走。但禹，为了治水，心一横，未进家门就走了。这样的情况在禹治水的十三年中一共有三次。"三过家门而不入"，历史上传为美谈。这是一种公而忘私的崇高精神。禹经过长期的调查考察，发现我国的地势西北高、东南低、要治平洪水，一定要根据地形，因势利导，把洪水疏导到海里去。

第二步，凿开龙门，导河入海。大禹经过调查研究，掌握了黄河流向的第一手资料。在今青海境内的小积石山，是黄河的一个河源，大禹要让那里的水顺东北流下，经过灵州、胜州，让河水由北向南流动，然后凿开龙门山，让河水进入河南平缓地带，使之在下游分流，一支让它从山东博兴附近的清河入海；另一支让它从河南的浚县西南经山东范县、临邑、滨县等地入海。这样黄河的主干河道便疏通了。

而要完成疏通黄河主干河道的关键工程，则须凿开龙门山。龙门山在同州韩城县北五十里，形势十分险峻。重岩叠嶂，像一座石壁屏风挡住黄河去路，河水无处宣泄，便在黄河上游泛滥成灾。只有凿开龙门山，才能把上游积水向下游疏导。所以大禹集中全部力量，投入到凿开龙门山的战斗中去。那么如何凿开龙门山呢？在当时只有石斧、石刀、石棍等简单的生产工具，要凿开万丈高山其艰难程度可想而知。大禹便召集契、稷、皋陶以及治河工匠一起商议，大家想出了两个方法。一个是“夹击凿山法”，一个是“束水冲山法”。夹击凿山法就是把凿山的人分成两半，一半在西面，从西向东开凿，一半在东面，从东向西开凿。开凿方法，先用柴火烧烤岩石，然后趁热用冷水浇泼岩石，使坚硬的岩石在热涨冷缩与醋酸水的作用下疏裂，再用凿钻缓缓地将岩石凿松。战国时秦国李冰在蜀郡修都江堰，凿宝瓶山，就是用这种凿法。束水冲山法就是在龙门山上游砌造堤坝，将水位提高，等开挖大军将岩石开凿松动后，利用湍急的河水冲开龙门山。大禹和工匠团结一心，叮叮当当，日以继夜凿山不止，经过几年的努力，硬是用蚂蚁啃骨头的方法一点一点地凿开了龙门山。龙门既是山名，又是津渡之名。津渡之龙门又名禹门，人们为了纪念大禹，在龙门黄河东岸修了禹王庙，让他世世代代享受人们祭奠的香火。禹王庙已毁于抗日战争的炮火，但大禹却永远活在人们心中。

龙门凿开了，第三步就是疏通黄河水系。大禹疏通黄河干流，只完成治理洪水的主干工作，为了整治黄河，他还把黄河支流上的山山水水加以疏理。在冀州，他治理慈州壶口山、左冯翊的梁山、右扶风的岐山，引清漳水出上党至阜城县进入黄河，引浊漳水出上党长子县东到邺郡进入清漳水，一起流入黄河。他引恒山的恒水、灵寿的卫水以及巨鹿县大陆泽水进入黄河，然后通过碣石山导之入海。在山东，他疏导汶水流入济水，又导济水、漯河流入黄河。在徐州，他导淮河、沂水、泗水流入黄河。在豫州，他导伊水、洛水、涧水进入黄河。总之，把黄河支流逐一疏通，使黄河形成一个畅通的水系网络。

大禹与契、稷、皋陶以及劳动人民，经过十三年的英勇搏斗，终于治平了洪水。在此基础上他划分全国为九州，根据不同土地条件和自然资源，制定了贡赋标准，使人民群众安居乐业，促进了生产力的极大发展，天下太平。由于禹建立了不朽的功勋，舜便指定他为自己的接班人。十七年后，舜将天子之位禅让给禹。禹历尽艰辛，运用自己的智慧和才能治平洪水，造福人类，他受到历代人们的崇高赞扬。中国古代的圣人孔子对大禹治水的伟大功绩作了高度评价。《论语·泰伯》载孔子之言说："禹，卑宫室而尽力乎沟洫。禹，吾无间然矣。"意思是说："大禹啊，居住很坏，却把全部精力用于沟渠水利。大禹啊，我对他没什么说的。"《左传》昭公元年也记载说："禹全心全意治理洪水，功劳太大了。要是没有禹，我们都要成为鱼鳖。"就这样，大禹治水的故事，一代又一代被传颂着，大禹治水的精神，已成为中华民族勤劳勇敢、战胜困难的一种美德的象征。

殷本纪

【题解】 本篇节选自《殷本纪》。殷朝最初称商朝，盘庚迁殷，始称殷朝。《殷本纪》系统地记载了殷王朝兴起、发展和灭亡的整个历史过程，并为出土的甲骨卜辞所证实，因此是研究商代历史的重要文献。商代帝系从成汤建国到殷纣之灭，历十七世三十一王，王位继承多兄终弟及。商代存在时间，《三统历》记载为 629 年，《殷历》记载为 458 年，《竹书纪年》记载为 471 年。夏商周断代工程考实为公元前 1600 至前 1046 年，历年 554 年。本篇节选商汤王是怎样争取人心，建立商朝的故事。商汤王是殷朝的开国之君，名天乙。公元前17世纪的历史人物。

殷契①，母曰简狄，有娀氏之女②，为帝喾次妃。三人行浴，见玄鸟堕其卵③，简狄取吞之，因孕生契。契长而佐禹治水有功。封于商，赐姓子氏。

契兴于唐、虞、大禹之际，功业著于百姓，百姓以平④。契卒，子昭明立。昭明卒，子相土立。相土卒，子昌若立。昌若卒，子曹圉立。曹圉卒，子冥立。冥卒，子振立⑤。振卒，子微立⑥。微卒，子报丁立。报丁卒，子报乙立。报乙卒，子报丙立。报丙卒，子主壬立。主壬卒，子主癸立。主癸卒，子天乙立⑦，是为成汤。

成汤，自契至汤八迁。汤始居亳，从先王居⑧，作《帝诰》⑨。

汤征诸侯。葛伯不祀⑩，汤始伐之，汤曰："予有言：人视水见形，视民知治不⑪。"伊尹曰："明哉！言能听，道乃进。君国子民⑫，为善者皆在王官⑬。勉哉，勉哉！"汤曰："汝不能敬命，予大罚殛之，无有攸赦。⑭"作《汤征》⑮。

汤出，见野张网四面，祝曰："自天下四方皆入吾网。"汤曰："嘻，尽之矣！"乃去其三面，祝曰："欲左，左。欲右，右。不用命，乃入吾网。"诸侯闻之，曰："汤德至矣，及禽兽。"

当是时，夏桀为虐政淫荒，而诸侯昆吾氏为乱⑯。汤乃兴师

---

①殷契：契是商朝始祖，舜封契于商。古商邑在今陕西商县。契十四传至汤，汤建商朝，迁于南亳。南亳在今河南商丘县东南。汤二十传后至盘庚，迁都西亳称殷，故史又称商为殷朝、殷契。　②有娀（sōng）氏：古部族名，地当今山西永济县。　③玄鸟：黑色燕子。　④平：平服。　⑤振：即卜辞中的王亥。《索隐》云：《世本》作"核"。　⑥微：字上甲，因其母以甲日生故名。商王从微起以日为名。　⑦天乙：据罗振玉《殷商贞卜文字考》，"天乙"是"大乙"之误。天乙名履，即汤王。　⑧先王：指帝喾，相传帝喾都亳。　⑨《帝诰》：古文《尚书》中有《汤诰》。汤作诰，告示天下，与民更始。　⑩葛伯：汤的邻国，其地在今河南睢县北。　⑪人视水二句：人们照一照水可以看到自己的形貌；人君听一听人民的议论可以知道政治是否清明。不，即否字。　⑫子民：视民如子，即爱民。　⑬为善句：要把为善的人安排在朝廷中做官。　⑭汝不三句：你们要是不敬慎天命，我就要用重刑惩治，决不宽恕。　⑮《汤征》：已佚，言征伐葛伯之事。　⑯昆吾氏：夏的同盟部落，在今河南濮阳西南。

率诸侯，伊尹从汤，汤自把钺以伐昆吾①，遂伐桀。汤曰："格女众庶，来，女悉听朕言②。匪台小子敢行举乱，有夏多罪③，予维闻女众言，夏氏有罪。予畏上帝，不敢不正④。今夏多罪，天命殛之⑤。今女有众，女曰：'我君不恤我众，舍我啬事而割政⑥'。女其曰：'有罪，其奈何⑦？'夏王率止众力，率夺夏国。有众率怠不和，曰：'是日何时丧？予与女皆亡！'夏德若兹，今朕必往⑧。尔尚及予一人致天之罚，予其大理女。女毋不信，朕不食言。女不从誓言，予则孥僇女，无有攸赦⑨。"以告令师，作《汤誓》⑩。于是汤曰："吾甚武"，号曰武王。

桀败于有娀之虚⑪，桀奔于鸣条⑫，夏师败绩。于是诸侯毕服，汤乃践天子位，平定海内。

【简评】 商汤王是商朝的开国之君，夏桀王是夏朝的亡国之主。这对一盛一衰的君主是中国历史上有名的开国之君与亡国之主。商汤励精图治而兴邦，夏桀荒淫暴虐而亡国，成为中国历代君王中一正一反的典型。商汤王与尧、舜、禹、周文王、周武王并列，人们称赞他为圣王。夏桀王与后来的商纣王、周厉王、周幽王等为伍，是著名的暴虐之君，也是亡国君王的代名词。成语有"殷鉴不远，在夏后之世"，说的就是夏桀王与商纣王这两个暴君和亡国之主。成语又有"助桀为虐"、"桀犬吠尧"、"桀纣之

---

①钺：古代斧类兵器。　②格女二句意：你们大家到跟前来，再靠近一些，你们全都听我说。　③匪台（yí）二句：不是我敢于兴兵作乱，夏桀确实罪恶多端。台，汤王自称，我。小子，谦词。　④正：同征。　⑤殛：诛杀。　⑥今女有众三句：现在你们大家兴许会说："我们的君王不体恤我们，让我们放弃正忙的农活去征伐夏，为啥这样做。"此为汤王揣度将士之言。割，通害，即曷。政，通征。
⑦女其曰句：你们还会说："夏桀有罪，究竟是怎样的罪？"　⑧夏王率止众力三句：夏王君臣相率竭尽了民力，又刻薄夏邑人民。夏民则相率怠于奉上，不与夏桀相协作，他们说："你这太阳何时消亡，我情愿与你同归于尽。"夏桀丧失人心已到这地步，现在我非去讨灭他不可。率，相率。遏，竭尽。割，刻薄。日，夏桀自比太阳。
⑨尔尚及予三句：你们一心辅助我，奉行上天对夏桀的惩罚，我将大大地赏赐你们。你们不要不信，我决不食言。如果你们不听命，我就罚你们为奴隶甚至杀死你们，概不赦免。理，通厘，赏赐。孥，通奴，孥作本字解，就是把妻儿沦为奴婢。僇，通戮。　⑩《汤誓》：《尚书》中篇名，即汤王在鸣条发布的誓师之辞。以上文字就采自《汤誓》。⑪虚：通墟，旧址。　⑫鸣条：古地名，在今山西运城县安邑镇北。

主”，就是从夏、商两个亡国之主的历史演化出来的。

商朝远古的始祖名叫契，传说契的母亲简狄因吞下燕卵生下了他。契长大后帮助禹治水有功，被舜任命为司徒，掌管教化，封地在商，即今河南商丘，这就是商朝的发祥地，也是商朝族名国名的来历。契传了十四代到汤。汤又称成汤、天乙、大乙、高祖乙。成汤身高九尺，合今 1.98 米，是个大高个子，英俊魁伟，仪表堂堂，才干出众。这时商族已经从氏族社会过渡到奴隶社会，农业、手工业都很发达，是夏朝的属国。有一次，成汤冒犯了桀王，被囚禁在夏台，差点被杀，很久才被释放出来。

成汤经过这次磨难，更加成熟，很有韬略。他有计谋地争取人心。有一天他到野外散步，看到有人四面张起网来捕鸟兽，还祷告说，从天上下来的，从四面八方来的，所有的鸟兽统统进入网内，成汤听了十分感叹：“不能竭泽而渔啊！哪能把鸟兽都打光啊！”于是成汤也张了网，他去掉三面，只张了一面的网，也祷告说：“想往左跑的，就往左飞，想往右跑的，就往右飞，不听话的，就向网里钻吧。”四方诸侯听了，大为震动，一传十，十传百，纷纷议论说：“成汤的恩德到了顶点了，鸟兽都蒙受恩德，我们去投奔他吧！”于是，成汤的势力日益壮大。

成汤喜欢听人提意见，他鼓励大家说：“用水可以照人的影子，听了人民的反映，才知道治理得是好还是坏。”辅佐成汤的伊尹听了非常高兴。他说：“圣明啊，我们的汤王。善于听意见的人才能进步，治理国家，要爱民如子，才能选拔好人当官。要努力再努力，坚持不断。”汤王牢记在心。

再来说一说夏桀王。传说他也是个美男子，力大无比，为“百人之敌”，但长着一颗虎狼之心。有一年，他讨伐有施氏，有施氏投其所好，把美貌妇人妹喜献给他，桀王喜笑言开，整日淫乐，不理朝政，让奸邪小人把持政权。关龙逄等几个大臣劝谏他，桀王听不进去，反而发怒杀了关龙逄等人，这样，没有人敢说话了。桀王很高兴，自比为红太阳。老百姓咒骂说：“桀王这太阳什么时候完蛋，我们宁愿与他一同灭亡。”人们的怨声到了同归于尽的份上，桀王不灭，才是怪事。

成汤见桀王如此昏庸残暴，就要兴兵推翻他，深谋远虑的伊尹对汤王说："讨伐夏桀，是否到了火候，我们尚不得而知，不妨暂停进贡来试探一下，看看他的反应。"成汤接受意见照办，桀王见成汤不进贡，勃然大怒，下令全国总动员征伐成汤。各属国心里痛恨桀王，可行动不敢怠慢，纷纷做出师的准备。伊尹对汤王说："赶快转舵，桀王还能动员九夷之师，讨伐不是时候。"成汤赶快认错，还加倍进贡，向桀王表示立功补过。桀王被蒙骗了，也就不追究。又过了一年，桀王仍然花天酒地，四方怨言不绝。汤王又一次试探不进贡，桀王再下令九夷之师出兵，大家都不行动。伊尹说："时机成熟了。"汤王抓住机会，不管农忙季节，立即动员，发布命令。汤王说："大家振作起来，要听从我的命令，不是我斗胆发动战争，实在是桀王无道，犯了滔天大罪。我听从上天的命令讨伐他。不允许有不听从天命的人，不勇敢作战，我就惩罚他做奴隶，甚至处死。你们不要只顾农忙，错过了机会。"经过誓师动员，大家摩拳擦掌，齐声高呼："听从汤王命令！"

汤王率师进发，在有娀地方打败了桀王，桀王逃到了鸣条。商汤王紧追不舍，又在鸣条打败桀王，夏军瓦解溃散。桀王一直逃到南巢，后来死在那里。桀王临死时说："我后悔没有把成汤杀死在夏台，才落得今天的下场。"他至死仍执迷不悟。

汤王灭了夏朝，诸侯都来归附，领土越来越大。商朝的版图，东边到大海，南边过了长江，西边到了宁夏、关中，北边到了大漠地方，是当时世界上少有的文明大国。

成汤开国的故事，广为人民传颂，《诗经·商颂·玄鸟》这首诗就是其中的一篇。其中有一段译成今语是这样说的：

天命燕子生了汤，受封殷土日益拓广。
上帝命令英武的汤王，治理天下管好四方。
成汤应时发出号召，九州进入商朝封疆。
商朝先君秉承天命，国运长久安然无恙。

周本纪

【题解】 本篇节选自《周本纪》。《周本纪》是《史记》中一篇宏大的史传，记述了周朝一代八百年的兴衰历史，包括西周及春秋、战国时代。《周本纪》重点是写西周史，平王东迁后“政由方伯”，事详各诸侯世家。周朝之兴，是积德累善得天下的典型。周祖先后稷是唐尧时的农师，他改进了农业耕作技术，受到人民的爱戴。周民族一直重视农业，公刘迁豳，古公亶父居岐，都是对发展生产有贡献的革新型人物。古公亶父正式建立了国家，设官分职、广行仁义，周事业方兴未艾。又经过季历、文王的招抚人民，到了武王一举灭纣而有天下。

武王灭殷建周，是周朝历史上的大事。《周本纪》中有一个精彩的大段落，写了周武王灭殷建周的全过程。全文分三大部分：第一部分，写灭殷前的组织、动员和演习；第二部分，写牧野誓师，一战灭殷；第三部分，写收殷遗民，建立周朝，告天称成功。行文鲜活生动，一位开国之君的形象伴随着大场面的描写傲然屹立。

周武王，姓姬，名发，是周文王姬昌的第二子。文王长子被纣王所害，所以姬发继立，终于完成了灭殷建周的大业。据夏商周断代工程，武王灭殷之年在公元前 1046 年，而秦并东周在公元前 249 年，这样，周朝在历史上存在 798 年。

武王即位，太公望为师，周公旦为辅，召公、毕公之徒左右王，师修文王绪业。

九年，武王上祭于毕[①]。东观兵，至于盟津，为文王木主[②]，载以车，中军。武王自称太子发，言奉文王以伐，不敢自专。乃

①毕：文王墓地名，在今陕西长安县西。 ②木主：木牌神位。

告司马、司徒、司空、诸节[①]："斋栗[②]，信哉！予无知，以先祖有德臣，小子受先功[③]，毕立赏罚，以定其功。"遂兴师。师尚父号曰[④]："总尔众庶，与尔舟楫，后至者斩。"武王渡河，中流，白鱼跃入王舟中[⑤]，武王俯取以祭。即渡，有火自上复于下，至于王屋，流为乌[⑥]，其色赤，其声魄云[⑦]。是时，诸侯不期而会盟津者八百诸侯。诸侯皆曰："纣可伐矣。"武王曰："女未知天命，未可也。"乃还师归。

居二年，闻纣昏乱暴虐滋甚，杀王子比干，囚箕子。太师疵、少师强抱其乐器而奔周。于是武王遍告诸侯曰："殷有重罪，不可以不毕伐[⑧]。"乃遵文王，遂率戎车三百乘，虎贲三千人[⑨]，甲士四万五千人，以东伐纣。十一年十二月戊午，师毕渡盟津，诸侯咸会。曰："孜孜无怠[⑩]！"武王乃作《太誓》，告于众庶："今殷王纣乃用其妇人之言，自绝于天，毁坏其三正[⑪]，离逖其王父母弟[⑫]，乃断弃其先祖之乐，乃为淫声，用变乱正声，怡悦妇人。故今予发维共行天罚[⑬]，勉哉夫子[⑭]，不可再，不可三！"

二月甲子昧爽[⑮]，武王朝至于商郊牧野，乃誓。武王左杖黄钺[⑯]，右秉白旄[⑰]，以麾。曰："远矣西土之人！"武王曰："嗟！我有国冢君[⑱]，司徒、司马、司空，亚旅、师氏，千夫长、百夫长[⑲]，及庸、蜀、羌、髳、微、纑、彭、濮人[⑳]，称尔戈[㉑]，比尔

①诸节：各位受有符节之官员。　②斋栗：即斋慄，敬谨戒惧。　③小子：武王自称。句意：我小子承受先人的功业。　④师尚父：即太公望吕尚。师，太师。尚父，尊称。号曰：大声发布命令。　⑤白鱼：白色为殷家正色，鱼为鳞甲之物，象征战争。白鱼跃入武王舟中，象征殷当为武王所擒，这是祥瑞之兆。　⑥流为乌：天火下降化为一只乌鸦。乌有孝名，象征武王能奉孝完成文王灭殷之事业。乌，赤色，为周家正色。　⑦其声魄云：指乌鸟振翅，发出魄魄的声音，十分安定喜悦。　⑧毕伐：尽全力以伐。　⑨虎贲：如虎之奔，勇士之称。贲，同奔。　⑩孜孜无怠：奋发努力，不要懈怠。　⑪三正：指三仁，即微子、箕子、比干。　⑫离逖其王父母弟：抛弃疏远同祖父母兄弟。指纣不任用微子、箕子、比干等同族之人。王父母：祖父母。　⑬共行天罚：恭敬地执行上天的惩罚。共，读恭。　⑭勉哉夫子：努力啊，勇士们。夫子，对男子之称。　⑮昧爽：天将黎明之时。　⑯杖：持。钺：圆形大斧。武王执钺象征具有杀伐的指挥权。　⑰白旄：用旄牛尾装饰的白色之旗。　⑱冢君：各诸侯之大帅。　⑲亚旅：众大夫。师氏：随王出征的守卫官。千夫长：千人之长。百夫长：百人之长。　⑳庸、蜀、羌、髳、微、纑、彭、濮：周的八个同盟部族国，当今川、陕、鄂、晋等地区。　㉑称：举起。

干[①]，立尔矛，予其誓。”王曰：“古人有言‘牝鸡无晨[②]。牝鸡之晨，惟家之索[③]。今殷王纣维妇人言是用，自弃其先祖肆祀不答[④]，昏弃其家国[⑤]，遗其王父母弟不用，乃维四方之多罪逋逃是崇是长[⑥]，是信是使，俾暴虐于百姓，以奸轨于商国。今予发维共行天之罚。今日之事，不过六步七步，乃止齐焉[⑦]，夫子勉哉！不过于四伐五伐六伐七伐，乃止齐焉，勉哉夫子！尚桓桓[⑧]，如虎如罴，如豺如离[⑨]，于商郊，不御克奔，以役西土[⑩]。勉哉夫子！尔所不勉，其于尔身有戮。”誓已，诸侯兵会者四千乘，陈师牧野。

帝纣闻武王来，亦发兵七十万人距武王。武王使师尚父与百夫致师[⑪]，以大卒驰帝纣师[⑫]。纣师虽众，皆无战之心，心欲武王亟入。纣师皆倒兵以战，以开武王[⑬]。武王驰之，纣兵皆崩畔纣。纣走，反入登于鹿台之上，蒙衣其殊玉，自燔于火而死。武王持大白旗以麾诸侯，诸侯毕拜武王，武王乃揖诸侯[⑭]。诸侯毕从。武王至商国，商国百姓咸待于效。于是武王使群臣告语商百姓曰：“上天降休[⑮]！”商人皆再拜稽首，武王亦答拜。遂入，至纣死所。武王自射之，三发而后下车，以轻剑击之[⑯]，以黄钺斩纣头[⑰]，悬大白之旗。已而至纣之嬖妾二女，二女皆经自杀。武王又射三发，击以剑，斩以玄钺[⑱]，悬其头小白之旗。武王已乃出复军[⑲]。

其明日，除道，修社及商纣宫[⑳]。及期，百夫荷罕旗以先

---

①比：比次，排列。 ②牝鸡：母鸡。晨：报晓鸣叫。 ③索：离散，指家庭崩溃。 ④肆祀不答：不祭祀祖先。肆，祭享宗庙。不答，不顾，不祭祀。 ⑤昏弃：蔑弃。 ⑥逋逃：逃亡之罪人。 ⑦不过句：不要以为前进六步、七步，就获得胜利。止齐，获胜收兵。旧说为停止整齐行列，非是。下文四伐、五伐、六伐、七伐句意同。都是训诫将士努力作战，不要以为一冲刺，敌人就垮了。伐，一击一刺之意。 ⑧桓桓：威猛的样子。 ⑨罴、离：猛兽名。 ⑩不御二句：不要抵制、杀害前来投降的人，以为我西方服劳役。御，抵制。克，杀。奔，来降之人。役，使服役。 ⑪致师：挑战，诱出敌人。 ⑫大卒：大队人马战车，指全军出击。 ⑬以开武王：倒戈的纣卒为武王开路。 ⑭揖诸侯：回拜诸侯。 ⑮上天降休：上天赐给大家幸福。 ⑯轻剑：一名轻吕，剑名。 ⑰黄钺：铜制大斧。 ⑱玄钺：铁制大斧。 ⑲复军：还于军中。 ⑳修社：整治土地神的祭坛。

驱[1]。武王弟叔振铎奉陈常车[2]，周公旦把大钺，毕公把小钺，以夹武王。散宜生、太颠、闳夭皆执剑以卫武王。既入，立于社南大卒之左，左右毕从。毛叔郑奉明水[3]，卫康叔封布兹[4]，召公奭赞采[5]，师尚父牵牲。尹佚策祝曰[6]："殷之末孙季纣[7]，殄废先王明德，侮蔑神祇不祀，昏暴商邑百姓，其章显闻于天皇上帝[8]。"于是武王再拜稽首，曰："膺更大命[9]，革殷，受天明命。"武王又再拜稽首，乃出。

【简评】 周武王姬发，公元前 11 世纪时人。他是八百年周朝的开国之君，是历史上三代的圣王之一。三代，指夏、商、周三个朝代。三代的开国之君，大禹、商汤王、周武王，都是历史上著名的圣王。周国，原是西方关中兴起于周原地方的一个小国。周原在今陕西岐山西南。周武王的父亲叫姬昌，在纣王时被封为西伯。周武王继位后，追尊为文王。西伯治周，在位五十年，经过其长期经营，周人跨出潼关，势力进入到山西，力量得到很大的发展。史称天下三分，西伯有其二，显然这是夸大了的，商朝仍然有很大的势力，并向徐淮一带发展。西伯还没有来得及伐商就死了，灭商的重任落在了周武王的肩上。

商朝末代君主叫商纣王，又称殷纣王。他穷奢极欲，肉林酒池，荒淫无度。他又实行严刑峻法，人民怨声载道。但商有六百年天下，而且纣王崇尚武力，多才多艺，要打败商朝还不是一件容易的事。周武王继位以后，全力投入灭商工作。他任用文武双全的太公姜尚为军师，用周公姬旦为宰辅，用召公姬旦和毕公姬高为顾问，夜以继日策划灭商大计。

武王运用智慧谋略灭商，计划是非常周密的。

第一步，周武王打着文王的旗号，充分动员军民群众和各诸

①罕旗：即云罕旗，装饰有九条流苏，古代仪仗前驱。　②奉陈常车：献上威仪之车。常车，王者专用车。　③明水：洁净之水，用以为玄酒，供祭祀。月夜用铜镜取得的露水称明水，后世用井水代替。　④布兹：铺席。兹，草席。　⑤赞采：奉献五色的彩帛。　⑥尹佚：武王之相，史失其名，故称佚。策祝：读策书祝文祭告土地之神。　⑦末孙季纣：末孙与季纣同义。　⑧章：同彰，指纣王罪恶昭著，上天都知道了。　⑨膺更大命：承受上天所降的命令。膺更，承当。

侯国。西伯在周国和诸侯中有很高的威望。周武王尊西伯为文王，制作了一个木雕神主供奉在大殿上，行军时也用车载着在军中。周武王宣称要发扬光大西伯的事业，灭殷是西伯的遗志。这一着棋很灵，文王的精神把周国人民及诸侯们都团结起来了。

第二步，进行灭商前的实战演习，叫做观兵孟津。孟津，原写作盟津，是黄河的一个渡口。周武王在这里大会诸侯，演习战斗，所以称为盟津。其地在今河南孟津县东北。

会盟孟津在周武王继位的第九年。周武王在行军车上供奉了文王的木牌灵位，表示了继承文王遗志的决心，同时表明讨伐殷纣王是奉先人之命，不是自己擅作主张。他向司马、司徒、司空，其他各级军官，以及来会诸侯发布文告，说："庄敬戒惧，切实努力，发扬祖德。"接着军师宣布渡河的军令，说："集合你们的士兵，开船划桨，动作迟缓的，军法论处。"武王随着大军渡河，船到中流，声称有条白色大鱼跳进了他的坐船，便把这条鱼拾起来祭天。渡河完毕，有一团火从天上下降，落到武王的帐篷顶时，化成一只乌鸦，颜色火红，发出魄魄的声音。白鱼跃舟，天火化成乌鸦，被宣传为祥瑞，是武王得天命的象征。不约而同相会孟津的诸侯有八百之多。诸侯一致拥护周武王伐纣，他们说："我们大家都来了，可以讨伐纣王了。"武王说："你们不了解天命，还不到时候。"便领兵回去了。

第三步，抓紧战机，一举灭纣。周武王大会诸侯过了两年，纣王更加昏暴，杀了贤臣比干，挖出心脏来看；又关押了箕子。纣王内部分崩离析，太师疵和少师强，抱着乐器逃到了周国。周武王决定抓紧这个机会讨伐纣王，不让纣王有调整的机会。周武王十一年，即公元前 1046 年，武王率领灭纣大军渡河，有兵车三百辆，勇士三千名，甲士四万五千人，浩浩荡荡杀向朝歌，灭纣的战争正式开始。周军前进到离朝歌七十里的牧野地方停止下来，武王作最后的动员令。天蒙蒙亮时，周军集合在阅兵场。武王登上阅兵台，他左手执黄铜大斧，象征刑罚诛杀；右手执白旄指挥旗，象征号令。武王宣布纣王有四大罪：第一，不听大臣意见，专听妇人的话，把国家搞得一团糟；第二，自己断绝天命，不祭天地祖宗，坏乱历法；第三，没有仁德，疏远甚至迫害自己的同胞兄弟；第四，任用一大批坏人执政。还有，纣王不奏正音雅乐，而崇尚靡靡之音。武王发布了攻击令，宣称自己是替天行道讨伐纣王。最后，周武王说："如虎如罴的勇士们，今天要努力冲杀啊！立功有赏，后退者诛杀。殷人来投降，要优待他们，以便灭殷后为周人服务。努力啊，将士们！胆小的，格杀勿论。"武王誓师完毕，就指挥军队前进。

纣王听到周军已打到国门，赶紧武装十七万奴隶来抵抗。这支乌合之众，人人怨恨纣王。他们得知周武王优待俘虏后，在阵前倒戈，为周军作先导，杀回了朝歌。纣王见大势已去，连忙穿上特制的玉衣，然后登上鹿台自焚而死。武王指挥军队顺利进入朝歌，殷朝百姓不但不抵抗周军，而且还夹道欢迎。武王向殷民挥手示意，大声说："上天赐福给你们。"武王来到殷纣王宫中，见纣王已在鹿台自焚，就向纣王尸体射了三箭，并砍下他的头，悬在大白旗上示众。武王在朝歌举行了胜利的告天仪式，表示天命转移，商朝灭亡，周朝建立。

周人从西边偏远地方兴起，以一个小小方国之力灭亡大殷朝，这有多方面的原因。殷朝政治腐败，纣王荒淫，众叛亲离，各种社会矛盾激化，这是根本原因。武王继承文王事业，任用人才，运用了正确的智慧谋略，也是重要的原因。武王以文王作号召，最大限度地团结了军民和同盟诸侯。武王孟津阅兵，进行了规模巨大的实战演习，试探纣王的反应和人心归向，又大力进行得天命的宣传，树立权威。最后，武王抓准时机，挂帅亲征，发布动员令，赏罚分明，优待俘虏，这一切都做得很出色。总起来说，周武王灭殷，是得人心而得天下；纣王与民为敌，只有败家亡国，死路一条。

秦始皇本纪

【题解】 本篇节选自《秦始皇本纪》。这里的秦王，即后来统一六国称帝的秦始皇，姓嬴名政。他是秦庄襄王之子，秦孝公之后第六代秦王，秦王朝的建立者，中国历史上第一个皇帝，故称秦始皇。嬴政公元前246至前210年在位。他出生在秦昭王四十八年，即公元前259年，到前210年病死，享年50岁。

《秦始皇本纪》是《史记》中的一篇恢宏大传。本篇以编年体的形式，详尽地记载了秦始皇一生的主要活动。由于秦二世短祚，亦附其事迹于后。故而本篇记事上起公元前246年，下讫公元前207年秦之灭亡，实际上是秦帝国完整的编年史，首尾完具地记述了秦王朝的兴灭。在司马迁笔下，嬴政在位四十余年的重大政治事件、统一战争的过程、秦建立与巩固中央集权制度的复杂情况，都描述得脉络清楚，层次分明。本篇不仅对秦王朝在政治、经济、文化等各方面所进行的重要改革做了如实反映，而且对秦始皇怎样由一个英明的创业之主转变成一个残酷暴君的过程，也做了详尽的叙述，从而为我们研究秦朝的历史，提供了极为珍贵的资料。

本篇着重描述秦王亲政前后的一场政治斗争：作为一个仅有二十二岁的青年，他是怎样从盘根错节、经营多年的权臣手中夺回政权的。这场斗争只不过是秦王的小试牛刀，从中已经显示了这位刚毅有为之君的胆识与魄力，以及他乾纲独断的作为。

秦始皇帝者①，秦庄襄王子也②。庄襄王为秦质子于赵③，见吕不韦姬④，悦而取之，生始皇。以秦昭王四十八年正月生于邯

①秦始皇帝：公元前221年，秦并天下，秦王嬴政议尊号说："朕为始皇帝，后世以数计，二世、三世至于万世。"可见始皇帝原应连读，故司马迁称之为"秦始皇帝"。　②秦庄襄王：原名异人，后为孝文王宠姬华阳夫人的继嗣，华阳夫人为楚人，故改名子楚。　③质子：春秋战国时，两国相交，为了表示信任，互派国君的儿子、孙子或重臣，居留在对方国内，叫做"人质"。以儿孙为人质的，称为"质子"。秦昭王五十年以前，子楚在赵为质子。　④吕不韦：卫国濮阳人。原为阳翟（今河南禹县）大商人，后谋立庄襄王有功，得任秦丞相，封文信侯。嬴政即位后，又被尊为相国。公元前237年，因嫪毐事件被免官，公元前235年饮鸩自杀，事详《吕不韦列传》。姬，本为妇人的美称，周末以后，称妾为姬。《吕不韦列传》载："吕不韦取（同娶）邯郸诸姬绝好善舞者与居，知有身，献姬（于子楚），至大期时，生子政。"

郸。及生，名为政①，姓赵氏②。年十三岁，庄襄王死，政代立为秦王。当是之时，秦地已并巴、蜀、汉中③，越宛有郢④，置南郡矣；北收上郡以东⑤，有河东、太原、上党郡⑥；东至荥阳⑦，灭二周⑧，置三川郡⑨。吕不韦为相，封十万户，号曰文信侯。招致宾客游士，欲以并天下。李斯为舍人⑩，蒙骜、王齮、麃公等为将军⑪。王年少，初即位，委国事大臣。

八年⑫，嫪毐封为长信侯⑬。予之山阳地⑭，令毐居之。宫室车马衣服苑囿驰猎恣毐。事无小大皆决于毐，又以河西太原郡更为毐国⑮。

九年，慧星见，或竟天。攻魏垣、蒲阳⑯。四月，上宿雍⑰。己酉，王冠，带剑⑱。长信侯毐作乱而觉，矫王御玺及太后玺以发县卒及卫卒、官骑、戎翟君公、舍人⑲，将欲攻蕲年宫为乱⑳。王知之，令相国、昌平君、昌文君发卒攻毐㉑。战咸阳，斩首数

①名为政：上古正、政相通。嬴政生于正月，故名为政。　②姓赵氏：上古贵族有氏。姓是族号，氏是姓的分支。秦人为嬴姓。其族人造父被周缪王封于赵邑，故以赵为氏。　③巴：古国名，故地在今四川东部，秦置巴郡，郡治江州，即今重庆市。蜀：今四川中部及西部，秦置郡，郡治成都，即今四川成都市。汉中：今陕西省秦岭以南地区，秦置郡，郡治南郑，即今陕西汉中市。　④宛：宛城，即今河南南阳市。郢：战国时楚国都城，即今湖北江陵县。秦于公元前279年攻取宛，次年攻取郢，置南郡，郡治郢城。　⑤上郡：战国魏文侯置，秦郡治肤施，在今陕西榆林县东南。　⑥河东：秦郡名，郡治安邑，在今山西夏县西北。太原：秦郡名，郡治晋阳，在今山西太原市西南。上党郡：秦郡名，郡治长治，在今山西长治县西。　⑦荥阳：秦县名，县治在今河南荥阳县东北。　⑧二周：战国时的两个小诸侯国。周朝末期，周考王（前440—前426年在位）封其弟揭于王城（洛阳水西）故地，叫河南公，又称西周君，即西周桓公。桓公之孙惠公立，又封其少子班于巩（今河南巩县西南），称东周君。两国先后于公元前256和前249年为秦所灭。　⑨三川郡：秦郡名，郡治洛阳，在今洛阳东。因境内有黄河、洛水、伊水，故称三川郡。　⑩舍人：战国时，贵族或显宦之家，均养有门客，上层门客称为舍人。　⑪蒙骜（áo）：蒙恬祖父。王齮（qǐ）：又名王龁。麃（biāo）公：旧注谓麃为秦邑，麃公为麃邑公，史失其名。陈直《史记新证》考证认为，麃为鲁人姓氏。　⑫八年：指秦王政八年，公元前239年。⑬嫪（lào）毐（ǎi）：吕不韦送进后宫与秦王母赵太后私通的假宦官。⑭山阳：在今河南焦作市东。　⑮河西：太原在汾西不在河西。河西当是汾西之讹。⑯垣、蒲阳：均魏邑。垣邑在今山西垣曲县东南。蒲阳在今山西永济县西。　⑰雍：秦旧都，在今陕西凤翔县南。此指雍蕲年宫。　⑱王冠，带剑：秦俗，男子年满二十二岁举行"冠礼"，戴上簪发的帽子，表示成年。秦王行冠礼，依礼"带剑"表示威仪，并意味着亲自掌权。　⑲矫王御玺（xǐ）：盗用皇帝印。翟：同狄。⑳蕲年宫：在雍，秦惠公所筑，当时为秦王政住处。蕲，又作祈、祁。　㉑相国、昌平君、昌文君：相国指吕不韦，昌平君、昌文君，皆封爵，其人名已佚。

百，皆拜爵，及宦者皆在战中，亦拜爵一级。嫪毐等败走。即令国中：有生得毐，赐钱百万；杀之，五十万。尽得毐等。卫尉竭、内史肆、佐弋竭、中大夫令齐等二十八人皆枭首①，车裂以徇②，灭其宗。及其舍人，轻者为鬼薪③。及夺爵迁蜀四千余家，家房陵④。

十年，相国吕不韦坐嫪毐免⑤。齐、赵来置酒⑥。齐人茅焦说秦王曰："秦方以天下为事，而大王有迁母太后之名⑦，恐诸侯闻之，由此背秦也⑧"。秦王乃迎太后于雍而入咸阳，复居甘泉宫⑨。

十二年，文信侯不韦死，窃葬⑩。"其舍人临者⑪，晋人也逐出之；秦人，六百石以上，夺爵，迁⑫；五百石以下不临，迁，勿夺爵。自今以来，操国事不道如嫪毐、不韦者籍其门⑬，视此⑭。"

【简评】 这篇故事讲的秦王亲政，就是统一六国的秦始皇在二十二岁时夺权斗争的一幕。

公元前246年，秦庄襄王死，秦王政继位，时年十三岁，政事无论大小都由相国吕不韦裁决，秦王实际上是一个傀儡。公元前240年，秦王已二十岁，按照古代礼制，男子二十就要举行加冠礼，表示成人，当家作主。国君也有十八岁就行加冠礼的，然后亲政，摄政大臣交权，退归臣子之位，或者太后交权，退归太后之位。但吕不韦与庄襄王后不愿交权，又拖了两年，秦王对此，极为不满。双方僵持，都在暗中做准备，一方不愿还政，一

---

①内史：掌管京师地区的行政长官。佐弋（yì）：掌管天子射猎的副长官。中大夫令：中大夫的主管官员。枭（xiāo）首：把头砍下来挂在木竿上示众。　②车裂：即磔刑。徇（xùn）：示众。　③鬼薪：秦汉徒刑的一种，为宗庙打柴，刑期三年。④房陵：秦县名，在今湖北房县。古属蜀郡地，故云"迁蜀"。⑤坐：因事受株连犯罪。　⑥置酒：敬酒庆贺。指齐、赵遣使庆贺秦王亲政。　⑦大王有迁母太后之名：指秦王嬴政软禁生母于雍地。　⑧背：反对。　⑨甘泉宫：秦咸阳南宫。⑩窃葬：吕不韦被迫服鸩酒自杀，秦王不举行国葬，他的门客私葬之于洛阳北芒山。⑪临（lìn）者：前来吊丧的人。⑫六百石：令、丞一级的中层官员。迁：流放。⑬操国事不道：此指违背君意操纵国事。籍其门：将他的全家族编入簿册为徒隶。籍，编入徒役簿册。　⑭视此：照此法办理。视，比，比照。按：以上"其舍人临者"至"视此"，为史家概括的秦王诏令。

方要夺权。到了公元前 238 年，秦王政九年四月，才勉强举行了加冠礼。但吕不韦仍不肯还政于秦王，他把嫪毐拉来作帮凶推到前台，密谋策划宫廷政变。秦王将计就计，集中力量打击嫪毐集团，然后通过审理牵出吕不韦，分化瓦解，各个击破，保持全局主动，一举夺回政权。秦王的策略十分高明。吕不韦是怎样当政？嫪毐又是何许人，他是如何介入政治的，还得从头说起。

吕不韦原来是卫国的一个大商人，靠正常途径，他无法进入政界。他在赵国经商发现秦国公子子楚为质于赵，十分贫困。于是吕不韦以商人的机敏发现子楚是“奇货可居”，决定在政治上作一次赌博。子楚为何“奇货可居”？因为子楚是秦昭王之孙，太子安国君的庶子。安国君宠爱华阳夫人，由于华阳夫人不生儿子，所以安国君没有立嗣子。吕不韦了解这个情况以后，认为有空子可钻。他主动与子楚交朋友，供他金钱车马。然后带了大宗珍宝到秦国，打通关节见到华阳夫人，劝说华阳夫人收养子楚为儿子，母以子贵，给自己留后路。这样，子楚成了安国君的嗣子。秦昭王死后，安国君继位，只做了三天秦王就死了，于是子楚继位，这就是庄襄王。

吕不韦在赵国娶了一位天姿国色的邯郸歌女为妾，怀了身孕，在一次宴请子楚的酒席上，这位歌女为招待，她的美色逗得子楚神魂颠倒。子楚向吕不韦讨要，吕不韦就把歌女送给了子楚。这是公元前 260 年的事。子楚十分宠爱这位赵国歌女，赐名赵姬，当年正月，赵姬在赵国邯郸生子，因正月生于赵国。所以取名赵政，回秦国后，才叫嬴政。嬴政实际上是吕不韦的儿子。按公历年，嬴政生于公元前 259 年。

秦庄襄王当政，十分感激吕不韦，就用他做了秦国的相国。庄襄王死时，把秦王政托给吕不韦，这样吕不韦做了首席辅政大臣，大权独揽。庄襄王只做了三年秦王就死了，嬴政之母赵太后还非常年轻，她是歌女出身，哪能空守闺房，在寂寞难忍之时，就召吕不韦进宫，两人私通。原来他们就是老相好，自然亲密无比。吕不韦看着嬴政一天天长大，害怕丑事暴露，就多方寻找代理人。后来找到一个阴茎粗大而有力的人，名叫嫪毐，把他冒充阉人入宫，日夜与太后淫乱，天长日久，生了两个儿子。太后把这两个私生子藏在咸阳西边二百公里远的雍地蕲年宫，就是秦国早期的京都。赵太后与嫪毐也长年居住在蕲年宫。

由于裙带关系，赵太后、吕不韦、嫪毐勾结成为一个政治集团，吕不韦控制外朝，嫪毐控制内朝。吕不韦封文信侯，嫪毐封长信侯。赵太后为秦王之母，临驾宫中，这样满朝文武都倒在相国一边。人人都知的事，只把一个秦王蒙在鼓里。

吕不韦推迟秦王的加冠礼，大力扶植嫪毐势力的发展，大小国事皆决于毐。嫪毐有家僮千人，宾客求为嫪毐舍人的也有一千人。嫪毐甚至公开扬言是秦王的“假父”。这一下纸包不住火了，秦王知道了太后的私生活，以及嫪毐、吕不韦政治集团的底细，但仍不动声色。表面上，秦王更加尊敬相国吕不韦，称他为“仲父”，即“叔父”。

双方都在紧锣密鼓地准备着，秦王决定后发制人。

赵太后的部署是：指令吕不韦给秦王举办加冠礼，表面上还政于秦王。自己住在雍县蕲年宫，秦王加冠后必然到雍县蕲年宫晋见太后。这时嫪毐发兵攻击，在蕲年宫杀死秦王，夺取政权，由赵太后与嫪毐所生子来做秦王，由于私生子还是小孩，这样太后、嫪毐、吕不韦集团又可大权独揽了。长信侯嫪毐假传秦王命令，又传下太后命令，发动雍县县兵、蕲年宫卫士、官骑、以及舍人数千人戒严，只等秦王到来。

秦王已有戒备，知道嫪毐的行动。他暗中令副相昌平君、昌文君调集精锐部队，做好攻击准备。嫪毐在咸阳的府第被监视起来。嫪毐作为宫廷总管，他要在咸阳亲临加冠礼，然后陪同秦王去蕲年宫。秦王的部署做得很机密，嫪毐与吕不韦事前一点也不知道。嫪毐等骄狂自大，没把秦王放在眼里，疏于防范，这一点正好被秦王利用了。

公元前 238 年，秦王政九年四月己酉日，这是中国历史上一个不平凡的日子。秦国向何处去，历史要在这一天作出裁决。双方磨刀霍霍，决战在这一天进行。

清晨，风和日丽，是一个好日子。双方紧张的心提到了嗓子眼，但表面一切平静。秦王似乎自认为稳操胜券，步履行动显得十分安祥。嫪毐心怀鬼胎，忐忑不安。吕不韦心事重重，表面平和，显然不像平日颐指气使的模样。今日秦王行加冠礼，他要交还政权，一定要显示出雍容大度来。不知将要发生事变的群臣百官，熙熙攘攘，这是难得的庆典，自然兴高采烈。在礼官导演下，按时庄重肃穆举行加冠礼，礼拜了太庙祖宗，秦王俨然是一国之君了，全体百官都要听从秦王的诏令。这时嫪毐上前，恭请秦王前往雍县蕲年宫晋见太后。秦王一改常态，庄严地发出命令，回宫先上朝理政事，改日上雍县晋见太后。

嫪毐请不动秦王，警觉事情有变，他自然不肯上朝，托故回府。秦王冷笑一声，允嫪毐回府。秦王知道嫪毐回府必发动叛乱，有意让他先动手。嫪毐一走，秦王立刻下令咸阳戒严，四门紧闭，不得放走任何一人出城。

秦王在殿上召集群臣会议，公布嫪毐的罪行，有意不提吕不韦一个字，秦王还要利用吕不韦的声望，用吕不韦之手铲除嫪毐集团，然后顺藤摸瓜牵连吕不韦进行打击。秦王发布讨伐嫪毐的宫廷诏令，由吕不韦挂帅征讨。昌平君、昌文君都做好了攻击准备，吕不韦已经是赤手空拳，不能不听命于秦王了。

秦王军队包围长信府第，长信侯嫪毐一伙已经动员起来，两军在咸阳发生大战。秦王发布命令说："无论官兵还是宦官，都有讨灭叛臣的义务，只要杀叛兵一人，拜爵一级。任何人，只要活捉嫪毐，赏钱一百万，杀死嫪毐，赏钱五十万。"结果好一阵厮杀，只杀得天昏地暗，血流成河。最后秦王的军队取得胜利。

嫪毐兵败咸阳，被乱兵杀死。重要成员卫尉竭、内史肆、佐弋竭、中大夫令齐等二十余人都被活捉。卫尉竭，是宫廷警卫长，名竭。内史肆，是京都首长，名肆。他们成为叛乱集团的骨干，这说明嫪毐集团网罗广泛，使这场宫廷政变显得惊心动魄。由于嫪毐被杀，蕲年宫的叛乱还没有发动起来就被扑灭了。

吕不韦有大功于秦，又是长期掌权的历经两代的丞相，根基很深，非嫪毐可比。秦王成立专案小组，亲自过问，经过一年多的细密审讯与罗织罪状，政变的幕后策划者和罪魁吕不韦才最终浮出水面，秦王一纸诏令就轻易地把吕不韦放逐到蜀地。吕不韦自知秦王的从轻发落是表面文章，他不甘心而又无可奈何地自裁而死，避免了灭族的大祸，也是一个不凡的人。

项羽本纪

【题解】 本篇节选自《项羽本纪》。按《史记》体例，本纪载朝代与帝王，项羽未成帝业，名止霸王，司马迁为之作本纪，是一篇破例的本纪，表现了司马迁卓越的历史观。究其旨趣，要点有三。一曰纪实。项羽灭秦，分封十八王，“政由羽出”，故定名本纪以纪实，用以表彰项羽的灭秦之功。二曰通变。秦楚之际，变化剧烈，项羽是一中心人物。为项羽作本纪，编列在秦始皇、汉高祖之间，既符合“通古今之变”的历史序列，又是“见盛观衰”的一个关节点。因项羽是秦始皇者流，以残酷并天下，以强力霸诸侯，故人心不附而骤兴骤亡。三代以德治天下，传世久远。汉行功德，卒并天下。始皇、项、刘三人本纪蝉联并编，上承三代，下启刘汉，构成强烈的对照和转折，用以说明残暴政治是不能持久的。三曰刘项对比。楚汉相争大事，项刘两纪，详此略彼，互见互补。项刘两人品格、功业、成败、兴衰，因蝉联并编而成强烈对比是十分鲜明的。

《项羽本纪》记载项羽，从公元前209年起兵于吴反秦起，中经楚汉相争，到公元前202年自刎乌江止，前后八年的事迹，详述了项羽与刘邦争天下的全过程。可以说写出了一代霸王的骤兴骤灭。项羽演出了中国历史上的一场狂飙，因此司马迁所刻画的项羽形象也是一个叱咤风云的英雄。《项羽本纪》重点写了巨鹿之战、鸿门宴、垓下突围三件大事。本篇节选的是项羽垓下突围一事，又称垓下之战，写英雄的败亡和末路。

汉兵盛食多，项王兵疲食绝。汉遣陆贾说项王，请太公，项王勿听。汉王复使侯公往说项王，项王乃与汉约：中分天下，割鸿沟以西者为汉，鸿沟而东者为楚。项王许之，即归汉王父母妻子，军皆呼万岁。

汉欲西归，张良、陈平说曰："汉有天下太半，而诸侯皆附之。楚兵疲食尽，此天亡楚之时也，不如因其机而遂取之。今释勿击，此所谓'养虎自遗患'也。"汉王听之。汉五年①，汉王乃追项王至阳夏南②，止军③，与淮阴侯韩信、建成侯彭越，期会而击楚军。至固陵④，而信、越之兵不会⑤。楚击汉军，大破之，汉王复入壁，深堑而自守，谓张子房曰："诸侯不从约，为之奈何？"对曰："楚兵且破，信、越未有分地⑥，其不至固宜。君王能与共分天下，今可立致也⑦。即不能，事未可知也。君王能自陈以东傅海⑧，尽与韩信；睢阳以北至谷城⑨，以与彭越：使各自为战，则楚易败也。"汉王曰："善。"于是乃发使者告韩信、彭越曰："并力击楚，楚破，自陈以东傅海与齐王，睢阳以北至谷城与彭相国⑩。"使者至，韩信、彭越皆报曰："请今进兵。"韩信乃从齐往，刘贾军从寿春并行⑪，屠城父，至垓下⑫。大司马周殷叛楚，以舒屠六⑬，举九江兵，随刘贾、彭越，皆会垓下，诣项王⑭。

项王军壁垓下，兵少食尽，汉军及诸侯兵围之数重。夜闻汉军四面皆楚歌⑮，项王乃大惊曰："汉皆已得楚乎？是何楚人之多也？"项王则夜起，饮帐中。有美人名虞，常幸从；骏马名骓⑯，

①汉五年：公元前202年。　②阳夏：秦县名，县治即今河南省太康县。　③止军：屯驻下来。　④固陵：秦县名，县治在今河南省太康县南。　⑤信越之兵不会：汉三年十月韩信破齐，项羽已居劣势，而刘邦相持广武经年不决者，因韩信、彭越观望故也。　⑥未有分地：没有明确划界。　⑦立致：立即召来。　⑧自陈以东傅海：从陈（今河南淮阳）以东至近海一带，即今安徽、江苏两省的淮北地区。　⑨睢阳以北至谷城：即今河南东部及山东西部地区。谷城，秦县名，县治在今山东东阿县南。　⑩彭相国：彭越曾为魏豹相国。　⑪刘贾军从寿春并行：此时刘贾与黥布等已深入楚后方，据有淮南，故可从寿春出发北上与南下的韩信军同时进军合围项羽。寿春，秦县名，即今安徽寿县。　⑫屠城父，至垓下：刘贾从寿春北上，先向西北趋固陵，故先至城父，随后追击项羽东至垓下。城父，古邑名，在今安徽亳县东南，位于寿春西北。垓下，古地名，在今安徽灵璧东南的沱河北岸，位于寿春东北。　⑬以舒屠六：守淮南的楚将周殷投降了刘贾，带领舒县（今安徽舒城）之众北上，屠灭了城守六县（今安徽六安）的楚军。　⑭诣项王：各路汉军都追向项王。　⑮四面楚歌：汉军收缩包围，其歌声达于项羽军营，此时汉军多楚人，刘邦令唱楚地民歌，用以瓦解项羽军心。　⑯骓（zhuī）：毛色青白相间的马。

常骑之。于是项王乃悲歌慷慨，自为诗曰：“力拔山兮气盖世，时不利兮骓不逝①。骓不逝兮可奈何，虞兮虞兮奈若何!”歌数阕②，美人和之，项王泣数行下，左右皆泣，莫能仰视。

于是项王乃上马骑，麾下壮士骑从者八百余人③，直夜溃围南出④，驰走。平明，汉军乃觉之，令骑将灌婴以五千骑追之。项王渡淮，骑能属者百余人耳⑤。项王至阴陵⑥，迷失道，问一田父⑦，田父绐曰⑧：“左⑨。”左，乃陷大泽中。以故汉追及之。项王乃复引兵而东，至东城⑩，乃有二十八骑。汉骑追者数千人。项王自度不得脱⑪，谓其骑曰：“吾起兵至今八岁矣，身七十余战，所当者破，所击者服，未尝败北，遂霸有天下。然今卒困于此⑫，此天之亡我，非战之罪也。今日固决死，愿为诸君快战⑬，必三胜之⑭，为诸君溃围、斩将、刈旗⑮，令诸君知天亡我，非战之罪也。”乃分其骑以为四队，四向。汉军围之数重，项王谓其骑曰：“吾为公取彼一将。”令四面骑驰下⑯，期山东为三处⑰。于是项王大呼驰下，汉军皆披靡⑱，遂斩汉一将。是时，赤泉侯为骑将⑲，追项王，项王瞋目而叱之，赤泉侯人马俱惊，辟易数里⑳。与其骑会为三处。汉军不知项王所在，乃分军为三，复围之。项王乃驰，复斩汉一都尉，杀数十百人。复聚其骑，亡其两骑耳。乃谓其骑曰：“何如?”骑皆伏曰㉑：“如大王言!”

于是项王乃欲东渡乌江㉒。乌江亭长檥船待㉓，谓项王曰：“江东虽小，地方千里，众数十万人，亦足王也。愿大王急渡。今独臣有船，汉军至，无以渡。”项王笑曰：“天之亡我，我何渡

①逝：奔驰。 ②歌数阕：连唱了几遍。阕，曲终，指唱完一遍。 ③麾下：部下。 ④直夜：正夜，即中夜，半夜。 ⑤骑者属者：能追随他的骑兵。属，跟随。 ⑥阴陵：秦县名，县治在今安徽定远西北。 ⑦田父：老农夫。 ⑧绐（dài）：欺骗。 ⑨左：向左行。 ⑩东城：秦县名，县治在今安徽定远东南。 ⑪自度不能脱：自己估量不能脱险。 ⑫卒：终于。 ⑬快战：痛快地打一胜仗，以明天之亡我。一本作“决战”，谓决一胜负之战。“决战”优于“快战”。 ⑭三胜：即下文的溃围、斩将、刈旗。 ⑮刈（yì）旗：砍倒军旗。 ⑯驰下：冲下去。 ⑰期山东为三处：约定在山的东面分三处集合。 ⑱披靡：草木随风倒伏的样子，喻汉军之惊惧四散。 ⑲赤泉侯：即杨喜，汉骑将，因获项羽尸一体封赤泉侯。 ⑳辟易：四散倒退。 ㉑伏：同“服”。 ㉒乌江：指乌江浦，津名，即今安徽和县东北四十里长江西岸渡口。 ㉓檥（yǐ）船：移船靠岸。

为！且籍与江东子弟八千人渡江而西，今无一人还，纵江东父兄怜而王我①，我何面目见之？纵彼不言，籍独不愧于心乎？”乃谓亭长曰：“吾知公长者，吾骑此马五岁，所当无敌，尝一日行千里，不忍杀之，以赐公。”乃令骑皆下马步行，持短兵接战②。独籍所杀汉军数百人。项王身亦被十余创。顾见汉骑司马吕马童曰：“若非吾故人乎？”马童面之③，指王翳曰：“此项王也。”项王乃曰：“吾闻汉购我头千金④，邑万户⑤，吾为若德⑥。”乃自刎而死。王翳取其头，余骑相蹂践争项王，相杀者数十人。最其后，郎中骑杨喜、骑司马吕马童、郎中吕胜、杨武，各得其一体。五人共会其体，皆是⑦。故分其地为五⑧：封吕马童为中水侯，封王翳为杜衍侯，封杨喜为赤泉侯，封杨武为吴防侯，封吕胜为涅阳侯。

项王已死，楚地皆降汉，独鲁不下，汉乃引天下兵欲屠之，为其守礼义，为主死节，乃持项王头视鲁⑨，鲁父兄乃降。始⑩，楚怀王初封项籍为鲁公，及其死，鲁最后下，故以鲁公礼葬项王谷城。汉王为发哀，泣之而去。

【简评】 垓下之战是楚汉相争中最后的一次大战，西楚霸王项羽穷途末路，在四面楚歌声中，自刎而死。

垓下之战，韩信用智，项羽逞勇，都表现了精绝的战争艺术。韩信先切割项羽军，而后四面楚歌，涣散楚军斗志。项羽走到绝路，还能为骑士表演突围、斩将、夺旗，真是一位无敌的勇士。宋代词人李清照有诗赞扬项羽，说：“生当作人杰，死亦为鬼雄。至今思项羽，不肯过江东。”这是诗人怀着对项羽崇敬心情留下的绝唱，它表达了千百年来人们对悲剧英雄项羽的肯定。垓下之战，发生在公元前202年1月。这一仗，韩信指挥的汉军有三十二万，项羽率领的楚军十万。无论是人数，还是战略态

①纵：即使。 ②短兵：短小的轻便兵器，因步战所用。 ③面之：面对面认出了项王。 ④购：悬赏征求。 ⑤邑万户：封邑万户侯。 ⑥吾为若德：我替你做件好事，把头送与你去领赏封侯。 ⑦五人皆是句：验核五人所得尸体，能合并在一起，确是项王。 ⑧分其地为五：将悬赏的万户邑分为五份封五人为侯。 ⑨视鲁：即示鲁，把项王头给鲁人看。 ⑩始：当初。

势，汉军都占了绝对优势，汉胜楚败，大局已定。但是项羽善战，身经七十余战，所向披靡，没有打过败仗，何况还有十万大军，打败他也不是一件容易的事。战争是生与死的搏斗，会打仗的人，总是要用最小的代价，换取最大的收获。韩信在这场战役中的指挥艺术，正体现了这一原则。

项羽打仗，一往无前，冲锋陷阵，有万夫不当之勇，并以此取得了一生大小七十余战的一个又一个胜利。韩信深知项羽的长处，以智胜勇。韩信经过周密部署，引诱项羽脱离阵地，分割包围。韩信分汉军为三层梯队。自己亲统大军正面引诱项羽，另派孔将军、费将军各率精锐骑兵扩张在第二线两翼策应，并在有利地形设伏冲击楚军。汉王刘邦统兵在第三线为后援，又派周勃、柴武各率一军夹在汉王两边。交战之日，韩信打起中军大旗，向楚军挑战。项羽果然勇猛出击，战斗一个时辰以后，韩信大军后退，全线溃逃作山崩之状，项羽追击。到了汉军设伏之处，孔将军、费将军从两翼包抄过来，将项羽之军拦腰切为两段。此时，伪做溃逃的韩信又反冲杀上来，团团围住楚军。项羽左冲右突，终于没有杀出重围，被围困在垓下。

垓下之战，项羽失败，成了悲剧英雄。因此《项羽本纪》，只字不提两军大战，司马迁用互见法写于《高祖本纪》，表现刘邦善用人才，韩信如何以智取胜。在《项羽本纪》中，司马迁用“项王军壁下，兵少食尽”，一笔带出，以下所写，已是垓下之战的尾声了，而这个尾声恰好就是项羽的末路，司马迁就要抓住英雄末路这一紧要关头来展示项羽的悲剧终结。司马迁有言，“人固有一死，或轻于鸿毛，或重于泰山”，那就要看你怎样去对待死亡了。司马迁擅写一个人盖棺论定的最后一笔。英雄项羽的末章，司马迁写得酣畅淋漓，活脱脱地展现了霸王风采，项羽不服输，不低头，敢向天公抗争的英雄形象跃然纸上。

司马迁是怎样描写的呢？他抓住霸王别姬、突围决战、乌江自刎这一连串出人意外的惊人举动，采用大场景、大场面的写法烘托霸王。

霸王别姬。夜间，汉军四面唱起楚地歌曲，迷惑项羽。项羽惊惶不解地说："难道汉军把楚地都占领了么？为何有这么多人唱楚歌？"项羽心烦意乱，一个劲地喝闷酒。很快，项羽意识到了他已走到了末路。他让人牵来陪他南征北战的乌骓马，面对爱妾虞姬，禁不住唱起了离别的悲歌：

力拔山兮气盖世，时不利兮骓不逝。
骓不逝兮可奈何，虞兮虞兮奈若何。

项羽一遍又一遍地慷慨悲歌，泪流不止，左右的人也一个个泣不成声。英雄陷入了生离死别的窘境，他在痛苦中思索，得出结论"时不利兮骓不逝"，慨叹时运不济，战马跑不快。项羽决定突围。可是，现实是残酷的，不能带着虞姬突围，他唱歌为虞姬话别，他让虞姬看乌骓马，使她明白时运不利，马儿也跑不快。项羽泣数行下，感动伤怀，泪如泉涌。男儿有泪不轻弹，可现在一个力能拔山气能盖世的英雄竟然泪水横流。左右的人一个个泣不成声，抬不起头来。左右的人怎能想到项羽这样的人也会流泪呢？项羽流泪表示他们的末日即将来临，马上就要演出大悲剧。这是怎样的一个场面啊，在生死存亡的军务紧急关头，偏偏项羽还有这样的儿女情长。这一场面拉开了英雄末路的序幕。鲁迅说，悲剧就是把最美好的事物撕开给人们看。霸王别姬，再恰当不过了。

突围决战。夜已经很深，项羽跨上乌骓马，率领八百多壮士悄悄地冲出重围。次日清晨，汉军觉察，立即出动五千骑兵追击。项羽过了淮河，只剩一百余骑。且战且退，行经阴陵，迷失道路，被汉兵追了上来。项羽被逼到长江边上的乌江浦，身边只有二十八骑了。前面是浩瀚的大江，后面有黑压压的汉兵铺天盖地追来。就在这面临灭顶之灾的场景中，项羽向安排他命运的"天"发出了挑战的怒吼，他向天地抗争，仍要一展雄风。项羽对身边的二十八骑说："我起兵八年，身经七十余战，从没打过败仗，所以能称霸天下。今天走投无路，是上天要我失败，不是我不会打仗，不信我再痛痛快快地决一死战给你们看。我要冲入汉军中杀一汉将，夺取战旗，并替你们解围。”

项羽说毕，把身边二十八骑分为四队，分四个方向。这时汉军四面围了上来，一层又一层。项羽发出号令，四队骑士从四个方向如旋风一样突入汉军阵中，穿出重围，约定在东边山头分为三处集合。项羽一马当先，直奔一汉将，刀起人落，砍下马来。项羽和他的骑士在东山集合成三队，汉军找不到项羽，就分兵为三部，合围三处。此时项羽又驰马冲杀，再斩杀汉军一个都尉，再次集合他的骑士，仅仅少了两骑。项羽对他的骑士说：“你们看到了吧？怎么样？”骑士们都佩服说：“完全像大王说的一样。”

乌江自刎。项羽带领二十六位骑士来到乌江西岸，要渡江东归。乌江亭长把船撑好，等待项羽上船。项羽见一只小船，只能渡自己一人一骑，他不忍心把骑士丢在岸上，改变主意决定与骑士同生同死，战死沙场。项羽对亭长说：“十分感谢你撑船接待，你是一个有道德的人。我把这匹追随我南征北战的战马送给你作个纪念。我项羽率领八千江东子弟突进中原打仗，现在只有我一个人生还，有何面目见江东父老？”

项羽将乌骓马交与亭长，自己步行作战。他命骑士们都下马步行，用短兵器与围上来的汉军展开肉搏。项羽和他的骑士杀死了几百汉兵，最后只剩项羽一个人，身上受伤十余处。项羽面不改色，挥剑自刎而死。项羽临死还对追击他的汉将吕马童说：“你难道不是我的故人吗？”吕马童原来是项羽的旧部，后投靠了刘邦。项羽接着说：“汉王用万户侯来收购我的头，现在我送给你吧。”项羽是那样的从容，不仅表现了他的宽仁大度和自我主宰，而且仍在向天抗争，意思是我项羽没有输给任何人，而是战胜了一切的斗士、一往无前的英雄。头是我送给敌人的。

司马迁通过项羽英雄末路的描写，既完成了对项羽人物形象的塑造，同时又表现了人生价值的完成。项羽在失败中超越悲剧，他获得了永生。它的意义在于告诉人们，不能听命于命运的安排，不能逆来顺受，无所作为，而是要斗争到底，去争取胜利。

高祖本纪

【题解】 本篇节选自《高祖本纪》。汉高祖刘邦，西汉的开国皇帝。他39岁起兵参加秦末农民起义，秦亡后，又与项羽争夺天下。前后经历八年征战，终于灭楚称帝。由于刘邦庙号高祖，所以记叙刘邦一生经历与功业的传记，称《高祖本纪》。本篇选取高祖入关一节，讲述刘邦怎样从一个布衣，参加秦末起义，与项羽并肩作战，而后西征入关破秦，奠定了创立汉家基业的故事。

刘邦名季，秦泗水郡沛县丰邑中阳里（今属江苏丰县）人，公元前247年出生，至公元前195年病逝，享年53岁。公元前202年称帝，至公元前195年，在位8年。刘邦出身布衣，却不事本业，好逸恶劳，成为市井无赖。但他顺应时势，敢到风头浪尖来表演，不失时机地参加起义，因宽仁好谋，知人善任，从谏如流，竟登上皇帝的宝座，成一统大业。他不愧为中国历史上杰出的政治家。

司马迁记事实录，叙刘邦之初起，则称刘季；及得沛，称沛公；及王汉，称汉王；即皇帝位后，称为上。刘邦既豁达大度，而又十分忌刻，尤其是创业的成功和他的过失，司马迁在本纪中都一一作了生动的记叙，既有歌颂，也有刺讥。高祖入关，是刘邦创业最辉煌的一段历程。他一路西征，赢得民心，入关破秦约法三章，秦人大喜，唯恐沛公不为秦王。得人心者得天下，楚汉相争，刘邦赢得胜利，我们可以从他入关的所作所为中得到很多启示。

高祖，沛丰邑中阳里人①，姓刘氏，字季②。

---

①沛：秦县名，在今江苏沛县东。丰：沛县所属乡镇，西汉建立置为县。刘邦出生在秦沛县丰邑镇的中阳里。　②季：排行第三，并以此为刘邦之名，即刘老三。刘邦之名是成人后才起的正式名字。

高祖为人，隆准而龙颜①，美须髯，左股有七十二黑子②。仁而爱人，喜施，意豁如也③。常有大度，不事家人生产作业④。及壮，试为吏，为泗水亭长⑤。高祖常徭咸阳，纵观⑥，观秦皇帝，喟然太息曰⑦："嗟乎！大丈夫当如此也！"

单父人吕公善沛令⑧，避仇从之客⑨，因家沛焉。沛中豪杰吏闻令有重客，皆往贺。萧何为主吏⑩，主进⑪，令诸大夫曰⑫："进不满千钱，坐之堂下。"高祖为亭长，素易诸吏⑬，乃绐为谒曰⑭："贺钱万！"实不持一钱。谒入，吕公大惊，起，迎之门。吕公者，好相人，见高祖状貌，因重敬之⑮，引入坐。萧何曰："刘季固多大言，少成事。"高祖因狎侮诸客，遂坐上坐，无所诎⑯。酒阑⑰，吕公因目固留高祖⑱。高祖竟酒⑲，后⑳。吕公曰："臣少好相人，相人多矣，无如季相，愿季自爱。臣有息女㉑，愿为季箕帚妾㉒。"酒罢，吕媪怒吕公曰："公始常欲奇此女㉓，与贵人。沛令善公，求之不与，何自妄许与刘季？"吕公曰："此非儿女子所知也。"卒与刘季。吕公女乃吕后也，生孝惠帝、鲁元公主㉔。

高祖以亭长为县送徒郦山㉕，徒多道亡。自度比至皆亡之㉖。到丰西泽中㉗，止饮，夜乃解纵所送徒，曰："公等皆去，吾亦从此逝矣㉘！"徒中壮士愿从者十余人。高祖被酒㉙，夜径泽中㉚，令一人行前。行前者还报曰："前者大蛇当径，愿还。"高祖醉，

---

①隆准：高鼻子。龙颜：额骨突出。　②七十二黑子：此为传说，表示刘邦有异相。　③豁如：豁达简易的样子。　④生产作业：生产劳动。　⑤泗水亭：在今江苏省沛县东。亭，秦代基层行政组织。十里为一亭，十亭为一乡。亭长负责治安、接待公使、徭役、租税和处理民间争讼事件。　⑥纵观：允许民众观瞻。　⑦喟然太息：感慨地长声叹息。　⑧单（shàn）父（fǔ）：秦县名，在今山东单县。　⑨从之客：到沛令家客居。　⑩萧何：西汉开国功臣，事详《萧相国世家》。主吏：即主吏掾，又称主吏功曹，职掌大事考核。　⑪主进：主管接收礼品。　⑫诸大夫：泛指来贺的宾客。秦时民爵和军功爵均有大夫的名称。　⑬易：看轻。　⑭绐（dài）：说谎。　⑮重敬：十分敬重。　⑯无所诎：毫不客气。诎，同屈，此指谦让。　⑰酒阑：酒席上的人逐渐稀少，即不少人已退席。阑，稀少。　⑱目固留高祖：用眼色示意高祖一定留下。　⑲竟酒：一直留到席散。　⑳后：最后一个。　㉑息女：亲生女。　㉒箕帚妾：打扫清洁的使女。这是许以为妻的谦词。　㉓奇：认为不凡。㉔鲁元公主：惠帝姐，食邑鲁，故称鲁元公主。元，长，老大。　㉕徒：刑徒。郦山：即骊山，在今陕西省临潼县东南。当时是秦始皇坟墓所在地。　㉖自度：暗自思考。㉗丰西泽中：丰邑西部的一片洼地中。据《汉书》，泽中有亭。　㉘逝：逃亡。㉙被酒：带着醉意。　㉚径：小路。这里用作动词，即抄小路走。

曰："壮士行，何畏！"乃前，拔剑击斩蛇。蛇遂分为两，径开。行数里，醉，因卧。后人来至蛇所，有一老妪夜哭。人问："何哭？"妪曰："人杀吾子，故哭之。"人曰："妪子何为见杀[①]？"妪曰："吾子，白帝子也[②]，化为蛇，当道[③]。今为赤帝子斩之[④]，故哭。"人乃以妪为不诚[⑤]，欲告之[⑥]。妪因忽不见。后人至，高祖觉[⑦]。后人告高祖，高祖乃心独喜，自负[⑧]。诸从者日益畏之。

秦始皇帝常曰："东南有天子气。"于是因东游以厌之[⑨]。高祖即自疑，亡匿，隐于芒、砀山泽岩石之间[⑩]。吕后与人俱求，常得之。高祖怪问之。吕后曰："季所居上常有云气，故从往，常得季。"高祖心喜。沛中子弟或闻之，多欲附者矣[⑪]。

（以上为第一段，写刘邦身世、婚姻及种种神奇事迹）

秦二世元年秋[⑫]，陈胜等起蕲[⑬]，至陈而王[⑭]，号为"张楚"。诸郡县皆多杀其长吏以应陈涉。沛令恐，欲以沛应涉。掾、主吏萧何、曹参乃曰[⑮]："君为秦吏，今欲背之，率沛子弟，恐不听。愿君召诸亡在外者，可得数百人，因劫众[⑯]，众不敢不听。"乃令樊哙召刘季。刘季之众已数十百人矣。

于是樊哙从刘季来。沛令后悔，恐其有变，乃闭城城守，欲诛萧、曹。萧、曹恐，逾城保刘季[⑰]。刘季乃书帛射城上，谓沛父老曰："天下苦秦久矣，今父老虽为沛令守，诸侯并起，今屠沛，沛今共诛令，择子弟可立者立之，以应诸侯，则家室完。不

---

①妪子何为见杀：老婆婆的儿子为什么被杀。见，被。　②白帝：传说中的五天帝之一，位于西方。秦居西方，自以为是白帝的子孙。秦襄公作西畤，祠白帝。白帝成为秦的象征。　③当道：挡住路。　④赤帝子：传说中的五天帝之一，位于南方。刘邦自称是赤帝的子孙。西方金，南方火，火克金。赤帝子杀白帝，预示着火克金，汉代秦。　⑤不诚：不真实。　⑥欲告之：要告发她。告，《汉书》作"苦"，谓欲困苦辱之，责难之，义更长。　⑦觉：睡醒。　⑧自负：自命不凡。　⑨厌：同压，镇摄。　⑩芒、砀：两山名，在今河南永城县东北。芒山在北，砀山在南。秦时属砀郡。　⑪附：追随。　⑫秦二世元年：公元前209年。　⑬蕲：秦县名，在今安徽宿县南。　⑭陈：秦县名，在今河南淮阳县。　⑮曹参：汉初功臣，继萧何为相，事详《曹相国世家》。　⑯因劫众：趁势挟持县里的民众。　⑰保：往依。

然，父子俱屠，无为也①。”父老乃率子弟共杀沛令，开城门迎刘季，欲以为沛令。刘季曰：“天下方扰，诸侯并起，今置将不善，一败涂地②。吾非敢自爱，恐能薄，不能完父兄子弟。此大事，愿更相推择可者。”萧、曹等皆文吏，自爱，恐事不就，后秦种族其家③，尽让刘季。诸父老皆曰：“平生所闻刘季诸珍怪，当贵，且卜筮之，莫如刘季最吉。”于是刘季数让，众莫敢为，乃立季为沛公。祠黄帝，祭蚩尤于沛庭④，而衅鼓⑤，旗帜皆赤。由所杀蛇白帝子，杀者赤帝子，故上赤⑥。于是少年豪吏如萧、曹、樊哙等皆为收沛子弟二三千人，攻胡陵、方与⑦，还守丰。

（以上为第二段，写刘邦乘时起义）

秦二世二年，陈涉之将周章军西至戏而还⑧。燕、赵、齐、魏皆自立为王。项氏起吴⑨。

项梁渡江入薛。沛公闻项梁在薛，从骑百馀往见之。项梁益沛公卒五千人、五大夫将十人⑩。沛公还，引兵攻丰。

从项梁月馀，项羽已拔襄城还⑪。项梁尽召别将居薛。闻陈王定死⑫，因立楚后怀王孙心为楚王⑬，治盱台⑭。项梁号武信君。居数月，北攻亢父，救东阿⑮，破秦军。齐军归⑯，楚独追北⑰，使沛公、项羽别攻城阳⑱，屠之。军濮阳之东⑲，与秦军战，破之。

秦军复振，守濮阳，环水⑳。楚军去而攻定陶㉑，定陶未下。

①无为也：没意义，犯不着。　②一败涂地：一旦失败，就不可收拾。　③种族：灭种，灭族。　④祠黄帝，祭蚩尤：古以黄帝、蚩尤为战神，祭祀战神，发动起义。　⑤衅鼓：杀牲以血涂鼓。　⑥上赤：崇尚赤色。　⑦胡陵：秦县名，在今山东鱼台县东南。方（fāng）与（yù）：秦县名，在今山东鱼台县北。　⑧周章：陈涉起义军部将。戏：水名，源于骊山，流经今临潼东入于渭水，已涸。　⑨项氏：指项梁、项羽。　⑩五大夫将：有五大夫爵位的将领。五大夫，秦爵第九级。　⑪襄城：秦县名，县治即今河南襄城县。　⑫定死：确实已死。　⑬怀王：指战国时楚怀王熊槐，前328至前299年在位。怀王受骗客死于秦，楚人怜之。故项梁立其孙熊心为楚王，仍假怀王之号以从民望。　⑭盱台：秦县名，县治在今江苏盱眙县东南。台，读眙。　⑮东阿：秦县名，县治在今山东阳谷县东北。　⑯归：回归本国。　⑰追北：追击败逃的秦军。　⑱城阳：秦县名，县治在今山东鄄城东南。　⑲濮阳：秦县名，县治在今河南濮阳县西南。　⑳环水：濮阳城四周环水，易守难攻。　㉑定陶：秦县名，县治即今山东定陶县。

沛公与项羽西略地至雍丘之下[①]，与秦军战，大破之，斩李由[②]。还攻外黄[③]，外黄未下。

（以上为第三段，写刘邦起初不利义投项梁，与项羽并肩击秦）

项梁再破秦军，有骄色。宋义谏[④]，不听。秦益章邯兵，夜衔枚击项梁，大破之定陶，项梁死。沛公与项羽方攻陈留[⑤]，闻项梁死，引兵与吕将军俱东[⑥]。吕臣军彭城东，项羽军彭城西，沛公军砀。

章邯已破项梁军，则以为楚地兵不足忧，乃渡河，北击赵，大破之。当是之时，赵歇为王[⑦]，秦将王离围之巨鹿城[⑧]，此所谓河北之军也。

秦二世三年，楚怀王见项梁军破，恐，徙盱台，都彭城[⑨]，并吕臣、项羽军自将之。以沛公为砀郡长，封为武安侯，将砀郡兵。封项羽为长安侯，号为鲁公。吕臣为司徒[⑩]，其父吕青为令尹[⑪]。

赵数请救，怀王乃以宋义为上将军，项羽为次将，范增为末将[⑫]，北救赵。令沛公西略地入关。与诸将约，先入定关中者王之。

当是时，秦兵强，常乘胜逐北。诸将莫利先入关。独项羽怨秦破项梁军，奋[⑬]，愿与沛公西入关。怀王诸老将皆曰[⑭]："项羽为人僄悍猾贼[⑮]。项羽尝攻襄城，襄城无遗类[⑯]，皆坑之，诸所过无不残灭。且楚数进取，前陈王、项梁皆败，不如更遣长者扶义而西[⑰]，告谕秦父兄。秦父兄苦其主久矣。今诚得长者往，毋侵暴，宜可下。今项羽僄悍，今不可遣。独沛公素宽大长者，可

---

①雍丘：秦县名，县治在今河南杞县。　②李由：李斯子，为秦三川郡守。③外黄：秦县名，县治在今河南民权县西北。　④宋义：项梁部将。　⑤陈留：秦县名，县治在今河南开封市东南。　⑥吕将军：陈胜部将吕臣。　⑦赵歇：战国时赵国后裔，秦末为赵王。　⑧巨鹿：秦县名，县治在今河北平乡县西南。　⑨彭城：即今江苏徐州市。　⑩司徒：官名，掌教化。　⑪令尹：楚官名，司丞相之职。⑫范增：项梁谋士。　⑬奋：愤激。　⑭诸老将：指楚旧时遗臣，他们妒忌项羽，怂恿怀王钳制项羽，令项羽北救赵隶属于宋义。　⑮悍猾贼：勇猛凶残。　⑯无遗类：全部灭绝，没留下一人。　⑰不如更遣句：不如另派一位忠厚的人仗义向西进军。扶义，仗义。

遣。”卒不许项羽，而遣沛公西略地，收陈王、项梁散卒。乃道砀至成阳[①]，与杠里秦军夹壁[②]，破秦二军。楚军出兵击王离[③]，大破之。

沛公引兵西，过高阳[④]。郦食其为监门[⑤]，曰：“诸将过此者多，吾视沛公大人长者。”乃求见说沛公。沛公方踞床[⑥]，使两女子洗足。郦生不拜，长揖[⑦]，曰：“足下必欲诛无道秦，不宜踞见长者。”于是沛公起，摄衣谢之[⑧]，延上坐。食其说沛公袭陈留，得秦积粟。乃以郦食其为广野君，郦商为将[⑨]，将陈留兵，与偕攻开封[⑩]，开封未拔。西与秦将杨熊战白马[⑪]，又战曲遇东[⑫]，大破之。杨熊走之荥阳[⑬]，二世使使者斩以徇。南攻颍阳[⑭]，屠之。因张良略韩地轘辕[⑮]。

是时章邯已以军降项羽于赵矣。

初，项羽与宋义北救赵，及项羽杀宋义，代为上将军，诸将黥布皆属；破秦将王离军，降章邯，诸侯皆附。

及赵高已杀二世，使人来，欲约分王关中。沛公以为诈，乃用张良计，使郦生、陆贾往说秦将[⑯]，啖以利[⑰]，因袭攻武关[⑱]，破之。又与秦军战于蓝田南[⑲]，益张疑兵旗帜，诸所过毋得掠卤[⑳]，秦人熹，秦军解[㉑]，因大破之。又战其北，大破之。乘胜，遂破之。

汉元年十月[㉒]，沛公兵遂先诸侯至霸上[㉓]。秦王子婴素车白

---

①道：取道。成阳：即城阳。　②杠里：秦县名。县治在今山东鄄城东南。夹壁：对垒。　③楚军出兵击王离：指项羽的巨鹿之战。　④高阳：古邑名，在今河南杞县西南。　⑤郦食（yì）其（jī）：刘邦的谋士和说客。事详《郦生陆贾列传》。监门：即监门吏，秦代基层役吏。　⑥踞床：坐在床上。床，类似板凳一类的坐具。　⑦长揖（yī）：深深地拱手行礼。　⑧摄衣谢之：整顿一下衣服，向郦生表示歉意。　⑨郦商：郦食其之弟。事详《樊郦滕灌列传》。　⑩开封：秦县名，县治在今河南开封市南。　⑪白马：秦县名，县治在今河南旧滑县城东。　⑫曲遇：古邑名，在今河南中牟县境内。　⑬荥阳：秦县名，县治在今河南荥阳县东北。⑭颍阳：秦县名，县治在今河南许昌西南。按，《汉书·高帝纪》作“南攻颍川”。颍阳为颍川郡属县。　⑮轘辕：关名，在今河南偃师县东南轘辕山中。　⑯郦生：即郦食其。陆贾：刘邦谋士，与郦生同传。　⑰啖（dàn）以利：诱之以利。啖，以食喂人。　⑱武关：关名，在今陕西丹凤县东南。　⑲蓝田：秦县名，即今陕西蓝田县。　⑳卤：同掳。　㉑解：同懈。　㉒汉元年十月：公元前206年，刘邦为汉王，为汉纪年之始。十月，阴历十月。　㉓霸上：即白鹿原，在今陕西西安东南。

马，系颈以组[1]，封皇帝玺符节[2]，降轵道旁[3]。诸将或言诛秦王。沛公曰："始怀王遣我，固以能宽容，且人已服降，又杀之，不祥。"乃以秦王属吏[4]，遂西入咸阳。欲止宫休舍，樊哙、张良谏，乃封秦重宝财物府库，还军霸上。召诸县父老豪杰曰："父老苦秦苛法久矣，诽谤者族，偶语者弃市[5]。吾与诸侯约，先入关者王之，吾当王关中。与父老约法三章耳：杀人者死，伤人及盗抵罪[6]。余悉除去秦法。诸吏人皆案堵如故[7]。凡吾所以来，为父老除害，非有所侵暴，无恐！且吾所以还军霸上，待诸侯至而定约束耳[8]。"乃使人与秦吏行县乡邑，告谕之。秦人大喜，争持牛羊酒食献飨军士。沛公又让不受，曰："仓粟多，非乏，不欲费人。"人又益喜，唯恐沛公不为秦王。

（以上为第四段，写刘邦西进破秦，入咸阳的经过）

【简评】 古人迷信，总是要神化皇帝。相传刘邦的母亲困于池塘边，梦与神龙会，因而怀孕生下刘邦。刘邦长大，颜貌似龙，长颈而高鼻，须髯很美，左大腿上有七十二颗黑痣。刘邦待人宽厚仁义，乐善好施，豁达大度。

刘邦从小胸怀大志，不事农耕产业。三十岁时，试用补吏，担任了小小的亭长。有一次去咸阳服徭役，他看到秦始皇出行时的威武宏大场面，不由得喟然长叹："嗟乎，大丈夫当如此矣！"沛令为客居的朋友吕公设宴请客，刘邦诡称有万钱朝贺，径自入坐上位。刘邦的派头和豪气，深为客居沛令家的吕公所赏识，吕公便主动把女儿吕雉许配给他。

秦二世元年（公元前 209）七月，陈胜、吴广起义，各地苦于秦朝苛政的百姓和六国旧贵族都纷纷响应。刘邦带领数百人

---

①系颈以组：用丝带系着脖子。这是亡国的国君向别人投降时表示服罪的样子。组，丝条。 ②玺：天子印。符：铜质虎符，命将时所用。节：竹节状物，上加旄饰，使者持以为信物。 ③轵（zhǐ）道：即轵道亭，在今陕西西安市东北。 ④属吏：交给司法官员看管。 ⑤偶语者弃市：几个人在一起相对聚谈的，就处死。偶语，相对而语。弃市，斩于市曹。 ⑥伤人及盗抵罪：伤害人及盗窃财物的要按情节轻重判罪。 ⑦皆案堵如故：各安其位，一切如故。案堵，即安堵，没有变动。 ⑧待诸侯至而定约束：等各路诸侯的军队来到，再决定如何处置。

回到沛县，与萧何、曹参、樊哙等人里应外合，攻下县城，杀死县令。众人公推刘邦主事，响应陈胜反秦。陈胜当时已为楚王，遵循楚国旧制，县宰称公，因此刘邦被拥立为沛公。刘邦宣誓就任，召集县中少年豪吏，得三千多人，然后率部转战于丰、沛等地，加入了浪涛滚滚的反秦斗争中。转战途中，他得到谋士张良，并在薛县（今山东枣庄）与楚国贵族项梁、项羽叔侄的义军会合。刘邦与项羽结拜为把兄弟，并肩作战。项梁在薛召集各路起义军会商，共立死于秦国的楚怀王之孙熊心为王，仍称楚怀王。

秦二世二年九月，项梁因骄傲轻敌，在定陶被秦将章邯打败，战死。正在围攻陈留的刘邦和项羽立即撤兵至彭城，并迁楚怀王于彭城。章邯打败项梁后，又移军攻打河北义军赵歇。赵歇被困，求救于彭城义军。楚怀王令宋义、项羽率军北上救赵；命刘邦进关中，攻咸阳。部队临行，楚怀王与诸将相约："先入定关中者王之。"

当时，秦兵强盛，义军诸将都存畏惧之心，以入关为难。独有项羽，愤恨秦兵杀项梁，愿与刘邦西入关中。而怀王的老将们都说："项羽为人剽悍，好为祸乱，所过无不残灭。宜派一位仁德宽厚之人，扶义而西，方可攻入咸阳。项羽不可遣，只有沛公，素来待人宽厚，可担此任。"因此，项羽的请求未得许可。

刘邦奉命后，收编了陈胜、项梁的散卒，他以"扶义而西"为口号，争取秦民支持，团结各种反秦力量，同时广揽人才，听取谋士献策，向西进伐。他联合皇欣、武满，攻克了栗县（今河南夏邑）；得彭越之力，攻昌邑（今山东金乡西北）。他采纳高阳看门小吏郦食其之策，取陈留，得到充足的补给；听从张良之谏，回兵围攻宛城（今河南南阳）；依陈恢之言，招降南阳郡守，并封侯，使秦朝地方官吏纷纷归降。刘邦军队纪律严明，所到之处秋毫无犯，受到沿途百姓拥护。

秦二世三年八月，刘邦军攻克武关，打开了关中的东南大门。此时，项羽已杀宋义，代为上将军，在巨鹿把章邯、王离所率秦朝关东主力击溃，率40万大军杀向关中。

义军逼近，秦王朝内部乱作一团。内部矛盾迅速激化，内讧不断。先是秦丞相李斯与赵高争权，被赵高诬陷以谋反罪死于非命，接着赵高又杀了秦二世，派人与刘邦相约，平分关中而王。刘邦不允。赵高想称帝，秦群臣不服，于是只好立秦始皇的远房弟子婴为秦王。子婴为王后，杀赵高，发兵守峣关（在今陕西商县西北），负隅顽抗。刘邦用张良计，一面在峣关附近山上多树旗帜作疑兵，一面派郦食其、陆贾以利诱降守将。秦将为利所动，戒备疏忽，刘邦乘虚打破峣关，又在蓝田大破秦军，然后驻军霸上，兵临咸阳。

公元前206年十月，秦王子婴素车白马，颈上系着带子，手捧封好的皇帝印玺、兵符、节杖等，率大臣出城向刘邦投降，秦王朝灭亡。是年为高祖元年，又称汉元年。

子婴降后，有将领请求诛之。刘邦说："楚怀王派我西进，是因我能宽容待人，今子婴已降服，杀之不祥。"于是，将子婴交付狱吏看管。

刘邦入咸阳，本打算占据秦皇宫殿，经樊哙、张良指出，此乃步亡秦之后，他只好封闭宫殿府库，还军霸上。然后召集各县豪杰、父老，做收买人心的工作。刘邦说："父老苦于秦之苛法久矣！怀王与诸侯约定：先入关者王之，吾当称王关中。今与父老约法三章：杀人者死，伤人及盗抵罪。除此之外，秦法全部废除。吏民皆各行其事。吾所以来，是为父兄除害，非有所侵暴，不必害怕。"然后，刘邦派人与秦朝原来的官吏一道，去各地宣布自己的这番话。关中吏民大喜，争先恐后地送酒肉来犒劳将士。刘邦又推让说："仓里粮食多，不必父老费心。"吏民更加高兴，一心拥护刘邦，唯恐他不能当关中王。

且说项羽，这时率领大军四十万向关中进发。项羽在行军途中担心秦军入关后反叛，于是在河南新安（今河南渑池县东）全部活埋了秦军降卒二十多万，手段十分残忍。项羽先挖下大坑，在黑夜集合秦军，乘其无备，发动突然袭击，把秦军全部赶入大坑活埋，只留下秦军的三个降将章邯、董翳、司马欣随军入关。

项羽的残暴行为激起了秦民的义愤，他们的父兄子弟被项羽杀死，无不咬牙切齿。

项羽入关，见秦民拥护刘邦，更是怀恨在心，他火烧咸阳，大火延续三个月，咸阳成了废墟。项羽又杀秦王子婴，还挖了秦始皇墓。这些举动违反道义，遭到老百姓的反对。项羽无法在关中立足，他自称西楚霸王，回到东方彭城。项羽把关中分为三份，让秦军的三个降将为三秦王：章邯为雍王，董翳为翟王，司马欣为塞王。项羽分封刘邦为汉中王。项羽一共分封了十八个王，一个个都心怀不满，项羽刚回到彭城，诸侯就造了反。刘邦趁机从汉中杀出，灭了三秦王，夺了关中，刘项两人正式争夺天下。这时是公元前 206 年八月。

由于项羽失民心，刘邦得民心，刘项相争五年，到公元前 201 年项羽失败，刘邦胜利，建立了汉朝，史称西汉。刘邦成了开国皇帝。

司马迁写高祖入关，在叙述史事的同时，还写出了刘邦获得成功的一些客观和主观原因。客观原因，秦政暴虐，人民起义风起云涌，刘邦审时度势，勇敢地加入了起义军行列。刘邦在西征途中避实击虚，项羽承担了主战场抗击秦军的重任，所以行文中时时插入对项羽的描写。主观原因，司马迁通过大量历史事实告诉读者，刘邦成功有着他个人的性格、才能和主观努力。刘邦秉性“仁而爱人”，在秦末严酷少恩的政治环境中，刘邦的性格很能得到群众的拥护。刘邦押送囚徒去骊山，由于途中有很多囚徒逃亡，他索性全部释放，反而赢得了一批“徒中壮士”的拥护，拉起了起义队伍。刘邦能当西路军统帅，也得益于他“仁而爱人”，楚怀王的诸老将都拥护刘邦。刘邦机敏过人，善于学习，能识人、用人。他当泗水亭长，并无出众的才能。他拉起队伍起义，形势迫使他博采众长，集思广益。这样，他在斗争中迅速地增长才干。善谋的张良，外交才干突出的郦食其等都佩服刘邦。韩信、陈平这样的知能之士，都是从项羽阵营投奔刘邦的。刘邦自己总结成功的经验时也说：“夫运筹策帷帐之中，决胜于千里之外，吾不如子房；镇国家，抚百姓，给馈饷，不绝粮道，吾不如萧何；连百万之军，战必胜，攻必取，吾不如韩信。此三者，皆人杰也。吾能用之，此吾所以取天下也。项羽有一范增而不能用，此其所以为我擒也。”刘邦特别强调这一点，说明他重视人才、使用人才，这也是他主观努力发挥到极致的表现。总之，司马迁写高祖入关，写刘邦取天下，不是把他作为“神”来写，而是作为一个有雄才大略的政治家来写，如他怎样争取民心、怎样重视人才等。在今日世界经济一体化、高科技日新月异的形势下，无论是国际竞争，还是国内竞争，最重要的竞争是人才的竞争。有了人，特别是才干出众的人，什么奇迹都可以创造出来。朝为田舍郎，暮登天子堂的刘邦，是否给我们带来了有益的启示呢？好吧，再读一遍高祖入关！

孝文本纪

【题解】 本篇节选自《孝文本纪》，讲述汉文帝躬行节俭，遗命不得厚葬的故事。节俭与不厚葬，看似平常，实际意义非常重大。中国历史上还没有第二个像汉文帝那样简朴与移风易俗的，所以司马迁称赞汉文帝是一个仁德之君。汉文帝，名恒，是汉高祖刘邦的第四子，西汉第三代皇帝。刘恒六岁时封为代王，居代十七年，二十三岁即皇帝位，在位二十三年，终年四十六岁。公元前179年至前157年在位。

汉文帝当政没有轰轰烈烈的事业，他对外坚持和亲，睦邻友好，对内不事兴作，休养生息，居安思危，励精图治，严以律己，宽以待人，是汉初黄老无为而治的较好执行者。汉文帝反对好大喜功，提倡扎扎实实办实事。他躬俭仁爱，关心民瘼，约法省禁，除肉刑，废关卡，封赏功臣，问民疾苦，奖励农耕，亲开籍田，减免田租，举贤良选贤才，察纳雅言，看似平平淡淡，却带来了天下太平，在中国历史上出现了国殷民富的文景之治。文景，指文帝、景帝两代皇帝。景帝是文帝之子，继续执行文帝的无为政治，所以历史上文景并称。

汉文帝俭约，超出了俭约本身的意义，因为一个皇帝近于苛刻的节俭，已经是一种精神，是身处高位者的一种自律精神，它带给社会的楷模意义是无法估量的。这正是司马迁的写作宗旨所在，也是本篇节选的意义所在。

[孝文后元六年]①，天下旱，蝗。帝加惠：令诸侯毋入贡，弛山泽②，减诸服御狗马③，损郎吏员④，发仓庾以振贫民，民得卖爵。

孝文帝从代来，即位二十三年，宫室苑囿狗马服御无所增益，有不便，辄弛以利民。尝欲作露台⑤，召匠计之，直百金⑥。上曰："百金中民十家之产，吾奉先帝宫室，常恐羞之，何以台为！"上常衣绨衣⑦，所幸慎夫人，令衣不得曳地⑧，帏帐不得文绣，以示敦朴，为天下先。治霸陵皆以瓦器⑨，不得以金银铜锡为饰，不治坟⑩，欲为省，毋烦民。南越王尉佗自立为武帝，然上召贵尉佗兄弟，以德报之，佗遂去帝称臣。与匈奴和亲，匈奴背约入盗，然令边备守，不发兵深入，恶烦苦百姓。吴王诈病不朝，就赐几丈。群臣如袁盎等称说虽切，常假借用之⑪。群臣如张武等受赂遗金钱，觉，上乃发御府金钱赐之，以愧其心，弗下吏。专务以德化民，是以海内殷富，兴于礼义。

后七年六月己亥，帝崩于未央宫。遗诏曰："朕闻盖天下万物之萌生，靡不有死。死者天地之理，物之自然者，奚可甚哀。当今之时，世咸嘉生而恶死，厚葬以破业，重服以伤生，吾甚不取。且朕既不德，无以佐百姓；今崩，又使重服久临，以离寒暑之数，哀人之父子，伤长幼之志，损其饮食，绝鬼神之祭祀，以

①孝文后元六年：公元前158年。 ②弛山泽：解除山泽之禁，令民樵采、渔、猎。 ③减诸服御狗马：裁减宫中服御狗马等奢玩之物。 ④损郎吏员：精减郎官。汉郎官无定员，经常千余人。 ⑤露台：赏景的楼台，在新丰南骊山上。 ⑥直百金：用费需一百万。金，黄金货币单位，一斤为一金，值铜钱一万。 ⑦绨衣：黑色的粗丝衣。 ⑧令衣不得曳地：著短裙以省衣料。古华饰裙装曼长曳地。 ⑨霸陵：文帝寿陵，在今西安市北。 ⑩不治坟：因山为冢，不垒坟墓。 ⑪群臣二句：尽管群臣如袁盎等论说抑制诸侯王很急迫，文帝仍然宽容对待。假借，以他事缓解，即宽容待诸侯。

重吾不德也，谓天下何①！朕获保宗庙，以眇眇之身托于天下君王之上，二十有余年矣，赖天地之灵，社稷之福，方内安宁②，靡有兵革③。朕既不敏，常畏过行，以羞先帝之遗德；维年之久长，惧于不终。今乃幸以天年，得复供养于高庙，朕之不明与嘉之，其奚哀悲之有④！其令天下吏民，令到出临三日，皆释服⑤，毋禁取妇嫁女祠祀饮酒食肉者。自当给丧事服临者，皆无践⑥。绖带无过三寸⑦，毋布车及兵器⑧，毋发民男女哭临宫殿。宫殿中当临者，皆以旦夕各十五举声⑨，礼毕罢⑩。非旦夕临时，禁毋得擅哭。已下，服大红十五日，小红十四日，纤七日，释服⑪，佗不在令中者，皆以此令比率从事⑫。布告天下，使明知朕意。霸陵山川因其故，毋有所改。归夫人以下至少使⑬。”令中尉亚夫为车骑将军，属国悍为将屯将军⑭，郎中令武为复土将军⑮，发近县见卒万六千人⑯，发内史卒万五千人⑰，藏郭穿复土属将军武。

乙巳⑱，群臣皆顿首上尊号曰孝文皇帝。

【简评】 汉文帝是中国历史上最有名的节俭皇帝，也是政治

---

①今崩八句：现今死后，又令百姓长久服丧痛哭，经历寒来暑往漫长的时日，使百姓父子哀伤，老幼的身心都受到损伤，减少饮食，断绝祭祀鬼神，这只增我的不德，怎么对得起天下人民呢！重服，长久服丧。临，哭死者为临。　②方内安宁：国内外太平。方，外。内，中。方内，犹言中外。　③靡有兵革：没有战争。　④今乃四句：现在我竟然得享天年，又能在高祖庙中享受供品，以我之不明而得到这样好的结果，还有什么悲哀的呢！乃，竟然。奚，什么。　⑤令到二句：遗诏到达后，只哭临三日就都卸去丧服，恢复正常生活。　⑥自当二句：应当服丧的亲戚子弟们，也都不要光着脚。践：有两解。孟康曰：“践，跣也。”古代服丧要哀切。跣，即光着脚，表现十分哀切。服虔训践为翦，谓不要服斩衰。斩衰服，即穿没有剪缉的粗麻衣，丧期三年。　⑦绖（dié）带：即披麻带孝，头上腰间系的麻制带子。　⑧毋布车及兵器：不要在车子和兵器上挂上丧布。　⑨十五举声：哭喊十五声。　⑩礼毕罢：哭丧如仪而止。　⑪已下五句：谓已下葬之后，服大功十五天，小功十四天，禫七日，即除去丧服。大红：即大功，如礼应服丧九个月。小红：即小功，应服丧五个月。纤：即禫，缌麻衣，应服丧三十六日。古丧礼，亲戚子弟依亲疏远近服不同等级的丧，文帝遗诏从简。　⑫比率从事：类比照办。　⑬归夫人以下至少使：把宫中从夫人以下至少使七级嫔妃全部放归回家。皇帝嫔妃夫人以下有美人、良人、八子、七子、长使、少使等七级。　⑭属国：官名，掌蛮夷归降者。悍：徐悍。将屯将军：监管各地驻军。皇帝逝世，在易主之际，例置将屯将军指挥加强各屯兵警戒。⑮武：张武。复土将军：主持葬礼封坟之事。　⑯见卒：服现役的士兵。　⑰内史卒：京师警卫队士兵。　⑱乙巳：六月七日。

上最开明的皇帝之一。生活节俭是政治开明的折光反射。节俭的目的是开社会风气之先，上行下效，减少国家开支，减轻农民负担。

秦末战乱，造成社会生产力的极大破坏。西汉建立，百废待兴，全国经济残破，公私之积都非常贫乏。皇帝出行或举行庆典，没有财力用同一颜色的马拉车，公卿将相大臣，许多要乘牛车，老百姓四壁徒立，没有积蓄，缺吃少穿。物价飞涨，一石米要值一万钱。经过高祖、吕后时期的复苏，老百姓吃的穿的有了一些改善，但经济恢复仍然没有根本好转。汉文帝从代来，以诸侯入承大统，对百姓生活维艰的情况十分了解。汉文帝即位的第二年就下诏举贤良，广开言路，废除诽谤罪的刑律，表示了励精图治的决心。

为了调动农民生产的积极性，汉文帝十分注意减轻百姓的负担。他大力提倡以农为本，亲开籍田，多次发布诏令劝课农桑，时时关心人民疾苦。公元前158年，是一个大旱的年头，蝗虫成灾，粮食减产，百姓生活艰难。文帝看到这种情况，非常痛心，立即下令诸侯不要进贡，取消了山林川泽的禁令，允许百姓到这些地方去渔猎，同时他还减少皇家支出，裁减朝廷官员，发放仓库的粮食以救济贫民。公元167年，汉文帝又“除田之租税”。

轻徭薄赋，奖励生产是开源。减少开支，生活节俭是节流。一个社会，一个国家，在重创中复苏，节流与开源同等重要。汉文帝大力提倡节俭，身体力行，从自身做起，从皇宫做起，严于自律，近似苛刻，为史家所称道。国家要修一座“露台”，也就是观星台，相当于现在的气象台，也兼观景之用。经过工匠估算，要花费百斤黄金，相当于中等人家十家的财产。这对于一个大国皇帝，根本不算什么。但汉文帝却说：“我现在住在先帝的宫室，还经常害怕对不起先帝，现在为什么要花这么多黄金来建造一座露台呢?”于是他打消了建露台的念头。文帝自己常常穿着粗丝衣服，对后宫妃嫔的要求也很严，从不允许她们有过份的要求，就连他最宠爱的慎夫人，穿的衣服也不许长到拖地，用的帏帐不得用文绣。文帝即位二十三年，他的宫室、园囿几乎没有重新装饰，他的马车、服饰和日常御用器具等，也基本上没有增加。他这样做的目的，就是给天下作出表率。看来文帝非常懂得上行下效、上梁不正下梁歪的道理啊！

我国古代王朝的皇帝，在他们刚即位时，就开始修建自己的陵墓，不少帝王将陵墓修得富丽堂皇，为的是死后也能过上舒服的生活。而文帝让人修建自己的陵墓——霸陵时，规定只许用瓦器，不准用金、银、铜、锡等贵重金属装饰，也不修造高大的坟冢，这样也是为了厉行节约，以免烦扰百姓。

公元前157年，文帝驾崩。他深恐自己死后的丧事会给百姓增加负担，因此在遗诏中明确指出："我听说天下万物出生后，没有不死的，既然死是天地间的常理，生物的自然法则，那么死亡又有什么可怕的呢？现在一般人死后，都讲究厚葬，但这会导致破产，长期服丧也会损害身体，我极不赞成这种做法。"因此，文帝下令天下，从简办丧，只许为他守丧三天。在守丧期间，也不禁止民间的婚嫁祭祀。他甚至对亲戚们服丧的孝带的宽度、宫中哭祭者哭声的次数等等都做了具体规定，深恐自己死后再给百姓带来什么烦扰。

汉文帝作为一个富有四海的天子，能够这样勤俭朴实、廉洁自律，且对生死又如此达观，确实可称得上是一位开明仁厚的君主。司马迁称赞汉文帝"专务以德化民"，又说他"德至盛也"，切合实际，并非过誉。所以在汉文帝后期，西汉经济迅速恢复，朝野一心，内外归服，出现了"海内殷富，兴于礼义"的太平盛世。人民没有忧愁，六七十岁的老翁乐游嬉戏，如同小孩子一般。

一个人的力量有限，但作为最高统治者，他的一言一行都有着巨大的表率作用。在上位的人做事，如果都能做到"仰畏天命，俯畏人言"，那他眼中必定不会只有"权"和"钱"二字，办事也决不草率。如果一个君主能做到这一点，那受惠的将是天下苍生了。

表

除《汉兴以来将相名臣年表》无序外，《史记》十表共九序，每一篇都是简洁的史论。

司马贞曰："《礼》有《表记》，而郑玄云'表，明也。'谓事微而不著，须表明也，故言表也。"(《三代世表·索隐》)。赵翼说："《史记》作十表，仿于周之谱牒，与纪传相为出入，凡列侯、将、相、三公、九卿功名表著者，既为立传，此外大臣无功无过者，传之不胜传，而又不容尽没，则于表载之，作史体裁，莫大于是。"(《廿二史劄记》卷一)。准上，则"表"之义：

1. 表隐微之事，使之鲜明。

2. 扩大纪、传的记事范围。

3. 表与纪、传互为经纬，是联系纪、传的桥梁。

《史记》十表，用以反映历史发展的线索和阶段性，建立了古代的年代学理论，最有章法义例。十表序列如次：（一）三代世表、（二）十二诸侯年表、（三）六国年表、（四）秦楚之际月表、（五）汉兴以来诸侯王年表、（六）高祖功臣侯者年表、（七）惠景间侯者年表、（八）建元以来侯者年表、（九）建元以来王子侯者年表、（十）汉兴以来将相名臣年表。本书选评两篇年表序。

六国年表序

【题解】《六国年表》表名六国，实谱八国。第一栏周，尊天下共主。第二栏秦，列于六国之前，日食灾异载于秦表而不载于周表，其义即以秦系天下之存亡，褒美秦统一之业。因此周、秦均不在“六国”数中，故表名“六国年表”。小国附属于宗主国。蜀与义渠附于秦表，因两国为秦所并。同理，郑附于韩表，代、中山附于赵表，鲁、蔡、莒、吴、越、绛、曲沃，其后为魏所并，故尽附于魏表。

《六国年表》断限，上接《十二诸侯年表》之后，起周元王元年，下讫二世之灭，表序又从秦始封诸侯讲起，完整地勾勒了秦朝一代兴亡的历史线索，突出地表现了秦统一中国的历史地位。

太史公读《秦记》①，至犬戎败幽王，周东徙洛邑，秦襄公始封为诸侯②，作西畤用事上帝③，僭端见矣④。《礼》曰⑤：“天子祭天地，诸侯祭其域内名山大川。”今秦杂戎、翟之俗，先暴戾，后仁义，位在藩臣而胪于郊祀⑥，君子惧焉。及文公逾陇⑦，攘夷狄，尊陈宝⑧，营岐雍之间⑨，而穆公修政⑩，东竟至河，则与齐桓、晋文中国侯伯侔矣。是后陪臣执政，大夫世禄，六卿擅晋权，征伐会盟，威重于诸侯。及田常杀简公而相齐国，诸侯晏然弗讨，海内争于战功矣。三国终之卒分晋，田和亦灭齐而有之，六国之盛自此始。务在强兵并敌，谋诈用而从横短长之说起⑪。

---

①秦记：系秦国一部很简略的史书。　②襄公：秦之兴始于襄公，公元前777年至公元前766年在位。　③西畤（zhì）：秦襄公在西垂建置的祭祀白帝的神祠。畤，止也，神灵所栖止之处所。畤建于西垂邑故名西畤。汉置西县，故城在今甘肃天水西南一百公里处盐关堡东南的西汉水南岸。　④僭端见矣：越礼称王的苗头出现了。白帝是五天帝之一，秦襄公祭白帝表示直接继承了天命，为称王作准备，所以说“僭端见矣”。　⑤礼曰二句：见《礼记·曲礼》，原文是“天子祭天地，祭四方，祭山川；诸侯方祀，祭山川。”　⑥胪于郊祀：陈列祭天的礼仪。　⑦文公：公元前765至公元前716年在位。陇：指陇山，又称陇坂，陇坻，陇首。陇山绵亘在陕西陇县、宝鸡以及甘肃的清水、秦安一带。　⑧尊陈宝：陈宝是神雉名。秦文公在陈仓北坂，即宝鸡山北坡建置宝鸡神祠，制造神话说，有一只神雉化成了宝石，秦得宝石当为帝王。宝鸡地名由此而得。　⑨岐雍：岐，即岐山，在陕西凤翔县东。雍，即雍山，在凤翔县西。　⑩穆公：春秋五霸之一，公元前659至公元前621年在位。⑪谋诈句：这句是说战国时，列国间勾心斗角，用奇谋诈骗取胜，从而产生了纵横家。史称纵横家之说为长短说，西汉刘向校书时汇编成《战国策》。

矫称蜂出①，誓盟不信，虽置质剖符犹不能约束也②。秦始小国僻远，诸夏宾之③，比于戎翟，至献公之后常雄诸侯④。论秦之德义不如鲁卫之暴戾者，量秦之兵不如三晋之强也，然卒并天下，非必险固便形势利也，盖若天所助焉。

或曰“东方物所始生，西方物之成孰”⑤。夫作事者必于东南，收功实者常于西北。故禹兴于西羌⑥，汤起于亳⑦，周之王也以丰、镐伐殷，秦之帝用雍州兴，汉之兴自蜀汉。

秦既得意⑧，烧天下《诗》《书》，诸侯“史记”尤甚，为其有所刺讥也。《诗》《书》所以复见者，多藏人家，而“史记”独藏周室，以故灭。惜哉，惜哉！独有《秦记》，又不载日月，其文略不具。然战国之权变亦有可颇采者，何必上古。秦取天下多暴，然世异变，成功大⑨。传曰“法后王”⑩，何也？以其近己而俗变相类，议卑而易行也⑪。学者牵于所闻⑫，见秦在帝位日浅，

①矫称蜂出：假传命令的事件层出不穷。如信陵君窃符救赵，就是假传王命夺了晋鄙军。　②置质剖符犹不能约束：这句是说战国之世，尽管诸侯之间置质、君臣之间剖符，都不起约束作用。质，抵押。两国间结约，常交换太子或大臣到对方以示信守叫置质。被质的太子叫质子，被质的大臣叫质臣。　③宾：同“摈”，排斥。
④献公：公元前 384 至公元前 362 年在位。　⑤或曰二句：按五行理论，木火金水土五行应东南西北中五方，并与春夏秋冬闰相配合。因东与春相配，西与秋相配，所以说“东方物所始生，西方物之成熟”，用以解释秦汉兴起于西方。这是从历史现象中细绎出的唯心主义历史观。　⑥禹兴于西羌：古史中的一种传说。《夏本纪·正义》引《帝王纪》谓禹“本西夷人也”。扬雄《蜀王本纪》云：“禹本汶山郡广柔县人也，生于石纽。”汶山郡，汉武帝置，郡治汶江，在今四川茂汶县西北，本冉駹族地。冉駹族以氐羌为主。　⑦汤起于亳（bó）：亳有四地，一在关中，三在河南。河南商丘东南之南亳，西北之北亳，偃师县西之西亳是河南三亳。关中亳亭在今西安市东南。舜封契于商。《殷本纪》三家注谓为上洛之商，即今陕西商洛县。可见这里是以关中之亳为汤兴之地。　⑧秦既得意：指秦得遂统一之志。《秦始皇本纪》载，始皇二十八年东巡，上琅邪山刻石颂功，“明得意”。　⑨世异变，成功大：指秦顺应事变，获得成功。其语化自《韩非子·五蠹》，原文是：“时异则事异，事异则备变。”
⑩传曰法后王：传，指《荀子·儒效篇》：“法后王，一制度。”又《非相篇》：“欲观圣王之迹，则于其粲然者，后王是也。”孔孟主张宪章尧舜，而荀子主张法后代贤王是一大进步。但荀子主张的“法后王”又有所保留，只是法三代。《王制篇》说：“王者之制，道不过三代，法不贰后王，道过三代谓之荡，法贰后王谓之不雅。”司马迁引此是强调重视近现代史，要对秦朝作正确的评价。　⑪议卑而易行：议论平易浅近容易遵行。　⑫学者牵于所闻：学者，主要是指那些高谈法先王、循仁义的儒生博士们，局限在自己的旧说里跳不出来。牵，局限。

不察其终始，因举而笑之，不敢道，此与以耳食无异[①]。悲夫！

余于是因《秦记》，踵《春秋》之后[②]，起周元王[③]，表六国时事，讫二世[④]，凡二百七十年[⑤]，著诸所闻兴坏之端[⑥]。后有君子，以览观焉。

【简评】《六国年表序》是一篇专论秦朝兴亡的史论。要点有二：一是讨论秦统一中国的原因；二是评价短命秦朝在历史上的地位。

司马迁以读《秦记》发论，指出“秦始小国僻远，诸夏宾之，比于戎翟”，“论秦之德义，不如鲁卫之暴戾者；量秦之兵，不如三晋之强也”。但是，天下一统归于秦国，这是什么原因呢？“然卒并天下，非必险固便形势利也，盖若天所助焉。”秦据关中，居高临下与六国争衡，进可攻，退可守，这是秦取得胜利的原因之一。但司马迁认为，地利形势并不是秦并天下的主要原因，所以说“非必”也。秦国是依靠暴力手段统一天下的，这与三代之君积德累善得天下完全迥异。秦取天下多暴而能得所欲，好象是天要这样做似的，所以说“盖若天所助焉”。

“天”在古人头脑中是一个既神秘而又复杂的哲学概念，没有人能够确切地把它说清楚。《史记》中的“天”，也有多种意义。单就《天官书》所论就有三种含义：一、指自然之天，如“日月星辰”，“三光”、“五气”之“天变”；二，指命运之天，即运数周期，如“三十岁一小变，百年中变，五百载大变”；三、指意志之天，如天人感应之“形见应随”。司马迁对意志之天既相信，又怀疑，不完全肯定，也不完全否定。“或曰”云云的一

---

①耳食：用耳朵吃饭（听食）不知味，喻不切合实际。　②踵《春秋》之后：接续在孔子所著的《春秋》之后，即接《十二诸侯年表》之后，因该表是表现《春秋》的。踵，脚后跟，引申为跟着、接续之意。　③周元王：名姬仁，公元前475至前469年在位。　④讫二世：指《六国年表》下限不止于秦统一的公元前221年，而讫于秦二世之亡的公元前207年，正是司马迁“综其终始”历史观的反映，以表现其凭恃暴力不能守国的观点。　⑤凡二百七十年：此举成数。公元前475年至公元前207年，实际为二百六十九年。　⑥兴坏之端：成功与失败的头绪，即兴亡经过及其原因。

种观点就是宣扬天命，司马迁予以引录备载以存其说。但这并不是司马迁谈“天”的主流。《殷本纪》批评纣王依恃“天命”而亡国，《项羽本纪》批评项羽引“天亡我”为“谬”，《伯夷列传》质问惩恶佑善之天道为虚无等等，都是司马迁不信天命的例证。

秦得天之助，司马迁反复言之。《魏世家赞》云：“天方令秦平海内，其业未成，魏虽得阿衡之佐，曷益乎?”这里的“天”与“盖若天所助焉”之“天”为同一含义，是指天下形势之变，非个人之力所能够挽回。秦国虽非“德义”之邦，但东方各国礼坏乐崩，兼并征伐不已，秦国却在献公之后，“常雄诸侯”，东方贤人竞相奔走于秦。战国之世，司马迁写了二十一传，秦国人物九传，差不多占了一半，而多数贤才非秦所产，岂非是天之所助？可见秦灭六国是一种必然的趋势，即历史之变的事势，它是一种客观存在的运动力量。这种力量是长期历史的积累所形成的物质的和人为的力量总和。古代的司马迁不可能具有这样的认识，故用一“天”字来说明，带有神秘的色彩。

读《六国年表序》当与《秦本纪》、《秦始皇本纪》以及秦国人物传记并读，也可以说这篇表序就是秦国传纪的一个总论。汉代学者拘于耳食之见，诋毁秦朝是“余朝闰位”，说什么汉朝是“上继周统”，这都是违反历史事势之变的狂惑之言。司马迁反对暴政，批判了秦朝焚书坑儒等严刑酷法，但对秦朝“法后王”，革新政治而富强，终于一统天下的历史功绩却作了高度的评价和肯定，颇具辩证的目光。司马迁认识到，在“强国相王”，“务在强兵并敌”的形势下，“秦取天下多暴”是必然的事势。司马迁的这一认识，在当时既是卓绝的，也是进步的。

秦楚之际月表序

【题解】《秦楚之际月表》起陈涉发难，讫刘邦称帝，即公元前 209 至前 202 年，共八年。《太史公自序》云：“八年之间，天下三嬗，事繁变众，故详著《秦楚之际月表》第四。”表序云“五年之间，号令三嬗”，系指从秦亡至西汉统一是五年。表序重点讲楚汉相争，所以说“五年之间，号令三嬗”。三嬗，指陈涉、项羽、刘邦相继称王，政权由秦嬗楚陈涉，再由涉嬗项羽，三由项羽嬗刘邦。

《秦楚之际月表》由两部分组成。第一部分为秦表，表陈涉发难，六国纷起，以接《六国年表》。秦表分秦、楚、项、赵、齐、汉、燕、魏、韩九栏。第二部分为楚表，表项羽分封。秦表以秦二世纪年，楚表以义帝纪年，示为天下共主。义帝死，第一栏留空，因项羽只号霸王，未称帝。但“政由羽出”，故于项王表中云：“西楚主伯，项籍始，为天下主命，立十八王。”汉王五年刘邦称帝，但不升为第一栏，仍载汉王表，故表名“秦楚之际月表”，名实相符。

秦楚之际，事繁变众，扰攘僭篡，运数又促，故创月表。如陈涉称王六月而死；武臣王赵，四月而亡；魏咎、田儋十月而终，皆不及一年。项梁起兵十三月而败亡，项羽继业，另起纪月。由此可见，创为月表，形势使然。秦表起陈涉，迄项羽入关，凡三年，只纪月，不纪年。楚表起项羽分封十八王，迄刘邦称帝，凡五年，纪年又纪月。在楚表中项羽及十七王纪年皆不书“元年”及“正月”。刘邦入关即书“汉元年”以承秦之灭，又书“正月”且早诸王一月以接秦王子婴之死，这是寓意汉承正统，故序云：“此乃传之所谓大圣乎？”但全表结构创为“秦楚之际”而不名“秦汉之际”，乃是突出陈涉、项羽灭秦功绩。《史记》十表，纪实正名，义例严密，首推此表。

表序追溯三代以来天下一统的艰难历程，分析秦楚之际“号令三嬗”的原因，结论“乡秦之禁，适足以资贤者”，具有独到的见解。

太史公读秦楚之际，曰：初作难，发于陈涉；虐戾灭秦①，

---

①虐戾灭秦：指项羽用残暴手段灭掉秦国。

自项氏；拨乱诛暴，平定海内，卒践帝祚①，成于汉家。五年之间，号令三嬗②，自生民以来，未始有受命若斯之亟也。

昔虞、夏之兴，积善累功数十年，德洽百姓③，摄行政事④，考之于天，然后在位。汤、武之王，乃由契、后稷修仁行义十余世⑤，不期而会孟津八百诸侯，犹以为未可，其后乃放弑⑥。秦起襄公，章于文、穆，献、孝之后，稍以蚕食六国⑦，百有余载，至始皇乃能并冠带之伦⑧。以德若彼，用力如此，盖一统若斯之难也。

秦既称帝，患兵革不休，以有诸侯也，于是无尺土之封⑨，堕坏名城⑩，销锋镝⑪，钼豪杰⑫，维万世之安。然王迹之兴，起于闾巷⑬，合从讨伐，轶于三代⑭，向秦之禁，适足以资贤者为驱除难耳⑮。故愤发其所为天下雄，安在无土不王。此乃传之所谓大圣乎？岂非天哉，岂非天哉！非大圣孰能当此受命而帝者乎？

【简评】《秦楚之际月表序》论述秦楚之际的历史事势，说明汉得天下的原因。序文分三段，第一段概述秦楚之际政治形势的特点，即陈涉发难，项羽灭秦，刘邦称帝，发生在短暂的时间里，是中国历史上一个剧烈的变革时期。第二段，追溯虞夏商周秦五代兴起之难，说明秦楚之际“天下三嬗”是历史事势的重大转折。第三段，分析刘邦起于布衣，“无土而王”的原因。一方

---

①践：登。帝祚：帝位。　②嬗：更换。　③昔虞、夏之兴句：《五帝本纪》说舜试职二十年，然后受尧禅位；禹试职十七年，然后受舜禅位。舜、禹在试职期间尽心办事，得到了人民的拥戴，因而获得了天命。洽：润露，恩泽施及的意思。④摄：代理。　⑤汤、武之王二句：商的祖先契佐禹治水，功业著于百姓，传十三世至汤灭了夏朝而有天下。周的祖先后稷为帝尧农师，天下得其利，传十五世到了周武王，才灭殷纣而有天下。　⑥放弑：指汤放桀，武王伐纣事。　⑦稍：逐渐。⑧并冠带之伦：指统一六国。冠，帽子。带，腰带。冠带之伦指东方六国华夏民族，与披发左衽的四方夷狄民族相对称。　⑨无尺土之封：指秦行郡县制，不实行分封。⑩堕：通“隳”（huī），毁坏。　⑪镝：箭头。　⑫钼豪杰：铲除豪强。秦始皇为了巩固中央集权，迁移东方六国贵族十二万户于咸阳，“钼豪杰”指此。钼，古锄字。⑬闾巷：闾阎街巷，这里指民间。陈胜、项羽、刘邦均起自民间。　⑭轶于三代：指秦末农民起义推翻暴秦的统治，其威力之大，收功之速超过了三代。轶，超过。⑮向秦之禁以资贤者：原来秦朝的苛法禁忌成了贤者的凭籍。向，原来，从前。贤者，指刘邦。

面是秦朝废分封，销锋镝，除豪杰，主观上“维万世之安”，而客观上“适足以资贤者为驱除难耳”，说明暴力不可恃。另一方面，刘邦是一个“贤者”、“大圣”，得天之助，“故愤发其所为天下雄”，说明了汉之兴，因顺应了历史事势的发展趋向，所以获得了成功。

《秦楚之际月表》详载“天下三嬗”的经过，用“秦楚之际”为表名，旨在突出陈涉发难，项羽灭秦之功；而《秦楚之际月表序》却是盛赞汉高祖刘邦成就帝业的功绩。表序称刘邦为“大圣”，叠句感叹“岂非天哉，岂非天哉”，赞颂之情，溢于言表。对这里“天”字的解释历来有很大的分歧。有的认为“天”及“大圣”云云是对刘邦竖子成名的极大讥讽，说明刘邦实无本事，只是在干戈扰攘中拣了个大便宜；也有的认为“天”及“大圣”是从天命论的立场赞颂刘邦，反映了司马迁的唯心史观。我们认为这两种看法都不免偏激。读《秦楚之际月表序》不仅要作首尾的连贯分析，而且应与《项羽本纪》、《高祖本纪》，以及汉初功臣传记联系思考，方不失其指。表序述陈、项、刘之兴起，有着明显的抑此扬彼的思想倾向。“初作难，发于陈涉”，肯定了陈涉的反暴作难。“虐戾灭秦自项氏”，虽然肯定了项羽的灭秦之功，但其手段“虐戾”，违反历史事势，败亡是必然的。“拨乱诛暴，平定海内，卒践帝祚，成于汉家”，显然是对刘邦的肯定。“拨乱”是扫灭群雄，而“诛暴”则是指灭项羽。《太史公自序》云：“子羽暴虐，汉行功德；愤发蜀汉，还定三秦；诛籍业帝，天下惟宁，改制易俗。作《高祖本纪》第八。”这里的抑扬之情不容有歧义。故“愤发其所为天下雄”，是指刘邦除暴安民的一系列措施。这在项、刘两纪中有着鲜明的对比记载。刘邦西进咸阳，“诸所过毋得掠虏，秦人喜，秦军解”。入关后，封府库，约法三章，秦人大喜，“唯恐沛公不为秦王”。这说明刘邦深得民心。相反，项羽西进，“夜击坑秦卒二十余万人于新安城南”。入关后，“屠咸阳，杀秦降王子婴，烧秦宫室，火三月不灭”。项羽大失民心，众叛亲离。故韩信亡楚归汉，论项羽必败。其言曰：“项王所过无不残灭者，天下多怨，百姓不亲附，特劫于威强耳，名虽为霸，实失天下心，故曰其强易弱”。事势一步步按着韩信的预言演进，楚亡汉兴。民心向背起了决定性的作用。司马迁赞刘邦诛暴而成帝业与赞陈涉、项羽之反暴秦的立场、观点是一致的，即肯定人民的反暴斗争，大声赞美革命行动。所谓“革命”，即革膺天命，有道伐无道。秦楚之际的“三嬗”，乃有道胜无道，刘邦理应得到赞颂，称为“大圣”，当之无愧。

但是，刘邦取得天下，既非积“德”，亦非用“力”，五年之间，卒践帝祚，司马迁还不能作出科学的解释。以今天的唯物主义观点来看，秦楚之际阶级斗争的急剧变化，突破了积“德”与用“力”的固有格局，创造了布衣登极的奇迹，使得刘邦这样一个泗上亭长扮演了英雄的角色。古代的司马迁自然不会有阶级斗争论的认识水平和分析方法，所以对“无土而王”的现象用一个“天”字作结，保留了天命论的地盘，这是不必讳言的。但表序的基调却是惊奇感叹秦楚之际历史事势变化之强烈，肯定刘邦的统一之功，应该说这是不凡的见识。

表序只有二百八十七字，而内涵义理却极为深厚。司马迁没有空发议论，而是在序事之中，把所论之理寓于言外，使读者深思而自得之，十分精妙。行文曲折，层层说理，正反相映，对比强烈。秦楚之际天下三嬗之“易”，与古代王迹兴起之“难”，一正一反，构成历史纵向的强烈对照，提出悬案，启人思索。秦之失与汉之得，项羽之暴与刘邦之仁，一反一正，构成历史横向的强烈对照，以不容置疑之问作结，首尾呼应，回答悬案，言尽而意不穷。表序的构思之妙，乃是司马迁历史纵横比较研究方法的生动运用，在比较之中易于阐明义理。用古今得天下难易作对比，并不是说刘邦得天下轻而易举，恰恰是以古之难衬映刘邦取天下之不易。因“天下三嬗”表象是“易”，实质是历史事势变化之“剧”，反映斗争之“酷”，秦朝“驱除”于前，项氏“虐戾”于后，才有刘汉“愤发”之得以成功。虞、夏、商、周积德而有天下，秦朝用力而成帝业，或积善累功“数十年”或修仁行义“十余世”，或蚕食兼并“百有余载”，说明一统天下十分不容易。

书

八书载朝章国典，序礼乐损益，内容丰博。司马贞曰："书者，五经六籍总名也。此之'八书'，记国家大体。"（《史记》卷二三《礼书·索隐》）即八书是分门别类的文化制度史。《尚书》是各种体裁的公文档案汇编，略如后世的资料汇编，司马贞以"五经六籍总名"释之最确，司马迁把分门别类记载典章制度和文化发展的"八书"用"书"名之，也是十分恰当的。

八书目次：（一）礼书、（二）乐书、（三）兵书、（四）律历书、（五）天官书、（六）封禅书、（七）河渠书、（八）平准书。由于《礼》、《乐》、《兵》三书亡缺，今本《史记》三书为后人所补。补缺者摘取《荀子·礼论》及《议兵》补《礼书》，摘取《礼记·乐记》补《乐书》，分《律历书》为《律书》、《历书》，以《律书》补《兵书》，凑足八书之数。补缺者既取成书补亡，示己不妄作，故《礼》、《乐》、《律》三书篇前之"太史公曰"云云，乃三书之序，当是补缺者搜求的史公遗文，也就是说《礼》、《乐》、《律》三书书亡序存。本书选评两篇八书序论。

律　书

【题解】 本篇节选自《律书》。律是率的同音字。率，即比率、比例。律学就是探索宇宙万物间的数量比例关系。《律书》开门见山，起句就说："王者制事立法，物度规则，壹禀于六律，六律为万事根本焉。"万事万物都有比率，万物之间的数量比例关系如同六律那样存在"三分损益"关系。六律是六律六吕的省说。六律六吕合十二支竹管，称律管，以其长度不一，吹出不同的高低音，确定标准音。律管的长短，即律数，其比率就是"三分损一"的关系。例如，"九九八十一以为宫。三分去一，五四以为徵。三分益一，七十二以为商，三分去一，四十八以为羽。三分益一，六十四以为角。"这就是宫、徵、商、羽、角五音的律数比。用白话来说，就是以九乘九为八十一定为基数，这就是宫的律数。八十一去（损、减少）三分之一为五十四，就是徵的律数。五十四益（增加）三分之一为七十二，就是商的律数。七十二去三分之一为四十八，就是羽的律数。四十八益三分之一为六十四，就是角的律数。十二音律依此类推，十二支律管的长度就是"三分损益"法。推而广之，及于万物。

《律书》分为三个部分：律与兵、律与星历、律数本身。本文所选是《律书》的第一部分，在八书的"说明"中已指出，它是所亡缺的《兵书》遗文，因是"太史公曰"发的议论，称《律书序》。

兵者，圣人所以讨强暴，平乱世，夷险阻，救危殆。自含齿戴角之兽见犯则校①，而况于人怀好恶喜怒之气？喜则爱心生，怒则毒螫加②，情性之理也。

昔黄帝有涿鹿之战，以定火灾③；颛顼有共工之陈④，以平水

①含齿戴角：指有利牙锐角之兽。犯：侵犯。校：计较，角力。 ②怒则毒螫(shi)加：蛇、蝎、蜂等用毒牙或尾针刺人叫螫。这里是说人发怒之后就象毒虫一样攻击所怒的对象。 ③昔黄帝句：《五帝本纪》记载黄帝与炎帝战于阪泉之野，与蚩尤战于涿鹿之野，然后平定天下。炎帝、蚩尤均神农氏之后。神农氏以火德统治天下，黄帝灭之，所以说"以定火灾"，即平定了火德王带来的灾害。 ④颛顼：黄帝孙高阳氏。共工：炎帝之后，壅防百川为害，颛顼灭之。关于共工的传说，《淮南子·天文训》、《国语·周语》、《五帝本纪》、司马贞补《三皇本纪》说法不一。《天文训》说共工与颛顼争为帝；《周语》说颛顼氏衰，共工为水害；《五帝本纪》说共工为尧时人；《三皇本纪》说共工以水乘木与祝融战。司马迁写《史记》，用两传存疑之例广载异闻以备参考，所以这里的记载与《五帝本纪》不同。陈：读"阵"。

害；成汤有南巢之伐，以殄夏乱①。递兴递废②，胜者用事，所受于天也。

自是之后，名士迭兴③，晋用咎犯④，而齐用王子⑤，吴用孙武⑥，申明军约，赏罚必信，卒伯诸侯⑦，兼列邦土⑧，虽不及三代之诰誓⑨，然身宠君尊⑩，当世显扬，可不谓荣焉？岂与世儒闇于大较⑪，不权轻重⑫，猥云德化⑬，不当用兵，大至君辱失守⑭，小乃侵犯削弱，遂执不移等哉⑮！故教笞不可废于家⑯，刑罚不可捐于国⑰，诛伐不可偃于天下⑱，用之有巧拙⑲，行之有逆顺耳⑳。

夏桀，殷纣手搏豺狼，足追四马，勇非微也㉑；百战克胜，诸侯慑服，权非轻也。秦二世宿军无用之地㉒，连兵于边陲，力非弱也；结怨匈奴，絓祸于越㉓，势非寡也。及其威尽势极，闾巷之人为敌国㉔。咎生穷武之不知足㉕，甘得之心不息也。

①成汤：即商代开国君主商汤王，名天乙。汤伐桀，把桀放逐在南巢。南巢：今安徽巢湖，一说巢山。殄（tiǎn）：消灭。　②递兴递废：兴衰交替。　③名士迭兴：指咎犯、王子、孙武等著名军事家一个接一个地出现。　④咎犯：即舅犯，晋文公之舅狐偃，字子犯。公元前632年，晋楚城濮之战，他是晋军上军之佐，主要的谋臣之一。咎，借作“舅”。　⑤王子：齐将王子成甫。　⑥孙武：春秋时佐吴王夫差破楚的名将，著有《孙子兵法》。《史记》卷六十五有传。　⑦伯：读“霸”。⑧兼列邦土：指咎犯等人都受有封地。列，通裂，裂地土而封。邦，古字与封字通。⑨三代之诰誓：指夏、商、周三代用诰誓赐封诸侯，表示封土为侯之隆重。诰，教诫，《尚书》有《大诰》、《康诰》、《酒诰》等。誓，约束和警戒将士的动员令，《尚书》有《甘誓》、《汤誓》、《牧誓》等。　⑩身宠君尊：指咎犯等人使自身获荣宠，也使国君更加尊贵。　⑪世儒：这里指腐儒，虽知名于世，但并无真才实学的儒者。闇：通“暗”，不明白。大较：大问题，大的道理。　⑫不权轻重：不权衡轻重，喻不知治世缓急之务。　⑬猥（wěi）：随随便便，不严肃。　⑭失守：失国，亡国。⑮遂执不移：指世儒固执上述成见，不肯改变。按，从“自是之后，名士迭兴”至“遂执不移等哉”是一长句，即以“名士”与“世儒”相较，二者不可相提并论。⑯教笞（chī）：笞打不遵教导的孩子。笞，打人的竹板子。　⑰捐：废除。　⑱偃：停止，停息。这里指偃武，停止战争。　⑲巧：指聪明智慧，喻善战的人。拙：指愚昧蠢笨，喻不会打仗的人。　⑳逆顺：这里指正义和非正义。　㉑勇非微也：桀、纣的个人之勇并不是没有。微，通没。　㉒秦二世句：这里“秦二世”包括秦始皇父子两代。地：指边陲。秦始皇开边，北筑长城，南戍五岭，被认为是宿军于无用之边地。《史记旧注评义》认为：“宿军无用之地”，谓秦二世以武力压制人民，驻军于无须用兵之地。案，此说亦通。《秦始皇本纪》载，二世元年，征兵五万戒严咸阳。　㉓絓祸：结祸。　㉔闾巷之人为敌国：指桀、纣和秦二世等暴虐的统治达于极点，老百姓起来造他们的反。　㉕咎：灾祸，指桀、纣、二世亡国之祸。穷武：无止境的用兵。

高祖有天下，三边外叛[①]；大国之王虽称蕃辅[②]，臣节未尽。会高祖厌苦军事[③]，亦有萧、张之谋，故偃武一休息，羁縻不备[④]。

历至孝文即位，将军陈武等议曰："南越、朝鲜自全秦时内属为臣子[⑤]，后且拥兵阻厄[⑥]；选蠕观望[⑦]。高祖时天下新定，人民小安，未可复兴兵。今陛下仁惠抚百姓，恩泽加海内，宜及士民乐用，征讨逆党，以一封疆。"孝文曰："朕能任衣冠[⑧]，念不到此。会吕氏之乱，功臣宗室共不羞耻，误居正位，常战战栗栗，恐事之不终。且兵凶器，虽克所愿[⑨]，动亦耗病[⑩]，谓百姓远方何？又先帝知劳民不可烦，故不以为意。朕岂自谓能？今匈奴内侵，军吏无功，边民父子荷兵日久[⑪]，朕常为动心伤痛，无日忘之。今未能销距[⑫]，愿且坚边设候[⑬]，结和通使，休宁北陲，为功多矣。且无议军。"故百姓无内外之繇[⑭]，得息肩于田亩[⑮]，天下殷富，粟至十余钱[⑯]，鸣鸡吠狗，烟火万里，可谓和乐者乎！

太史公曰：文帝时，会天下新去汤火[⑰]，人民乐业，因其欲然[⑱]，能不扰乱，故百姓遂安。自年六七十翁亦未尝至市井，游敖嬉戏如小儿状。孔子所称有德君子者邪[⑲]！

【简评】《史记》系统地记载了古代的战争，具有战争史的规

①三边外叛：汉初匈奴、朝鲜、南越皆不内附，所以说"三边外畔"。 ②大国之王：指汉初所封韩信、彭越、黥布等异姓王国。 ③会：正值，正当。 ④羁縻：牵制笼络。不备：不必戒备，即安宁，不打仗。 ⑤全秦：全国统一之秦，即秦强盛之时。 ⑥厄（è）：险要的地方。 ⑦选蠕（rú）：蠢蠢欲动的样子。蠕，软体虫类爬行的样子。 ⑧任衣冠：信用士大夫，指重文治。衣冠，士大夫之称。 ⑨克：能。 ⑩耗病：疲困百姓。 ⑪荷兵：肩扛兵器，服兵役。 ⑫销距：消除边患。距，通"拒"，对抗。 ⑬候：斥候，巡逻放哨，这里指哨所。 ⑭内外之繇（yǎo）：戍边作战称外繇，大兴土木称内繇。汉文帝对外和亲，对内轻繇薄赋，不事兴作，所以百姓无内外之繇。 ⑮息肩：弛去负担，喻徭役减轻。 ⑯粟至十余钱：一石粟价才十余钱，意为粮价极便宜。《史记·平准书》载，汉初"米至石万钱"，《汉书·食货志》载宣帝时"谷至石五钱"。可见《史》《汉》两书记粟价均以石为单位。 ⑰新去汤火：刚刚脱离水深火热的灾难。这里是说秦末战乱给人民带来深重灾难，如坠汤火，汉朝建立，至文帝时才消除。 ⑱因：指顺着老百姓的愿望办事，不干扰老百姓的生产和生活。欲然：指汉朝统治者崇尚无为，顺民之欲，希望在秦末的废墟上重新奋发起来。 ⑲有德君子：指仁人，这里指孝文帝。司马迁在《孝文本纪》中引孔子言"必世然后仁"，评价汉文帝为仁德之君。

模体制。通计《史记》全书，记载古代大小战争从黄帝统一到汉武帝兵征大宛共五百余次，涉及八十二个篇目，字数十余万，约占《史记》全书四分之一的篇幅，是其他任何一部古代史籍所无法比拟的。司马迁写战争，有史有论。对于影响历史进程的重大战争，总是作绘声绘色的记载。交兵始末，兵略战术，局势变化，写得头头是道。这说明司马迁是一位精通兵略学的历史学家。《史记》载述的重大战争有七十余次。凡重大战争，年表载其目，纪、传、世家载其事，序赞论其是非。《律书序》就是司马迁写的一篇战争论，集中地表述了他的战争观，可概括为以下三个方面。

（一）认为战争是诛暴救危的自强工具，它既可以兴邦，也可以丧邦，应当慎重使用。《太史公自序》云："非兵不强，非德不昌，黄帝、汤、武以兴，桀、纣、二世以崩，可不慎欤?"这段话概括了《律书序》所阐述的主题。"非兵不强，非德不昌"，这八个字是司马迁战争观的理论核心。兵，即战争。德，指政治，两者相辅相成。国家缺少战争手段就不能自强，但只注重战争而缺少礼义之德，国家也不会昌盛。"黄帝、汤、武以兴，桀、纣、二世以崩"，就是生动的历史例证。儒家排斥战争，法家专注暴力，两家都不免有片面性。但司马迁的观点并非儒法两家的折中，而是吸收了两家的合理内核，以之为出发点，系统地总结了几千年的战争史，尤其是总结了春秋战国以来的战争史后，进而上升到理论高度。司马迁从"通古今之变"的历史中认识到战争不可避免，摒弃了儒家的非战观点，承认暴力在一定条件下的合理性，接近于先秦法家学派的战争观，是一种进步的观点。

（二）认为战争"行之有逆顺"，颂扬顺天而行的正义战争，反对逆理而动的非正义战争。司马迁对战争的这种认识，是值得称赞的，超越了前人。首先，司马迁对战争下了明确的定义，鲜明地提出了区分两类战争的理论。"兵者，圣人所以讨强暴，平世乱，夷险阻，救危殆"，即诛暴、平乱、夷险、救危这四个方面的战争是正义的，反之是非正义的。对照先秦兵家及东汉班固给战争所下的定义，就可以清楚地看出司马迁战争观的进步性。先秦的大军事家孙子竟宣称战争的目的就是"掠乡分众、廓地分利”（《孙子·军争》），这就混淆了两类战争的界线。班固说：“凡兵，所以存亡继绝，救乱除害也”（《汉书·刑法志》）。这是儒家的正统观点。“救乱除害”是正确的，儒家颂扬汤武革命就基于此，为司马迁所吸收。但“存亡继绝”却是倒退的历史观。孔子倡言“兴灭国，继绝世”（《论语·尧曰》），目的是维护西周那样的封建局面。按照这一观点，远古的黄帝和近世的秦始皇所进行的统一战争就将被否定。汉儒们正是从这一观点出发，全盘否定秦朝的统一战争，司马迁讥笑他们为“不察其终始”的“耳食”之儒（《六国年表序》）。其次，司马迁对历史上的两类战争作了具体区分，《律书序》列举了一系列两类战争的事例来比较，明其是非。综观《史记》褒贬抑扬的两类战争，可以概括为三种类型。一是颂扬平乱世的统一战争，反对分裂割据的战争。黄帝、秦始皇、汉高祖诛暴平乱，统一天下，得到司马迁的肯定。蚩尤作乱，项羽分裂天下，汉初七国叛逆，均受到司马迁的批评。二是颂扬有道伐无道的革命战争，反对暴虐人民的昏乱之君。汤、武兴起，陈涉发难，就是有道伐无道的革命战争，司马迁予以高度赞扬。而桀、纣、二世败亡，则是罪有应得。三是颂扬诛暴战争，反对穷兵黩武的战争。《太史公自序》云“自三代以来，匈奴常为中国患害；欲知强弱之时，设备征讨，作《匈奴列传》第五十”，故《匈奴列传》以实录史事的手法谴责匈奴侵扰中国，司马迁肯定了汉武帝反击匈奴，认为“汉兴五世，隆在建元，外攘夷狄，内修法度”，应是作《今上本纪》的主要内容。但是汉武帝由反击而走上黩武主义，务要臣服匈奴，从而导致了后期战争的失败，受到司马迁的讥刺。《律书序》极力赞美汉文帝偃武修文，而有意不论汉武帝之用兵，用沉默以寓讽。这一手法也说明了《律书序》正是司马迁之思想，亦正是司马迁之手笔。

（三）认为战争“用之有巧拙”，要兴建功业，必须慎择将相，认真研究用兵作战的方略。《史记》载述古代帝王将相善战者六十余人，给众多的兵家人物作传。司马迁高度评价司马穰苴、太公、孙子、吴起等人的兵法，称赞他们的兵法学“切近世，极人变”，既切合近世社会的实用，又是人类最高智慧的结晶。

《律书序》列举晋用咎犯，齐用王子成甫，吴用孙武等人强兵克敌的功用，与那些不识时务的世儒相较，真是有过之而无不及。

从上述三个方面来看，司马迁十分精通兵略，娴于权谋，故载述兵事战阵有声有色。《律书序》所阐述的战争观，说明司马迁是立于治国平天下的政治高度来总结历史上的战争和兵略理论的，目的是“志古自镜”，供治国者借鉴。《史记》断限，上起黄帝，下迄太初，从战争角度看，即是从黄帝的统一战争起叙事，至汉武帝兵征大宛而结，示历史进程与战争密不可分。司马迁十分注重战争，研究兵略，记载战史，颂扬兵定，号召自强，抗暴御侮。他对兵政关系作了辩证的理论概括，认为兵与政是保国安民的两件不可缺一的工具。他借主父偃《谏伐匈奴疏》引《司马法》曰：“国虽大，好战必亡；天下虽平，忘战必危”（《平津侯主父列传》）。用司马迁的话说，就是战争如同“教笞不可废于家，刑罚不可捐于国”一样，“诛伐不可偃于天下”；但“用之有巧拙，行之有逆顺”，决不能搞黩武主义。这些思想在今天看来，无疑也是值得肯定的。

天官书

【题解】 本篇节选自《天官书》。《天官书》集中“究天人之际”，这是司马迁“一家之言”的一个重要组成部分。天官，即天文学。古代人们认为天上的日月列星与人间君臣相对应，亦有尊卑等级，“若人之官曹列位，故曰天官”。（司马贞：《天官书·索隐》）实际上天官等级是人间等级的投影。本篇选评《天官书》中“太史公曰”云云三段，一千余字，是司马迁及其父司马谈直接评论他们所认为的天文学理论。

中国古代天文学有两个分支：一为星占家，观测恒星流彗的隐现，用于占验，《周礼》中保章氏传其学；一为历家，推步日月五星之行度，用于制历法，《周礼》中冯相氏传其学。古代天文学与迷信混杂。星占家讲天人感应，历家讲禁忌。但天象观测和历法推步又是实学，来不得半点虚假。《史记·天官书》总结星占学，《历书》总结历法推步，把古代天文科学知识向前大大推进了一步，同时又保留了天命论的地盘。因此《天官书》中记载一些天人感应的例证，也就不足为奇了。但《天官书》的主要内容是总结天象观测，获得了多方面的杰出成就，达到了古代天文学的最高水平。司马迁不愧是杰出的天文学家。《天官书》记载天象记录的杰出成就，举其大端主要有以下六项：其一，记载了大一统结构的558颗恒星；其二，认识了月食现象的周期规律，“月食，常也，凡百一十三月而复始”；其三，认识了五大行星运动中的逆行和留的规律；其四，记录了恒星的颜色；其五，对灾变恒星作了记录；其六，对异常天象作了观测记录。此外，还对极光、黄道光、风、云、雷、电等地球物理现象作了观测记录。从天文学角度来看，《史记·天官书》可以说是中国最早的天文学百科全书，也是世界上罕见的天文学史文献。

太史公曰：自初生民以来①，世主曷尝不历日月星辰②？及至五家③、三代、绍而明之④，内冠带⑤，外夷狄，分中国为十有二州⑥，仰则观象于天，俯则法类于地。天则有日月，地则有阴阳。天有五星⑦，地有五行⑧。天则有列宿，地则有州域⑨。三光者⑩，

①生民：人类。　②世主：历代君主。　③五家：指五帝，即黄帝、颛顼、帝喾、唐尧、虞舜。　④绍：继承。明：使之有进步，指历法日益精密。　⑤冠带：与下文“夷狄”相对，借指中原华夏民族。冠，礼帽。带，穿礼服时束在腰间的大带，叫绅。　⑥十有二州：传说黄帝划九州，为冀、兖、青、徐、荆、扬、豫、梁、雍。虞舜分冀之西北为并州，东北为幽州；又分青州之辽东为营州，于是有十二州。按，据山川之自然形势划分州域是西周以后人的认识。传说五帝、夏禹布划州域是托古立说。司马迁记载其说而不书明时代，表现了他作史的审慎态度。　⑦五星：又称五纬，指古人用肉眼所观察到的金、木、水、火、土五大行星。五星与五方相配，各有专名。金星，古称启明星，又称西方太白。木星称东方岁星。水星称北方辰星。火星称南方荧惑。土星称中央镇星，镇星又写作填星。而古人所称水星是指恒星营室，所称火星是指恒星大火。　⑧五行：金、木、水、火、土。　⑨列宿、州域：天上的群星称列宿，地上的区划称州域。在春秋战国时，人们将列宿与州域相联系，把天上的星宿与地上的州域相配，叫分野。例如冀州，昴毕之分野；也可倒过来说昴毕，冀州之分野。全中国州域的分野，在“天官书”中有详载。　⑩三光：指日、月、星，在远古时代依赖它们照明。

阴阳之精，气本在地，而圣人统理之①。

幽、厉以往，尚矣。所见天变②，皆国殊窟穴③，家占物怪④，以合时应，其文图籍机祥不法⑤。是以孔子论六经，纪异而说不书⑥。至天道命，不传⑦；传其人，不待告；告非其人，虽言不著。

昔之传天数者⑧：高辛之前⑨，重、黎；于唐、虞，羲、和；有夏，昆吾⑩；殷商，巫咸⑪；周室，史佚、苌弘⑫；于宋，子韦⑬；郑则禆灶⑭；在齐，甘公⑮；楚，唐昧⑯；赵，尹皋⑰；魏，石申⑱。

夫天运，三十岁一小变，百年中变，五百载大变；三大变一纪，三纪而大备⑲：此其大数也。为国者必贵三五⑳。上下各千岁，然后天人之际续备。

（以上为第一段，司马迁转述其父司马谈论天官之言）

太史公推古天变，未有可考于今者。盖略以春秋二百四十二

①统理：总管，统治。这里为认识奥秘，掌握规律的意思。 ②天变：天象变异，如日蚀、月蚀、行星逆行、彗星现、流星雨等。古人认为天变是人事变化的先兆。 ③窟穴：归宿，指对天变的解释旨趣。 ④物怪：地上的各种自然变异。 ⑤不法：不经，不可信从。 ⑥纪异而说不书：这句是说孔子不讲天人感应。例如《春秋》就记载了日蚀、月蚀及水灾、蝗灾等变异，但对其感应却不记载。这也是司马迁对变异与天人感应说的取舍原则。异，天变灾异，是自然现象。说，对天人感应的解说，人们的认识。不书，不记载。 ⑦至天道命，不传：孔子不讲天道性命。《论语》卷五《公治长》第十三章，子贡曰："夫子之文章，可得而闻也；夫子之言性与天道，不可得而闻也。" ⑧天数：天象术数之学，又称天官。现代天文家即孕育其中。 ⑨高辛：五帝之一，即帝喾，黄帝之孙，号高辛氏。下文重、黎、羲、和四人，为上古颛顼、唐尧时掌天文历法之官。 ⑩昆吾：传说的夏代掌天文之官，己姓，名樊。 ⑪巫咸：商王大戊之臣。 ⑫史佚：西周成、康时太史尹佚。苌弘：周敬王时大夫，孔子曾向他问乐。 ⑬子韦：宋景公时司星之史，《汉书·艺文志·阴阳家》有"宋司星子韦三篇"。 ⑭禆灶：春秋时郑大夫，《左传》说他明天文占候之术，能预知吉凶。 ⑮甘公：名德，战国时著名占星家，著《天文星占》八卷。《正义》引《七录》"谓甘公为楚人"。 ⑯唐昧：战国时楚大将。 ⑰尹皋：赵人。 ⑱石申：石申夫之省称，与甘公齐名的占星家，著有《天文》八卷。据研究，甘石著作成书约在公元前370至公元前270年之间，比希腊著名天文学家伊巴谷的活动年代早两个世纪。但甘石著作已佚。今传《甘石星经》系宋人所辑录。 ⑲三纪：中历以十九岁为一章，四章七十六岁为一蔀，二十蔀一千五百二十年为一纪，三纪四千五百六十年为一元。纪，历法周期。 ⑳贵：重视，研究。

年之间①，日蚀三十六②，彗星三见③，宋襄公时星陨如雨④。天子微，诸侯力政⑤，五伯代兴⑥，更为主命。自是之后，众暴寡，大并小。秦、楚、吴、越，夷狄也，为强伯⑦。田氏篡齐⑧，三家分晋⑨，并为战国。争于攻取，兵革更起⑩，城邑数屠，因以饥馑疾疫焦苦，臣主共忧患，其察机祥候星气尤急⑪。近世十二诸侯七国相王⑫，言从衡者继踵，而皋、唐、甘、石因时务论其书传，故其占验凌杂米盐⑬。

二十八舍主十二州⑭，斗秉兼之⑮，所从来久矣。秦之疆也，候在太白，占于狼、弧⑯。吴、楚之疆，候在荧惑，占于鸟衡⑰。

---

①春秋二百四十二年：《春秋》记事起鲁隐公元年，迄鲁哀公十四年，即从公元前722至公元前481年，共二百四十二年。　②日蚀三十六：《春秋》所载日食共有三十六次，兹从略。　③彗星三见：文公十四年（前613）七月有星入于北斗，昭公十七年（前525）冬有星孛于大辰，哀公十三年（前482）有星孛于东方。共三次。　④星陨如雨：鲁庄公七年（前687）夜半，星陨如雨，即今称陨石雨。鲁僖公十六年，即宋襄公七年（前644），宋国陨星五。　⑤政：读"征"。　⑥五伯：即春秋五霸，有两说。《孟子·告子》篇赵歧注引孟子说谓齐桓公、晋文公、秦穆公、宋襄公、楚庄王为五伯。《荀子·王霸》篇则以齐桓公、晋文公、楚庄王、吴王阖庐、越王勾践为五伯。《史记》并存其说，下文谓秦、楚、吴、越皆为伯主。　⑦秦楚吴越句：秦祖非子，初封秦邑，地在西戎；楚子鬻熊，始封丹阳，地属荆蛮；吴太伯属勾吴；越祖少康之子，初封于越，地东越，都是夷狄之地。春秋时秦穆公、楚庄王、吴王阖闾、越王勾践先后称霸，得封为伯，号称强国。　⑧田氏篡齐：周威烈王二十二年（前404）田和代姜齐，被周天子立为诸侯。　⑨三家分晋：周定王十六年（前453），韩、赵、魏三家分晋；至周威烈王二十三年正式为诸侯。　⑩兵革：兵器甲胄，借指战争。　⑪星气：即占星望气，就是观测星宿的变化隐现和云气以预卜人事的吉凶，古称占星术。　⑫近世：指战国时代。十二诸侯：齐、楚、秦、晋、鲁、卫、陈、蔡、宋、郑、曹、燕。七国相王：秦、韩、赵、魏、楚、燕、齐。　⑬凌：通"鳞"，杂乱。米盐：喻琐屑细碎之事。　⑭二十八舍主十二州：即天上的二十八宿分别对应地上的十二州，称分野。二十八宿为：东方苍龙七宿，角、亢、氐、房、心、尾、箕；南方朱雀七宿，井、鬼、柳、星、张、翼、轸；西方白虎七宿，奎、娄、胃、昴、毕、觜、参；北方玄武七宿，斗、牛、女、虚、危、室、壁。角、亢，郑之分野，兖州。氐、房、心，宋之分野，豫州。尾、箕，燕之分野，幽州。斗、牛，吴、越之分野，扬州。女、虚，齐之分野，青州。危、室、壁，卫之分野，并州。奎、娄，鲁之分野，徐州。胃、昴，赵之分野，冀州。毕、觜、参，魏之分野，益州。井、鬼，秦之分野，雍州。柳、星、张，周之分野，三河。翼、轸，楚之分野，荆州。　⑮斗秉兼之：北斗七星，从斗口至斗柄顺序：一为天枢，主秦；二为天璇，主楚；三为天机，主梁；四为天权，主吴，五为玉衡，主燕；六为开阳，主赵；七为摇光，主齐。北斗七星在天之中绕北极星而运转，斗柄临制四方，所建十二辰躔，故兼十二州及二十八宿之分野。秉，通"柄"。　⑯太白、狼、弧：皆西方之星，所以为秦国占候之星。　⑰荧惑、鸟衡：南方之星，为吴楚占候之星。鸟衡，即南方朱雀七宿之柳星。

燕、齐之疆，候在辰星，占于虚、危[①]。宋、郑之疆，候在岁星，占于房、心[②]。晋之疆，亦候在辰星，占于参、罚[③]。

及秦并吞三晋、燕、代，自河、山以南者中国[④]。中国于四海内则在东南，为阳；阳则日、岁星、荧惑、填星[⑤]；占于街南，毕主之[⑥]。其西北则胡、貉、月氏诸衣旃裘引弓之民[⑦]，为阴；阴则月、太白、辰星；占于街北，昴主之。故中国山川东北流，其维[⑧]，首在陇、蜀[⑨]，尾没于勃、碣。是以秦、晋好用兵，复占太白，太白主中国[⑩]。而胡、貉数侵掠，独占辰星，辰星出入躁疾，常主夷狄：其大经也。此更为客主人[⑪]。荧惑为孛[⑫]，外则理兵[⑬]，内则理政[⑭]。故曰"虽有明天子，必视荧惑所在"[⑮]。诸侯更强，时菑异记，无可录者。

秦始皇之时[⑯]，十五年彗星四现[⑰]，久者八十日，长或竟天[⑱]。其后秦遂以兵灭六王，并中国，外攘四夷，死人如乱麻，因以

①辰星、虚、危：北方之星，为燕齐占候之星。 ②岁星、房、心：东方之星，为宋郑占候之星。 ③辰星、参、罚：北方、西方之星，为晋占候之星。 ④河、山：此指黄河、华山。中国：中原。 ⑤岁星、荧惑、填星：岁星，即木星，属东方。荧惑，即火星，属南方。填星，即土星，属中央。东、南、中央皆为阳。 ⑥占于街南，毕主之：毕昴之间为天街。街南毕星，主阳；街北昴星主阴。中国为阳，毕主之，故毕为中国占候之星。中国西北之夷狄为阴，故下文说"占于街北，昴主之"。 ⑦旃：通"毡"，毛制品。 ⑧其维：指山川的源头。 ⑨首在陇蜀：这是当时人所指的中国范围，以渭水为河源，岷江为江源。渭水、岷江皆源出陇山，因此说源头在陇蜀。 ⑩太白主中国：秦晋地望在黄河、华山之北，为太白所主，因此秦晋同胡貉之民一样好战。秦晋为统一的中国一部分，故太白也为中国所占。所以下文说，胡貉只独占辰星。 ⑪此更为客主人：太白主中国，辰星主夷狄，交相为主客。《星经》说："辰星不出，太白为客；辰星出，太白为主人……若辰星入太白中五日不出，中国胜；及入而上出，破军杀将，客胜……" ⑫孛：通勃，变色。 ⑬理兵：整治兵备，准备打仗。 ⑭理政：修明政治，防止变乱。 ⑮故曰二句：引自《春秋纬·文耀钩》，其书已佚。 ⑯秦始皇之时：秦王嬴政统一六国后才称始皇帝，废除谥法。这里的"始皇之时"是追述，指嬴政开始执秦政之时。 ⑰十五年彗星四现：指秦始皇十年亲政到二十六年统一六国这一段时间，彗星四次出现。但彗星四现，《据秦始皇本纪》载，是秦始皇七年到十三年这七年之中出现的。秦始皇七年（前240年），彗星先出东方，现北方，五月现西方，这是第一次。九年，彗星现，或竟天，这是第二次。同年彗星现西方，又现北方，从斗以南八十日，这是第三次。十三年，正月，彗星现东方，这是第四次。 ⑱竟天：横贯整个天空。

张楚并起①，三十年之间兵相骀藉②，不可胜数。自蚩尤以来③，未尝若斯也。

项羽救巨鹿④，枉矢西流⑤，山东遂合从诸侯，西坑秦人⑥，诛屠咸阳⑦。

汉之兴，五星聚于东井⑧。平城之围⑨，月晕参、毕七重⑩。诸吕作乱，日蚀，昼晦。吴楚七国叛逆⑪，彗星数丈⑫，天狗过梁野⑬；及兵起，遂伏尸流血其下。元光、元狩，蚩尤之旗再现⑭，长则半天。其后京师师四出，诛夷狄者数十年，而伐胡尤甚。越之亡，荧惑守斗⑮；朝鲜之拔，星茀于河戍⑯；兵征大宛，星茀招摇⑰；此其荦荦大者⑱。若至委曲小变，不可胜道。由是观之，未有不先形见而应随之者也。

---

①张楚：陈涉称王，号张楚。并起：全国大起义。　②三十年句：秦始皇十七年（前230）灭韩到汉高祖刘邦五年（前202）称帝是三十年。在这三十年间，历史经历了秦灭六国、秦末战乱、楚汉相争等巨变，战争不断。骀藉：践踏。　③蚩尤：黄帝时作乱的部落首领。　④项羽救巨鹿：即公元前207年秦楚巨鹿之战。　⑤枉矢西流：矢状的大流星，蛇行西奔，占星术以为象征兵临咸阳。　⑥西坑秦人：公元前207年，项羽坑杀秦降卒二十余万于新安城南。　⑦诛屠咸阳：公元前206年，项羽入关火烧咸阳，三月不绝。　⑧汉之兴句：金、木、水、火、土五行星会聚于井宿星区，又称五星连珠，是天体运行周期性的自然现象。　⑨平城之围：汉高祖七年（前200），刘邦在平城被匈奴围困了七日七夜，突围后与匈奴订和亲之约，暂时恢复了北方的平静。　⑩月晕参、毕七重：参星、毕星在天街之南，为中国占星。月为阴，象征匈奴入侵。七重晕示兆汉兵有七日被围之困，这些均是占星家的附会解说。　⑪吴楚七国叛逆：景帝三年（前154）吴王刘濞联合楚、赵、胶东、胶西、济南、淄川共七国，以“清君侧，诛晁错”为名，起兵反汉，不久被平定。史称“吴楚七国之乱”。　⑫彗星数丈：景帝二年（前155）八月，彗星现东北。　⑬天狗过梁野：天狗是一种流星，景帝二年下坠梁野。《汉书·天文志》云：“天狗，状如大流星，有声，其下止地，类狗。所坠及，望之如火光炎炎中天。……千里破军杀将”。梁国，景帝之弟刘武的封国，治睢阳。吴楚七国连兵西进，梁国首当其冲，发生激战。　⑭蚩尤之旗：《汉书·天文志》云：“蚩尤之旗，类彗而后曲，象旗。现则王者征伐四方。”这是火星上的黄白光环，古人认为是战争之象。　⑮荧惑守斗：火星徘徊在南斗，南方有兵之象。《汉书·天文志》云：“元鼎中，荧惑守南斗。占曰：‘荧惑所守，为乱贼丧兵；守之久，其国绝祀。南斗，越分也。其后越相吕嘉杀其王及王太后，汉兵诛之，灭其国。”　⑯茀（fú）：孛星。河戍：指井宿东北之北河星，又称北戍，为胡门；井宿东南之南河星，又称南戍，为越门。元封中，星孛于河戍，示兆汉兵征伐朝鲜、南越。　⑰招摇：星名，在北斗七星斗柄之南，为胡人占星。太初中，星孛于招摇，汉武帝兵征大宛。　⑱荦荦：明显易见。

夫自汉之为天数者，星则唐都[①]，气则王朔[②]，占岁则魏鲜[③]。故甘、石历《五星法》[④]，唯独荧惑有反逆行[⑤]；逆行所守[⑥]，及他星逆行[⑦]，薄[⑧]，皆以为占。

（以上为第二段，写司马迁阐释、补充和发挥司马谈的论说）

余观史记，考行事，百年之中，五星无出而不反逆行，反逆行尝盛大而变色[⑨]；日月薄蚀，行南北有时：此其大度也。故紫宫[⑩]、房心[⑪]、权衡[⑫]、咸池[⑬]、虚危列宿部星[⑭]，此天之五官坐位也[⑮]，为经，不移徙[⑯]，大小有差，阔狭有常。水、火、金、木、填星，此五星者，天之五佐。为纬[⑰]，见伏有时，所过行赢缩有度[⑱]。

①唐都：著名占星家，司马谈向他学天官。唐都还与司马迁共同制定了太初历。

②王朔：著名的占候家，善望气。李广曾经向他请教，自己为什么不得封侯。王朔曰："祸莫大于杀已降，此乃将军所以不得侯者也。"由此可见，王朔是一个思想比较进步的方士。　③魏鲜：推占岁星运行的历法家。　④《五星法》：推占金、木、水、火、土五大行星的运行情况，并据此预见吉凶的书，也称《五星占》。　⑤唯独句：指甘公、石申的五星占，只把火星的反逆行视为正常。　⑥逆行所守：指火星在逆行时的徘徊滞留，如上文所说的"荧惑守斗"就是例证。既然火星的逆行是正常的，则逆行时的滞留就如他星的逆行一样，是不正常的，即被认为是天变。守，徘徊、滞留。　⑦他星逆行：指火星以外的其他行星逆行，被认为是天变。　⑧日月薄蚀：日月无光。蚀：也写作"食"，日月亏损。　⑨五星无出句：地球和行星绕日运动，当地球与行星处在太阳两侧成一直线时，称为"合"；当地球与行星处在太阳一侧成一直线时，外行星称为"冲"；内行星称为"下合"。"合"的前后，行星是和太阳同时出没，行星被太阳遮住，叫"伏"，从地球上看不见，这就是所谓"五星无出"。"合"的前后，行星不逆行。行星逆行只发生在"冲"和"下合"的前后，这时行星离地球最近，最亮，最便观测，所以说"盛大而变色"。　⑩紫宫：紫微宫的简称，又名紫微垣，简称紫垣。古人以为紫宫为天帝之中宫，是以北极星为中枢，包括东西两列成屏藩状的十五颗星所组成的星区。东藩八星，称紫微左垣，南起为左枢、上宰、少宰、上弼、少弼、上卫、少卫、少丞八星。西藩七星，称紫微右垣，南起为右枢、少尉、上辅、少辅、上卫、少卫、上丞。　⑪房心：包括东方苍龙七宿，为东宫。　⑫权衡：包括南方朱雀七宿：为南宫。雀首北面的轩辕为权星。张翼北面的太微为衡星。　⑬咸池：包括西方白虎七宿，为西宫。天潢五车为咸池。⑭虚危：包括北方玄武七宿，为北宫。　⑮五官坐位：指紫宫、房心、权衡、咸池、虚危五大星区，位置恒定。古人将天上的列星赋以等级尊卑秩序，故称天文为天官。⑯为经：五部天官都是恒星，不易观察其移动，布满南北天空，是为经。　⑰天之句：指五大行星佐天行德，东西运行，为纬。　⑱赢缩有度：指行星循柳叶形运行的轨道摆动有一定的度数。赢缩，轨道摆动时的宽狭。

日变修德[1]，月变省刑[2]，星变结和[3]。凡天变，过度乃占。国君强大[4]，有德者昌；弱小，饰诈者亡。太上修德，其次修政，其次修救，其次修禳[5]，正下无之[6]。夫常星之变希见[7]，而三光之占亟用[8]。日月晕适，云风[9]，此天之客气，其发、现亦有大运。然其与政事俯仰[10]，最近天人之符。此五者，天之感动。为天数者，必通三五[11]。终始古今，深观时变，察其精粗，则天官备矣。

（以上为第三段，写司马迁总括“究天之际”的论说，认为天道运行有其自然的规律，承认天人感应，但强调重人事，不宣扬“畏天”）

【简评】《天官书》全文8107字，正文6896字，赞论，即本篇所选部分1211字，在《史记》全书中是唯一的一篇过千字的长篇论赞。本文系统地表达了作者天人关系的见解，《天官书》的哲理精义，尽于此论赞中。

本篇可分为三大段落，是司马氏父子相承之作。第一段“太史公曰”至“然后天人之际续备”，是司马迁转述父谈语，接着“太史公推古天变”以下是司马迁的续论和发挥。这一部分又分为两段，即第二段、第三段。第二段“太史公推古天变”至“皆以为占”与第一段，议论重复，但更详细，显系司马迁对父论的阐释、补充和发挥。第三段，“余观史记”以下，是司马迁的总结，直接表示自己的观点。若此篇为司马迁一人所作，在结构上就不会有一、二两段的重复。“太史公学天官于唐都”，司马迁作了郑重其事的记载，说明司马谈是何等的重视天官。因此《天官

①修德：反省过失，修养仁德。 ②省刑：减轻刑法，平反冤狱。 ③结和：与邻国交好。 ④国君：代指国家。 ⑤修禳：祈求鬼神，消除灾祸。 ⑥正下无之：指昏暴之君，在天变的谴告下，即危机四伏已经明朗时，仍不闻不问。正下，最差劲。无之，视而不见。 ⑦常星：恒星。 ⑧三光之占亟用：凭借日、月、星的变异用以进行占候吉凶，都很频繁。亟，频繁。 ⑨日月句：指日月晕、日月食、星孛、兴云、刮风等五种天象。适，孛星的色变。 ⑩俯仰：低头与扬头，喻政事兴衰。 ⑪三五：这里指本段文章所说的八种天象变化，与前文“为国者必贵三五”中讲天运周期变化的“三五”不同。三，指三光。五，指五气，日月晕适云风。《索隐》释为五星，与本段文不协，非是。

书》中有部分司马谈的遗稿，是父子两代人相继完成的。

《天官书》集中“究天人之际”，这是司马迁“一家之言”的一个重要组成部分。“天人之际”来自董仲舒的用语。其原话是“臣谨案《春秋》之中，视前世已行之事，以观天人相与之际，甚可畏也。国家将有失道之败，而天乃先出灾害以谴告之，不知自省，又出怪异以警惧之，尚不知变，而伤败乃至”（《天人三策》，载《汉书·董仲舒传》）。这就是汉代流行的天人感应学说。“相与”，即天人会合，互相感应。董仲舒的用心，企图用“谴告”说来限制君权为所欲为，免招败亡，维护统治阶级的长治久安。但是统治者是不会用虚妄的“谴告”说来束缚自己的手脚的。相反，恰恰利用天人相与、君权神授的学说来开脱自己的罪责，愚弄人民。董仲舒宣扬“畏天”，走向了他立意的反面，成为反动的神学目的论者，受到了统治者的欢迎，故他的天人相与学说得以泛滥。这是那个时代的思潮。这一思潮也给司马迁打下了时代的烙印，《天官书》中记载了不少天人感应的例证，甚至认为“天变”与“政事俯仰”，最近“天人之符”，这是不必讳言的。

但是，司马迁“究天人之际”的主要思想倾向却是讲天人相分，旨在阐明成败兴衰在于人心向背。“际”，本身有两个方面的意义。《说文》云：“际，壁会也。”朱骏声曰：“凡两墙相合之缝曰际。”（《说文通训定声》）两墙相合之缝，既是会合，也是分界。天人关系如两墙相合之缝，既是交会，也各自分途，有着明显的界限。司马迁删去董仲舒“天人相与之际”这句话中的“相与”二字，还要“究”它一番，再考之“行事”，这就突出了天人相分的思想。所以《天官书》并不是照录甘、石之传，而是作了一番认真的研究，最大限度地删汰机祥不经的事例，而只记载经过验证的部分。占星家的理论系统虽然是唯心主义的天人感应，但是他们十分重视历史经验的总结，进行形势分析，对局势作种种预测，有时也能言中。如果我们对星占条文，剥去感应的迷信外壳，作为星占家对历史预言的资料来研究，也就有了一定的意义。

尊重事实，承认自然界和社会活动的客观现象，这是一个科学家和历史学家取得成就的立足点。在这一点上，本篇有生动的表现。司马迁十分强调观测的重要，并亲自考察百年以来的“行事”，得出“五星无出而不反逆行，反逆行，尝盛大而变色；日月薄蚀，行南北有时”这样的承认自然界客观规律的科学结论，这是相当进步的。又，司马迁载天人感应，强调重人事，而不宣传“畏天”。在结尾“日变修德”一段中，强调统治者在“天变”面前要修德、修政，重视人心向背，这是一个了不起的进步。此外，在天官的研究方法上，司马迁比司马谈更重视现实。“为国者必贵三五”，这是司马谈之言。三五是讲长周期的天运变化，三十年一小变，五百年一大变。这样的天运周期比较虚渺。“为天数者必通三五”，这是司马迁的观点。他认为三光五气这八种天象变化，是经常发生的，更要注重观察研究。司马谈讲“天人之际续备”，司马迁说“则天官备矣”。这反映了父子两人研究天官的倾向有很大的差异。司马谈注重天人相与，而司马迁更注重天文科学本身规律的探索。也就是说，本篇留下了司马谈、司马迁父子两人思想差异的痕迹。司马迁比其父司马谈的唯物主义思想更多一些，历史观也更进步一些。

世家

【说明】 司马贞曰："系家者，记诸侯本系也，其言下及子孙常有国。故孟子曰：'陈仲子，齐之系家。'又董仲舒曰：'王者封诸侯，非官之也，得以代为家也。'"（《吴太伯世家·索隐》）刘知几曰："案世家之为义也，岂不以开国承家，世代相续。"又曰："司马迁之记诸国也，其编次之体与本纪不殊，盖欲抑彼诸侯，异乎天子，故假以他称，名为世家。"（《史通》卷二《世家》）即定名"世家"之义有三：

1. 记诸侯列国史。

2. 载传代家世。

3. 世家与本纪同体，均编年记事，因有别于天子等第而别名"世家"。

三十世家目次如下：（一）吴太伯世家、（二）齐太公世家、（三）鲁周公世家、（四）燕召公世家、（五）管蔡世家、（六）陈杞世家、（七）卫康叔世家、（八）宋微子世家、（九）晋世家、（十）楚世家、（十一）越王勾践世家、（十二）郑世家、（十三）赵世家、（十四）魏世家、（十五）韩世家、（十六）田敬仲完世家、（十七）孔子世家、（十八）陈涉世家、（十九）外戚世家、（二十）楚元王世家、（二十一）荆燕世家、（二十二）齐悼惠王世家、（二十三）萧相国世家、（二十四）曹相国世家、（二十五）

留侯世家、（二十六）陈丞相世家、（二十七）绛侯世家、（二十八）梁孝王世家、（二十九）五宗世家、（三十）三王世家。本书选评五篇世家。

吴太伯世家

【题解】 本篇节选自《吴太伯世家》。吴太伯，周代祖先古公亶父的长子，史失其名，传说他因体察古公亶父的心意，决定把王公的继承权让给三弟季历，以便季历传其子周文王姬昌，于是偕二弟仲雍避居勾吴，成为吴国的始祖。周武王追封为吴伯，故史称吴太伯（据《集解》韦昭说）。太伯让国，受到孔子的高度称赞。孔子说："泰伯其可谓至德也已矣，三以天下让，民无得而称焉。"（《论语·太伯》）太伯死，无子，由仲雍继立为勾吴主。周武王克殷时，仲雍已卒，武王封其子周章。司马迁为了表彰吴太伯的让德，以及创立吴国之功。以"吴太伯"命名吴世家，并列为世家之首。吴太伯十九传至寿梦而称王，其时在公元前585年。寿梦称王又六传王位至夫差二十三年亡于越，其时在公元前473年。吴称王历史凡113年。

季札是吴王寿梦之第四子，吴太伯第二十代孙，他实实在在三让天下，达到美德的颠峰。季札有三位兄长，依次为长兄诸樊、次兄馀祭、三兄馀昧。兄弟和睦，孝悌有加，季札最贤。寿梦称王，欲光大吴国，要传位季札，季札不受，一让天下。寿梦临终传位长子诸樊，嘱其传位季札。诸樊遵父遗言，丧服期满，让位季札，季札不受，二让天下。公元前548年，诸樊去世，传位二弟馀祭，留下遗言兄弟相继传位季札。公元前531年，馀祭去世，传位三弟馀昧。公元前527年，馀昧去世，传至季札，季札仍辞不受，三让天下。而季札之侄辈诸樊之子与馀昧之子却争夺王位，致使吴国内乱，两相对照，季札让国的美德更显高尚而伟大。反过来说，季札三让，赢得个人清名，带来侄辈争权，又是其负面影响，值得深思。

吴王寿梦卒。寿梦有子四人，长曰诸樊，次曰馀祭，次曰馀眜，次曰季札。季札贤，而寿梦欲立之，季札让不可，于是乃立长子诸樊，摄行事当国。

王诸樊元年，诸樊已除丧，让位季札。季札谢曰[①]：“曹宣公之卒也，诸侯与曹人不义曹君[②]，将立子臧，子臧去之，以成曹君，君子曰，‘能守节矣’。君义嗣[③]，谁敢干君！有国，非吾节也。札虽不材，愿附于子臧之义。”吴人固立季札，季札弃其室而耕，乃舍之。

十三年，王诸樊卒。有命授弟馀祭，欲传以次，必致国于季札而止，以称先王寿梦之意，且嘉季札之义，兄弟皆欲致国，令以渐至焉[④]。季札封于延陵[⑤]，故号曰延陵季子。

四年[⑥]，吴使季札聘于鲁[⑦]，请观周乐[⑧]。

去鲁，遂使齐。说晏平仲曰[⑨]：“子速纳邑与政[⑩]。无邑无政，乃免于难。齐国之政将有所归；未得所归，难未息也。”故晏子因陈桓子以纳政与邑，是以免于栾高之难[⑪]。

去齐，使于郑。见子产，如旧交。谓子产曰：“郑之执政侈[⑫]，难将至矣，政必及子。子为政，慎以礼[⑬]。不然，郑国将败。”去郑，适卫。说蘧瑗、史狗、史鳅、公子荆、公叔发、公子朝曰：“卫多君子，未有患也。”

自卫如晋，将舍于宿[⑭]，闻钟声[⑮]，曰：“异哉！吾闻之，辩

---

①季札谢曰云云：季札自比于曹公子子臧以让国。曹宣公，即伯卢，于鲁成公十三年会晋侯伐秦，卒于师。宣公庶子负刍杀宣公世子而自立，是为曹成公。鲁成公十五年，晋侯会诸侯讨曹成公，执而归诸京师，晋欲请周王立曹成公弟公子子臧，子臧守节不肯而逃奔宋。季札效仿子臧让国。　②曹君：指曹成公。　③君义嗣：谓诸樊是嫡长子，嗣位合于礼义。　④渐至：逐渐达到。指季札的几位兄长都想传国于季札，于是依次嗣位用渐进的办法达到目的。　⑤延陵：邑名，在今江苏武进县。⑥四年：吴王馀祭四年，当鲁襄公二十九年，即公元前544年。　⑦聘：出使。⑧周乐：杜预曰：“鲁以周公故，有天子礼乐。”鲁人依次为季札演奏风、雅、颂各种周乐，季札依次作出评论，表明他的文化修养很高。这些周乐，孔子整理为《诗三百》，即流传至今的《诗经》。　⑨晏平仲：齐相晏婴，字仲，平为谥号。　⑩纳邑与政：交还封邑与政权。　⑪栾高之难：鲁昭公十年（前532），栾施、高强欲灭陈桓子、鲍国二氏，陈、鲍先发难攻栾、高，栾、高二氏兵败奔鲁。晏婴在这场变难中严守中立，安然无恙。　⑫郑之执政：指伯有，郑穆公之子、子产之弟。侈：荒淫无度。　⑬慎以礼：谨慎小心，以礼治国。　⑭宿：卫孙文子的封邑，读“戚”，在今河南濮阳县北。　⑮闻钟声：指孙文子击磬作乐。

而不德，必加于戮[①]。夫子获罪于君以在此，惧犹不足，而又可以畔乎[②]？夫子之在此，犹燕之巢于幕也[③]。君在殡而可以乐乎[④]？”遂去之。文子闻之，终身不听琴瑟[⑤]。

适晋，说赵文子、韩宣子、魏献子曰[⑥]：“晋国其萃三家乎[⑦]！”将去，谓叔向曰：“吾子勉之！君侈而多良，大夫皆富，政将在三家[⑧]。吾子直，必思自免于难[⑨]。”

季札之初使，北过徐君。徐君好季札剑，口弗敢言。季札心知之，为使上国，未献。还至徐，徐君已死，于是乃解其宝剑，系之徐君冢树而去。从者曰：“徐君已死，尚谁予乎？”季子曰：“不然。始吾心已许之，岂以死倍吾心哉[⑩]！”

十七年，王馀祭卒，弟馀眛立。

四年，王馀眛卒，欲授弟季札。季札让，逃去。于是吴人曰：“先王有命，兄卒弟代立，必致季子。季子今逃位，则王馀眛后立。今卒，其子当代。”乃立王馀眛之子僚为王。

公子光者，王诸樊之子也。常以为“吾父兄弟四人，当传至季子。季子即不受国，光父先立。即不传季子，光当立”。阴纳贤士，欲以袭王僚。

十二年冬，楚平王卒。十三年春，吴欲因楚丧而伐之，使公子盖馀、烛庸以兵围楚之六、灊[⑪]。使季札于晋，以观诸侯之变。楚发兵绝吴兵后，吴兵不得还。于是吴公子光曰：“此时不可失也。”告专诸曰：“不索何获[⑫]！我真王嗣，当立，吾欲求之。季子虽至，不吾废也”。专诸曰，“王僚可杀也。母老子弱[⑬]，而两

---

①辩而句：辩，指孙文子以臣逐君，既为变乱，而又不德，必遭戮。孙文子在卫献公十三年曾以戚叛，出献公。　②畔：通般，乐也。《左传》原文作“惧犹不足，而又何乐？”　③幕：帐幕，随时可撤，燕巢于幕，喻处身险境。　④君在殡：指卫献公卒而未葬。　⑤琴瑟：乐之小者，钟鼓，乐之大者。孙文子听了季札的批评，从此不作乐，表明他闻过能改。　⑥赵文子：赵武之谥。韩宣子、韩起之谥。魏献子：魏荼之谥。　⑦萃：集中。　⑧君侈三句：晋君奢侈，则人心离，而大夫多良且富，人心归之，故政将移于三家。　⑨吾子直二句：谓叔向正直不与恶势力妥协，所以容易受难，要多思避难之计。　⑩倍：通背。　⑪盖馀、烛庸：两人为吴王僚之弟。六、灊：两邑名。六在今安徽六安县之北。灊，即今安徽霍山县。　⑫不索何获：不去追求，哪能有收获。　⑬母老子弱：谓吴王僚母老子弱，二弟又陷于楚，只要刺死吴王僚，即无人为僚主政，公子光可得王位。

公子将兵攻楚，楚绝其路。方今吴外困于楚，而内空无骨鲠之臣，是无奈我何。”光曰：“我身，子之身也。”四月丙子，光伏甲士于窟室①，而谒王僚饮②。王僚使兵陈于道，自王宫至光之家，门阶户席，皆王僚之亲也，人夹持铍③。公子光佯为足疾，入于窟室，使专诸置匕首于炙鱼之中以进食。手匕首刺王僚，铍交于匈④，遂弑王僚。公子光竟代立为王，是为吴王阖庐。阖庐乃以专诸子为卿。

季子至，曰：“苟先君无废祀，民人无废主，社稷有奉，乃吾君也。吾敢谁怨乎？哀死事生，以待天命⑤。非我生乱，立者从之，先人之道也⑥。”复命⑦，哭僚墓，复位而待⑧。吴公子烛庸、盖馀二人将兵遇围于楚者，闻公子光杀王僚自立，乃以其兵降楚，楚封之于舒⑨。

【简评】 古往今来，无论中外，许多人为了争权夺利，不惜同室操戈，骨肉相残。春秋之中，弑君三十六，亡国五十二，子弑父，弟杀兄，史不绝书。吴太伯世家，在其历史发展过程中，前有吴太伯，后有季札，一个家族，两次三让天下，特别是在世风相争的春秋时代，季札三让天下，实在是达到了美德的颠峰。

季札封在延陵，世称延陵季子。季札天资聪颖，品德高尚，学识渊博，他不仅具有敏锐的政治头脑，能够见微知著，辨别善恶，而且颇富外交家的才具，多次肩负重任，出访中原，深得各国诸侯和贤臣名相的信赖，是位众望所归的公子。公元前561年，寿梦去世。寿梦生前想让季札继承王位，但季札避让坚辞，寿梦只好让长子诸樊执掌国政，但留下遗言，让诸樊来完成传位季札的使命。

公元前544年，季札受吴王馀祭之托出访中原各国。季札先

---

①窟室：地下室。　②谒：迎请。　③人夹持铍：每人左右两手皆持利刃。铍，两刃小刀。　④铍交于匈：指数把利刃同时刺进专诸之胸。吴王僚被刺，他的侍从亦杀专诸。　⑤以待天命：以顺应天命。　⑥非我生乱三句：这场祸乱不是我制造的，谁当了国君就服从谁，这是祖宗遗训。　⑦复命：向吴王阖庐报告出使之命。　⑧复位而待：复居本职以听新君之命。　⑨舒：即今安徽舒城县。

到了鲁国，听到鲁国所演奏的乐曲，他一一作出评论，表现了他博学宏物与高度的艺术修养。季札又到了齐国，从齐国大夫的待人接物中，看到齐国即将有动乱，季札就劝齐相晏婴尽快交出封地，辞去官职，避免灾祸。晏婴听了劝告，后来果免于祸。季札离开齐国，到了郑国，见到子产，两人如遇故人，滔滔不绝纵论天下大事。季札对子产语重心长地说："郑国当今执政的人奢华放纵，盛气凌人，大难将要降临。治理郑国的重任一定会落在您的肩上。你执政时要小心谨慎，以礼治国，郑国有救。"子产正襟危坐，神色严肃，点头称是。后来子产果然执政，成为春秋时代最著名的政治家。最后，季札到了晋国，他很欣赏赵文子、韩宣子、魏献子。晋国执政叔向盛礼款待季札，临别时虚心向季札求教，展望晋国政治。季札见叔向诚心，也毫不客气沉重地说："你努力吧。晋君骄奢淫逸，晋良臣众多，大夫豪富，政权将落入韩、赵、魏三家。你为人刚直，定要慎重行事方免于祸，保重啊，保重!"叔向怦然心动，感慨季札的无私指教。青山疏林，烟霞晨雾，遮住了季札远去的行车，叔向还久久地站立在送别的地方遥望季札离去的方向。

这次季札出访，路过徐国。徐君盛情接待，他看上了季札的佩剑，请求观赏，爱不释手。季札看出徐君想讨这把宝剑，作出了各种暗示，不忍开口。因为这宝剑是使节的象征，季札心里已经决定送给徐君，但要出访完成，返回时再送，便硬着心肠收回了宝剑。等到季札返回途中，徐君已撒手人寰。季札悔恨不已，来到陵园吊祭。季札悲怆肃穆，行礼之后，解下宝剑，郑重地挂在徐君墓前一株小松树上。随从人员迷惑不解，问道："徐君已死，那宝剑还给谁呀?"季札说："当初，我内心已答应徐君，怎能因为他的去世就违背自己的心愿呢?"这故事史称"季札挂剑"，历代传为美谈。

季札是个全才，他懂政治，懂艺术。吴王寿梦是一个贤君，他传位选贤，打破宗法制，是一个进步。季札太看重宗法礼制，比父亲的观念要落后，但他礼让的精神，不俗的修善，崇高的美德，为世人立楷模，受到历代人们的传颂。江苏丹阳县有季子墓，墓前有块十字碑文，文曰："呜呼有吴延陵季子之墓。"一声慨叹，意味深长。清朝前期诗坛领袖王士祯有《丹阳十字碑》绝句一首，曰：

延陵风义著勾吴，十字千年映练湖。
却去阖闾城畔望，可怜麋鹿满姑苏。

诸樊之子公子光不满馀昧之子僚继位为吴王，说："季札叔叔当吴王是祖父留下的遗愿。季札不当吴王，理应长子继承，王位要归还我。"于是他阴养死士，令季札出使，又趁吴王僚兄弟出征的机会，指使专诸刺杀吴王僚，夺了王位，这就是吴王阖闾，又写作阖庐。季札回国，吊祭吴王僚，回到臣子之位，听命于阖庐。阖庐传位儿子夫差，夫差穷兵黩武，与齐、晋争霸，伤了元气，被越王勾践所灭。阖庐争位，二世而亡。故王士祯叹曰：阖庐城头麋鹿跑，哪比得上季子高义传千秋。

但是，季子之让也不是十全十美。太伯让国兴起了吴。季札让国导致了内乱。同一事理，环境不同，效果完全不同。太伯让国，远离是非之地，另辟天地，可以说是内让而外争。季札让国，还置身漩涡之中，只做到了洁身自好，无益于国。如果季札按兄终弟及之序，继馀昧为吴王，或者主持是非，自己让位于公子光或吴王僚，是否可以避免吴国的内争呢？季札完全置身事外，又不离开吴国，只是一味的礼让，为了个人洁身自好而不顾大局，是对国家、对宗庙不负责任的表现，大节不值得称赞。也就是说，无原则的让、无益于国事大局的让，应该批评。政治大事，有时还要斗争求团结。不过季札的三让天下，在世人无止无休争权夺利的对照下，毕竟是应该受到赞扬的。

齐太公世家

【题解】 本篇节选自《齐太公世家》。齐国是周初功臣太公吕尚的封国，在今山东北部地区。春秋时齐国逐渐强大，扩展领土，成为东方大国，在桓公时称霸诸侯。齐桓公称霸，得力于管仲辅佐。管仲原是齐桓公的政敌，曾一箭射中齐桓公，幸亏被齐桓公衣服上装饰的带钩挡住了箭头，要不然齐桓公就被管仲射死了。起初，齐桓公恨管仲恨得咬牙切齿，一定要处死管仲。由于管仲朋友鲍叔牙的极力推荐，齐桓公捐弃前嫌，任用管仲为国相，推行改革，齐国大治，国富兵强，齐桓公称霸。君明臣贤，留下一段历史佳话。

管仲，名夷吾，字仲，颍上（今安徽颍上县）人，春秋时齐国著名的政治家和思想家，《史记》卷六十二有传，与齐晏婴合传，称《管晏列传》。管仲相齐四十余年，审时度势，进行一系列政治、经济、军事和外交的改革，使齐国迅速崛起，齐桓公成为春秋五霸中的第一个霸主。史称"齐桓公以霸，九合诸侯，一匡天下，管仲之谋也"。如果说管仲是千里马，鲍叔牙和齐桓公都是伯乐。两人如鱼水，缺少了任何一人，就演释不出桓公称霸的故事。

桓公元年春[①]，齐君无知游于雍林[②]。雍林人尝有怨无知，及其往游，雍林人袭杀无知，告齐大夫曰："无知弑襄公自立，臣谨行诛。唯大夫更立公子之当立者，唯命是听。"

初，襄公之醉杀鲁桓公，通其夫人，杀诛数不当，淫于妇人，数欺大臣，群弟恐祸及，故次弟纠奔鲁。其母鲁女也。管仲、召忽傅之。次弟小白奔莒[③]，鲍叔傅之。小白母，卫女也，有宠于僖公。小白自少好善大夫高傒。及雍林人杀无知，议立君，高、国先阴召小白于莒[④]。鲁闻无知死，亦发兵送公子纠，而使管仲别将兵遮莒道，射中小白带钩。小白佯死，管仲使人驰

①桓公：齐桓公小白、襄公之弟，公元前685至前643年在位，是春秋时代第一个霸主。　②雍林：邑名，不详。此云雍林人杀无知。《秦本纪》作"齐雍廪杀无知"，与《左传》同。司马迁两传存疑。雍廪，人名，渠丘大夫，渠丘即葵丘。雍林或在葵丘附近。　③莒：古国名，在今山东莒县。　④高国：高国二氏受周天子命，为齐国世卿。

报鲁。鲁送纠者行益迟，六日至齐，则小白已入，高傒立之，是为桓公。

桓公之中钩，佯死以误管仲，已而载温车中驰行①，亦有高、国内应，故得先入立，发兵距鲁。秋，与鲁战于乾时②，鲁兵败走，齐兵掩绝鲁归道。齐遗鲁书曰："子纠兄弟，弗忍诛，请鲁自杀之。召忽、管仲仇也，请得而甘心醢之。不然，将围鲁。"鲁人患之，遂杀子纠于笙渎③。召忽自杀，管仲请囚。桓公之立，发兵攻鲁，心欲杀管仲。鲍叔牙曰："臣幸得从君，君竟以立。君之尊，臣无以增君。君将治齐，即高傒与叔牙足也。君且欲霸王，非管夷吾不可。夷吾所居国国重，不可失也。"于是桓公从之。乃佯为召管仲欲甘心，实欲用之。管仲知之，故请往。鲍叔牙迎受管仲，及堂阜而脱桎梏④，斋祓而见桓公⑤。桓公厚礼以为大夫，任政。

桓公既得管仲，与鲍叔、隰朋、高傒修齐国政，连五家之兵⑥，设轻重鱼盐之利⑦，以赡贫穷，禄贤能，齐人皆悦。

【简评】 齐桓公是齐襄公的弟弟。齐襄公名姜诸儿，他继位国君后荒淫无耻，与鲁桓公的夫人，自己的妹妹私通，事情败露，暗中派大力士杀了鲁桓公，结怨鲁人。齐襄公对身边左右的人也经常施暴，又多次欺侮大臣，结怨于内。齐襄公还嫉妒两个贤能的弟弟，一个叫公子纠，其母是鲁国公室之女；一个就是姜小白，其母是卫国公室之女。齐国大夫召忽是公子纠的师傅，鲍叔牙是公子小白的师傅。小白还与大夫高傒很好。齐襄公无道，公子纠逃到鲁国母家避难，小白在高傒等人保护下住在莒国——齐的附属小国。

---

①辒车：又名辒凉车，一种封闭严密而又有通风设备的卧车。后世作为丧车的专名。 ②乾时：地名，在临淄西南。 ③笙渎：《左传》作"生窦"，鲁地名，在今山东菏泽县北。 ④堂阜：齐邑名，在今山东蒙阴县西北。桎梏：刑具。 ⑤斋祓：沐浴更衣，使身清洁谓之斋；举行祈福的祭祀谓之祓。 ⑥五家之兵：管仲治齐规定的户籍编制，五家为一轨，十轨为一里，四里为一连，十连为一乡，并依此编制军队。 ⑦轻重：国家权衡钱谷贵贱所采取的均衡经济政策，如调盈济虚、平衡物价、抑制兼并等。

公元前 685 年，公孙无知怨襄公，与管至父等人谋作乱，杀了齐襄公，齐国内乱。避难鲁国的公子纠与避难莒国的公小白，回齐国争位。这时管仲辅佐公子纠，他率领了一个支队的鲁兵拦阻在莒国通往齐都临淄的路上。公子小白在鲍叔牙的辅佐下，率兵从莒国往都城赶，高傒在齐都城作小白的内应。公子纠与公子小白，两人赛跑，谁先进入齐都，谁就可以捷足先登立为齐君。

鲍叔牙和管仲是好朋友。想不到齐国内乱，鲍叔牙与管仲各为其主，双方成了你死我活斗争的对头。管仲挡住鲍叔牙等前进的道路。鲍叔牙请出公子小白出来安抚管仲，劝管仲辅佐自己。管仲不听，弯了一箭向公子小白射去，一箭射中小白，却被衣带钩挡住箭头，小白没有受伤，但小白十分机灵，立即倒下装死。管仲趁机指挥鲁军冲杀上去，打败了公子小白的齐军。鲍叔牙率领残军，带着假死的小白向莒城方向逃回。管仲十分高兴，他被胜利充昏了兴脑，与公子纠合兵后放慢了进军速度，走了六天才到达齐都。这时公子小白已赶在前面进了齐都，并被齐国大夫立为国君，这就是齐桓公。

齐桓公发兵拒鲁，在齐都临淄西南郊的乾时打败了鲁军。鲁军溃退，归路又被齐兵切断。齐桓公发重兵围困鲁兵，定要捉拿管仲，以报一箭之仇。这时鲍叔牙进谏齐桓公说："管仲是个有才干的人，臣等赶不上他。您若只是治理好齐国，用臣和高傒就够了。您若想称霸，干一番大事业，没有管仲就不行。"齐桓公答应赦免管仲，并委托鲍叔牙去与鲁军交涉。鲍叔牙代表齐桓公致辞鲁人说："公子纠是我亲兄弟，请鲁君处置，管仲、召忽是我的仇人，必须把他们交给我亲自处治才甘心。只要贵方答应这些条件，齐军就可以让开大路。"鲁人只好照办，在笙渎地方杀死公子纠，召忽自杀，管仲请囚。齐军让开了道路，鲁人交出了管仲。鲍叔牙押着管仲，一进入齐境，就立即释放他。

齐桓公破格任用管仲，管仲感谢齐桓公宽宏大度与知遇之恩，尽心治理齐国。鲍叔牙、隰朋、高傒等齐国大夫也都信服管仲，大家齐心协力治理齐国，又进行了一系列改革，齐国很快就富强起来，齐国人民都非常高兴。

成语“一箭之仇”就出自齐桓公与管仲相知相遇的故事。人际关系，常常是“报一箭之仇”还是“化干戈为玉帛”的两难选择，进一步坠入深渊，退一步天宽地阔，合则双赢，分则两害。道理都好懂，实践却十分困难，“齐桓公捐嫌任管仲”的故事，可以给我们以深刻的警示。

鲁周公世家

【题解】 本篇节选自《鲁周公世家》。鲁国是周公旦的封国，在今山东泰山之阳，都曲阜，是西周武王所封的大国之一。周公旦留京师辅佐武王，由其子伯禽就封。《鲁周公世家》记载鲁国历史及其世系，对《春秋》十二公记载亦详，突出了礼乐崩坏、伦理堕废的历史过程，揭示历史变迁的轨迹，比《左传》简略而明晰。周公辅政功绩，制礼作乐成就，礼贤待士的气度，在《鲁周公世家》中也是重笔所写的内容。本文所选，是周公告诫伯禽就封一段训示，是周公为人处世的真实写照。

周公使其子伯禽代就封于鲁。周公戒伯禽曰：“我文王之子，武王之弟，成王之叔父，我于天下亦不贱矣。然我一沐三捉发，一饭三吐哺①，起以待士，犹恐失天下之贤人。子之鲁，慎无以国骄人。”

【简评】 周公姬旦，是西周开国功臣之一，我国历史上著名的贤相。周公辅佐武王灭殷，辅佐成王治国，开创西周一代制度，奠定西周盛世基础。周公谦虚谨慎，思贤若渴，也留下了不少动人的故事。

成王即位，封周公于鲁。周公留京辅政，就让他的大儿子姬

①一沐三捉发，一饭三吐哺：洗一次头三次提发，吃一顿饭三次放下饭碗。此言周公不敢怠慢贤士。

伯禽到封地上去做鲁侯。伯禽上路，周公送行，谆谆告诫伯禽的就是到了封地鲁国，最大的政务即访求贤才，不要以富贵骄人。周公对儿子伯禽说：“我是你祖父文王的儿子，你大伯武王的弟弟，当今国君成王的叔父，可以说地位除天子周王一人外，无人可比。即使这样，我一刻也不肯懈怠，虚心接待贤士。我洗一次头，要三次中断提发；吃一顿饭，要三次放下碗筷。原因是，有贤士来访，我立即接见，所以中断了洗头，或中断了吃饭，即使这样，我还担心遗漏了贤士。你是我的儿子，得到天子恩典，如今被封鲁国。你就任后要发扬我的精神，决不放走贤才，决不怠慢来访人士。你千万记住，不可富贵骄人，团结了民众，大家安居，才是我的好儿子。”伯禽也没有辜负周公教育，他治理鲁国，讲究礼义，网罗人才，使鲁国成为保存周文化传统最多的国家。

成语“捉发吐哺”，就是从周公告诫伯禽的这段话来的。

越王勾践世家

【题解】 本篇节选自《越王勾践世家》。越在今浙江境内，在古代是一个偏远的小国，春秋初尚未通于上国，故略无世系。越兴起于春秋战国之交，相传为禹的苗裔。《越王勾践世家》，主要记叙越王勾践报仇雪耻的故事，篇末附记佐勾践灭吴的大臣范蠡的轶事。越王灭吴后，范蠡功成身退，弃政从商，住到齐国的定陶，经商发财，富可敌国，人称陶朱公。朱公有三子。中子在楚国杀人被拘，朱公长男救弟，千金铺路，终究载尸以归，其中充满着人情世故与尔虞我诈，十分有趣。

朱公居陶，生少子。少子及壮，而朱公中男杀人，囚于楚。朱公曰：“杀人而死，职也。然吾闻千金之子不死于市。”① 告其

①死于市：行刑于市，谓犯法处死。

少子往视之。乃装黄金千溢①，置褐器中，载以一牛车②，且遣其少子。朱公长男固请欲行，朱公不听。长男曰："家有长子曰家督，今弟有罪，大人不遣，乃遣少弟，是吾不肖。"欲自杀。其母为言曰："今遣少子，未必能生中子也，而先空亡长男，奈何？"朱公不得已而遣长子，为一封书遗故所善庄生③。曰："至则进千金于庄生所，听其所为，慎无与争事。"长男既行，亦自私赍数百金。

至楚，庄生家负郭④，披藜藋到门⑤，居甚贫。然长男发书进千金，如其父言。庄生曰："可疾去矣，慎毋留！即弟出，勿问所以然。"长男既去，不过庄生而私留⑥，以其私赍献遗楚国贵人用事者。

庄生虽居穷阎，然以廉直闻于国，自楚王以下皆师尊之。及朱公进金，非有意受也，欲以成事后复归之以为信耳。故金至，谓其妇曰："此朱公之金。有如病不宿诫，后复归，勿动⑦。"而朱公长男不知其意，以为殊无短长也⑧。

庄生间时入见楚王⑨，言"某星宿某，此则害于楚。"楚王素信庄生，曰："今为奈何？"庄生曰："独以德为可以除之。"楚王曰："生休矣，寡人将行之。"王乃使使者封三钱之府⑩。楚贵人惊告朱公长男曰："王且赦。"曰："何以也？"曰："每王且赦，常封三钱之府。昨暮王使使封之。"朱公长男以为赦，弟固当出也，重千金虚弃庄生，无所为也，乃复见庄生。庄生惊曰："若不去邪？"长男曰："固未也。初为事弟，弟今议自赦，故辞生去。"庄生知其意欲复得其金，曰："若自入室取金。"长男即自入室取金持去，独自欢幸。

---

①溢：通镒，二十四两为镒。　②置褐器中二句：放置在黑褐色器皿中，载以牛车，不使人注目。　③庄生：姓庄的先生。史失其名。　④负郭：背靠城墙，即住于城郊。　⑤披藜藋到门：披开满地野草才找到庄生家门。形容居住荒凉。　⑥不过：不造访。　⑦谓其妇曰等句：庄生对其妻说："这是陶朱公的金子，好比病人不接近祭物一样，事后还归原主，不要动。"宿诫：即宿戒，古人在祭祀前进行两次斋戒叫宿戒。病人不洁，不参与祭祀，也就不宿戒。此喻朱公之金不洁，不要靠近它。⑧殊无短长：朱公长男认为庄生对其弟的生死即短长（俗语三长两短），没有什么影响。　⑨间时：找机会，得便时。　⑩三钱之府：藏钱的金库。古代钱币分赤、白、黄三种。大赦前封三钱之府，即加强戒备，以免走漏赦令消息，亡命徒趁机盗钱。

庄生羞为儿子所卖[1]，乃入见楚王曰："臣前言某星事，王言欲以修德报之。今臣出，道路皆言陶之富人朱公之子杀人囚楚，其家多持金钱赂王左右，故王非能恤楚国而赦，乃以朱公子故也。"楚王大怒曰："寡人虽不德耳，奈何以朱公之子故而施惠乎！"令论杀朱公子，明日遂下赦令。朱公长男竟持其弟丧归。

至，其母及邑人尽哀之，唯朱公独笑，曰："吾固知必杀其弟也！彼非不爱其弟，顾有所不能忍者也。是少与我俱，见苦，为生难，故重弃财。至如少弟者，生而见我富，乘坚驱良逐狡兔[2]，岂知财所从来，故轻弃之，非所惜吝。前日吾所为欲遣少子，因为其能弃财故也。而长者不能，故卒以杀其弟，事之理也，无足悲者。吾日夜固以望其丧之来也。"

【简评】 朱公有三子。长男一同经商创业，备尝艰苦。少子降世，朱公已富有，因此，小儿子备受父母钟爱，衣来伸手，饭来张口，不知稼穑之艰难，出手大方，一掷千金，毫不吝啬。

朱公中男到楚国经商，争执杀人，被关在楚国监狱。朱公装载千金，打点小儿子去楚国救他哥哥，朱公长男不听从父亲的安排，长男说："当哥哥的是一家主管，弟弟有难，长兄怎能袖手旁观。父亲不让哥哥救弟弟，就是不信任长男，我当兄长，连父亲都不信任，我还有什么脸面活在世上。"朱公长男自尊心受到伤害，就要自杀。他的母亲出来干预。朱公夫人说："犯罪的儿子没救出，白白地死了长兄，不合算，就让长兄去救弟弟吧。"朱公无可奈何，就打发长男上路。他写了一封信，让长男到了楚国，把千金及信交给朱公的好友庄老先生，什么也不要问，只等弟弟出狱，快快回家。长男救弟心切，又私自带了数百金，随处打点。

朱公长男到了楚国，找到庄老先生，如父所言，交了千金和信。庄老头对朱公长男说："你快离开我家，等着和你弟弟见面。至于你弟弟是怎么出狱的，你什么都不要问。"朱公长男半信半

①儿子：小儿，小子。卖：欺骗，摆布。　②乘坚驱良：坐坚固的车，骑良马。

疑，他想，这穷老头有什么能耐呢？他庆幸自己私带了几百金，就进了楚国都城，对楚王左右的人进行打点。

庄老头收了朱公长男的千金，对家人说："这是好友朱公送来救他儿子的，你们不要动用，等朱公儿子出狱了，还给他。"庄老头是楚国的隐者，视钱如粪土，压根就不想要好友朱公的钱，他故意收下，试试这后生晚辈的品德。庄老头是楚王的朋友，楚王对庄老头非常敬重，言听计从。称他为庄生，就是庄老先生的意思，于是人们都称庄老头为庄生。

庄生对楚王说："臣夜观天象，楚国将有灾难，大王赶快施行德政来避难。"楚王说："知道了。"立即下令冻结财政。这是楚王下大赦令的先期准备。接受了朱公长男好处的楚国用事大臣，通告了消息，朱公长男非常高兴。他想白白地给庄老头一千金重礼，老头什么事也没做。朱公长男只会做生意，不懂政治，不知楚王下赦令的原委，认为庄老头无功受禄。他越想越不是滋味，于是就去向庄老头辞行，上门之意十分清楚，他要收回千金。

庄生见了朱公长男，惊诧地问："让你离开我家，怎么还没走？你弟弟的事怎么啦？"

朱公长男说："楚王用事大臣告我说：'楚王就要下赦令了。'我特来向老先生通告这消息。"庄老头笑了笑说："你对楚国用事大臣使了钱了吧？祝贺你弟弟就要出狱。你送的千金重礼，就在黑屋放着，自个儿带走吧！"朱公长男来意是取钱的，没想到老头这么痛快，他害怕老头变卦，也不推辞，接话茬说："庄老伯，你不花钱，那我就带走了。"朱公长男走后，庄生非常生气，感到自己受了小伙子的愚弄。庄生心里说："你不仁，我不义。载你弟弟的尸体回家去向我的老友交代吧。"庄生随即进都，又对楚王说："大王下赦令是件好事。不过外面谣传纷纷，说天下富人陶朱公的儿子杀了人，陶朱公贿赂了楚国用事大臣，楚王才下赦令的。"楚王说："哪有此事。那是大臣们胡作非为，我让他们落空。"楚王下令，立即将陶朱公儿子斩首，然后第二天下达了赦令。

朱公长男白白花了数百金，载着弟弟的尸体回了家。母亲及亲朋都十分悲痛。陶朱公却哈哈大笑。他说：“我早就料到，长男这回非杀了弟弟不成。长男不是不爱弟弟，但他舍不得花钱，所以我安排小儿子去救他二哥，小儿子大手大脚惯了，舍得花钱。中男杀人，也该偿命。人世间是公平的。大家不要哭了，办丧事吧！”

人世沧桑，世事复杂，朱公长男好心办了坏事，“陪了夫人又折兵”，朱公小男，花花公子，按朱公安排，还能成事。此中奥妙，谁解其中味。

田敬仲完世家

【题解】 本篇节选自《田敬仲完世家》，讲述古代一个奇女子的传奇故事。

春秋时齐为姜姓，战国时齐为田氏，故《史记》中齐国历史有两世家。姜齐称《齐太公世家》，田齐称《田敬仲完世家》。田齐代姜齐是一场新时代的变革，记载特详。田齐创始者为田完，死后谥为敬仲，史称田敬仲。田完原名陈完，是陈国陈厉公陈他的儿子，春秋时因陈国内乱，陈完逃到齐国避难，受到齐桓公的重用，为齐国大夫，改姓田。田完第十代孙田和代姜齐，是为田齐。司马迁立田齐世家，以“田敬仲完”命名，旨在突出田完奔齐的创始之功。田齐六传至齐王建灭于秦。

田齐后期政权掌握在君王后之手。君王后即太史敫之女，史失其名。太史是官名，也作为姓氏。敫是人名，齐国太史，敫，又作“嬓”。敫之女，其名不传于是史书称为“太史女”，或“太史敫女”，她成为齐襄王后称君王后。君王后事迹又见《田单列传》。君王后是古代的奇女子，她有两大事迹值得评说。一是她自主婚姻，在古代是一件了不起的大事；二是她曾长期执掌齐国政权，与秦连横，奉行和平保境的外交国策，使齐国近半个世纪不卷入战争。最后，秦始皇统一，没有战争，和平统一，这也是古代史上的一件大事。这两件大事，一件是个人终生的幸福大事，一件是维系一国安危的大事，均创造于同一个女性之手，说明君王后是一个不平凡的奇女子。

湣王之遇杀，其子法章变名姓为莒太史敫家庸①。太史敫女奇法章状貌，以为非恒人②，怜而常窃衣食之，而与私通焉。淖齿既以去莒，莒中人及齐亡臣相聚求湣王子，欲立之。法章惧其诛己也，久之，乃敢自言"我湣王子也"。于是莒人共立法章，是为襄王。以保莒城而布告齐国中："王已立在莒矣。"

襄王既立，立太史氏女为王后，是为君王后，生子建。太史敫曰："女不取媒因自嫁，非吾种也，污吾世。"终身不见君王后。君王后贤，不以不睹故失人子之礼③。

襄王在莒五年，田单以即墨攻破燕军，迎襄王于莒，入临菑。齐故地尽复属齐。齐封田单为安平君。

十九年④，襄王卒，子建立。

王建立六年，秦攻赵，齐楚救之。秦计曰："齐楚救赵，亲则退兵，不亲遂攻之⑤。"赵无食，请粟于齐，齐不听。周子曰："不如听之以退秦兵，不听则秦兵不却，是秦之计中而齐楚之计过也⑥。且赵之于齐楚，捍蔽也⑦，犹齿之有唇也，唇亡则齿寒。今日亡赵，明日患及齐楚。且救赵之务，宜若奉漏瓮沃焦釜也⑧。夫救赵，高义也；却秦兵，显名也。义救亡国，威却强秦之兵，不务为此而务爱粟，为国计者过矣。"齐王弗听。秦破赵于长平四十余万，遂围邯郸。

十六年⑨，秦灭周。君王后卒。

---

①庸：仆役。　②非恒人：不是平常人。　③不睹：不见，指太史敫不见君王后，脱离父女关系，而君王后不计较父亲的态度，尽人子之孝，终于父女和好。④十九年：齐襄王十九年，公元前265年。　⑤秦计曰句：秦军作了这样的谋画："齐楚救赵，如果是全力以赴，秦就退兵；若是三心二意，秦就全力攻赵。"　⑥计过：计短。　⑦捍蔽：屏障。　⑧救赵之务句：救赵是当前急务，如同捧漏壶去浇救烧焦的锅一样刻不容缓。漏：盛水滴漏的计时器。　⑨十六年：齐王建十六年，公元前249年。

四十四年[①]，秦兵击齐。齐王听相后胜计。不战，以兵降秦。

秦虏王建，迁之共[②]。遂灭齐为郡。天下壹并于秦，秦王政立号为皇帝。始，君王后贤，事秦谨，与诸侯信，齐亦东边海上，秦日夜攻三晋、燕、楚，五国各自救于秦，以故王建立四十余年不受兵。君王后死，后胜相齐，多受秦间金，多使宾客入秦，秦又多予金，客皆为反间，劝王去从朝秦，不修攻战之备，不助五国攻秦，秦以故得灭五国。五国已亡，秦兵卒入临淄，民莫敢格者[③]。王建遂降，迁于共。

【简评】 燕兵破齐，只剩即墨和莒两城未下。齐湣王的儿子，太子法章在齐湣王被害之后变易姓名躲到太史敫家为仆人，灌园种菜，没有人知道他的身世。太史敫女独有一双慧眼，她见法章仪表堂堂，举止有风度，知道他是一个落难之人，但并不知道他是王子。太史敫女起初可怜法章，私下送给他衣服、食物，时间一长，两人相爱了。法章把真实身分告诉了太史敫女，并向她求爱，两人于是热恋起来，私定终身。过了很长时间，人们到处寻找齐湣王太子法章，要奉为国主。法章显露了身份，在莒城即位，这就是齐襄王，太史敫女名言正顺成了齐襄王后。

古代男女婚姻，由父母之命，媒妁之言。君王后自主婚姻，太史敫感到羞辱，与君王后割断父女情，不承认这门亲事。但君王后十分温柔孝顺，她仍然尽人子之礼，孝顺父母，时间久了，恢复了父女关系，传为佳话。

齐襄王在莒地住了五年。齐将田单在即墨用火牛阵攻破燕军，恢复了齐国。齐襄王十九年，襄王死了，君王后所生儿子田建即位，史称齐王建。君王后临朝执政。她深感齐国无力与秦国抗衡，为了全国人民不遭受战争兵灾的祸害，于是退出与东方六国的合纵，独立奉行与秦连横的外交政策。公元前 260 年秦赵长平大决战，赵国求救于齐，要求齐国发兵，供给粮食。齐国既不

---

①四十四年：齐王建四十四年，公元前 221 年。　②共：邑名，在今河南辉县。③民莫敢格：民不习战而不敢斗。

发一兵一卒，也不送一草一粮，坐视赵军被秦国打败。秦国进行的是统一战争，赵国等败亡，灾祸必然要降临齐国，这一形势，君王后十分清楚。齐国与东方五国合纵，可以延缓秦国的统一进程，但不能阻止秦国的统一。君王后或许认识到这一天下大势，因此她保持齐国中立，既不援助五国，也不助秦进攻五国，因此齐国半个多世纪没有战争兵祸。公元前 221 年，秦国进兵齐国，齐国不战而降，秦军和平吞并齐国，这是齐王建奉行君王后的统一政策，是符合历史进步的。

太史敫女，齐国君王后，敢于自择夫婿，执掌政权奉行和平保境政策，在生活上和政治上都独具一格，是中国古代史上的一个奇女子。

萧相国世家

【题解】 本篇节选自《萧相国世家》，讲述一代贤相西汉萧何不贪不污，差点丢脑袋的故事，发人深思。

萧相国，就是西汉开国功臣萧何丞相，汉初丞相称相国，所以萧何的传记题称《萧相国世家》。汉高祖论功行赏，萧何功第一，所以《萧相国世家》，在西汉五功臣世家中居第一位。西汉立世家的五功臣是萧何、曹参、张良、陈平、周勃。司马迁给五功臣立世家是破例为体，表彰其功。因为世家载诸侯，取义“开国承家，世代相续”。西汉五大功臣，爵止封侯，而高祖功臣封侯者 143 人，惠帝、景帝封侯 93 人，汉武帝封侯 73 人，又封王子侯 162 人。侯国差小，一般不立世家，有大功者立列传，世系载入年表。由此不难看出五功臣被特立世家，寓有深义。

萧何一生行事可分前后两期。前期佐汉王刘邦取天下，立下盖世之功。后期为西汉相国，明哲保身，用心良苦。萧何传家不治产，生动地揭示了因刘邦猜忌，萧何后期谨畏自保，这一微妙的君臣关系。

汉十二年秋，黥布反，上自将击之，数使使问相国何为。相国为上在军，乃拊循勉力百姓[①]，悉以所有佐军，如陈豨时。客有说相国曰："君灭族不久矣，夫君位为相国，功第一，可复加哉？然君初入关中，得百姓心，十余年矣，皆附君，常复孳孳得民和[②]，上所为数问君者，畏君倾动关中。今君胡不多买田地，贱贳贷以自污[③]？上心乃安。"于是相国从其计，上乃大悦。

上罢布军归，民道遮行上书，言相国贱强买民田宅数千万。上至，相国谒。上笑曰："夫相国乃利民！"[④] 民所上书皆以与相国，曰："君自谢民。"[⑤] 相国因为民请曰："长安地狭，上林中多空地，弃，愿令民得入田[⑥]，毋收稿为禽兽食[⑦]。"上大怒曰："相国多受贾人财物，乃请吾苑！"乃下相国廷尉[⑧]，械系之[⑨]。数日，王卫尉侍[⑩]，前问曰："相国何大罪，陛下系之暴也[⑪]？"上曰："吾闻李斯相秦皇帝，有善归主，有恶自与。今相国多受贾竖金而为民请吾苑，以自媚于民，故系治之。"王卫尉曰："夫职事苟有便于民而请之，真宰相事，陛下奈何乃疑相国受贾人钱乎！且陛下拒楚数岁，陈豨、黥布反，陛下自将而往，当是时，相国守关中，摇足则关以西非陛下有也。相国不以此时为利，今乃利贾人之金乎！且秦以不闻其过亡天下，李斯之分过[⑫]，又何足法哉。陛下何疑宰相之浅也[⑬]。"高帝不怿[⑭]。是日，使使持节赦出相国。相国年老，素恭谨，入，徒跣谢[⑮]，高帝曰："相国休矣！相国为民请苑，吾不许，我不过为桀纣主，而相国为贤相。吾固系相国，欲令百姓闻吾过也。"

何置田宅必居穷处[⑯]，为家不治垣屋。曰："后世贤，师吾俭；不贤，毋为势家所夺。"

---

①拊循勉力百姓：抚慰勉励百姓努力耕作。　②常复句：现在你还努力不倦地去赢得人民的拥护。　③贱贳句：指做放债之类的卑贱之事，来败坏自己的名誉。　④相国乃利民：那相国的职权是要利民的！意谓你这个相国却在害民。　⑤谢：认罪。　⑥田（diàn）：耕种。　⑦毋收句：不要只让长草来喂养禽兽。稿，草料。　⑧廷尉：九卿之一，汉代最高司法官。　⑨械系之：给萧何带上了刑具。　⑩卫尉：九卿之一，掌宫廷门卫。　⑪系之暴也：突然地把他逮捕起来。　⑫分过：指李斯把秦皇帝之过揽在自己身上。　⑬陛下句：陛下怎么能怀疑宰相是那样浅薄的人呢！　⑭不怿：不悦。　⑮徒跣（xiǎn）谢：去冠赤脚前来认罪。　⑯穷处：偏僻的地方。

孝惠二年，相国何卒，谥为文终侯。

【简评】 人们痛恨贪官污吏，可是在专制政体下，你不贪不污，老百姓拥护你，却犯了皇帝的大忌。西汉开国丞相萧何就遭遇了这样的局面。伴君如伴虎，洁身自好也不行。天下乌鸦一般黑，你不黑就入不了群。

萧何是刘邦的老乡，原为秦朝沛县主吏掾，是保护刘邦的恩人。秦末他们一同起兵，出生入死，两人有生死之交。论功行赏，萧何功第一，受到汉廷的极大恩遇，刘邦赐萧何带剑上殿，入朝不趋。萧何也兢兢业业办事，把西汉治理得很有条理，在朝野之中都享有很大的声望。越是这样，汉高祖刘邦越是不安。汉高祖十一年，陈豨反叛。高祖已步入了晚年，但还要御驾亲征。这时高祖疑神疑鬼的心理大增，对老朋友、老相国萧何也猜忌起来。萧何违心地与吕后设谋诛杀了淮阴侯韩信，除了刘邦的心头大患，刘邦很高兴。他从前线传回诏令，拜萧何为相国，加封，置兵卫。文武百官都向萧何道喜，独有召平来报忧，泄露了天机。原来高祖名为加封，派兵保卫，实质是监视。萧何惶恐，辞谢加封，还捐献家财慰劳前线军队，汉高祖才高兴起来。第二年黥布反，高祖再次亲征。萧何依旧输家财慰问前方军队，又有客人来报忧，对萧何说："相国你就要有灭顶之灾了。您位居人臣第一，入关以来，孜孜不倦地为民办事，深得百姓拥戴。皇上现在很怕您在关中闹事啊！您为什么不买点田产，用贱价强赊，在百姓中留下坏名声，让皇上安心呢?"萧何听了这些话，心中可犯了难。他一向以节俭闻名，平时很少治办家产，若是不得已买一些田地或住宅，也总是挑选贫穷偏僻的地方。他常对家人说："后代子孙贤德，效法我的节俭，后代子孙不成才也守不住祖先的财产，还不如现在不置产业。"他是这样说的，也是这样做的。如今，萧何不得不采纳了宾客所进的"自污"之计，当了一回贪官污吏，强取豪夺。汉高祖班师回京，还未到京城，沿途百姓拦路告状，说丞相萧何强买田宅，汉高祖非常高兴。回到京城，丞相萧何拜贺高祖胜利回来，汉高祖把一大叠状纸交给萧何，笑着说："丞相的事，自个去处理吧。"萧何佩服客人的进言，敛钱自污，免了一场大祸。

一个演惯了正面人物角色的人，突然改演反面人物，那是很吃力的。萧何见高祖心情畅快，趁机为民请命说："关中人口增多，有许多百姓没地耕种，皇家禁苑上林园太空旷，请允许无地的百姓到园中开荒樵采。"萧何真是连"污吏"也演不好，真实本性又不自觉地露了出来。汉高祖立即沉下脸来，勃然大怒说："好一个相国，你不知贪了多少财，又沽名钓誉来打我的主意。"说毕喝令将萧何拿下，打入狱中。群臣闻变大惊，多方劝谏高祖，萧何终于被释放。汉高祖也觉得愧对萧何，他解嘲地说："我故意把丞相抓起来，好让老百姓知道，我是一个暴虐的桀纣之主，丞相才是好样的。"话中有话，暗示萧何不要把人缘搞得太好，臣下廉洁自好，皇上不放心。

打这事以后，萧何更加小心谨慎，不治产业，不留富厚给子孙。因为贪婪腐败不是萧何的本性。

列传

【说明】 司马贞曰："列传者，谓叙列人臣事迹，令可传于后世，故曰列传。"（《伯夷列传·索隐》）张守节曰："其人行迹可序列，故云列传。"（《伯夷列传·正义》）

列者，陈也，列传，即众多之传。传，本为注经之书名，司马迁借以传人，记功臣贤人之言行以注《本纪》，表示人臣拱卫主上。《太史公自序》云："扶义俶傥，不令己失时，立功名于天下，作七十列传。"所以刘知几以《史》《汉》之纪传比于《春秋》之经传，议论是很精辟的。

七十列传序目如次：（一）伯夷，附叔齐；（二）管仲、晏婴；（三）老子、韩非，附庄子、申不害；（四）司马穰苴；（五）孙武、孙膑、吴起；（六）伍子胥；（七）仲尼弟子；（八）商君鞅；（九）苏秦，附苏代、苏厉；（十）张仪，附陈轸、犀首；（十一）樗里子、甘茂，附甘罗；（十二）穰侯、魏冉；（十三）白起、王翦；（十四）孟轲，荀子，附齐三邹子：邹忌、邹衍、邹奭，又附齐稷下学者淳于髡、慎到、田骈、接子、环渊，又附公孙龙、李悝、尸子、长卢子、吁子、墨子；（十五）孟尝君田文，附冯驩；（十六）平原君赵胜、虞卿，附毛遂、李同、楼缓；（十七）魏公子信陵君无忌，附侯嬴、朱亥、毛公、薛公；（十八）春申君黄歇，附朱英、李园；（十九）范雎、蔡泽，附须贾、王稽、郑安平；（二十）乐毅，附乐间、乐乘；（二一）廉颇、蔺相如，附赵奢、李牧；（二二）田单，附王蠋；（二三）鲁仲连、邹阳；（二四）屈原、贾谊；（二五）吕不韦，附嫪毒；（二六）刺客：曹沫、专诸、豫让、聂政、荆轲，附聂荣、田光、樊於期、高渐离；（二七）李斯，附李由；（二八）蒙恬，附蒙毅、赵高；（二九）张耳、陈馀；（三十）魏豹、彭越；（三一）黥布；（三二）淮阴侯韩信，附蒯通；（三三）韩王信、卢绾；（三四）田儋，附田横；（三五）樊哙、郦商、夏侯婴、灌婴；（三六）张苍，附周昌、任敖、申屠嘉；（三七）郦生、陆贾，附朱建；（三八）傅宽、靳歙、周緤；（三九）刘敬、叔孙通；（四十）季布、栾布，附季心、丁公；（四一）袁盎、晁错；（四二）张释之、冯唐；（四三）万石君石奋、张叔，附石建、石庆、卫绾、直不疑、周文；（四四）田叔，附田仁；（四五）扁鹊、仓公；（四六）吴王濞；（四七）魏其侯窦婴、武安侯田蚡，附灌夫；（四八）韩安国；（四九）李将军李广，附李陵；（五十）匈奴；（五一）卫将军卫青、骠骑将军霍去病，附公孙贺等十六人；（五二）平津侯公孙弘、主父偃；（五三）南越尉佗；（五四）东越；（五五）朝鲜；（五六）西南夷；（五七）司马相如；（五八）淮南王刘长、刘安，衡山王刘赐；（五九）循吏：孙叔敖、子产、公仪休、石奢、李离；（六十）汲黯、郑当时；（六一）儒林：申公、辕固生、韩生、伏胜、董仲舒、胡毋生；（六二）酷吏：郅都、宁成、周阳由、赵禹、张汤、义纵、王温舒、杨仆、减宣、杜周；（六三）大宛，附乌孙、康居、奄蔡、大月氏、安息、条枝、大夏；（六四）游侠：朱家、剧孟、郭解；（六五）佞幸：邓通、韩嫣、李延年；（六六）滑稽：淳于髡、优孟、优旃；（六七）日者司马季主；（六八）龟策；（六九）货殖：范蠡、子贡、白圭、猗顿、乌氏倮、巴寡妇清、卓氏、程郑、宛孔氏、曹邴氏、师史、刁间、任氏、桥姚、无盐氏，附田啬、田兰等十二人；（七十）太史公自序：司马谈、司马迁。

上述七十列传分为四个类型：（1）专传，（2）合传，（3）类传，（4）附传。专传指一人一传，二人以上为合传，以类标题为类传，凡未入传目标题的人物为附传。专传、合传、类传三种传中皆有附传。正传与附传，表示列传人物的主次，并非附传为可有可无的附属物。有的附传仅附其名，一般是载列子孙、戚友；重要附传人物为事类相从。七十列传载正传人物一百四十人，附传人物九十二人。附传人物本多于正传人物，九十二人只指事类相从的附传人物。加上孔子弟子七十七人。列传人物总计三百零九人。类传人物古今同传，以类相从；合传与类传为同一类型，或对照或连类，故合传人物往往打破时代界限，上溯下及。《白起王翦列传》、《鲁仲连邹阳列传》、《屈原贾生列传》等是下及；《扁鹊仓公列传》是上溯。《孟子荀卿列传》附列人物十一人，实质是一篇先秦的“诸子列传”，《汲郑列传》实质是“黄老列传”。匈奴、南越、东粤、西南夷等周边民族史传分插在人物列传中，与相关的人物并列，等同天子臣民，此四海一家之观念，表现了司马迁民族一统的进步历史观。《大宛列传》所述为外国民族，单列于类传中。

总上，七十列传的序目义例可用八个字概括：“时代为序，以类相从。”本书选评十三篇列传。

管晏列传

【题解】 本篇节选自《管晏列传》。管晏，指春秋时齐国两贤相管仲和晏婴。管仲辅佐齐桓公称霸，晏婴辅佐齐景公治国。二人齐名，写成合传，故题名《管晏列传》。

管仲和晏婴都是大政治家，事迹很多。管仲有《牧民》、《山高》、《轻重》、《九府》等著作传世，后人整理为《管子》，晏婴有《晏子春秋》传世。司马迁在传记中既不论书，也不记其事，全篇内容仅仅是记载了几则轶事，就把鲍叔牙、管仲、晏婴几个历史人物的形象鲜活地刻画了出来，还高度赞颂了知贤、荐贤、让贤的高贵品德。司马迁写人，总要表达一个主题，或颂扬一种理想，或倡导一种品德，《管晏列传》是最典型的篇章。管仲传，重点写鲍叔牙，他知贤、荐贤、让贤，这就是本传的主题。写晏婴，主要是两件轶事：一是解救一个囚犯，引为上宾，二是举荐勇于改过的车夫为齐大夫。这两则轶事表现了晏婴爱才，与鲍叔牙荐管仲有异曲同工之妙，都是在颂扬一种高尚情操，忘掉自我，关爱社会，关爱国家。管鲍相知，特别是鲍叔牙救人于危难，荐贤甘居其下，是多么崇高的人格。总之，《管晏列传》，是一篇闪亮人格魅力的交谊评论。

管仲夷吾者，颍上人也①。少时常与鲍叔牙游②，鲍叔知其贤。管仲贫困，常欺鲍叔③，鲍叔终善遇之④，不以为言⑤。已而鲍叔事齐公子小白⑥，管仲事公子纠。及小白立为桓公，公子纠死，管仲囚焉⑦。鲍叔遂进管仲⑧。管仲既用，任政于齐⑨。齐桓公以霸，九合诸侯⑩，一匡天下⑪，管仲之谋也。

管仲曰："吾始困时，尝与鲍叔贾⑫，分财利多自与⑬，鲍叔不以我为贪，知我贫也。吾尝为鲍叔谋事而更穷困，鲍叔不以我为愚，知时有利不利也⑭。吾尝三仕三见逐于君⑮，鲍叔不以我为不肖⑯，知我不遭时也⑰。吾尝三战三走⑱，鲍叔不以我为怯，知我有老母也。公子纠败，召忽死之，吾幽囚受辱，鲍叔不以我为无耻，知我不羞小节而耻功名不显于天下也。生我者父母，知我者鲍子也。"

鲍叔既进管仲，以身下之⑲。子孙世禄于齐，有封邑者十余世⑳，常为名大夫。天下不多管仲之贤而多鲍叔能知人也㉑。

---

①颍上：今安徽颍水一带。颍，水名。 ②游：交游。 ③常欺鲍叔：指管仲与鲍叔同做生意分钱时，管仲往往多取钱财。欺，占上风，即下文的"分财多自与"。 ④终善遇之：始终对管仲很好。 ⑤不以为言：不以此为口实。 ⑥已而：不久。 ⑦囚焉：囚禁。焉，语助词。 ⑧进：推举。 ⑨任政于齐：掌管齐国的政事。 ⑩九合诸侯：桓公会盟诸侯共十一次，九，系虚数。合，会盟。 ⑪一匡天下：使天下归于正的意思。匡，正。 ⑫贾（gǔ）：经商。 ⑬多自与：经常自己多拿一些。 ⑭知时句：知道时机有顺利和不顺利。 ⑮三仕三见逐于君：多次做官多次被国君罢官赶走。见，被。 ⑯不肖：不贤。 ⑰不遭时：没有遇到好运气。 ⑱走：逃跑。 ⑲以身下之：指鲍叔情愿官居管仲之下。 ⑳十余世：十多代。 ㉑多：称赞。

【简评】 管仲与鲍叔牙是中国历史上一对要好的朋友。管仲辅佐齐桓公称霸，是春秋时的大政治家和军事家、外交家。但没有鲍叔牙就没有管仲。《史记·管晏列传》对管仲的传记，主要笔墨并没有放在写管仲的个人功绩上，而是着重写管仲与鲍叔牙两人的交谊，重点是写鲍叔牙的知贤、荐贤和让贤的高尚品德和行为，暗示没有鲍叔牙就没有管仲。一支笔，同时写出两个人，真是大手笔。管仲与鲍叔牙二人从小是好朋友。鲍叔牙出身高贵，是齐国大夫之后，管仲出身平民，两人身份相差甚远，但鲍叔牙知道管仲有才，将来能为国家出力，所以打破门第与管仲交往，这已经是很不简单了。说来也巧，管仲青年时做事，件件不顺。他三次做官，三次被罢免。他家有老母，可又多次被征召出征，丢下老母没人管，只好三次参战三次当了逃兵，被人看作胆小鬼。管仲与鲍叔牙谋事，一件也没办成。他与鲍叔经商，赚多赚少，又总是多占一些。在常人看来，管仲不可交，无才无德又贪心。但鲍叔牙不这么看，他深信管仲，做事不顺，当官不成，原因是缺乏磨炼，机遇不到；多分利，当逃兵，因为管仲是个大孝子，家有老母，故不得不如此。鲍叔牙坚信管仲有朝一日时来运转，就能发挥个人的潜能替国家出力。

齐国襄公死后，发生内乱。公子小白与公子纠两兄弟争权，鲍叔牙追随小白，管仲追随公子纠。公子纠长于小白，继承君位更有利，小白有才能，有人缘，得到大多数齐国大夫的支持。公子纠母家是鲁国，外援鲁国是个较大的国家，而小白母家是莒国，莒国小力弱。两兄弟争权，各有长短，关键就看谁能先进入齐都。鲍叔牙与管仲成了敌对的双方。这一回管仲又把宝押错了，结果小白先入齐都，登上国君之位，齐大鲁小，齐国发兵打败鲁国，公子纠死了，管仲成了囚犯。然而，又是鲍叔牙极力推荐管仲，使齐桓公不仅赦免了他，而且重用他为齐相。后来，齐国果然大治。鲍叔牙推荐管仲，不仅仅是荐贤，更重要的是让贤，管仲为相，鲍叔牙反而在他之下，这种以国家利益为重的精神，表现了鲍叔牙是一个纯粹的人、高尚的人。鲍叔牙知道管仲有才，他与管仲交友，纯粹是爱才，为国家保护人才，没有一点私心。他甚至牺牲自己来成全管仲，这都是为了友谊，为了国家。鲍叔牙不仅是一个好伯乐，还是一个无与伦比的爱国者。管鲍之交的故事包含许多珍贵的民族精神。

俗话说："金无足赤，人无完人。"管仲有治国之才，但不善于经商，由于出身寒微，没有政治根基，在齐国内争中又押错了宝，这些他却不及鲍叔牙。鲍叔牙才不及管仲，但他的让贤精神，识人本领，更是一个难得的伯乐。唐代韩愈慨叹，"千里马常有，而伯乐不常有"，管鲍相知的故事，可以说是这一哲理的最生动的注脚。没有鲍叔牙，就没有管仲，这是作者司马迁写管仲传而主要用笔于鲍叔牙的命意所在。

司马穰苴列传

【题解】 本篇节选自《司马穰苴列传》。司马穰苴，春秋时齐国大夫。姓田，名穰苴，是田完的后代，深通兵法，善于打仗，曾一战胜敌，雪洗齐国丧师失地之耻。齐景公任命穰苴为司马。司马迁写田穰苴传，加官名，称《司马穰苴列传》，表达了对这位古代名将的无限崇敬。

司马穰苴者①，田完之苗裔也。齐景公时，晋伐阿、甄②，而燕侵河上③，齐师败绩④。景公患之。晏婴乃荐田穰苴曰："穰苴虽田氏庶孽⑤，然其人文能附众⑥，武能威敌，愿君试之。"景公召穰苴，与语兵事，大悦之，以为将军，将兵捍燕晋之师⑦。穰苴曰："臣素卑贱，君擢之闾伍之中⑧，加之大夫之上，士卒未附，百姓不信，人微权轻，愿得君之宠臣，国之所尊，以监军，乃可。"于是景公许之，使庄贾往。穰苴即辞，与庄贾约曰："旦

①司马穰苴：本姓田，后以官氏为姓。　②阿、甄：齐邑名。阿，即东阿，在今山东阳谷县东北之阿城镇。甄，在今山东鄄城北。　③河上：黄河岸边，当今河北沧州、德州一带。　④败绩：大败。　⑤庶孽：支子。　⑥附众：能得大家拥护。　⑦捍：抵御。　⑧闾伍：平民。

日日中会于军门①。”穰苴先驰至军，立表下漏待贾②。贾素骄贵，以 为将己之军而己为监，不甚急；亲戚左右送之，留饮。日中而贾不至。穰苴则仆表决漏③，入，行军勒兵，申明约束。约束既定，夕时，庄贾乃至。穰苴曰："何后期为?"贾谢曰："不佞大夫亲戚送之，故留。"穰苴曰："将受命之日则忘其家，临军约束则忘其亲，援枹鼓之急则忘其身④。今敌国深侵，邦内骚动⑤，士卒暴露于境⑥，君寝不安席，食不甘味，百姓之命皆县于君，何谓相送乎！"召军正问曰⑦："军法期而后至者云何?"对曰："当斩。"庄贾惧，使人驰报景公，请救。即往，未及反，于是遂斩庄贾以徇三军⑧。三军之士皆振慄⑨。久之，景公遣使者持节赦贾，驰入军中。穰苴曰："将在军，君令有所不受。"问军正曰："驰三军法何?"正曰："当斩。"使者大惧。穰苴曰："君之使不可杀之。"乃斩其仆⑩，车之左驸⑪，马之左骖，以徇三军。遣使者还报，然后行。士卒次舍井灶饮食问疾医药⑫，身自拊循之⑬。悉取将军之资粮享士卒，身与士卒平分粮食，最比其羸弱者⑭。三日而后勒兵⑮。病者皆求行，争奋出为之赴战。晋师闻之，为罢去。燕师闻之，度水而解⑯。于是追击之，遂取所亡封内故境而引兵归。未至国，释兵旅，解约束，誓盟而后入邑。景公与诸大夫郊迎，劳师成礼⑰，然后反归寝。既见穰苴，尊为大司马。

【简评】 齐景公（前547—前490年在位）时，晋军进攻齐国的阿、鄄，燕军进攻河上，齐军战败。景公很忧虑。晏婴向景公推

---

①旦日：明日。日中：中午。 ②立表下漏：定准时间。立表，立木为表以测日影定时刻。下漏，是用铜壶盛水立箭，底孔漏水逐渐显露箭上刻度以定时间。 ③仆表决漏：把表放倒，把壶中漏水放出，即宣布阅兵时间已到。 ④援枹鼓：击鼓进军。援，执。 ⑤骚动：扰乱。 ⑥士卒句：士卒日晒露宿在前线战场。 ⑦军正：司军法之官。 ⑧以徇三军：以庄贾之头示众于全军。 ⑨振慄：战栗，发抖。

⑩乃斩其仆：斩仆代主是当时的俗法。《左传》襄公三年，晋悼公之弟杨干在鸡泽之会上扰乱军行，魏绛戮其仆以示惩罚。 ⑪左驸：车厢左边的立木。 ⑫次舍：宿营。 ⑬身自：亲自。拊循：抚慰。 ⑭最比：集合全体士卒，淘汰瘦弱的人。最，总。比，排列。 ⑮三日句：经过了三天的安置整顿后重新检阅部队。 ⑯度水而解：渡过黄河而撤走。 ⑰郊迎劳师：在国都郊外迎接、慰劳将士，是隆重的礼节。

荐田穰苴，说："穰苴文能团结士众，武能威慑敌人，请你启用他吧！"景公召见穰苴，与他讨论军事，很赏识他，任命他为将军，统率齐军抵抗燕、晋军队。穰苴请求齐景公派一个宠信的重臣做监军，增强指挥部的权威。齐景公应允，派大夫庄贾为监军。司马穰苴于是与庄贾约，第二天正午，在教练场共同阅兵。

第二天，穰苴骑马赶到军营，安设好木表和滴漏，记录时刻，等待庄贾到来。庄贾一贯骄傲自大，以为统率的是自己的军队，而自己又是监军，所以不急不忙，与送行的亲戚、同僚饮宴，直至黄昏。庄贾代表国君监军，而如此怠慢军法，让全军等待自己，穰苴如果不做出果决处理，这支军队将纪律松弛，无法打仗。穰苴叫来军法官，对着全军申令，有意违反军法者应当斩首。穰苴正义懔然地斥责庄贾说："将帅受领任务时，就该忘记家庭；置身军队，受军纪约束，就该忘记亲人；击鼓指挥军队作战时，就该有忘我精神，不怕牺牲。如今敌军深入国境，举国骚动，士卒风餐露宿于边境，国君寝食不安，百姓的命运都操在你的手里，怎么能去宴饮而贻误军机？"穰苴说毕，唱令就把庄贾斩首并在全军示众，将士们大为惊服。全军肃严，然后率军出发。

穰苴对士卒们休息、宿营、掘井、饮食、疾病、医药都亲自过问和安抚，把供给将军的全部费用和粮食用来犒赏士卒，他与普通士卒吃一样的伙食。穰苴对病弱士卒特别亲近，把体弱多病的单独分编。经过整编，训练三天后，连生病的士卒都要求编到前敌部队，争着要求参战，士气极为旺盛。

晋军得知了这个消息，就撤兵走了。燕军得知这个消息，也回渡黄河而取消了攻齐计划。穰苴指挥齐军跟踪追击，收复了全部失地，然后率兵回国都。齐景公和大臣们都到城郊迎接，举行隆重的劳军仪式，提升穰苴为大司马。

《孙子兵法》说：不用交锋打仗，就能使敌人屈服，是最会打仗的将军。司马穰苴斩重臣、立军威、爱士兵，与他们同甘共苦，将军与士兵打成了一片，团结如一人。所以，齐军士气高昂，人人请战，敌人闻风丧胆，主动退逃。司马穰苴做到了不战而屈人之兵，是一位良将。

兵锐将勇，出奇用智，是打仗取胜的条件。而兵锐将勇，取决于训练有素，纪律严明，法令如山。古代善战的将军，全身心爱护将士，但又严格要求，在纪律上一点也不含糊。司马穰苴，斩杀重臣立威，表现了他的果决、勇敢与赏罚分明的作风，对待士卒像慈母一样，做到官兵一体，这样的军队必然是兵锐将勇，怎能不打胜仗呢？

孙子吴起列传

【题解】 本篇节选自《孙子吴起列传》。吴起，战国时卫国人。卫国为魏附庸。吴起为魏国大将，镇守西河，从一个侧翼监视秦国，使秦兵不敢犯魏。吴起的声名与春秋时孙子，即孙武，齐名。两人都是百战百胜的常胜将军；又都是天才的军事家，各自留下了兵法著作，世称《孙子》、《吴子》。《孙子兵法》十三篇，流传于世。《吴子兵法》四十八篇，传下来的只有六篇。本文讲述吴起与士卒同甘共苦的故事。

吴起者，卫人也，好用兵。尝学于曾子①，事鲁君。齐人攻鲁，鲁欲将吴起，吴起取齐女为妻②，而鲁疑之。吴起于是欲就名③，遂杀其妻，以明不与齐也④。鲁卒以为将。将而攻齐，大破之。

鲁人或恶吴起曰⑤："起之为人，猜忍人也⑥。其少时，家累千金，游仕不遂⑦，遂破其家。乡党笑之⑧，吴起杀其谤己者三十余人，而东出卫郭门⑨。与其母诀，啮臂而盟曰⑩：'起不为卿相，

①曾子：孔子学生曾参。 ②取：通娶。 ③欲就名：想成名。 ④不与齐：不帮助齐。 ⑤恶：厌恨。 ⑥猜忍：疑忌残忍。 ⑦游仕不遂：游历求官，没有如愿。遂，实现心愿。 ⑧乡党：乡邻、乡党、乡亲。古代基层建制，五百家为一党，两万五千家为一乡，故乡党为乡邻之称。 ⑨郭门：外城的城门。 ⑩啮臂：古人发誓的方式之一。

不复入卫。’遂事曾子。居顷之，其母死，起终不归。曾子薄之[①]，而与起绝。起乃之鲁，学兵法以事鲁君。鲁君疑之，起杀妻以求将。夫鲁小国，而有战胜之名，则诸侯图鲁矣。且鲁卫兄弟之国也[②]，而君用起，则是弃卫。”鲁君疑之，谢吴起[③]。

吴起于是闻魏文侯贤，欲事之。文侯问李克曰[④]：“吴起何如人哉？”李克曰：“起贪而好色，然用兵司马穰苴不能过也。”于是魏文侯以为将，击秦，拔五城。

起之为将，与士卒最下者同衣食。卧不设席[⑤]，行不骑乘[⑥]，亲裹赢粮[⑦]，与士卒分劳苦。卒有病疽者[⑧]，起为吮之[⑨]。卒母闻而哭之。人曰：“子卒也，而将军自吮其疽，何哭为？”母曰：“非然也。往年吴公吮其父，其父战不旋踵[⑩]。遂死于敌。吴公今又吮其子，妾不知其死所矣。是以哭之。”

文侯以吴起善用兵，廉平，尽能得士心，乃以为西河守[⑪]，以拒秦、韩。

魏文侯既卒，起事其子武侯[⑫]。武侯浮西河而下[⑬]，中流，顾而谓吴起曰：“美哉乎山河之固，此魏国之宝也！”起对曰：“在德不在险。昔三苗氏左洞庭，右彭蠡[⑭]，德义不修，禹灭之。夏桀之居，左河济[⑮]，右泰华[⑯]，伊阙在其南[⑰]，羊肠在其北[⑱]，修政不仁，汤放之。殷纣之国，左孟门，右太行，常山在其北[⑲]，大河经其南[⑳]，修政不德，武王杀之。由此观之，在德不在险。若君不修德，舟中之人尽为敌国也。”武侯曰：“善。”

【简评】 吴起爱士，表现了一个古代良将是怎样带兵的。

---

①薄之：看不起他。 ②鲁卫兄弟之国：鲁之始祖为周公旦，卫之始祖为康叔封，姬旦与姬封皆文王之子，故史称鲁卫为兄弟之国。 ③谢：辞退。 ④李克：即魏名大夫李悝，为魏文侯相。 ⑤不设席：不铺设垫褥而卧草具。 ⑥骑乘：骑马乘车。 ⑦亲裹赢粮：亲自打包，亲自背粮。 ⑧疽（jū）：疽疮，多生于颈、背上，不及时治疗有生命危险。 ⑨吮之：用嘴吸疽排浓。 ⑩不旋踵：勇往直前不向后转。踵，脚后跟。 ⑪西河：郡名，当今陕西东部黄河西岸地区。 ⑫武侯：名击。 ⑬西河：此指山西、陕西交界的那段黄河。 ⑭彭蠡：湖名，即今江西之鄱阳湖。 ⑮河济：黄河、济水。 ⑯泰华：泰山、华山。 ⑰伊阙：山名，又名龙门山，在今洛阳市南。 ⑱羊肠：指羊肠坂，太行山上的通道，在山西晋城南。 ⑲常山：即恒山，在今河北曲阳西北。 ⑳大河：即黄河。

吴起是一个事业心极强的人，他曾在鲁国为将。齐国攻鲁，鲁君用吴起为将。吴起的妻子是齐国人，有人向鲁君进谗言。吴起就杀了妻子，表明自己一心为国。鲁君于是用吴起为将，果然打败了齐国。吴起到鲁国之时，曾与母亲诀别，发誓说："我不当卿相，决不回家。"吴起的母亲生病直到死，吴起也不回去看望母亲，因为他还没有做卿相。吴起这些行为在儒学发达的鲁国被人看不起，说他是一个狠心肠的人，杀妻求将，母死不归，把个人名利看得太重了。作为一般的人来说，这个批评并不过分，但只要考察吴起的全部行为就可理解。吴起不只是会打仗，他还是一个难得的政治改革家，他要施展抱负，实现社会变革，为天下苍生解倒悬，所以不惜付出了杀妻求将、母死不归的沉重代价。吴起要珍惜人生难得的机会，虽然可以理解，但这不尽人情的代价仍要受到批评，虽然机会难得，但只要努力，还是会有许多机缘的，吴起不是最终没有在鲁国站住脚吗？世间没有十全十美的事物，吴起的行为可以看做是忠孝不能两全吧！

吴起热爱士兵，同甘共苦，表现了他是一个非常有亲情的人。吴起爱兵如子，有个士兵身上长疮，吴起亲自用嘴把疮里的脓水吸出来，给他敷上药、包扎好。士兵们非常受感动。此事很快传开。这个士兵的母亲听说后既感动又悲伤地哭着说："过去吴公就曾给我丈夫吸毒疗伤，我丈夫感激不已。伤好后他冲锋陷阵，奋勇杀敌，最后壮烈牺牲在战场上。吴公现在又亲自吮我儿子，儿子为报答吴公，肯定会舍命拚杀，壮烈牺牲，不知哪一天我的儿子就要战死在什么地方，怎不叫我伤心呢！"

打仗行军，吴起与士兵一起露宿野外，有时躺在凹凸不平的田野上，只用树枝野草盖在身上遮风挡雨，从不自个特殊卧在床上。吴起与士兵一起步行，从不骑马，自己的一份口粮，自己背着。饥渴时士兵不先饮水吃饭，吴起不占先，难能可贵。吴起虚心听取下级意见，自己也敢于向国君提意见。有一次魏武侯与大臣共商国事，大臣们的见识都赶不上魏武侯，魏武侯非常得意，吴起看在眼里，他毫不顾忌地进谏说："我听说楚庄王听不见臣下的高明意见而面带忧色，认为手下没有贤人辅佐，是国家的不幸。楚庄王感到烦恼的事，可大王却感到高兴，我为此而替魏国忧虑。”魏武侯听了这一番话，很是惭愧。后来有人向魏武侯进谎言，吴起失去了信任，只好跑到楚国去找出路。吴起受到楚悼王的重用，在楚国变法改革，触犯了世卿世禄的贵族的利益，楚悼王一死，吴起被旧贵族乱箭射死，在中国历史上演绎了一出改革家的悲剧。

吴起留下的兵书《吴子》充满了新思想，有些是超前的。《吴子·励士》篇，讲述奖励要精神与物质并重，奖励要达到将士乐于听令、乐于争战、乐于效死三个目的。例如喝庆功酒，按士兵的功劳大小，作战表现，分三等宴席，酒具餐具都不一样，激励士兵争坐上席。吴起激励士气的方法与现代行为管理科学理论有某些相通之处。现代行为管理科学把人的需求分为数等，其中吃饱、穿暖等生理需求是低层次的。作为万物之灵的人，精神上的需求才是高层次的。吴起爱士，尊重了士兵的人格，进行了感情交流，激发了士兵的向上精神，人人都以为国立功为荣，以贪生怕死为耻，从而乐于服从命令，敢于献身，成为一支铁军。《尉缭子》记载说：“吴起指挥七万军队，天下无敌。”《吴子》中记载：吴起统率魏军与其他诸侯国共进行七十六次大战，魏军获全面胜利六十四次，其余十二次不分胜负，扩充疆土千里之远，真是历史上一位难得的“常胜将军”。

伍子胥列传

【题解】 本篇节选自《伍子胥列传》，讲述一个惊心动魄的报仇雪恨故事。伍子胥名员，楚大夫伍奢之次子，春秋时著名的政治家，他辅佐吴王阖庐、夫差称霸，后被奸臣伯嚭陷害而死，尸体被吴王沉入钱塘江，是一个悲剧人物。《伍子胥列传》记载了伍子胥传奇一生的业绩，而着重点以报父兄冤死之仇为红线贯穿全篇。伍子胥背楚、亲吴、助阖庐发动政变夺权，最终达到借兵复仇的目的，破楚鞭平王之尸。伍子胥的这些行为与忠君的封建正统思想不相容。司马迁却以愤惋之笔为伍子胥立大传，称赞他“弃小义，雪大耻”，是一个真正的男子汉，表现了作者反暴政的民主性思想，以及朦胧的人权意识。

伍子胥者，楚人也，名员。员父曰伍奢，员兄曰伍尚。其先曰伍举，以直谏事楚庄王，有显，故其后世有名于楚。

楚平王有太子名曰建，使伍奢为太傅，费无忌为少傅。无忌不忠于太子建。平王使无忌为太子取妇于秦，秦女好，无忌驰归报平王曰：“秦女绝美，王可自取，而更为太子取妇。”平王遂自取秦女而绝爱幸之[①]，生子轸。更为太子取妇。

无忌既以秦女自媚于平王，因去太子而事平王。恐一旦平王卒而太子立，杀己，乃因谗太子建。太子建亡奔宋。

无忌言于平王曰：“伍奢有二子，皆贤，不诛且为楚忧。可以其父质而召之[②]，不然且为楚患。”王使使谓伍奢曰：“能致汝二子则生[③]，不能则死。”伍奢曰：“尚为人仁，呼必来。员为人刚戾忍询[④]，能成大事，彼见来之并禽，其势必不来。”王不听，使人召二子曰：“来，吾生汝父，不来，今杀奢也。”伍尚欲往，员曰：“楚之召我兄弟，非欲以生我父也，恐有脱者后生患，故以父为质，诈召二子。二子到，则父子俱死。何益父之死？往而令仇不得报耳。不如奔他国，借力以雪父之耻，俱灭，无为也。”伍尚曰：“我知往终不能全父命。然恨父召我以求生而不往，后不能雪耻，终为天下笑耳。”谓员：“可去矣！汝能报杀父之雠，我将归死。”尚既就执，使者捕伍胥。伍胥贯弓执矢向使者[⑤]，使者不敢进，伍胥遂亡。闻太子建之在宋，往从之。奢闻子胥之亡也，曰：“楚国君臣且苦兵矣。”伍尚至楚，楚并杀奢与尚也。

伍胥既至宋，宋有华氏之乱[⑥]，乃与太子建俱奔于郑。郑定公与子产诛杀太子建[⑦]。建有子名胜，伍胥惧，乃与胜俱奔吴。

①绝爱幸：非常宠爱。　②质：人质。以伍奢为人质而招二子。　③致：招来。　④刚戾忍询：刚强能忍辱。　⑤贯弓：拉满弓。　⑥宋华氏之乱：鲁昭公二十年，宋大夫华亥、向宁、华定与宋元公相争为乱，三人出奔陈。　⑦诛杀太子建：太子建为晋作内奸欲攻郑，事情败露为郑所杀。

至于吴，吴王僚方用事，公子光为将。伍胥乃因公子光以求见吴王。公子光刺吴王僚而自立，是为吴王阖庐。阖庐既立，得志，乃召伍员以为行人[①]，而与谋国事。

九年，吴王阖庐谓子胥、孙武曰："始子言郢未可入，今果何如？"二子对曰："楚将囊瓦贪，而唐、蔡皆怨之。王必欲大伐之，必先得唐、蔡乃可。"阖庐听之，悉兴师与唐、蔡伐楚，与楚夹汉水而陈。吴王之弟夫概将兵请从，王不听，遂以其属五千人击楚将子常，子常败走，奔郑。于是吴乘胜而前，五战，遂至郢。己卯，楚昭王出奔。庚辰，吴王入郢。

吴兵入郢，伍子胥求昭王。既不得，乃掘楚平王墓，出其尸，鞭之三百，然后已。后二岁，阖庐使太子夫差将兵伐楚，取番[②]。楚惧吴复大来，乃去郢，徙于鄀[③]。当是时，吴以伍子胥、孙武之谋，西破强楚，北威齐晋，南服越人。

太史公曰：怨毒之于人甚矣哉！王者尚不能行之于臣下，况同列乎！向令伍子胥从奢俱死，何异蝼蚁。弃小义，雪大耻，名垂于后世，悲夫！方子胥窘于江上，道乞食[④]，志岂尝须臾忘郢邪？故隐忍就功名，非烈丈夫孰能致此哉[⑤]？

【简评】 伍子胥由楚仕吴，为的是替父报君仇，这在古代是骇人听闻之举。伍子胥是中国历史上第一个不信命运，不信天，敢于反压迫，为自身人权而斗争的勇士。夏商周三代，是上古时期，天命史观占统治地位，国君是天子，臣民要无条件服从国君，有所谓"君让臣死，臣不得不死"，"君要臣三更死，臣不得五更亡"。春秋时代，这种伦常关系，已经产生了动摇，周天子权威扫地，诸侯相征伐，楚国、吴国、越国等国君都称王。臣弑君、子弑父的事件也屡有发生。尽管如此，君臣关系绝对服从这一伦理观念，基本没有动摇。伍子胥的父亲伍奢和哥哥伍尚，都

①行人：官名，掌外交。 ②番：番阳之省，即江西鄱阳县。 ③鄀：在湖北宜城县。 ④窘于江上，道乞食：伍子胥奔吴，从昭关（今安徽含山县北）往东过长江，差点被楚兵追上，幸亏一个渔夫把他渡过了江。又在路上生了病，乞食而行，九死一生。 ⑤烈丈夫：性情刚正的男子汉，真正的大丈夫。

是在顺从君权的淫威下屈死的。伍子胥发誓要向这一传统的伦常观念挑战，他要替父报仇，诛杀楚王，颠覆楚国。他历经磨难，实践了誓言，借吴兵打进楚国。这时杀害伍子胥父兄的楚平王已死，伍子胥就掘墓鞭尸，当时人认为这是大逆不道，司马迁却称赞伍子胥是一个真正的男子汉，因此替伍子胥写了一篇精采绝伦的大传。

伍员父兄忠心耿耿而遭谗臣陷害，被楚平王冤杀。伍员流亡国外，决心要复仇，为达目的，手段无所不用其极。伍员与太子建逃到郑国，受到很好的接待，为了结引大国为援，伍员策动太子健替晋国当间谍，被郑国发觉，太子健被处了死刑。伍员又带着太子健的儿子名胜，逃到吴国。伍员在路途九死一生，终于逃到了吴国。

伍员在吴国，看到吴国政局不稳，假意归隐，而暗中策动吴国王室公子光发动政变，夺取政权，这就是吴王阖庐。

伍员推荐当时最负盛名的军事家孙武做了吴国的将军。

吴王阖庐为了答谢伍员，经过长期准备。大举进攻楚国。公元前506年，孙武、伍员率领三万精锐吴兵，避开楚国正面防御，从淮北长途迂回奔袭楚国，出奇不意连败楚军五次，吴兵五战五胜，破敌二十余万，行军二千余里打破楚都郢。这时楚平王已死。继位的楚昭王就是楚平王与秦女所生的儿子。楚昭王出逃，伍子胥就挖开楚平王墓，拖出楚平王的尸体，打了三百鞭子。

秦兵救楚，吴国后方又发生了内乱，吴王阖庐撤兵，楚昭王复位。吴国是个小国，当时吞不掉楚国，但吴兵却打败了楚国，创造了古代以少胜多、以弱克强、长途奔袭的光辉战例，孙武大军事家的地位从此确立，《孙子兵法》从此扬名。这些都源于伍子胥报仇雪恨。伍员的复仇心态与执着，发挥了人的最大主观能动性，演出了两国交兵小国胜大国的奇迹。司马迁评论说，办事不要太刻毒，不要结仇恨，楚王结仇一个臣子，楚国就遭了如此大难，教训深刻啊。

伍员克服重重险阻的雪耻精神是古代反暴精神的发扬，带有民主意识与人权抗争精神。司马迁在《太史公自序》中说，他效法孔子修《春秋》，写历史的目的要惩恶劝善，包括天子在内，也要批评。他说："贬天子，退诸侯，讨大夫。"《伍子胥列传》是最生动的体现。臣报君仇，这是对天命观和绝对君权的挑战，是强烈反暴政精神的体现。这正是司马迁的史识。如果没有司马迁的这支笔，伍员不会名垂青史，将被平庸史家视为大逆不道的叛臣贼子。司马迁发现了伍员报仇的闪光亮点，给我们留下了千古传颂的名篇，也留下了是非屈直的评批标准，在今天仍有现实意义。

仲尼弟子列传

【题解】 本篇节选自《仲尼弟子列传》。孔子弟子相传三千余人，其中贤人七十二，即高足弟子有七十二人。《仲尼弟子列传》记载孔子弟子七十七人。举其成数，称七十人，又称七十子。七十二是五行中一行的数目，环周天360度，以五除之，得七十二，是神秘的五行数目，用以指称孔子高足七十子，带有褒扬之意。

孔子最赞赏的学生是颜回、曾参。《仲尼弟子列传》十之七八的篇幅不是记载颜回、曾参，而是子路、子贡。子路仕卫，忠于职守，死难于卫之内乱。子贡经商，并擅长外交辞令，是春秋时的大纵横家，早于苏秦、张仪一百多年。子贡救鲁，他一出，存鲁、乱齐、破吴、强晋而霸越，这就是本文所选节的内容。由此可见，战国时纵横家的兴起，由来远矣。

田常欲作乱于齐，惮高、国、鲍、晏，故移其兵欲以伐鲁。孔子闻之，谓门弟子曰："夫鲁，坟墓所处，父母之国，国危如此，二三子何为莫出①？"子路请出，孔子止之。子张、子石请

①二三子何为莫出：诸弟子为何没人出来想点办法呢？

行，孔子弗许。子贡请行，孔子许之。

遂行，至齐，说田常曰："君之伐鲁过矣①。夫鲁，难伐之国，其城薄以卑②，其地狭以泄③，其君愚而不仁，大臣伪而无用，其士民又恶甲兵之事。此不可与战。君不如伐吴。夫吴，城高以厚，地广以深④，甲坚以新，士选以饱⑤，重器精兵尽在其中，又使明大夫守之，此易伐也。"田常忿然作色曰："子之所难，人之所易；子之所易，人之所难。而以教常，何也?"子贡曰：臣闻之，忧在内者攻强，忧在外者攻弱。今君忧在内。吾闻君三封而三不成者⑥，大臣有不听者也。今君破鲁以广齐，战胜以骄主，破国以尊臣⑦，而君之功不与焉，则交日疏于主。是君上骄主心，下恣群臣，求以成大事，难矣。夫上骄则恣⑧，臣骄则争，是君上与主有郤，下与大臣交争也。如此，则君之立于齐危矣。故曰不如伐吴。伐吴不胜，民人外死，大臣内空⑨，是君上无强臣之敌，下无民人之过，孤主制齐者唯君也⑩。"田常曰："善。虽然，吾兵业已加鲁矣⑪，去而之吴，大臣疑我，奈何?"子贡曰："君按兵无伐，臣请往使吴王，令之救鲁而伐齐，君因以兵迎之。"田常许之，使子贡南见吴王。

说曰："臣闻之，王者不绝世⑫，霸者无强敌⑬，千钧之重加铢两而移⑭。今以万乘之齐而私千乘之鲁，与吴争强，窃为王危之⑮。且夫救鲁，显名也；伐齐，大利也。以抚泗上诸侯，诛暴齐以服强晋，利莫大焉。名存亡鲁，实困强齐，智者不疑也。"吴王曰："善。虽然，吾尝与越战，栖之会稽。越王苦身养士，

---

①过矣：大错特错。 ②城薄以卑：城墙又薄又低。 ③泄：《越绝书》、《吴越春秋》均作"其池狭以泄"，指护城河又窄又浅。池，护城河。 ④地广以深：土地广大而纵深。联系上文，应作"池广以深"指护城河既宽又深。 ⑤士选以饱：士卒既经训练又吃得饱。 ⑥三封而三不成：听说你三次要受封，三次都没有封成。 ⑦破国以尊臣：打破鲁国只是增高了大臣威望。 ⑧恣：放肆。 ⑨大臣内空：齐与吴敌，大臣出征则朝廷内空。空，权力空白。 ⑩孤主句：孤立主上专擅齐政的必然是你了。 ⑪加鲁：出征于鲁。 ⑫王者不绝世：王者不允许他的属国被人灭绝。 ⑬霸者无强敌：霸主不允许另有强敌。 ⑭千钧句：在千钧重物上加上微小的重量就打破平衡而移动。钧：三十斤的重量单位。铢：一两为二十四铢，与千钧之比微乎其微。 ⑮今以三句：现在万乘的强齐要并吞千乘之鲁，然后与吴争强，我真替吴国的危险处境而担心。

有报我心。子待我伐越而听子。”子贡曰：“越之劲不过鲁，吴之强不过齐，王置齐而伐越，则齐已平鲁矣。且王方以存亡继绝为名，夫伐小越而畏强齐，非勇也。夫勇者不避难，仁者不穷约①，智者不失时，王者不绝世，以立其义。今存越示诸侯以仁，救鲁伐齐，威加晋国，诸侯必相率而朝吴，霸业成矣。且王必恶越②，臣请东见越王，令出兵以从，此实空越，名从诸侯以伐也。”吴王大悦，乃使子贡之越。

越王除道郊迎③，身御至舍而问曰④：“此蛮夷之国，大夫何以俨然辱而临之⑤？”子贡曰：“今者吾说吴王救鲁伐齐，其志欲之而畏越，曰‘待我伐越乃可’如此，破越必矣。且夫无报人之志而令人疑之，拙也；有报人之志，使人知之，殆也；事未发而先闻，危也。三者举事之大患。”勾践顿首再拜曰⑥：“孤尝不料力，乃与吴战，困于会稽，痛入于骨髓，日夜焦唇干舌，徒欲与吴王接踵而死⑦，孤之愿也。”遂问子贡。子贡曰：“吴王为人猛暴，群臣不堪；国家敝以数战，士卒弗忍；百姓怨上，大臣内变；子胥以谏死，太宰嚭用事，顺君之过以安其私⑧：是残国之治也。今王诚发士卒佐之以徼其志⑨，重宝以悦其心，卑辞以尊其礼，其伐齐必也。彼战不胜，王之福矣。战胜，必以兵临晋，臣请北见晋君，令共攻之，弱吴必矣。其锐兵尽于齐，重甲困于晋⑩，而王制其敝，此灭吴必矣。”越王大悦，许诺。送子贡金百镒，剑一，良矛二。子贡不受，遂行。

报吴王曰：“臣敬以大王之言告越王，越王大恐，曰：‘孤不幸，少失先人⑪，内不自量，抵罪于吴⑫，军败身辱，栖于会稽，国为虚莽，赖大王之赐，使得奉俎豆而修祭祀，死不敢忘，何谋之敢虑！’”后五日，越使大夫种顿首言于吴王曰：“东海役臣孤

①仁者不穷约：仁爱的人不使别人陷入困境。　②恶越：畏恶越国。　③除道郊迎：清扫道路，在城郊迎接。　④身御至舍：越王亲自导送子贡到馆舍。　⑤俨然辱而临之：郑重其事降低身份光临越国。　⑥顿首再拜：叩头拜了又拜，行大礼也。

⑦徒欲句：只想和吴王对面拚个生死。　⑧顺君句：阿谀顺从吴王的过错，只图保全自己的私利。　⑨今王句：现在大王真能派兵协助吴王攻齐，就能煽动他的狂妄志向。　⑩重甲：重兵。　⑪少失先人：从小就失去了父亲。　⑫抵罪：得罪，结怨。

勾践使者臣种，敢修下吏问于左右。今窃闻大王将兴大义，诛强救弱，困暴齐而抚周室，请悉起境内士卒三千人，孤请自被坚执锐，以先受矢石①。因越贱臣种奉先人藏器。甲二十领，铁屈卢之矛②，步光之剑，以贺军吏③。"吴王大悦，以告子贡曰："越王欲身从寡人伐齐，可乎？"子贡曰："不可。夫空人之国，悉人之众，又从其君，不义。君受其币，许其师，而辞其君。"吴王许诺，乃谢越王。于是吴王乃遂发九郡兵伐齐。

子贡因去之晋，谓晋君曰："臣闻之，虑不先定不可以应卒④，兵不先辨不可以胜敌⑤。今夫齐与吴将战，彼战而不胜，越乱之必矣；与齐战而胜，必以其兵临晋。"晋君大恐，曰："为之奈何？"子贡曰："修兵休卒以待之。"晋君许诺。

子贡去而之鲁。吴王果与齐人战于艾陵⑥，大破齐师，获七将军之兵而不归，果以兵临晋，与晋人相遇黄池之上⑦。吴晋争强。晋人击之，大败吴师。越王闻之，涉江袭吴⑧，去城七里而军。吴王闻之去晋而归，与越战于五湖⑨。三战不胜，城门不守，越遂围王宫，杀夫差而戮其相⑩。破吴三年，东向而霸。

故子贡一出，存鲁，乱齐，破吴，强晋而霸越。子贡一使，使势相破⑪，十年之中，五国各有变⑫。

【简评】 公元前484年，齐国主持政务的大夫田常想在齐国夺取政权，他害怕高氏、国氏、鲍氏、晏氏这几家大夫反对，就调动这几家大夫的兵力去攻打鲁国。鲁国子贡多才多艺，擅长外交，他听到了这个消息，挺身而出，游说诸侯，挽救鲁国的危亡。

---

①先受矢石：打先锋。 ②铁：铁斧。屈卢之矛：矛名。 ③以贺军吏：用以上礼品向吴军将士表示致敬。 ④卒：读猝。事先若没有应急计划，是不能对付突发事变的。 ⑤辨：整训编队。 ⑥吴王句：吴齐艾陵之战在鲁哀公十一年（前484）。 ⑦黄池：地名。在今河南封正县南。吴晋黄池之会在鲁哀公十三年（前482）。 ⑧涉江：渡过钱塘江。 ⑨五湖：此指太湖。 ⑩越杀夫差：越灭吴在鲁哀公二十二年（前473），距黄池之会有九年，为叙事完整而相连记叙。 ⑪使势相破：使吴、齐、晋、越等国互相攻破。 ⑫十年两句：子贡在公元前484年出使齐、吴、越、晋，说吴王伐齐，至公元前473年吴之灭为十二年，在十二年中鲁、齐、吴、越、晋发生了很大变化。此言十年，举其成数。

子贡首先到了齐国，见到田常之后，装着不知齐国军队已经出动的样子对田常说："听说您要出兵伐鲁，我特地赶来给将军献计。"田常看了一下子贡说："先生是替鲁国来做说客的吧，不必多言了，攻打鲁国的军队已经出发了。"子贡不慌不忙地说："田将军攻打鲁国是一个错误。"田常说："我倒要听听先生的高见。"子贡说："鲁国的城墙又薄又矮，它的护城河又浅又窄，它的国君愚昧不仁，大臣虚伪无用，老百姓害怕打仗，这样的国家不能跟它交战。田将军应该去攻打吴国。因为吴国的城墙又高又厚，护城河又宽又深，武器精良，士气旺盛，还有能人指挥，而吴王雄心勃勃要北上称霸。"田常听了子贡的话，立刻变了脸色，厉声说："先生为何戏弄我，用颠倒话来指教我。"子贡态度严肃地说："选择作战对象，要看打仗的目的。如若是为了增强国力，扩大土地，就要打弱小的敌人；如若是为了国内的政治需要，削弱竞争对手，就要打强大的敌人。田将军，你在国内的政治对手是高氏等几家大夫，现在派他们去攻打弱小的鲁国必然取胜，到时必然使这几家大夫的地位得到提高。可你自己得不到任何好处，想成大业就更难了。如果派他们去攻打吴国，齐国军队必然失败，这是借吴国之兵削弱你的政治对手，这样将军才能成就大业。请将军三思。"田常见子贡说穿了他攻打鲁国的真正目的，暗自吃惊，十分佩服子贡的才智，同时也恍然大悟，觉得子贡说的对。他沉吟了一会，用讨教的口气对子贡说："先生说的很对。只是我已下达了进攻鲁国的命令，军队已经开拔，中途改变作战目标，容易引起齐国君臣的议论和怀疑。"子贡说："田将军可以让齐国军队停止前进，再做一次实战演习，拖延时间。我立即到吴国去，说服吴国派兵救鲁，并向齐国发动进攻，你就趁势命令齐国军队与吴国军队交战。"田常答应了子贡的要求。

子贡到了吴国，对吴王夫差说："现在齐国发兵攻鲁，如果齐国灭掉了鲁国，力量强大了再来攻吴国，吴国就危险了。反过来，如果吴国援救鲁国，大王就会获得扶弱除强的好名声，这是您称霸中原的大好时机。"吴王夫差说："先生说的很对。只是吴国援助鲁国，就要和齐国打仗，越国在背后攻击吴国怎么办。"

子贡说："大王不用担心，我去会见越王，让他出兵助你攻打齐国。"吴王夫差说："要是那样，我就放心了。"于是子贡就前往越国。

越王勾践听说子贡来访的消息非常高兴，亲自到国都郊外迎接子贡。子贡说："齐国派兵攻打鲁国，我奉使到吴国请夫差大王派兵救鲁国。可吴王害怕越国背后攻击他，对我说，等我灭了越国再援救鲁国。这说明越国的处境很危险。"越王勾践恭敬地向子贡拜了两拜，说："请先生指教。"子贡说："现在大王只要发兵相助吴王，多送些财宝，吴王就不会攻越国而去救鲁国和齐国打仗。如果吴王打了败仗，越国可以乘机雪耻。即使吴王打了胜仗，他也会把军队开到晋国去，与晋国争霸。我再到晋国去会见晋国国君，让晋国配合齐国攻打吴国，这样吴国的势力一定会被削弱，那时越国出头的日子就到了。"越王非常高兴，随即派了使臣送给吴王很多礼物，还派了一支军队相助吴王。吴王十分满意，放松了对越国的戒备，调动了九个郡的兵力攻打齐国。

子贡离开越国，又急忙赶到晋国。子贡对晋国国君说："现在吴国即将与齐国开战，如果齐国战败了，吴王一定会把军队开到晋国来争霸。"晋国国君大为恐慌，向子贡讨教对策。子贡回答说："修造武器，休养士卒，做好准备，等待吴军。"晋君大喜。

子贡离开晋国，回到鲁国向孔子复命去了。吴王夫差果然带兵与齐国军队在艾陵展开大战，吴军大败齐军，俘虏了齐国的七个将军。但是吴军也付出了很大的代价。可是吴王被胜利冲昏了头脑，果然把军队开到了晋国，要与晋军决一雌雄，争当霸主。晋国早已做好了准备。在黄池迎战吴军。晋军以逸待劳，打败了吴军。越王听到这一消息，渡江袭击吴国，打到离吴国都城只有七里远的地方，吴国太子也战死了。吴王夫差听到这个消息，赶快离开晋国回都，委曲求全地向越王讲和。越王见一时还消灭不了吴军，暂时退回越国。吴国连续受到齐国、晋国、越国的攻击，元气大伤，一蹶不振。越国则越战越强，在此后的四年中，吴越两国进行了三次大规模的战争，吴军都失败了。最后越军攻破吴都，杀死了吴王夫差和奸相太宰嚭，吴国灭亡了。三年后，越国称霸东方。

外交是为现实政治服务的。和平时期，国与国之间互相访问增进友谊。几个国家打仗，外交的任务是寻找朋友，孤立敌人。子贡为了使鲁国免遭齐国的进攻，巧妙地利用了齐国田常企图夺权、吴王夫差意欲争霸、越王勾践伺机报仇、晋国想要保持盟主地位，这一系列错综复杂的矛盾，充分运用他擅长说理的外交才能，晓以利害，化不利因素为有利因素，让大国互斗，使鲁国得到平安。子贡一出，存鲁、乱齐、破吴、使越称霸东方，在春秋列国的斗争中，建立了外交奇功，充分显示了他的智慧和才能。

商君列传

【题解】 本篇节选自《商君列传》。商君，即战国时在秦国变法的商鞅。商鞅，本为姬姓，是卫国的公孙，破落后便以公孙为姓，名鞅，史称公孙鞅，因是卫国人，又称卫鞅。卫鞅到秦国变法，被封为商君，于是史称商君、商鞅。

《史记》中有一系列改革家的传记，如孙子、吴起、管仲、田单、赵奢、李牧等。最成功的改革家是商鞅、赵武灵王两人。商鞅变法，改革社会，涉及政治、经济、军事、意识形态各个领域，是古代史上一场深刻的社会革命。这场社会变革是自上而下进行的。在中国历史上，自上而下的改革大都失败，如王安石变法、戊戌变法等。商鞅变法，最后仍然流血，个人免不了悲剧下场，但他的彻底改革，使落后的秦国一跃而为称雄诸侯的强国，进而统一天下，给历史留下了光彩的篇章。商鞅改革成功有多方面的原因，最重要的有两条：第一条，秦国国君孝公自始至终坚决支持；第二条，商鞅足智多谋，处事果决。商鞅驳斥保守派的辩论，他变法之初的立木取信，惩处公子虔等就表现了他是一个坚毅刚强而有智谋的人。这个故事着重谈商鞅变法的智慧。

商君者①，卫之诸庶孽公子也②，名鞅，姓公孙氏，其祖本姬姓也。鞅少好刑名之学③，事魏相公叔座为中庶子④。公叔座知其贤，未及进。会座病，魏惠王亲往问病，曰："公叔病有如不可讳⑤，将奈社稷何？"公叔曰："座之中庶子公孙鞅，年虽少，有奇才，愿王举国而听之⑥。"王嘿然⑦。王且去，座屏人言曰⑧："王即不听用鞅，必杀之，无令出境。"王许诺而去。公叔座召鞅谢曰⑨："今者王问可以为相者，我言若⑩，王色不许我。我方先君后臣，因谓王即弗用鞅，当杀之。王许我。汝可疾去矣，且见禽⑪。"鞅曰："彼王不能用君之言任臣，又安能用君之言杀臣乎？"卒不去。惠王既去，而谓左右曰："公叔病甚，悲乎，欲令寡人以国听公孙鞅也，岂不悖哉⑫！"

公叔既死，公孙鞅闻秦孝公下令国中求贤者，将修缪公之业⑬，东复侵地⑭，乃遂西入秦⑮，因孝公宠臣景监以求见孝公⑯。孝公既见卫鞅，语事良久，孝公时时睡，弗听。罢而孝公怒景监曰："子之客妄人耳⑰，安足用邪！"景监以让卫鞅⑱。卫鞅曰："吾说公以帝道⑲，其志不开悟矣。"后五日，复求见鞅⑳。鞅复见孝公，益愈㉑，然而未中旨㉒。罢而孝公复让景监，景监亦让鞅。鞅曰："吾说公以王道而未入也㉓，请复见鞅。"鞅复见孝公，孝公善之而未用也。罢而去。孝公谓景监曰："汝客善，可与语矣。"鞅曰："吾说公以霸道㉔，其意欲用之矣。诚复见我，我知

---

①商君：商鞅封地有商於之地共十五邑。商邑在今陕西商县东九十里，於邑在商县西二百里。　②庶孽：侧室所生诸公子。　③刑名之学：即法家学说，因法家主张循名求实，以刑法治国，故称。　④公叔座：复姓公叔，名座。座，有本作痤。中庶子：官名，掌卿大夫家族事务。　⑤不可讳：指死。　⑥举国而听之：让全国都听命于他，即要重用商鞅。　⑦嘿然：沉默的样子。　⑧屏：同摒，令侍者回避。　⑨谢：道歉。　⑩我言若：我向魏王推荐了你。　⑪且见禽：将被擒拿。　⑫悖：荒谬。　⑬修缪公之业：重整秦穆公的霸业。修，重整。缪，同穆。⑭东复侵地：向东收复被侵之地。秦穆公把秦疆域向东推进到黄河岸边，战国初，河西地为魏所夺。　⑮西入秦：据《秦本纪》商鞅在秦孝公元年（前361）入秦。　⑯景监：姓景的太监。　⑰妄人：狂妄自大、不切实用之人。　⑱让：责备，责问。⑲帝道：传说中五帝兴起的治国道理和策略。五帝，详《五帝本纪》。　⑳复求见鞅：商鞅又请求秦孝公接见自己。　㉑益愈：指秦孝公对商鞅的态度稍好了一点。㉒未中（zhòng）旨：指还不能合秦孝公的心意。　㉓王道：指夏禹、商汤、周文王、周武王统一天下的理论、方法。未入：还不能说到秦孝公的心里去。　㉔霸道：春秋时齐桓公、晋文公、宋襄公、秦穆公、楚庄王相继称霸的治国之术。

之矣。”卫鞅复见孝公。公与语，不自知膝之前于席也①。语数日不厌。景监曰：“子何以中吾君②？吾君之欢甚也。”鞅曰：“吾说君以帝王之道比三代③，而君曰：‘久远，吾不能待。且贤君者，各及其身显名天下，安能邑邑待数十百年以成帝王乎④？’故吾以强国之术说君，君大悦之耳。然亦难以比德于殷周矣⑤。”

孝公既用卫鞅，欲变法⑥，恐天下议己。卫鞅曰：“疑行无名，疑事无功⑦。且夫有高人之行者，固见非于世⑧；有独知之虑者，必见敖于民⑨。愚者暗于成事⑩，知者见于未萌⑪。民不可与虑始而可与乐成。论至德者不和于俗⑫，成大功者不谋于众，是以圣人苟可以强国，不法其故⑬；苟可以利民，不循其礼。”孝公曰：“善。”甘龙曰：“不然。圣人不易民而教⑭，知者不变法而治。因民而教⑮，不劳而成功；缘法而治者⑯，吏习而民安之。”卫鞅曰：“龙之所言，世俗之言也。常人安于故俗，学者溺于所闻⑰。以此两者居官守法可也⑱，非所与论于法之外也⑲。三代不同礼而王，五伯不同法而霸⑳。智者作法，愚者制焉㉑；贤者更礼，不肖者拘焉。”杜挚曰：“利不百，不变法；功不十，不易器。法古无过，循礼无邪。”卫鞅曰：“治世不一道，便国不法古。故汤、武不循古而王，夏、殷不易礼而亡㉒。反古者不可非，而循礼者不足多㉓。”孝公曰：“善。”以卫鞅为左庶长㉔，卒定变

①膝之前于席：古人席地而坐，秦孝公因听得入神，不知不觉地膝行而向商鞅凑近过去。 ②中吾君：说中我们君主的心思。 ③比三代：谓秦行帝王之道，可比隆于夏、商、周三代。 ④邑邑：同“悒悒”，郁闷不快的样子。 ⑤难以比德于殷周：难以和商汤、周文王、周武王的功业道德相媲美，意谓还不能统一天下。 ⑥此句鞅字系衍文。 ⑦疑行二句：行动犹豫不决的人不可能成名，做事不决断建不成功业。疑，犹豫，不自信。 ⑧见非于世：不被世俗舆论所承认。 ⑨敖：同謷（áo），讥笑、说坏话。 ⑩暗于成事：对别人都已做成的事情，仍然不明白其所以然。 ⑪知者见于未萌：聪明人在事情尚未发生时，就能够预见。知，读智。 ⑫论：讲求。至德：最高的道德。 ⑬不法其故：不遵行旧的法典制度。法，效法，遵守。 ⑭民：改变旧的民俗。教：教化。 ⑮因民：因循人民旧有的风俗。 ⑯缘法：沿用旧法。 ⑰学者溺于所闻：学究们局囿于自己的狭隘见闻。溺，沉醉，拘泥。 ⑱此两者：指甘龙所言“因民而教”和“缘法而治”。 ⑲法之外：旧法之外的事情，指变法。 ⑳五伯：即春秋五霸。 ㉑制：制约，受制。 ㉒夏殷：谓夏殷两代的最后帝王桀、纣。 ㉓多：赞扬，肯定。 ㉔左庶长：秦国第十级爵，带兵充偏将。

法之令①。

令民为什伍②，而相牧司连坐③。不告奸者腰斩，告奸者与斩敌首同赏，匿奸者与降敌同罚。民有二男以上不分异者，倍其赋。有军功者，各以率受上爵④；为私斗者，各以轻重被刑大小⑤。戮力本业⑥，耕织致粟帛多者复其身⑦。事末利及怠而贫者，举以为收孥⑧。宗室非有军功论，不得为属籍⑨。明尊卑爵秩等级⑩，各以差次名田宅⑪，臣妾衣服以家次⑫。有功者显荣，无功者虽富无所芬华⑬。

令既具，未布，恐民之不信，已乃立三丈之木于国都市南门⑭，募民有能徙置北门者予十金⑮。民怪之，莫敢徙。复曰，“能徙者予五十金”。有一人徙之，辄予五十金⑯，以明不欺。卒下令。

令行于民期年⑰，秦民之国都言初令之不便者以千数⑱，于是太子犯法。卫鞅曰：“法之不行，自上犯之。”将法太子，太子，君嗣也⑲，不可施刑，刑其傅公子虔，黥其师公孙贾。明日，秦人皆趋令⑳。行之十年，秦民大悦。道不拾遗，山无盗贼，家给人足。民勇于公战，怯于私斗，乡邑大治㉑。秦民初言令不便者有来言令便者，卫鞅曰“此皆乱化之民也㉒”，尽迁之于边城。其后民莫敢议令。

---

①卒定变法之令：据《秦本纪》，商鞅变法在孝公三年（前359年）。　②令民为什伍：按军队编制把居民按五家为伍，十家为什地组织起来。　③相牧司：相互监督、揭发。连坐：什伍中一家有罪，其他各家如不告发，即与犯罪者按同罪受罚。　④以率受上爵：按照军功论赏的条例规定接受提升。率，标准，规定。　⑤被：同“披”，加给，处以。　⑥戮力：努力，尽力。　⑦复其身：免除其本人的劳役。复，免除。　⑧举以为收孥：一律没入官府为奴隶。举，尽，全部。收孥，没收而为奴婢。孥，同奴。　⑨宗室句：国君的族人凡是没有被论定军功的，取消其宗室资格，不准再入族籍。论，论叙，铨评。　⑩明尊卑句：明确区分尊卑上下的等级界限。尊卑，身份地位的高下。爵秩，爵禄的等级。　⑪各以差次句：各自依等级占有田宅。差次，差别和次序。名，占有。　⑫臣妾句：奴婢们的衣服样式随着主人家的地位高低而定。家次，家族等级。　⑬芬华：芬芳荣华，指政治上尊贵显耀。　⑭国都：秦国的都城，这时秦都在雍（今陕西省凤翔县南）。市南门：市场的南门。古代国都，市场在朝廷宫殿后面，有一定范围。　⑮十金：即十镒。一镒为二十四两。　⑯辄：就，立即。　⑰期年：周年。　⑱初令：指商鞅新变的法令。　⑲君嗣：国君的继承人。　⑳趋令：遵守法令。　㉑乡邑：乡村和城邑。　㉒乱化：扰乱国家秩序，反对推行新法。

于是以鞅为大良造[①]。将兵围魏安邑，降之[②]。其后，魏惠王兵数破于齐、秦，国内空，日以削，恐，乃使使割河西之地献于秦以和。而魏遂去安邑，徙都大梁。梁惠王曰："寡人恨不用公叔座之言也。"卫鞅既破魏还，秦封之於、商十五邑，号为商君。商君相秦十年，宗室贵戚多怨望者。秦孝公卒，太子立[③]。公子虔之徒告商君欲反，发吏捕商君。遂灭商君之家。

【简评】 商鞅在魏国虽有伯乐，公叔座赏识，但不受魏王重用。魏王把公叔座的建议——"要么重用商鞅，要么除掉商鞅。"看做是昏糊的话。公元前 360 年，秦孝公登上秦国君位，下令求贤，商鞅入秦。商鞅通过秦王宫中宦官景监的门路，晋见秦孝公，游说以帝道、王道和霸道，赢得秦孝公的信任，决定以霸道政治在秦国实行变法。

公元前 359 年，秦孝公正式任用商鞅推行变法。秦国的大臣们纷纷起来反对，孝公深为忧虑。好个商鞅，他有办法，让秦孝公主持大辩论。甘龙、杜挚是当时秦国的执政大臣，保守势力的代表。商鞅深知，变法能否推行，第一道关就是在理论上驳倒甘龙、杜挚。对此商鞅满有信心。

甘龙首先反对，说："圣人教导百姓，不改变旧的习俗；聪明的人治理国家，不改变旧的法制。沿袭古礼旧制，人民安定，官吏熟悉，不用费力，国家安定团结。"

表面看，甘龙、杜挚的话十分有理，商鞅以高人的智慧反驳说："甘龙说的只是平常人的见识。普通人只知道安于旧习惯，书呆子往往陷于所知不能自拔。这两种人让他们做官守法可以，但不能和他们商讨旧章之外开创大业的事。聪明的人制订法规政策，愚笨的人只会受制于人；贤德的人因时而变，无能的人死守成法。"秦孝公听了，大声称赞说："好！"

杜挚说："老祖宗传下来的制度，决不会错。新法不超过旧

---

①大良造：即大上造，秦爵第十六级。 ②将兵围魏安邑，降之：《秦本纪》和《六国年表》系此事于秦孝公十年，即公元前 352 年。降之，这里是作订立和约解。安邑，魏迁都前的国都，在今山西省夏县西北。 ③太子立：即秦惠王嬴驷即位。

法一百倍，就不能变。”

商鞅说：“治理国家从来就没有一成不变的方法，只要有利于国家，就用不着去学古代。从前，商汤王和周武王并没有按照古法办事，却都得了天下。夏桀王和商纣王并没有改革旧法，却都亡掉了国家。所以，反对古法不一定就错。遵守古法也不一定就对。”

这几句话，把改革变法的道理讲得清楚透彻，也很有说服力。甘龙、杜挚两人窘态毕露、哑口无言。秦孝公听了，频频点头，连连说：“卫鞅说得好！卫鞅说得好！”孝公一锤定音，于是任命商鞅为左庶长，开始制定新法。

商鞅拟好了新法，打算公布。法令公布，反对的人多，没人遵守怎么办？强制执行，势必造成社会动乱，说不定还要流血。他冥思苦想了几天，终于想出一个立木取信的办法，树立威信，让人知道，不敢轻易以身试法。商鞅派人在都城南门外竖了一根三丈长的木棒，并在旁边出了一道告示：“谁能把这根木棒，搬到北门去的，赏给十两金子。”于是市民奔走相告，南门外观者如云，人头攒动，热闹非常，大家都停下来边看木棒、边看告示，议论纷纷。

有人说：“这根木棒没有多重，搬到北门去，不费多大力气，怎么会赏十两金子！”

又有人说：“天下哪有这等便宜事？是不是当官的闲了无事，跟老百姓开玩笑啊！拿老百姓当傻子。”

总之，老百姓感到此事古怪，疑惑不决，不相信真会赏给十两金子，谁也不肯上前去搬木棒。

商鞅见没有人肯搬，知道人们不信，故意说成是赏金不够，又重新出了一道告示，把奖赏的金子提高到五十两。赏金一提高，不料老百姓更加疑惑了。大眼看小眼，你看我，我看你，虽然同样没有人肯搬，疑惑却也加重了，围观的人更多了。

等了好久，终于有一个小伙子挤到木棒前，壮着胆子说：“我来试试看，权当做一回傻瓜吧。”说完，他肩扛木棒，直向北门走去，后边跟着一群看热闹的人，都怀着好奇的心，想看一看他能不能得到五十两赏金。扛木棒的小伙子到了北门，商鞅立即叫人当众赏给他五十两金子。看到的人，没有一个不惊奇的。这件事一下子传遍了秦国，大家都说："左庶长令出必行，果然说到做到。"

商鞅变法立木取信，引起了很大的反响。这时，商鞅正式颁布变法令，全国各地官员推行新法不敢怠慢。公元前350年，又进行了第二次变法。

通过改革，秦民勇于公战，怯于私斗，国殷民富，一跃而为强国。公元前352年，商鞅领兵攻打魏国安邑，获得胜利。公元前340年，商鞅再次领兵伐魏，俘获了魏将公子卬。魏国连遭打击，把黄河以西的大片领土割让给秦国，秦国东边疆界达到黄河岸边。魏国为了避开秦国的锋芒，把国都从安邑迁到大梁。这时魏王深深后悔他没听公叔座的话，要么重用商鞅，要么杀掉商鞅。

由于变法的成功和军功，秦孝公封公孙鞅为列侯，把商、於等十五个城邑赐给公孙鞅为采邑，从此，公孙鞅得了商鞅之号。

当然，变法决不是一帆风顺。实行新法的第一年，国都就有几千人反对，太子带头犯法。商鞅认为，新法推行受到阻碍，原因是在上位的贵族反对。太子犯法，也要处罚。但是太子是一国之储君，不能用法，商鞅就惩处太子的两个老师公子虔和公孙贾。第二次公布新法，公子虔又来触犯，商鞅给予了严厉惩处，将他鼻子给割了，称为劓刑。

新法执行了十年，秦民丰衣足食，非常高兴。这时又有许多最初反对新法的人来称颂新法很好。商鞅说："这帮人无是生非，是扰乱教化的刁民，统统严惩。"于是把这些人全都放逐到边疆。又一次，他在渭水河边判决罪犯，杀了许多的人，使渭水都变成了红色。商鞅又轻罪重判，把灰撒在路上的人也要加刑。他不容忍任何人议论新法，违犯新法。因此，史称"商鞅相秦，用法严酷"，得罪了不少的人。

公元前338年，秦孝公死，太子即位，这就是秦惠王。太子的老师公子虔等人反扑过来，他们捏造罪名，告商鞅谋反，秦惠王竟族灭商鞅，还把他的尸体车裂示众。

樗里子甘茂列传

【题解】 本篇节选自《樗里子甘茂列传》所附甘罗传。樗里子和甘茂是战国中期秦国的两员大将，对开拓秦国立有大功，两人合传。甘茂是甘罗的祖父，仕于秦昭王，不仅善战，而且长于外交，为秦国的统一事业立下汗马功劳。由于奸臣排挤，甘茂被迫流亡齐国，家产也被抄没。甘罗受家庭薰陶，少小聪明，有神童之称，被秦国相国文信侯吕不韦看中，收在相国府中差使，名义叫庶子，实质是丞相身边的亲随。这一特殊环境与家庭变故，使甘罗受到政治洗礼，更加成熟起来，很受吕不韦的赏识。他十二岁就做了秦国大使级外交官，出使赵国建立了奇功。甘罗回国，秦王嬴政（即后来的秦始皇）破格提升他为上卿。上卿相当于现在的副总理。

甘罗者，甘茂孙也。茂既死后，甘罗年十二，事秦相文信侯吕不韦。

秦始皇帝使刚成君蔡泽于燕，三年而燕王喜使太子丹入质于秦。秦使张唐往相燕，欲与燕共伐赵以广河间之地[①]。张唐谓文信侯曰："臣尝为秦昭王伐赵，赵怨臣，曰：'得唐者与百里之地。'今之燕必经赵，臣不可以行。"文信侯不快，未有以强也。甘罗曰："君侯何不快之甚也？"文信侯曰："吾令刚成君蔡泽事燕三年，燕太子丹已入质矣，吾自请张卿相燕而不肯行。"[②] 甘罗曰："臣请行之。"文信侯叱曰："去！我身自请之而不肯，女焉能行之？"甘罗曰："大项橐生七岁为孔子师[③]。今臣生十二岁于兹矣，君其试臣，何遽叱乎？"于是甘罗见张卿曰："卿之功孰与

①广河间之地：增大河间的地方。河间，漳水与黄河之间一带地方，原赵地，此时已属秦。　②卿：张唐字。　③大项橐：按，《索隐》、《正义》皆云"尊其道德，故曰大"。但据《校补》所引泷、庆、殿、凌诸本，"大"作"夫"，《战国策·秦策五》亦作"夫"。兹录以备考。

武安君？”卿曰：“武安君南挫强楚，北威燕、赵，战胜攻取，破城堕邑，不知其数，臣之功不如也。”甘罗曰：“应侯之用于秦也①，孰与文信侯专②？”张卿曰：“应侯不如文信侯专。”甘罗曰：“卿明知其不如文信侯专与。”曰：“知之。”甘罗曰：“应侯欲攻赵，武安君难之，去咸阳七里而立死于杜邮③。今文信侯自请卿相燕而不肯行，臣不知卿所死处矣。”张唐曰：“请因孺子行。”令装治行。

行有日，甘罗谓文信侯曰：“借臣车五乘，请为张唐先报赵。”文信侯乃入言之于始皇曰：“昔甘茂之孙甘罗，年少耳，然名家之子孙，诸侯皆闻之。今者张唐欲称疾不肯行，甘罗说而行之。今愿先报赵，请许遣之。”始皇召见，使甘罗于赵。赵襄王郊迎甘罗。甘罗说赵王曰：“王闻燕太子丹入质秦欤？”曰：“闻之。”曰：“闻张唐相燕欤？”曰：“闻之。”“燕太子丹入秦者，燕不欺秦也。张唐相燕者，秦不欺燕也。燕、秦不相欺者，伐赵，危矣。燕、秦不相欺无异故，欲攻赵而广河间。王不如赍臣五城以广河间④，请归燕太子⑤，与强赵攻弱燕。”赵王立自割五城以广河间。秦归燕太子。赵攻燕，得上谷三十城⑥，令秦有十一。

甘罗还报秦，乃封甘罗以为上卿，复以始甘茂田宅赐之。

【简评】 秦相国吕不韦打算联合燕国夹击赵国，趁便也扩大自己的封地河间。燕王听从秦使者刚成君蔡泽的计谋，与秦结盟，还派出太子到秦国去做人质。燕太子丹到秦国以后，秦国要派一位大臣去燕国作人质。吕不韦打算派张唐使燕，这样秦燕两国互派人质，也就是互换大使。张唐不愿去燕国，找了一个冠冕堂皇的借口。张唐对吕不韦说：“从秦国到燕国必定经过赵国，我曾经攻打过赵国，赵王十分怨恨我，悬赏一百里地来抓我，恐怕我到不了燕国在半道就成了赵国的俘虏，我个人的安全是小事，可是完不成外交使命，国家就要受到损害，请丞相三思。”

---

①应侯：即范雎，害死秦将白起。　②专：专擅国政。　③杜邮：地名，在咸阳东，白起赐死处。　④赍：送。甘罗请赵送五城于秦以广河间。　⑤请归燕太子：即秦与燕绝交。　⑥上谷：燕郡名，在河北宣化、怀来一带。

吕不韦找不出话来驳倒张唐，只好闷闷不乐回到相国府。

甘罗见吕不韦满脸愁云，很不高兴，他早已猜个不离八九，于是问道："相国为什么长时间地不高兴呢?"

吕不韦说："我派张唐去燕国做大使，他不肯去，我又找不到理由来说服他，因此闷闷不乐。"

甘罗说："相国不必忧愁，让我去试试，说不定能说服张唐出使燕国哩。"

吕不韦听了不由大怒起来，他大声斥责说："小毛孩不知天高地厚，我堂堂相国都请不动，你有何德何能敢支使张唐？走，给我滚出去。"

甘罗也不生气，不紧不慢地说："相国息怒，听我慢慢说来。古代项橐七岁就做了孔子的老师。我现在十二岁了，怎么就不能做事呢？我是说让我去试一试，我还没去，相国何必急于发火呢！"

吕不韦见甘罗说得有道理，再说当前用人之际就让他去试一试，同时也有点好奇。就这样，吕不韦在复杂心情下派甘罗去说服张唐。

甘罗去见张唐。张唐也知道甘罗的来意，提高警惕，等待甘罗游说。没想到甘罗并不直接谈来意，他提了几个问题，让张唐考虑。

甘罗问张唐："你的功劳与武安君相比，哪个大?"

张唐说："我怎敢和武安君白起将军相比呢！武安君打败强大的楚国、赵国，战必胜，攻必取，我比不上。"

甘罗又说："秦国历史上最有权力的相国要数应侯范雎。你看，如果用范雎与吕不韦相比，哪一个的权力更大?"张唐说："谁不知道当今的相国吕不韦权力更大，应侯范雎哪比得上?"

甘罗说："秦昭王时白起是应侯范雎推荐的大将，由于白起不肯听从范雎的命令去攻打赵国都城邯郸，范雎一句话就要了白起的命，让秦昭王赐死，白起被迫自杀了。现在你张卿也是相国吕不韦所用的人，相国让你出使燕国你不去，我不知道你将死在什么地方呢?"

张唐一听，急了起来，在房间来回踱步，连声说："小甘罗，你说得有道理，这可怎么办？这可怎么办？小甘罗，快替我想想办法。"

甘罗说："你必须立即打点行装出发，做出上路的姿态，说不定你还没走出国都城门，相国就会下令免除你的这趟差使。"

张唐立刻高兴起来，对甘罗说："小甘罗，快去回报相国，就说张唐立即出发。我等着你的好消息。"

甘罗回到相国府对吕不韦说："张唐已经答应出使燕国了。不过我还有一计，秦国不用联合燕国攻打赵国，根本不用出兵，赵国就会主动割地给秦，增大河间之地，岂不更好。"

吕不韦说："这当然是上策，你有什么办法来实现吗？"

甘罗说："有。只要相国正式派我出使赵国，规格要高，用五辆车子送行，保证完成使命。"

吕不韦说："好。让我进宫去见秦王，推荐你出使赵国吧。"

吕不韦于是进宫向秦王详详细细地说出原委。他说："从前甘茂的孙子甘罗，年纪很轻，才思敏捷，出身名门卿相家子弟，各国都知道他的名字。我派张唐出使燕国，张唐推三阻四，我没有能力说服张唐，可是甘罗却把张唐说动了，真是不可思议。现在甘罗立下军令状，自告奋勇出使赵国，说服赵国主动割地与秦国亲善，这样就用不着联合燕国攻打赵国了。请大王裁决。"

于是，秦王召见了甘罗，看他一表人才，眉宇间透着灵气，非常高兴。

秦王任命甘罗为特命大使，出访赵国。赵襄王听到消息，亲自到远郊迎接秦使甘罗。甘罗在宴会上向赵王敬酒，十分友好地劝说赵王与秦国交好。

甘罗说："大王，你是否知道秦燕两国互换大使的事吗？"

赵襄王说："寡人已接到臣下报告，说燕国太子已经到了秦国，秦国大臣张唐即将动身去燕国。"

甘罗说："大王知道秦燕两国互换大使的后果吗？"

赵襄王说："赵国夹在秦燕中间，秦燕交好，对赵国来说形势是严峻的。先生从秦国来，想必有锦囊妙计告寡人。"

甘罗说："大王，你说得不错，秦燕结盟就是要夹攻赵国。我甘罗不愿秦赵两国打仗，主张睦邻友好，所以才来到赵国。"

赵襄王说："赵国怎样才能避免战争，请先生赐教寡人。"

甘罗说："秦国想扩大河间的地盘，河间原本就是赵国割让给秦国的。我劝大王再割五个城池给秦国，与秦国友好，秦国支持赵国去攻打燕国，从燕国那里去取得补偿。不知大王意下如何？"

赵襄王心里极不高兴，但也没有办法，交好秦国，避免受夹攻，这是没有办法的办法吧。就这样，赵襄王答应了甘罗的条件。甘罗圆满回国。果然，张唐也就不用出使燕国了。

赵国割了五个城池给秦国，取得秦国支持，出兵攻打燕国，取得燕国上谷地区三十座城池，让秦国得了其中的十一个。秦国坐享其成得了十六座城，赵国表面上从燕国取得了补偿，可是与燕国成了仇敌。燕赵相争，秦国得利，甘罗的计谋，使秦国一箭双雕，自己既得利，又让别的国家互相攻击，有利于秦国各个击破。

秦王认为甘罗立了大功，拜他为上卿，又把以前甘茂的田地房宅赐还给了甘罗。

甘罗年少，出使赵国，想出奇谋妙计，损害赵国，使秦国得利，说不上是一个敦厚君子，但确实是一个了不起的谋士，所以名传后世。甘罗年少得志，十二岁为上卿，不仅仅是他的聪明与机遇，也是他刻苦学习的结果。试想，他游说张唐与赵王，引用生动的历史事实，得心应手，就是勤奋学习的结果。当然，甘罗计谋之所以得逞，这和秦国的强大有直接关系。强国摆布弱国，大国欺负小国，总能找到借口，编出理由。这就叫弱国无外交，强国左右逢源。所以一个国家要在外交上占主动，不仅仅依靠奇谋智士，更重要的是国力强大。古今中外，都是这个道理。

廉颇蔺相如列传

【题解】　本篇节选自《廉颇蔺相如列传》，内容由三个故事组成：蔺相如使秦完璧归赵，渑池之会蔺相如智折秦王，将相和廉颇负荆请罪。三个故事合成一曲高扬的爱国主义乐章。

《廉颇蔺相如列传》是战国中后期赵国四大忠臣良将的合传。这四大忠臣是：廉颇、蔺相如、赵奢、李牧。涉及人物有三代赵王：赵惠文王、孝成王、悼襄王。此外，宦者令缪贤、军士许历、赵奢子赵括、赵括母附见。本传是一系列人物的合传，写出了赵国由盛而衰而灭亡的过程及原因。秦兵东出，三晋当其冲要。战国时许多大战役就在韩、赵、魏境内进行。本传就生动地记述了阏与之战、长平之战、李牧逐胡与秦交战等。战国后期，东方日益削弱，秦国称雄，六国争相与秦连横。在这样的局势下，赵国先后涌现出廉颇、蔺相如、赵奢、李牧等一大批忠臣良将，使赵国一度盛强。三代赵王，一代不如一代，悼襄王糊涂昏聩，杀李牧，自毁长城，赵国也就灭亡了。

廉颇、蔺相如是本传的主要人物，两人一文一武，一将一相，廉颇善战，为蔺相如使秦作后盾，因蔺相如的成功有廉颇的功劳在，赵将相和而强秦不敢欺。司马迁以廉蔺两人名字命篇，就是突出和歌颂廉蔺两人捐嫌而顾全大局的爱国主义思想。

廉颇者，赵之良将也，赵惠文王十六年①，廉颇为赵将伐齐，大破之，取阳晋②，拜为上卿③，以勇气闻于诸侯。蔺相如者，赵人也，为宦者令缪贤舍人④。

赵惠文王时⑤，得楚和氏璧⑥。秦昭王闻之，使人遗赵王书，愿以十五城请易璧⑦，赵王与大将军廉颇诸大臣谋：欲予秦⑧，秦城恐不可得，徒见欺⑨，欲勿予，即患秦兵之来⑩。计未定，求人可使报秦者⑪，未得。宦者令缪贤曰："臣舍人蔺相如可使。"王

①赵惠文王十六年：公元前 283 年。　②阳晋：齐邑，在今山东菏泽县西北。③上卿：仅次于国相的大臣。　④缪（miù）贤：人名，为宦官首领。舍人：担有职事的门客。　⑤赵惠文王：战国时赵国国君，公元前 298 至前 266 年在位。　⑥和氏璧：《韩非子·和氏篇》记叙，楚人卞和于楚山得璞（pú，含玉的石头），经雕琢成美玉，称为和氏璧。　⑦易：交换。　⑧予（yǔ）：同与。　⑨徒见欺：白白地受欺骗。见，被。　⑩患：忧虑。　⑪求人句：寻求能充当使者去答复秦国的人。

问："何以知之？"对曰："臣尝有罪，窃计欲亡走燕①，臣舍人相如止臣，曰：'君何以知燕王？'臣语曰：'臣尝从大王与燕王会境上，燕王私握臣手，曰"愿结友"，以此知之，故欲往。'相如谓臣曰：'夫赵强而燕弱，而君幸于赵王②，故燕王欲结于君，今君乃亡赵走燕③，燕畏赵，其势必不敢留君，而束君归赵矣④。君不如肉袒伏斧质请罪⑤，则幸得脱矣⑥。'臣从其计，大王亦幸赦臣。臣窃以为其人勇士，有智谋，宜可使⑦。"于是王召见，问蔺相如曰："秦王以十五城请易寡人之璧，可予不⑧？"相如曰："秦强而赵弱，不可不许。"王曰："取吾璧，不予我城，奈何？"相如曰："秦以城求璧而赵不许，曲在赵⑨；赵予璧而秦不予赵城，曲在秦。均之二策⑩，宁许以负秦曲⑪。"王曰："谁可使者？"相如曰："王必无人⑫，臣愿奉璧往使⑬。城入赵而璧留秦；城不入，臣请完璧归赵⑭。"赵王于是遂遣相如奉璧西入秦。

秦王坐章台见相如⑮，相如奉璧奏秦王⑯。秦王大喜，传以示美人及左右⑰，左右皆呼万岁。相如视秦王无意偿赵城，乃前曰："璧有瑕⑱，请指示王。"王授璧，相如因持璧却立⑲，倚柱，怒发上冲冠，谓秦王曰："大王欲得璧，使人发书至赵王⑳，赵王悉召群臣议，皆曰：'秦贪，负其强㉑，以空言求璧，偿城恐不可得'，议不欲予秦璧。臣以为布衣之交尚不相欺㉒，况大国乎！且以一璧之故逆强秦之欢㉓，不可。于是赵王乃斋戒五日㉔，使臣奉璧，拜送书于庭㉕。何者？严大国之威以修敬也㉖。今臣至，大王见臣

---

①窃计：私下打算。　②幸：受宠信。　③乃：竟然。　④束君：把你抓起来。束：捆绑。　⑤肉袒：脱去上衣，露出肉体，表示伏罪就刑。　⑥幸：侥幸。　⑦宜：适宜，胜任。　⑧不：读否。　⑨曲：理亏。　⑩均之二策：衡量这两种办法。均，同"钧"，权衡。　⑪宁许句：宁可许诺，使理亏的责任由秦国负担。负：使担负。　⑫必：确实，一定。　⑬奉：同捧。　⑭完璧归赵：将使璧完整地回归赵国。　⑮章台：秦宫台名，遗址在今陕西省长安县故城西南。　⑯奏：进献。　⑰美人：嫔妃。　⑱瑕（xiá）：玉上小赤斑点。　⑲却立：后退几步站住。　⑳发书：送国书。　㉑负：仗恃。　㉒布衣之交：平民之间的交往。布衣，古代平民以麻布或葛布为衣，因称平民为布衣。　㉓逆：拂逆，触犯。　㉔斋戒：古代举行祀典，主祭人必先沐浴、更衣、独宿、戒酒、不茹荤，以表恭敬和隆重。　㉕拜送书于庭：赵王在朝廷上拜送国书，表示了对秦的隆重敬礼。庭，同廷，朝廷。　㉖严：尊重。修敬：隆重敬礼。

列观①，礼节甚倨②，得璧，传之美人，以戏弄臣，臣观大王无意偿赵王城，故臣复取璧。大王必欲急臣③，臣头今与璧俱碎于柱矣！”相如持其璧睨柱④，欲以击柱。秦王恐其破璧，乃辞谢固请⑤，召有司案图⑥，指从此以往十五都予赵⑦。相如度秦特以诈佯为予赵城⑧，实不可得，乃谓秦王曰：“和氏璧天下所供传宝也，赵王恐，不敢不献。赵王送璧时斋戒五日，今大王亦宜斋戒五日，设九宾于庭⑨，臣乃敢上璧。”秦王度之，终不可强夺，遂许斋五日，舍相如广成传⑩。相如度秦王虽斋，决负约不偿城，乃使其从者衣褐⑪，怀其璧，从径道亡⑫，归璧于赵。

秦王斋五日后，乃设九宾礼于庭，引赵使者蔺相如⑬。相如至，谓秦王曰：“秦自缪公以来二十余君⑭，未尝有坚明约束者也⑮。臣诚恐见欺于王而负赵，故令人持璧归，间至赵矣⑯。且秦强而赵弱，大王遣一介之使至赵⑰，赵立奉璧来，今以秦之强而先割十五都予赵，赵岂敢留璧而得罪于大王乎？臣知欺大王之罪当诛，臣请就汤镬⑱，唯大王与群臣孰计议之⑲！”秦王与群臣相视而嘻⑳。左右或欲引相如去㉑，秦王因曰：“今杀相如，终不能得璧也，而绝秦赵之欢，不如因而厚遇之，使归赵，赵王岂以一璧之故欺秦邪？”卒廷见相如，毕礼而归之。

相如既归，赵王以为贤大夫，使不辱于诸侯，拜相如为上大夫㉒。秦亦不以城予赵，赵亦终不与秦璧。

秦伐赵，拔石城㉓。明年㉔，复攻赵，杀二万人。

---

①列观：便殿。　②倨（jù）：简易，轻慢。　③急：逼迫。　④睨（nì）：斜视。　⑤辞谢固请：道歉并再三请相如息怒。　⑥案图：指按地图，即请蔺相如察看易璧的十五城邑位置图。　⑦都：城邑。　⑧度：估计。特：只是。诈：欺骗。佯：假装。　⑨九宾：用九个迎宾礼官依次传呼引客上殿，这是古代外交上最隆重的礼节。　⑩广成传：宾馆名。　⑪衣褐（hè）：化装穿上粗布短衣。　⑫径道：便道，小道。　⑬引：延请，接引。　⑭秦自句：秦自缪公以来至秦昭王，共二十一世十八君，其间有景公、夷公、昭太子三世皆早死不享国。　⑮坚明约束：坚定明确地遵守信约。约束，盟约。　⑯间至赵矣：已从小路送回赵国了。　⑰一介之使：一个使臣。　⑱请就汤镬（huò）：愿接受汤镬之刑。汤镬，盛开水的大鼎锅，用以烹人，古代酷刑之一。　⑲孰：通熟，仔细。　⑳嘻（xī）：苦笑声。　㉑引：推拉相如去受刑。　㉒上大夫：古代卿、大夫均分上、中、下三级。上大夫位次于卿。　㉓石城：赵邑名，在今河南省林县西南。　㉔明年：拔石城后一年，即赵惠文王十九年（前 280）。

秦王使使者告赵王，欲与王为好会于西河外渑池①。赵王畏秦，欲毋行。廉颇、蔺相如计曰："王不行，示赵弱且怯也。"赵王遂行，相如从。廉颇送至境，与王诀曰②："王行，度道里会遇之礼毕③，还，不过三十日。三十日不还，则请立太子为王，以绝秦望④。"王许之，遂与秦王会渑池。秦王饮酒酣⑤，曰："寡人窃闻赵王好音⑥，请奏瑟⑦！"赵王鼓瑟⑧。秦御史前书曰⑨："某年月日⑩，秦王与赵王会饮，令赵王鼓瑟。"蔺相如前曰："赵王窃闻秦王善为秦声⑪，请奏盆缻秦王⑫，以相娱乐。"秦王怒，不许。于是相如前进缻，因跪请秦王。秦王不肯击缻。相如曰："五步之内，相如请得以颈血溅大王矣⑬！"左右欲刃相如⑭，相如张目叱之⑮，左右皆靡⑯。于是秦王不怿⑰，为一击缻。相如顾召赵御史书曰⑱，"某年月日，秦王为赵王击缻。"秦之群臣曰："请以赵十五城为秦王寿⑲！"蔺相如亦曰："请以秦之咸阳为赵王寿⑳！"秦王竟酒㉑，终不能加胜于赵。赵亦盛设兵以待秦㉒，秦不敢动。

既罢归国，以相如功大，为上卿，位在廉颇之右㉓。廉颇曰："我为赵将，有攻城野战之大功㉔，而蔺相如徒以口舌为劳，而位居我上，且相如素贱人㉕，吾羞，不忍为之下㉖。"宣言曰："我见

---

①为好会于西河外渑池：在西河外的渑池地方进行友好会见。据《六国年表》，其事在公元前279年。西河，陕西东部韩城以南黄河西岸地区。渑池，秦邑名，在今河南省渑池西，地当西河之南，就赵国的位置说，称为西河外。　②诀：辞别，多指不再相见的分别。　③道里：路程。会遇：见面会谈。　④以绝秦望：用以断绝秦国要挟赵国的希望。　⑤酒酣：酒兴正浓的时候。　⑥好音：爱好音乐。　⑦奏瑟：弹奏。瑟，古乐器名，形似琴而身长大，通常配二十五弦。　⑧鼓：弹奏。⑨御史：官名，战国时是掌管图籍、记载国家大事的史官。前书：上前记录书写。⑩某年月日：史官记载时是有具体年月日，《史记》则略而未写。　⑪秦声：秦地的乡土乐曲。　⑫请奏盆缻秦王：请允许我进献盆缻给秦王。奏，有本作"奉"，呈献。缻，同"缶"，盛酒浆的瓦器，秦人歌时习惯击缶为节拍。　⑬五步之内，相如得以颈血溅大王矣：在五步之内（很近的地方），如果我自杀，颈上的血可以溅到大王身上。言外之意，要与秦王拚命。　⑭刃：杀。　⑮叱（chì）：喝骂。　⑯靡（mǐ）：后退、避开。　⑰不怿（yì）：不高兴。　⑱顾召：回过头来嘱咐。　⑲请以赵十五城为秦王寿：请赵王送十五个城邑替秦王祝酒。为寿，祝酒，此指在酒席上赠礼以劝酒。　⑳咸阳：秦国都，遗址在今陕西省咸阳市东。　㉑竟酒：直到酒宴完毕。　㉒盛设兵：设防了重兵。　㉓右：上方，上位。　㉔野战：在要塞或野外与敌人决战。　㉕素贱人：向来地位低下，指相如原是宦者令的舍人。　㉖不忍为之下：不能容忍屈居于相如之下。

相如，必辱之。”相如闻，不肯与会。相如每朝时，常称病，不欲与廉颇争列，已而相如出，望见廉颇，相如引车避匿。于是舍人相与谏：“臣所以去亲戚而事君者①，徒慕君之高义也②。今君与廉颇同列，廉君宣恶言③，而君畏避之，恐惧殊甚④，且庸人尚羞之⑤，况于将相乎！臣等不肖，请辞去。”蔺相如固止之⑥，曰：“公之视廉将军孰与秦王？”曰：“不若也。”相如曰：“夫以秦王之威，而相如廷叱之，辱其群臣，相如虽驽⑦，独畏廉将军哉！顾吾念之，强秦之所以不敢加兵于赵者，徒以吾两人在也，今两虎共斗，其势不俱生，吾所以为此者，以先国家之急而后私仇也。”廉颇闻之，肉袒负荆⑧，因宾客至蔺相如门谢罪，曰：“鄙贱之人，不知将军宽之至此也！”卒相与欢⑨，为刎颈之交⑩。

【简评】 廉颇、蔺相如都是赵国的忠臣良将。他们不仅智勇兼备，而且品德高尚，先国家之急而后私仇，故能在保卫赵国，抗击强秦以及在外交斗争中立下卓越的功勋。

蔺相如大智大勇，通过三个故事来表现：“完璧归赵”写他的勇，“渑池之会”写他的智，“将相和”写他的德。蔺相如之勇、之智、之德，凝聚为一种精神，就是他忠于国家的爱国主义精神。

秦昭王欲以十五城易赵和氏璧，这是强国对弱国进行的一场政治讹诈。一块璧玉，无论多宝贵，是不能与十五座城池相提并论的。当时秦强赵弱，但赵有良将廉颇，“以勇气闻于诸侯”，秦国也不敢贸然对赵国发动进攻，所以秦国君臣想出了以城易璧的策略，借以试探赵国君臣的胆略和维护国家尊严的决心。以十五城的高价易璧，这一过分悬殊的不等价交换出于强秦之口，显然是来意不善。赵国答应易璧，等于是自甘屈服，拱手送璧入秦，

①去亲戚：离开亲人。 ②高义：高出于人的行事、道义。 ③宣恶言：传出狠话。 ④恐惧殊甚：胆怯得太过分了。 ⑤庸人：平凡的人，指普通平民。 ⑥固止之：坚决阻止他们离去，即真情挽留。 ⑦驽：劣马，此喻人才拙劣。 ⑧负荆：背负荆杖。荆，指用带刺的荆条做成的鞭子。 ⑨欢：交好。 ⑩刎颈之交：生死之交，急难时可以互为牺牲生命。

则强秦之求索无已，赵国是不能忍受的。如不答应，秦国就可以堂堂正正地出兵侵赵。赵国君臣十分清楚秦国的这一政治阴谋。所以赵王与廉颇等诸大臣谋："欲与秦，秦城恐不可得；欲勿予，即患秦兵来。"赵国处于被动局面，"予"或"勿予"都将面临着战争的选择。这是弱国外交难为计的必然形势。在权衡利弊之后，赵国君臣决定仍用外交斗争寻求解决，化被动为主动。但"求人可使报秦者，未得"，满朝文武无人敢承担。在这紧要关头，蔺相如由于宦者令缪贤的推荐，出场"亮相"，愿意承担使秦的任务，保证完成使命。

史称秦为"虎狼之国"，极言其贪暴无信。蔺相如有备而出使，又明确了斗争目的，所以能够做到随机应变，处处争取主动。秦王在章台宫殿接见蔺相如，传璧以示美人及左右，没有举行隆重的接见礼，完全暴露了无意偿赵地的图谋。蔺相如当机立断，机智地索回和氏璧，义正词严地指斥秦王的轻慢无礼，揭穿了秦国君臣以城易璧的骗局，从而在道义上和气势上占了上风，但对于强暴之秦，单以理喻是不能取胜的，还必须动之以利害。此时蔺相如以国事为重，置个人安危于不顾，以大义凛然之正气怒发冲冠，以大勇无畏之行动举璧睨柱。秦若逼迫，蔺相如虽然玉碎身亡，但赵国的国家尊严得以维护，秦国杀使夺璧之恶名必远扬诸侯，而璧玉又不得。这意味着秦国在外交上的彻底失败。"三军可夺帅，匹夫不可夺志"。秦王不得不辞谢固请，召有司案图，装出一付偿赵城的样子。蔺相如取得了完全的主动，终于不辱使命，完璧归赵，赢得了外交斗争的第一次胜利。

蔺相如廷叱秦王，并非凭血气之勇。当时赵国是东方的强国。东方六国齐最富，曾和秦争为帝。廉颇大破齐国后，名震诸侯。赵有廉颇，给蔺相如使秦作了坚强后盾。这一层关系，"渑池斗智"表现得更清楚。相如请秦王击缻，召入御史书，又请秦咸阳为赵王寿，一次又一次挫败了秦王的锐气，直到盟会结束，秦王终不能加胜于赵。蔺相如以他的智，再次取得了外交斗争的胜利。但这斗智的背后，却包含了廉颇之勇。"赵亦设盛兵以待秦，秦不敢动"。廉颇在军事上配合相如斗智，亲送赵王至边境，作了周密的防范，震慑了秦人，使秦王不敢轻举妄动。

廉颇与蔺相如相较，资格老，建功早。传文一开头就点出了，“廉颇者，赵之良将也”。他有攻城野战之功，“以勇气闻于诸侯”，位为上卿。这时蔺相如才是一个宦者令的舍人，名不显而声不彰。但他有着杰出的政治才能，智勇双全，胆识超群。在完璧归赵和渑池之会的两场外交斗争中，蔺相如脱颖而出，挫折了强秦，争得了国家的荣誉，所建功勋不减攻城野战。蔺相如由一介布衣一跃而为上卿，位在廉颇之上。廉颇不服，认为蔺相如“徒以口舌为劳”，声言要当众羞辱他。一个是勇将，一个是智士。蔺相如深知，“强秦之所以不敢加兵于赵者，徒以吾两人在也”，而今二人相斗，如两虎相扑，“其势不俱生”，这将危及国家的安危。他顾全大局，称病不朝，“不欲与廉颇争列”。道遇廉颇，“引车避匿”。蔺相如之所以如此，并不是畏惧廉颇，而是“先国家之急而后私仇”。相比之下，廉颇意气用事，争个人名位，真是太渺小了。但是廉颇思想上虽然有恃功争胜的消极面，可这消极面正反映了一员勇将的粗豪。蔺相如的退避也可以说是对症下药。他抓住了廉颇忠勇爱国的思想本质，采取了感化争取的策略，团结了廉颇，为国家惜栋梁之才。因为以相如之智，搞权谋斗争，廉颇根本就不是对手。廉颇争胜，无非是争个人的面子。相如退让，廉颇似乎很有面子，却原来暴露了自己的不识大体。廉颇一旦明白过来，悔恨交加，立即负荆请罪，肉袒谢相如。廉颇勇于改过的精神同样是出于“先国家之急而后私仇”，这就是廉蔺交欢的思想基础。历代以来，“将相和”的故事深入人心，被人民群众口碑相传，正说明了先公后私这种思想的感人之深。

刺客列传

【题解】 本篇节选自《刺客列传》中荆轲刺秦王的故事。《刺客列传》依时间序列载述了春秋战国时期五名刺客的行事，即鲁之曹沫劫齐桓公，吴之专诸刺吴王僚，晋之豫让刺赵襄子，轵之聂政刺韩相侠累，燕之荆轲刺秦王政。上述五名刺客以曹沫、荆轲两人事迹意义最重大，皆抗御强国兼小，具有反暴的正义精神。荆轲之事写得最为精彩。在秦快要进兵燕国之际，为免除燕国遭吞并之祸，荆轲受太子丹之遣，进入“不测之强秦”行刺秦王。司马迁以赞颂、同情的笔调，写出了荆轲刺秦王的过程。尽管荆轲的举动不合于统一的历史潮流，因而无助于燕的命运，但他那种乐于扶助弱小、敢于反抗强暴、见义勇为、不怕牺牲的献身精神，则依然值得肯定。因而关于荆轲刺秦王的故事，不但广为流传于后世，而且还博得了人们的同情和赞扬。千百年来无数甘心为国捐躯的志士也都从荆轲的形象上吸取了精神力量。

荆轲者，卫人也。其先乃齐人，徙于卫，卫人谓之庆卿。而之燕，燕人谓之荆卿①。

荆卿好读书击剑以术说卫元君②，卫元君不用。其后秦伐魏，置东郡，徙卫元君之支属于野王③。

荆轲尝游过榆次④，与盖聂论剑，盖聂怒而目之。荆轲出，人或言复召荆卿。盖聂曰：“曩者吾与论剑有不称者⑤，吾目之；试往，是宜去，不敢留⑥。”使使往之主人，荆卿则已驾而去榆次矣。使者还报，盖聂曰：“固去也，吾曩者目摄之⑦！”

荆轲游于邯郸，鲁勾践与荆轲博，争道⑧，鲁勾践怒而叱之，荆轲嘿而逃去，遂不复会。

荆轲既至燕，爱燕之狗屠及善击筑者高渐离⑨。荆轲嗜酒，日与狗屠及高渐离饮于燕市，酒酣以往，高渐离击筑，荆轲和而

①庆卿、荆卿：卿，是对男子的美称。荆轲，齐人，本姓庆，出齐大姓庆氏之后。燕人呼庆为荆，方音。庆与荆，一音之转。　②术：剑术。　③徙卫之君句：卫都濮阳，为秦所攻，卫于是徙于宗主国魏之野王县（在今河南沁阳县）。　④榆次：赵邑，在今山西榆次县。　⑤有不称者：论剑话不投机，有冒犯的言辞。　⑥试往：试一试去他住地找找看，他当是走了，不敢停留。　⑦目摄之：怒目瞪眼已把他吓坏了。　⑧博：下棋。争道：争走棋子的胜负手。　⑨筑（zhú）：古代的一种弦乐器，用竹尺击弦发音。

歌于市中[1]，相乐也，已而相泣，旁若无人者。荆轲虽游于酒人乎[2]，然其为人沈深好书[3]；其所游诸侯，尽与其贤豪长者相结[4]。其之燕，燕之处士田光先生亦善待之，知其非庸人也。

居顷之，会燕太子丹质秦亡归燕。燕太子丹者，故尝质于赵，而秦王政生于赵，其少时与丹欢。及政立为秦王，而丹质于秦。秦王之遇燕太子丹不善，故丹怨而亡归。归而求为报秦王者，国小，力不能。其后秦日出兵山东以伐齐、楚、三晋，稍蚕食诸侯，且至于燕[5]，燕君臣皆恐祸之至。太子丹患之，问其傅鞠武[6]。武对曰："秦地遍天下，威胁韩、魏、赵氏。北有甘泉、谷口之固[7]，南有泾、渭之沃，擅巴、汉之饶[8]，右陇、蜀之山[9]，左关、殽之险[10]，民众而士厉[11]，兵革有余。意有所出[12]，则长城之南，易水之北[13]，未有所定也[14]。奈何以见陵之怨[15]，欲批其逆鳞哉[16]！"丹曰："然则何由[17]？"对曰："请入图之[18]。"

居有间，秦将樊於期得罪于秦王[19]，亡之燕。太子受而舍之[20]。鞠武谏曰："不可，夫以秦王之暴，而积怒于燕，足为寒心[21]；又况闻樊将军之所在乎？是谓'委肉当饿虎之蹊'也[22]，祸必不振矣[23]！虽有管、晏，不能为之谋也。愿太子疾遣樊将军入匈奴以灭口[24]。请西约三晋，南连齐、楚，北购于单于[25]，其后乃可图也。"太子曰："太傅之计，旷日弥久，心惛然[26]，恐不能须

---

①和：扣紧筑声而歌。　②游于酒人：混迹于酒徒之中。　③沈深好书：稳重沉着，爱好读书。　④其所游句：与所有贤士、豪杰、年高有德的人相交往。　⑤且：将，秦兵眼看要打到燕国了。　⑥傅：即太傅。　⑦甘泉：山名，在今陕西淳化县西北。谷口：泾水穿山之口，在今陕西省泾阳县西北。两处均为当时秦国北边险要之地。　⑧擅：据有。　⑨右陇蜀之山：指秦国西部有陇山、秦岭等山地。⑩左关、殽之险：指秦国东边有函谷关（今河南省灵宝县西南）和殽山（今河南省洛宁县北）险要之地。　⑪士厉：士卒勇猛。厉，磨练，指训练有素。　⑫意有所出：假如秦想图燕的话。　⑬长城之南，易水之北：指全燕之地。燕北有长城，南有易水与赵为界。易水即今河北易县境内的大清河支流。　⑭未有所定也：那么燕就没有一块安定的地方了。　⑮见陵：指燕太子丹被秦王欺凌。　⑯批其逆鳞：指触怒秦王，将遭不测。批，触动。逆鳞，《韩非子·说难》说龙喉下有倒生之鳞，如被触动，便要杀人。逆鳞喻人主发怒。　⑰何由：怎么办？难道罢了不成。　⑱请入图之：允许我深思熟虑后再作打算。入，深入，细思。　⑲樊於（wū）期（jī）：秦将。　⑳舍之：收容下来。　㉑寒心：胆战心惊。　㉒蹊：指老虎出没的路口。㉓不振：不可挽救。　㉔灭口：杜绝秦王要挟之口。　㉕购：同媾，讲和。㉖心惛（mèn）然：心情忧闷烦乱。惛，通闷。

臾。且非独于此也，夫樊将军穷困于天下，归身于丹，丹终不以迫于强秦而弃所哀怜之交①，置之匈奴，是固丹命卒之时也②。愿太傅更虑之。"

鞠武曰："夫行危欲求安，造祸而求福，计浅而怨深，连结一人之后交③，不顾国家之大害，此所谓'资怨而助祸'矣④。夫以鸿毛燎于炉炭之上⑤，必无事矣。且以雕鸷之秦⑥，行怨暴之怒，岂足道哉⑦！燕有田光先生，其为人智深而勇沉⑧，可与谋。"太子曰："愿因太傅而得交于田先生，可乎？"鞠武曰："敬诺。"

出见田先生，道："太子愿图国事于先生也⑨。"田光曰："敬奉教。"乃造焉⑩。太子逢迎⑪，却行为导⑫，跪而蔽席⑬。田光坐定，左右无人，太子避席而请曰⑭："燕、秦不两立，愿先生留意也。"⑮ 田光曰："臣闻骐骥盛壮之时，一日而驰千里；至其衰老，驽马先之⑯。今太子闻光盛壮之时，不知臣精已消亡矣。虽然，光不敢以图国事，所善荆轲可使也。"太子曰："愿因先生得交于荆卿，可乎？"田光曰："敬诺。"即起趋出。太子送至门，戒曰："丹所报⑰，先生所言者，国之大事也，愿先生勿泄也！"田光俯而笑曰⑱："诺。"

偻行见荆卿曰⑲："光与子相善，燕国莫不知。今太子闻光壮盛之时，不知吾形已不逮也⑳，幸而教之曰：'燕、秦不两立，愿先生留意也。'光窃不自外㉑，言足下于太子也㉒。愿足下过太子

---

①丹终不以句：我总不能因受强秦的逼迫而抛弃我所同情的有难的朋友。 ②命卒之时：命终之时，意谓拼命用人之时，怎能抛弃樊将军呢！ ③后交：新交，指樊於期。 ④资怨而助祸：增加秦对燕的怨恨，助长祸患的到来。 ⑤以鸿毛于炉炭之上：燎鸿毛于炉上：喻燕不敌秦，会一下完蛋。鸿毛，野鸭毛。炉，烧。 ⑥雕鸷：两种凶猛的鸟。比喻秦极凶残。 ⑦岂足道哉：燕必为秦所灭，难道还用说吗？ ⑧智深：智慧藏于内。勇沉：勇气潜于心而表现十分沉着。 ⑨图国事：商讨国家大事。 ⑩造：登门拜访。 ⑪逢迎：前去迎接。 ⑫却行为导：主人在前倒退而行，为客人引路，以示对客人恭敬。 ⑬跪而蔽席：跪着把坐席扫拂干净，请客人入座。蔽，撣拂。 ⑭避席：古人之礼，离开原来座位请教，示极尊敬。 ⑮留意：放在心上。 ⑯驽马先之：劣等马也会跑在衰老的良马前头。 ⑰报：告诉的事。 ⑱俯：点头。 ⑲偻行：弯曲腰背行走，形容其老态龙钟。 ⑳形已不逮：（我的）身体已赶不上从前了，不中用了。不逮，不及。 ㉑光窃不自外：田光私下自认为不是外人，即对燕太子丹推心置腹进言，荐荆轲于丹。 ㉒言：推荐。

于宫[①]。”荆轲曰：“谨奉教。”田光曰：“吾闻之：‘长者为行，不使人疑之。’今太子告光曰：‘所言者，国之大事也，愿先生勿泄。’是太子疑光也。夫为行而使人疑之，非节侠也[②]。”欲自杀以激荆卿，曰：“愿足下急过太子，言光已死，明不言也[③]。”因遂自刎而死。

荆轲遂见太子，言田光已死，致光之言[④]。太子再拜而跪，膝行流涕。有顷而后言曰：“丹所以诫田先生毋言者，欲以成大事之谋也。今田先生以死明不言，岂丹之心哉!”荆轲坐定，太子避席顿首曰[⑤]：“田先生不知丹之不肖，使得至前，敢有所道[⑥]，此天之所以哀燕而不弃其孤也[⑦]。今秦有贪利之心，而欲不可足也。非尽天下之地，臣海内之王者[⑧]，其意不厌[⑨]。今秦已虏韩王，尽纳其地。又举兵南伐楚，北临赵。王翦将数十万之众距漳、邺[⑩]。而李信出太原、云中[⑪]。赵不能支秦[⑫]，必入臣；入臣，则祸至燕。燕小弱，数困于兵，今计举国不足以当秦。诸侯服秦，莫敢合从。丹之私计，愚以为诚得天下之勇士使于秦，窥以重利[⑬]，秦王贪，其势必得所愿矣[⑭]。诚得劫秦王，使悉反诸侯侵地[⑮]，若曹沫之与齐桓公，则大善矣；则不可[⑯]，因而刺杀之。彼秦大将擅兵于外[⑰]，而内有乱，则君臣相疑，以其间[⑱]，诸侯得合从，其破秦必矣。此丹之上愿，而不知所委命[⑲]，唯荆卿留意!”

久之，荆轲曰：“此国之大事也，臣驽下[⑳]，恐不足任使[㉑]。”太子前，顿首，固请毋让，然后许诺。于是尊荆卿为上卿[㉒]，舍

①过：探访。　②节侠：有节操的侠士。　③光已死句：谓田光以死明不泄太子之言。　④致：转达。　⑤避席顿首：离开座位叩头。　⑥敢有所道：敢于在你面前表达了我的意愿。　⑦不弃其孤：（上天）不抛弃我。孤，本为王侯自称，此处是太子丹自称。　⑧臣海内之王：使天下的诸侯王都向秦称臣。　⑨厌：同餍，满足。　⑩距漳、邺：秦将王翦之军到达了赵国的南境漳河、邺县（在今河北临漳、安阳一带）。　⑪太原、云中：赵北部两郡。在今山西北部及相邻的内蒙托克托一带。　⑫支：抵挡。　⑬窥以重利：示以重利，引诱秦国。窥，示。　⑭其势必得所愿：在重利引诱下，一定能靠近秦王达到劫持他的目的。　⑮反：同返，交还。　⑯则不可：倘若不答应。　⑰擅兵于外：统率重兵在外。　⑱以其间：利用这个间隙。间，间隙，机会。　⑲不知所委命：不知把这个使命委托给谁才好。　⑳驽下：才智低下（自谦之词）。　㉑不足任使：不配担当这个重要使命。　㉒上卿：给荆轲以最高禄位。

上舍①。太子日造门下，供太牢②，具异物③，间进车骑美女④，恣荆轲所欲⑤，以顺适其意。

久之，荆轲未有行意。秦将王翦破赵，虏赵王⑥，尽收入其地。进兵北略地⑦，至燕南界。太子丹恐惧，乃请荆轲曰："秦兵旦暮渡易水，则虽欲长侍足下，岂可得哉！"荆轲曰："微太子言⑧，臣愿谒之⑨。今行而毋信⑩，则秦未可亲也⑪。夫樊将军，秦王购之金千斤，邑万家，诚得樊将军首与燕督亢之地图⑫，奉献秦王，秦王必悦见臣，臣乃得有以报⑬。"太子曰："樊将军穷困来归丹，丹不忍以己之私而伤长者之意，愿足下更虑之。"

荆轲知太子不忍，乃遂私见樊於期，曰："秦之遇将军可谓深矣⑭，父母宗族皆为戮没⑮。今闻购将军首金千斤，邑万家，将奈何？"於期仰天太息流涕，曰："於期每念之，常痛于骨髓⑯，顾计不知所出耳⑰！"荆轲曰："今有一言可以解燕国之患，报将军之仇者，何如？"於期乃前曰："为之奈何？"荆轲曰："愿得将军之首，以献秦王，秦王必喜而见臣，臣左手把其袖，右手揕其匈⑱，然则将军之仇报，而燕见陵之愧除矣。将军岂有意乎⑲？"樊於期偏袒搤捥而进曰⑳："此臣之日夜切齿腐心也㉑，乃今得闻教！"遂自刭。

太子闻之，驰往，伏尸而哭，极哀。既已不可奈何，乃遂盛樊於期首函封之㉒。于是太子豫求天下之利匕首㉓，得赵人徐夫人

---

①舍上舍：住上等馆舍。　②供太牢：此谓备办丰盛筵席招待荆轲，牛、羊、豕三牲具称太牢。　③具异物：备办稀世珍奇的礼品。　④间进车骑美女：相隔一段时间又选送一批车马、美女，专供荆轲享用。间进：间断地送进，即按时送进。　⑤恣荆轲所欲：尽量满足荆轲的欲望。恣，放纵。　⑥虏赵王：公元前228年，秦破赵，虏赵王迁。　⑦进兵北略地：秦军又向北推进攻取未服的赵地。按，赵国破后，赵公子嘉在代地自立为王，继续抵抗秦兵。　⑧微：没有。　⑨谒：提出要求。　⑩信：示信于秦王的礼物。　⑪亲：指接近秦王。　⑫督亢：地区名，为燕南部的肥沃之地，当今河北涿县、定兴、新城、固安一带。　⑬报：报效太子丹，即劫秦王成功。　⑭遇：此指秦王迫害樊於期。深：残酷。　⑮戮没：被杀或没入为奴婢。　⑯痛于骨髓：痛恨到了极点。　⑰顾：只是，但。　⑱揕（zhèn）其匈：用剑刺秦王胸膛。揕，刺杀。匈，胸的本字。　⑲将军岂有意乎：您是否打算这样做呢？　⑳偏袒搤捥：脱下右边长袖，露出右腕，左手抓住右腕。这是极度愤怒激动的表示。搤，同扼。捥，同腕。　㉑切齿腐心：形容愤恨至极，痛恨得咬牙切齿，连心都破碎了。腐心，心碎欲裂。　㉒函封：（把头）盛在木匣内封存起来。　㉓豫求：预先访求。

匕首[①]，取之百金。使工以药粹之[②]，以试人，血濡缕，人无不立死者[③]。乃装为遣荆卿[④]。燕国有勇士秦舞阳，年十三杀人，人不敢忤视[⑤]。乃令秦舞阳为副。

荆轲有所待，欲与俱。其人居远，未来，而为治行[⑥]。顷之，未发，太子迟之[⑦]，疑其改悔，乃复请曰："日已尽矣，荆卿岂有意哉[⑧]？丹请得先遣秦舞阳。"荆轲怒。叱太子曰："何太子之遣！往而不返者，竖子也[⑨]！且提一匕首入不测之强秦，仆所以留者，待吾客与俱。今太子迟之，请辞决矣[⑩]！"遂发。

太子及宾客知其事者，皆白衣冠以送之[⑪]，至易水之上，既祖[⑫]，取道[⑬]，高渐离击筑，荆轲和而歌，为变徵之声[⑭]。士皆垂泪涕泣。又前而为歌曰："风萧萧兮易水寒，壮士一去兮不复还！"复为羽声慷慨[⑮]，士皆瞋目[⑯]，发尽上指冠。于是荆轲就车而去，终已不顾[⑰]。

遂至秦，持千金之资币物，厚遗秦王宠臣中庶子蒙嘉[⑱]。嘉为先言于秦王，曰："燕王诚振怖大王之威[⑲]，不敢举兵以逆军吏[⑳]，愿举国为内臣[㉑]，比诸侯之列[㉒]，给贡职如郡县[㉓]，而得奉守先王之宗庙[㉔]。恐惧不敢自陈，谨斩樊於期之头，及献燕督亢之地图，函封，燕王拜送于庭，使使以闻大王。唯大王命之。"

秦王闻之，大喜。乃朝服[㉕]，设九宾[㉖]，见燕使者咸阳宫[㉗]。

---

①徐夫人：人名，非妇人之称。 ②以药粹之：把毒汁浸染在匕首的锋刃上。粹，把烧红的铁器往水里浸泡。 ③血濡缕句：用这种匕首刺人，只要伤破皮肤，渗出一丝血来，人便立即死亡。濡，沾湿。 ④装：行装。 ⑤忤视：不礼貌地看人。 ⑥治行：整治行装。 ⑦迟之：太子丹嫌荆轲拖延时日。 ⑧日已尽矣：日子不多了（谓秦军即将打来），荆卿你难道没想到这一层吗？ ⑨竖子：无能小子。 ⑩辞决：告别。决，同诀。 ⑪白衣冠：丧服。用丧服送行，示此行志在必成，不成功，便成仁。 ⑫祖：祭路神，饯行。 ⑬取道：上路。 ⑭变徵之声：悲惋苍凉之声。古代乐音为宫、商、角、徵、羽五音，另又有变宫、变徵二音。变徵介于角、徵之间，相当于今七阶音调中的F调，韵味苍凉。 ⑮羽声：当今之A调，慷慨激昂。 ⑯瞋：感情激动而睁大眼睛。 ⑰终已不顾：始终连头都不回。 ⑱中庶子：官名。掌王族户籍。 ⑲振怖：恐惧。 ⑳逆军吏：对抗秦军。 ㉑内臣：内属为臣。 ㉒比诸侯之列：排列在诸侯朝秦的队伍里。 ㉓给贡职如郡县：像秦之郡县一样进贡应差。 ㉔而得奉守先王之宗庙：以便能奉守燕国的先王宗庙，即以内属来换取秦不灭燕。 ㉕朝服：穿上上朝礼服。 ㉖设九宾：举行隆重的接待仪式。九宾，傧相九人依次传呼接引上殿。宾，同傧，赞礼之人。 ㉗咸阳宫：秦都咸阳宫，在这里接待使者最为隆重。

荆轲奉樊於期头函，而秦舞阳奉地图匣，以次进①。至陛②，秦舞阳色变振恐。群臣怪之。荆轲顾笑舞阳，前谢曰："北蕃蛮夷之鄙人③，未尝见天子，故振慑④。愿大王少假借之⑤，使得毕使于前⑥。"秦王谓轲曰："取舞阳所持地图。"轲既取图奏之⑦。秦王发图⑧，图穷而匕首见⑨。因左手把秦王之袖，而右手持匕首揕之。未至身，秦王惊，自引而起⑩，袖绝。拔剑，剑长，操其室⑪；时惶急，剑坚，故不可立拔。荆轲逐秦王，秦王环柱而走。群臣皆愕，卒起不意⑫，尽失其度⑬。而秦法，群臣侍殿上者，不得持尺寸之兵，诸郎中执兵⑭，皆陈殿下，非有诏召，不得上。方急时，不及召下兵，以故荆轲乃逐秦王。而卒惶急，无法以击轲，而以手共搏之。是时，侍医夏无且以其所奉药囊提荆轲也⑮。秦王方环柱走，卒惶急，不知所为，左右乃曰："王负剑⑯！"负剑，遂拔，以击荆轲，断其左股。荆轲废⑰，乃引其匕首以擿秦王，不中，中铜柱。秦王复击轲，轲被八创。轲自知事不就，倚柱而笑，箕据以骂曰⑱："事所以不成者，以欲生劫之⑲，必得约契以报太子也⑳。"于是左右既前杀轲，秦王不怡者良久㉑。已而论功赏群臣及当坐者各有差㉒；而赐夏无且黄金二百镒，曰："无且爱我，乃以药囊提荆轲也。"

于是秦王大怒，益发兵诣赵㉓，诏王翦军以伐燕。十月而拔蓟城㉔。燕王喜、太子丹等尽率其精兵，东保于辽东㉕。秦将李信追击燕王急，代王嘉乃遗燕王喜书曰："秦所以尤追燕急者，以

---

①以次进：按正、副使先后次序前进。　②陛：皇宫台阶。　③北蕃蛮夷之鄙人：北边属国的粗野人。指秦舞阳，没见过世面，故色变，以掩饰其惊慌。北蕃，北方的藩属。　④振慑：惊恐畏惧。　⑤假借：宽容。　⑥毕使于前：让他在大王面前完成他的使命。　⑦奏之：呈献给秦王。　⑧发图：打开卷成一轴的地图。　⑨图穷而匕首见：展完图卷露出了匕首。穷：尽。见，读现。　⑩自引而起：谓秦王抽身奋起。　⑪操其室：抓着剑鞘。室，剑鞘。　⑫卒：同猝，突然。⑬尽失其度：满朝文武官员全部惊恐，失去了常态。　⑭郎中：官名。掌宫廷侍卫。⑮提：投击。　⑯王负剑：大王赶快把剑推到背上再拔。　⑰废：倒下。　⑱箕据：伸开两腿而坐，形状似箕，为对人极不礼貌的动作。　⑲生劫之：活捉胁迫你。

⑳必得约契句：目的只是要得到你退还诸侯侵地的约言好回报燕太子。　㉑不怡：不愉快。　㉒当坐：办罪。　㉓诣赵：进兵增援驻于赵地的秦兵。　㉔十月：指公元前 226 年秦历十月。蓟城：燕都，在今北京市西南隅。　㉕辽东：当今辽宁东南部地区。

太子丹故也。今王诚杀丹献之秦王，秦王必解，而社稷幸得血食[①]。"其后李信追丹，丹匿衍水中[②]，燕王乃使使斩太子丹，欲献之秦，秦复进兵攻之。后五年[③]，秦卒灭燕，虏燕王喜。

其明年，秦并天下，立号为皇帝。于是秦逐太子丹、荆轲之客[④]，皆亡[⑤]。

鲁勾践已闻荆轲之刺秦王，私曰："嗟乎！惜哉其不讲于刺剑之术也[⑥]！甚矣，吾不知人也[⑦]！曩者吾叱之，彼乃以我为非人也[⑧]！"

【简评】 荆轲是战国末年的一个大英雄，他的故事历代以来家喻户晓。荆轲不是一个有声望的公卿贵族，他文不能安邦，武不能定国，没有出将入相，没有惊天动地的功业，他只是当时地位低下的游侠阶层中的一个普通游侠，剑术不精，当时有名望的剑客如盖聂、勾践都看不上他。但荆轲有一惊天动地之举，他刺杀秦王，也就是后来称帝的秦始皇。作为一个刺客，敢行刺国家元首、一国之君，没有惊人的胆量是不可想象的。而荆轲所刺的国王，又是千古一帝的秦始皇，于是荆轲名声大震。而荆轲刺秦王还是正义之举，他既不是替个人报仇，也不是被别人收买利用。由于秦国征战东方，使用了野蛮的征服手段，例如秦赵长平之战坑杀赵降卒 45 万。秦败魏赵的华阳之战，斩魏卒 13 万，沉赵卒于河 2 万。秦将白起一人在征战中斩杀东方六国 90 万人，绝大部分是杀降。秦始皇统一六国，攻下赵都邯郸，亲自去布署屠城。因为秦始皇父亲子楚曾经为质于赵，秦始皇就出生在赵国，免不了受一些气，秦始皇几十年后还忘不了报仇。秦统一六国是进步的，但手段是野蛮的。于是荆轲刺秦王就有了争议，是正义行为还是反动行为。从历史进程来看，荆轲刺秦王好像是反动行为，但从反对暴政，从当时六国自救的行为来看，荆轲的行动是

---

①社稷幸得血食：国家侥幸能保全。社稷，指代国家。　②衍水：今辽东太子河。　③后五年：公元前 222 年。　④逐：追捕。客：指荆轲与太子丹的党羽。　⑤亡：隐匿。　⑥惜哉句：可惜荆轲不精通刺剑的技术。　⑦甚矣句：我也真是太不了解荆轲了。甚矣，过于。　⑧彼乃句：荆轲定然以我为非同道之人。

正义的。所以历来得到人们的称颂。我们今天评价，当然应当辩证地看到荆轲行刺的两个方面。

荆轲为燕太子丹所请，在这一点上，荆轲的行动又反映了战国时代人们重义气、重然诺的豪侠精神。荆轲以身许燕太子丹，不是报个人私仇，原本也不想杀死秦王，而是效法春秋时曹沫之劫齐桓公，目的是劫持秦王订立盟约，归还六国失地，胜利回归，并不想与秦王同归于尽，他说："事所以不成者，欲以生劫之，必得约契以报太子也。"这时的形势已与春秋时大不相同。齐桓公尊王攘夷，志在为盟主而已，所以可劫、可盟。而荆轲时代，是国家走向统一，秦王不兼并全天下绝不罢休，因而燕太子丹与荆轲想劫持秦王订盟是迂腐的。荆轲即使劫盟成功，也长不了。今天评价荆轲刺秦王的历史，着重在荆轲的精神，他明知不成功，但义无反顾地前往。《史记·荆轲传》写得极其生动。因为司马迁要借以表彰反暴的精神，所以倾注了全部的感情。所以传记写得极为精彩。荆轲义无反顾的精神，可用一句话概括，叫做："荆轲一怒易水寒。"

荆轲出场，他能忍辱。荆轲与盖聂论剑，而"不称者"，说明他剑术不精，既为后来行刺的失败伏笔，也表明荆轲虚心好学，找高人指点论剑。但盖聂看不起他，不给他传授剑法，还"怒而目之"，后又被鲁勾践"怒而叱之"。荆轲对于这类人身侮辱，并不去计较，不逞匹夫之勇，而是"三十六计，走为上计"，他默默出走，不再复会。这生动地说明荆轲不是一个感情用事，使气好胜的人。他性格沉稳，行为理智，决不为个人小事与人打斗，争个高低，做无谓的牺牲。荆轲也不随便与人交往，轻死去替人家卖命。他受燕太子丹之托，是听了田光论说的天下大势，田光以死激荆轲，行刺是弱者反抗强者的唯一道路。荆轲以身许燕太子丹，他是以身许国。荆轲与狗屠和高渐离等人在闹市击筑饮酒，引吭高歌，时而相乐，时而相泣，"旁若无人"，这种喜怒失常的状态，正是他忧国忧民的思想感情的沉痛反映。这些也就是荆轲行刺秦王大勇精神的基础。

荆轲刺秦王，由燕太子丹出面组织，又是一种国家行为，条件优越，此后张良刺秦始皇，以个人之力组织，十余年时间才好不容易捕捉了一个秦始皇出巡的机会，又完全得不到情报，所以失败了。荆轲入秦，有燕国做后盾，情报准确，知道秦王在想些什么。秦王要土地，燕国称臣纳降，可以派荆轲为使，匕首藏在地图中，堂堂皇皇入秦宫殿，靠近秦王，但保密工作要非常彻底。可是仍然有许多曲折。秦王要政敌和叛将樊於期之头，但樊於期投靠燕太子丹保护，太子丹不忍杀樊於期。于是荆轲找樊於期借头，樊於期为了报仇雪恨，痛快借头，十分悲壮淋漓。易水白衣冠送别，场面更是慷慨激昂，悲壮动人。高渐离击筑，悲绝凄婉，太子丹一行白衣白冠，这真是生离死别。人们与荆轲一道，和着节拍，唱起了壮士之歌："风萧萧兮易水寒，壮士一去兮不复还。"易水上刮来的，萧萧风声与悲壮歌声汇集在一起，动人心魄，催人泪下。紧接着歌声由悲凉转向高亢，慷慨激昂，人们的情绪也随之高涨，个个悲愤得头发直竖。荆轲勇往直前，头也不回地踏上了征途。

秦廷行刺，一开始就充满了紧张而又惊险的气氛。燕太子丹配给荆轲的助手秦舞阳是一个杀人不眨眼的恶少年。他十三岁时就杀人，"人不敢忤视"。但他没见过大场面，荆轲对他不信任，而迫于燕太子丹的压力与情面，只好接受了。也正由于此，荆轲思想上也早有准备。秦廷上的森严肃穆，果然震慑了秦舞阳。秦舞阳在殿陛上进献地图，竟吓得浑身发抖，"色变振恐"，立即引起秦廷君臣的疑虑。"群臣怪之"，使得整个宫廷气氛顿时变得紧张起来，眼看行刺的全部计划就要落空，在这千钧一发之际，荆轲镇定自若。他先是回头笑看秦舞阳，接着便对秦群臣解释说："北蕃蛮夷之鄙人，未尝见天子，故振慑。"轻描淡写几句话顿时缓和了气氛，消除秦廷群臣的疑虑，恢复了平静。这里，不仅显示了荆轲的机智、沉着和勇敢，而且更显示了他"不欺其志"，要完成使命的坚强信念。当"秦王发图，图穷而匕首现"时，荆轲便迅猛地把住秦王衣袖，出匕首逼迫秦王。这时荆轲要杀死秦王并不难，但他忠于燕太子丹的嘱托，"欲以生劫之"，逼秦退还"诸侯侵地"，才没有把匕首刺进秦王的胸膛。等到秦王缓过神来，挣脱荆轲，两人“环柱”而走时，秦舞阳早已吓成一滩泥，没有帮上荆轲的忙。秦王的侍臣夏无且用药囊掷荆轲，霎那间给了秦王反击的机会，由于荆轲剑术不精，为秦王所伤。最后荆轲身受八处重伤，左股被砍断，已经不能动弹，还“倚柱而笑，箕倨以骂”，毫无惧色。秦王令群臣上殿刺杀荆轲，他仍笑骂不止。荆轲之死，是那样的从容，是那样的勇敢，是那样的坚强，真是重于泰山。作者司马迁十分惋惜荆轲壮志未酬。他在传末借鲁勾践的口说：“嗟乎！惜哉其不讲于刺剑之术也，甚矣，吾不知人也！曩者吾叱之，彼乃以我为非人也。”

荆轲剑术不精，用匕首投刺秦王不中，因而失败了。但是，即使荆轲刺杀成功，也注定要失败，因为“悉反诸侯侵地”，不合历史潮流，秦国是不会这样做的。春秋战国以来，长时期的战乱，给社会带来无穷痛苦，人民渴望统一，而群雄割据，统一必须使用暴力。尽管秦取天下多暴，坑杀降卒，史不绝书，但秦统一符合历史进程，是受到司马迁肯定的。《六国年表序》说：“秦取天下多暴，然世异变，成功大。”又说：“学者牵于所闻，见秦在帝位日浅，不察其终始，因举而笑之，不敢道，此与以耳食无异，悲夫！”司马迁批判了西汉那些否认秦朝历史地位的肤浅观点，称这些学者为耳食之儒，迂腐可笑。但肯定秦统一战争的进步，不等于肯定秦朝施政的暴虐，秦二世而亡，就是对其暴政历史的否定。荆轲刺秦王，赢得天下人的同情，就因为荆轲反暴，他代表弱国人民抗强，且“不欺其志”，悲壮激烈，是值得赞赏的。荆轲传写得酣畅淋漓，是非常精彩的篇章。

司马相如列传

【题解】　本篇节选自《司马相如列传》，讲述又一个奇女子自主婚姻的故事。本文主人公卓文君不向命运低头，勇敢地把握个人的幸福，这一点可与本书所选另一个奇女子太史敫女相提并论。

司马相如字长卿，西汉蜀郡成都人，著名辞赋家、才子。卓文君，富室之女，才貌双绝，奇女。才子风流韵事多，司马相如以弹琴挑逗卓文君，两人相爱私奔，在文坛上传为佳话。

《司马相如列传》在《史记》中是不多见的恢宏大传，九千余言。内容有两个部分。一是记述司马相如一生经历，他青年时长期客游诸侯，与当代文士枚乘、邹阳等友善，后为汉武帝文学侍从，支持汉武帝开通西南夷，主张大一统，并出使西南夷，故其传与《西南夷列传》并编。二是大量录载司马相如的文学作品，计有《子虚赋》、《上林赋》、《喻巴蜀檄》、《难蜀父老》、《上书谏猎》、《哀秦二世赋》、《大人赋》、《封禅文》等，达八篇之多，篇幅占全传十之七八，司马相如传世的主要作品赖此传得以保存。

司马相如者，蜀郡成都人也，字长卿。少时好读书，学击剑，故其亲名之曰犬子。相如既学，慕蔺相如之为人，更名相如。以赀为郎①，事孝景帝，为武骑常侍②，非其好也。会景帝不好辞赋，是时梁孝王来朝，从游说之士齐人邹阳、淮阴枚乘、吴庄忌夫子之徒③，相如见而悦之，因病免④，客游梁。梁孝王令与诸生同舍，相如得与诸生游士居数岁，乃著《子虚之赋》。

会梁孝王卒⑤，相如归，而家贫，无以自业。素与临邛令王吉相善⑥，吉曰："长卿久宦游不遂，而来过我⑦。"于是相如往，舍都亭⑧。临邛令缪为恭敬，日往朝相如。相如初尚见之，后称病，使从者谢吉⑨，吉愈益谨肃。临邛中多富人，而卓王孙家僮

①以赀为郎：郎官是汉代的宫廷宿卫官，也是一种选官制度。郎官积资简选可充三公九卿的部属或外任令、长。功臣子弟、二千石以上高官子弟得以恩荫为郎。其后博士弟子射策为郎。家资四万以上的良家子弟简选为郎称赀郎。赀，同资。　②武骑常侍：骑郎，侍从天子出巡、打猎。　③邹阳、枚乘、庄忌夫子：皆当时著名文士。邹、枚二人《汉书》有传。夫子，尊称。　④因病免：指司马相如借口有病辞官。　⑤梁孝王卒：梁孝王刘武，汉景帝之弟，死于公元前144年。　⑥临邛：县名，即今四川邛崃市。　⑦来过我：来拜访我。王吉让司马相如去见他，故设圈套尊贵相如以惊动临邛富人。　⑧舍都亭：住宿在临邛的驿亭里。　⑨谢吉：司马相如辞绝王吉的拜访，以此抬高自己的身分。

八百人，程郑亦数百人[①]。二人乃相谓曰："令有贵客，为具召之[②]。"并召令。令既至，卓氏客以百数。至日中，谒司马长卿，长卿谢病不能往，临邛令不敢尝食，自往迎相如。相如不得已，强往[③]，一坐尽倾[④]。酒酣，临邛令前奏琴曰："窃闻长卿好之，愿以自娱[⑤]。"相如辞谢，为鼓一再行[⑥]。是时卓王孙有女文君新寡，好音[⑦]，故相如缪与令相重，而以琴心挑之[⑧]。相如之临邛，从车骑，雍容闲雅甚都[⑨]；及饮卓氏，弄琴，文君窃从户窥之，心悦而好之，恐不得当也。既罢，相如乃使人重赐文君侍者通殷勤[⑩]。文君夜亡奔相如[⑪]，相如乃与驰归成都。家居徒四壁立[⑫]。卓王孙大怒曰："女至不材，我不忍杀，不分一钱也。"人或谓王孙，王孙终不听。文君久之不乐，曰："长卿第俱如临邛[⑬]，从昆弟假贷犹足为主，何至自苦如此！"相如与俱之临邛，尽卖其车骑，买一酒舍酤酒，而令文君当铲[⑭]。相如身自著犊鼻裈[⑮]，与保庸杂作[⑯]，涤器于市中[⑰]。卓王孙闻而耻之，为杜门不出。昆弟诸公更谓王孙曰[⑱]："有一男两女，所不足者非财也。今文君已失身于司马长卿，长卿故倦游[⑲]，虽贫，其人材足依也，且又令客，独奈何相辱如此！"卓王孙不得已，分予文君僮百人，钱百万，及其嫁时衣被财物。文君乃与相如归成都，买田宅，为富人。

【简评】 西汉初年，蜀郡临邛（今四川邛崃）因其优越的地理位置和丰富的自然资源，富户众多。临邛城内有一财主卓王

---

①卓王孙、程郑，二人为临邛的冶铁巨商，事详《货殖列传》。　②为具：治办酒席。　③强往：强打精神而往。　④一坐尽倾：在座的所有客人都惊服羡慕。　⑤自娱：自我欣赏以为欢娱。此为谦词，意为不敢使相如为客人弹琴而请他自己玩赏。　⑥鼓一再行：只弹奏了一两支曲子。鼓，弹奏。行，曲调之称，乐府有长歌行、短歌行等曲名。　⑦好（hào）音：擅长音乐。　⑧以琴心挑之：司马相如用琴歌来挑逗卓文君，向他诉说爱慕之情。　⑨雍容闲雅：仪表堂堂而又文静高雅。甚都：非常大方。都，指都士之人的风度。　⑩通殷勤：表达羡慕之情。　⑪奔：女子私从男人曰奔。　⑫家居句：司马相如的家空荡荡的，只有四面墙壁。徒，唯有，只有。　⑬第：但。　⑭铲：垆的假借字，垒土为垆，用以热酒。　⑮犊鼻裈（kūn）：像牛犊鼻的短裤，即三角裤衩。　⑯保庸：雇佣工人。　⑰涤器：洗刷器皿。　⑱昆弟：兄弟。诸公：指临邛长者。　⑲长卿故倦游：司马长卿本来是厌倦于官场宦游的人。意谓司马相如曾宦游官场，博学多才，现在不过是宦游厌倦了，并非贱人。

孙，靠冶铁与货殖致富，甲于王侯，家有僮仆八百余人。高楼大宅门前每天车马川流不息，宽敞的庭院内高朋满座，觥筹交错，来往的客人都是临邛的知名人士、王公富户。殷实富庶的卓府，好似临邛的一座人间天堂。然而，就在这人人羡慕的卓府大院内，偶尔也能听到一两声怨妇的叹息。

原来，卓王孙有一个女儿，名叫卓文君。她从小深得家人宠爱。且容貌出众，聪明过人。琴棋书画，无一不精。尤其擅长音乐，有很高的音乐天赋。然而，就是这样一个多才多艺的美貌女子，在她刚刚步入花季之年时，便被她的父亲许配给同城的一富户之子为妻。过门不久，其夫夭折。这个沉重的打击，使文君一下子坠入了无助的深渊。眼见爱女日子凄苦，卓王孙便将女儿接回家中，让她在娘家过着深居简出的寡居生活。可知书识字的卓文君，不甘心听从命运对她的这种安排，不愿意好端端的年华随风飘走，总幻想着有一天能冲出这深宅大院，寻找一种新的生活。可是在西汉这样一个封建社会里，一个弱女子有什么办法改变自己的命运呢？于是，在轻歌曼舞的卓王府里，便时时能听到卓文君那一声声不甘听从命运摆布的叹息。

这时，一个偶然的机会，改变了文君的凄苦命运。

临邛当时的县令叫王吉，他本人才华平平，却爱结交有识之士。蜀郡司马相如就是王吉的一位座上宾。司马相如文才大名鼎鼎，但仕途不顺，曾一度为骑郎，又做过梁孝王的幕客，可是梁孝王一死，司马相如落拓，投奔王吉寄食。王吉设局抬举司马相如，让卓王孙入套，使司马相如能进入卓王府，接近卓文君。司马相如善琴，卓文君解音，二人隔帘以琴音交流。司马相如有备而来，只见他正襟危坐，专意抚琴，时而清越，时而婉转，娓娓动人的琴声飘过酒席大厅，传到卓文君的深闺，灌进了对音乐鉴赏力极高的卓文君耳里。卓文君寻声追出，立于前厅帘子后面，完全倾倒在这悠扬的琴声中，恨不得立即扑到弹琴人身边，醉心于弹琴神手。在客厅抚琴的司马相如，似乎他的第六感官已经触到了卓文君，他哪能错过这个机会，顿时来了精神。司马相如不动声色地调整了琴弦，他要以琴音勾魂，挑逗卓文君的感情，一曲热情奔放直抒情怀的《凤求凰》如行云流水涌出指尖，不禁使帘后的卓文君怦然心动，刹那间，文君心中天平的砝码，倾向了司马相如，琴声使两颗自由的心连在一起。

司马相如成功地凭借自己的才智，敲开了通向幸福的大门，一曲千古绝唱的《凤求凰》唤醒了卓文君封闭已久的芳心。这时的文君，陷入了迷茫之中，她一方面倾慕司马相如的才华，一方面深恐自己难与相如相配。司马相如不失时机地通过婢女与文君开始了来往。几番秘密接触，两人相见恨晚，恨不得马上结成连理。

但这对才子佳人相识、相知、相爱，却好事多磨，卓王孙为了维护自己的颜面，绝不会同意寡妇女儿再嫁。而司马相如乃一介贫穷书生，生活全靠朋友照顾，也无能力娶一富豪之女为妻。两人反复考虑，都想不出一个好办法，眼看到手的幸福即将化为泡影。富有个性的文君不甘命运摆布，决定出走。于是，在一天深夜，卓文君毅然离家私奔，跑到客栈找到司马相如，两人偷偷离开临邛，回到司马相如的老家成都，在那里结成了夫妻。

卓文孙知道了卓文君夜奔，觉得丢了颜面，他暴跳如雷，痛骂司马相如和卓文君一对男女不是东西。卓王孙宣布断绝父女关系，不承认这桩婚事，不给一文财产。陷于困顿的司马相如夫妇，决定再次抗争，向旧传统挑战。他们回到临邛，变卖车马，开起了酒店。卓文君坐柜台当老板娘，司马相如穿一条短裤当跑堂的酒保。这是故意难堪卓王孙。卓王孙在家人的劝慰下，不得已分给卓文君财产，于是夫妻二人返回成都，成了富家翁。

后来司马相如的赋流传到京师，得到汉武帝的赏识，召司马相如进京，留在宫中做文学侍从。其后，司马相如为钦差大臣出使西南夷，蜀郡太守郊迎。这时卓王孙春风满面，大请宾客为女儿女婿庆贺，夸奖女儿有眼力，十分得意。

关于卓文君的故事，还流传着司马相如一度情变，想要娶小妾，卓文君失欢。但卓文君不是大吵大闹，而是追首往事，写出了情深意长的《白头吟》诗，淋漓尽致地表达了自己对相如的爱、恨、怨、盼……对司马相如升官后不经意的感情变化提出了怨诉的规劝。司马相如看到了这首诗，内心受到强烈的震动，检讨了自己的行为，打消了纳妾的念头，夫妇和好如初，直到白头偕老。

卓文君作为封建社会的一个弱女子，为了追求婚姻幸福，背叛了家庭，背离了礼教，放弃了舒适的生活，选择了令封建卫道士最为头疼的“私奔”方式，跟着所爱的人，吃苦受累、颠沛流离，其间饱尝过生活的艰辛，体会过人情的冷暖，经历过感情生活的变化，最终靠坚强的信念、超凡的心智、对爱情坚贞不变的痴情赢得了才子司马相如的敬重，换得了后世人们的仰慕，她的身上浓缩了封建时代千千万万追求幸福的女性的特点。卓文君夜奔，具有一定的进步意义。司马迁载入正史，是进步作家对自主婚姻的一曲颂歌。两千年前的司马迁，有如此进步思想，是超前的。

货殖列传

【题解】 本篇节选自《货殖列传》。货，指财富，殖，言增长，货殖者，就是讲如何增长财富。《货殖列传》是一篇奇文，它载述了从春秋末年到汉初以工商业致富的货殖大家的活动，写了三十余个工商业者的生财之道，以及这一历史时期工商业的发展。就写作而言，该文时间上，从古到今；地域上，全国范围；内容上，把东西南北物资与地理人文融于一篇，经济与文化，经济与道德都讲到了。文中既有人物传记，又有哲理高论。宗旨是讲社会要发展，就要生产，就要经商，农工商虞并重，就要肯定人欲，肯定人性欲财而推动社会前进。司马迁在重农抑商的时代，独自发出赞美商人的异响，从历史发展的大势来看，这是超前的进步思想。

太史公曰：夫神农以前，吾不知已①。至若《诗》、《书》所

①已：通“矣”。

述虞夏以来，耳目欲极声色之好，口欲穷刍豢之味①，身安逸乐，而心夸矜势能之荣②，使俗之渐民久矣③，虽户说以眇论④，终不能化。

夫山西饶材，竹、楮、纑、旄、玉石⑤；山东多鱼、盐、漆、丝、声色⑥；江南出楠、梓、姜、桂、金、锡、连、丹沙、犀、瑇瑁、珠玑、齿革⑦；龙门、碣石北多马、牛、羊、旃裘、筋角⑧；铜、铁则千里往往山出棋置⑨，此其大较也⑩。皆中国人民所喜好，谣俗被服饮食奉生送死之具也⑪。故待农而食之，虞而出之⑫，工而成之，商而通之。此宁有政教发征期会哉⑬？人各任其能，竭其力，以得所欲。故物贱之征贵⑭，贵之征贱，各劝其业，乐其事，若水之趋下，日夜无休时，不召而自来，不求而民出之。岂非道之所符⑮，而自然之验邪⑯？

《周书》曰⑰："农不出则乏其食⑱，工不出则乏其事⑲，商不出则三宝绝⑳，虞不出则财匮少。财匮少而山泽不辟矣㉑。"此四者，民所衣食之原也㉒。原大则饶㉓，原小则鲜㉔。上则富国，下

①刍（chú）：干草，代指吃草的牲畜，如牛、羊。豢（huàn）：豢养，代指吃粮食的家畜，如猪、狗。 ②夸矜：夸耀。势能：权势，能力。 ③渐：浸染，影响。 ④户说：挨家挨户宣传、动员。 ⑤山西：与山东相对，指华山以西地区，包括关陇及巴、蜀。饶：丰饶，盛产。楮：木名。纑（lú）：苎麻，可用以织布。旄（máo）：牦牛，尾上长毛可做舞蹈的道具和旌旗的装饰，是贵重的商品。 ⑥声色：音乐和女色。 ⑦江南：长江以南广大地区。楠（nán）：名贵树木。桂：即木犀，珍贵的芳香植物。连：铅矿。丹沙：即丹砂，俗称朱砂，红色颜料。犀：犀牛角。瑇（dài）瑁（mào）：一种海龟，其甲很美，可做装饰品及药用。珠玑：珍珠，圆者称珠，不圆者为玑。齿革：象牙及皮革。 ⑧龙门、碣石北：即华北地区。龙门，黄河禹门口，在陕西韩城县东北和山西河津县西北。碣石，山名，即今河北昌黎县西北的碣石山。旃（zhān）：毛毡。筋角：兽筋、兽角，用以制造弓弩。 ⑨棋置：如棋子之散布。 ⑩大较：大略，大概。 ⑪谣俗：风俗。具：器用。 ⑫虞：古代掌山泽之官，这里指从事渔猎、林木、采矿等事业的人。 ⑬政教：政令与教化。发征期会：指向民间宣传征调，规定时间聚会。 ⑭征：征兆。物价贱落到极点，人人争买，就是贵的征兆。反之，物价贵极，人人不买就是贱的征兆。 ⑮道之所符：与自然规律暗合。 ⑯自然之验：依道而行，因其自然而得到的效果。自然，天然的，不是人为的。验，效应，效果。 ⑰《周书》：周代的文诰，今传有《逸周书》，一部分收入《尚书》之中。这里所引不见于这两书，理在逸篇之中。 ⑱不出：不工作。 ⑲事：指百工制作的器物。 ⑳三宝：有多种说法，这里指农工虞之生产物，即食、事、财。 ㉑财匮：财物匮乏。财，资源。匮（kuì），缺乏。辟：开辟，开发。 ㉒原：来源。 ㉓饶：财富丰足。 ㉔鲜：少。

则富家，贫富之道，莫之夺予①，而巧者有余，拙者不足。故曰："天下熙熙，皆为利来；天下攘攘②，皆为利往。"夫千乘之王，万家之侯，百室之君③，尚犹患贫，而况匹夫编户之民乎④？

由此观之，贤人深谋于廊庙⑤，论议朝廷，守信死节隐居岩穴之士设为名高者安归乎⑥？归于富厚也。是以廉吏久，久更富。廉贾归富。富者，人之情性，所不学而俱欲者也。故壮士在军，攻城先登，陷阵却敌，斩将搴旗⑦，前蒙矢石⑧，不避汤火之难者，为重赏使也。其在闾巷少年⑨，攻剽椎埋⑩，劫人作奸，掘冢铸币，任侠并兼⑪，借交报仇，篡逐幽隐⑫，不避法禁，走死地如骛者⑬，其实皆为财用耳。今夫赵女郑姬，设形容⑭，揳鸣琴⑮，揄长袂⑯，蹑利屣⑰，目挑心招⑱，出不远千里，不择老少者，奔富厚也。游闲公子，饰冠剑，连车骑，亦为富贵容也⑲。弋射渔猎⑳，犯晨夜㉑，冒霜雪，驰坑谷，不避猛兽之害，为得味也。博戏驰㉒，斗鸡走狗，作色相矜㉓，必争胜者，重失负也㉔。医方诸食技术之人㉕，焦神极能㉖，为重糈也㉗。吏士舞文弄法，刻章伪书，不避刀锯之诛者，没于赂遗也㉘。农工商贾畜长，固求富益货也。此有知尽能索耳㉙，终不余力而让财矣。

【简评】 这篇故事介绍西汉时期杰出的思想家司马迁的市场观，在今天市场经济大潮中重温哲人的教诲，不无意义。

---

①莫之夺予：不是别人可赐予的，也不是别人可以剥夺的。这句是指个人的巧拙，即下文所言巧者有余，而拙者不足。 ②熙熙攘攘：熙熙同攘攘，皆形容拥挤、热闹的样子。 ③千乘之王三句，泛指古今天子王侯，但重点是隐喻汉代。千乘之王，指天子。万家之侯，大的封君王侯。百室之君，小的封君及大夫。 ④编户：指齐民，即编入户籍的百姓。 ⑤廊庙：庙堂，指朝廷。 ⑥守信死义：患义之士。隐居岩穴之士，即归隐的有德之士。设为名高者：为自己树立声誉。 ⑦搴：拔取。 ⑧蒙：冒犯，承受。 ⑨闾巷少年：乡下青年。 ⑩攻剽椎埋：杀人灭尸。 ⑪并兼：强占他人财物。 ⑫篡逐幽隐：在偏僻地方拦路抢劫。 ⑬骛：马狂奔。 ⑭设形容：梳妆打扮。 ⑮揳（jiá）：弹奏。 ⑯揄长袂：拖曳长袖起舞。 ⑰蹑利屣：穿上轻便舞鞋。 ⑱目挑心招：目送秋波，用心招引。 ⑲容：显示，夸耀。 ⑳弋射：用带绳的箭射鸟。 ㉑犯晨夜：起早摸黑。 ㉒博戏：赌博。 ㉓作色：变脸争吵。相矜：夸示本领。 ㉔重失负也：害怕丢人负输。 ㉕医方：医生与方士。 ㉖焦神：劳神。 ㉗糈：上等精米。 ㉘没：沉醉于、醉心于。 ㉙索：尽。

司马迁生活的时代重农抑商，提倡礼义节欲。当时的统治者认为商人唯利是图，赚了钱，盘剥农人，引导人们放弃农耕是社会的大害。战国时韩非称工商之民为国家蛀虫之一，要实行专政。汉朝建立，规定商人不得穿绸缎好衣，不得坐马拉轿车，不能做官，加倍交纳人头税，首先应征从事徭役义务。司马迁认为工商之民，智仁勇强，他们流通货物，满足人民的欲望，发展了生产，不害于政，不防百姓，为什么要压制他们呢？司马迁认为农工商虞的社会分工都是人们的衣食之源，人要富国要强，农工商虞并重，广开生产之源。这是显明的道理，也是社会发展的趋势，是任何人不能阻挡的。司马迁没有在此停步，他从人性根本立论，认为人的耳目口鼻头五官表现对物质欲望的追求是社会发展之势，人俗变迁之理，任何清心寡欲的妙论都不能改变的。人性欲财，不分贵贱，天子王侯与庶民百姓都一样，所以无论生产增财，还是工商赚钱，都是自然的，天经地义的，这无须政教来发动，人们趋之若鹜，如同水之归下一样，孜孜以求，这难道不是天生本性的证明吗？

逐利求富，既是人之所欲，天生的共性，就不是邪恶。司马迁引用俗谚说："天下熙熙，皆为利来；天下攘攘，皆为利往。"他用那支犀利的笔，饱蘸浓墨，淋漓酣畅地描绘了一幅社会的逐利图。"深谋于廊庙，论议朝廷"的达官贵人，"守信死节，隐居岩穴"清雅之士，都为的是"归于富厚"。具有讽刺意味的是"廉吏久，久更富"。至于"陷阵却敌"的军士，"攻剽椎埋"的少年，"走死如骛"的侠士，"不择老少"的歌伎，"饰冠剑，连车骑"的游闲公子，"不避猛兽"的猎者，"博戏驰逐"的赌徒，"舞文弄法"的吏士，以及医农工商等百工之人，无不是为了追求财富而忙忙碌碌。在司马迁笔下，凡社会之人，不分贵贱，无论千乘之王，万家之侯，百室之君，还是匹夫编户之民，统统纳入了求利的轨道，彻底打破了当时儒家宣扬的纲常名分和君子小人的界限，追求财富就是人的共性。"此有知尽能索耳，终不余力而让财矣。"所以司马迁用"富者人之情性，所不学而俱欲者也"这句话对人性作了总结。

司马迁如果仅仅指出人性欲财，那就算不上是一种经济理论，也没有超出先秦诸子前辈思想家的水平。司马迁的杰出，就在于他跨出了人性之争的思辨哲学，而进入生产领域做实地考察，不仅看到了社会人群逐利，而且更洞察了“人各任其能，竭其力，以得所欲”的自然之理，认识到人欲是动力，因为人欲对物质的需求，推动了社会分工，推动了社会进步。总之，生产领域中的农工商虞的分工，流通领域中的物价波动，都不是人为政教期会设制的，而是在人欲的推动下自然形成的，符合于“道”的运动规律。恩格斯说：“自阶级对立产生以来，正是人们的恶劣的情欲——贪欲和权势成了历史发展的杠杆，关于这方面，例如封建制度和资产阶级的历史就是一个独一无二的持续不断的证明。”司马迁的思想境界已经接近了这一理论的高度。

附录：书评两篇

一、史记学研究的新成果[①]

——张大可《史记文献研究》介绍

近年来，我国的“史记学”研究如火如荼，势头很猛，出现了前所未有的生动局面。据统计，从《史记》问世两千多年以来有论文总量3504篇，论著总量293部，总字数一亿一千余万字，作者2000余人。80年代以来的15年间，每年平均有论文百篇以上发表，共有论文1635篇，论著131部，字数6000万字，研究队伍近1200人。两厢比较可以看出，本世纪80年代以来《史记》研究的成绩占两千多年来总成绩的一半。由此可见，《史记》研究任重道远，意义深远；史记学博大精深，仍然需要我们努力钻研，深入探讨和挖掘。

鸿篇巨制《史记》作为中国文化史上的一块丰碑，古往今来研究它的学者灿若群星，研究资料更是繁富庞杂。许多学者穷毕生之精力研读《史记》，最后竟发出“仰之弥高，钻之弥坚，瞻之在前，忽焉在后”的感觉（《论语·子罕》）。怎样才能既梳理出一条清晰主线，又可明了《史记》研究的深度、广度及目前的现状呢？这里，我向大家推介一本书——《史记文献研究》。我认为，这是搞《史记》研究不可多得、颇有裨益的一本好书，是很有参考价值的研究资料。

由民族出版社1999年出版发行的《史记文献研究》一书，

---

①本文作者刘宏伟，高级政工师，《史记》研究者，在司马迁故里韩城市工作。曾任《韩电报》常务主编，现任大唐韩城第二发电有限责任公司政治部主任，中国司马迁研究会理事。

其作者是著名史记研究专家张大可教授。张大可，1940年生，重庆市人。1966年毕业于北京大学中文系古典文献专业，曾任兰州大学、北京外国语大学教授，现任中央社会主义学院、中华文化学院教授，兼任中国史记研究会常务副会长、中国历史文献研究会常务理事等社会职务。长期在高校从事中国历史文献与秦汉三国史的教学与研究，发表学术论文百余篇，主要论著有《史记研究》、《史记论赞辑释》、《史记新注》、《史记文献研究》、《司马迁评传》、《三国》断代史等，主持《资治通鉴新注》、《史记研究集成》等大型学术工程，主编高等院校教材《中国历史文选》、《中国历史文献学》、《史记教程》。正因为张大可先生治学严谨，工作勤奋，积三十余年历史文献研究之深厚功力，在这方面造诣颇深，所以他的《史记文献研究》一出版即受到史学界的一致好评，是史记学研究者案头必备的参考书。

《史记文献研究》一书分序论、正文八章、论文七篇和附录书评十篇。在“序论”中，该书详细介绍20世纪的《史记》研究与文献价值，指出20世纪《史记》研究的特点、成果及发展趋势，推介评点了《史记》研究方面20本颇有影响的重要文献，还罗列出各位专家学者在司马迁行年研究、《史记》疑案研究、班马异同论、《史记》与三家注、司马迁与公羊学等学术问题上的观点和研究情况。“序论”从整体上勾勒出了20世纪《史记》研究的概况，使读者能够更好地把握《史记》研究的主线。

正文八章，主要论述了《史记》产生的社会环境和时代背景，剖析了司马迁发愤著史的条件、动因，对司马迁不幸的个人遭遇深表同情。作者探究了司马氏世系、司马迁的生地、年谱、交游等重大学术问题，对《史记》书名、《史记》断限、《史记》体例、《史记》取材、《史记》流传、《史记》残缺与窜补等进行整饬、梳理，表明各种流派、各家观点，所引用、采用的史料详实可靠，资料性很强。在第七章，作者就《史记》义例进行研究，从而探讨司马迁的历史观具有大一统、变革的一面，又有二元论的一面。这不失为作者的一个独创。

其实，通过阅读《史记文献研究》的正文八章，我们不难了解

《史记》与司马迁研究中的许多重大问题，加之作者对于每个问题的论述简洁精当，还详细罗列了各种主要学术观点，也大量引用古文献加以佐证，还写进了自己的研究心得，就使问题一目了然。

另外，本书中的七篇学术论文和附录的十篇书评内容十分宝贵，这些材料牵扯到《史记》与司马迁研究中许多重大的问题，如司马迁的战争观、司马迁一家言、班马异同论以及鲜为人们注意的《十表》结构和功用，特别是《〈太史公自序〉解读》一文分七个段落论述司马迁父子两代人苦心经营、修撰贯通古今的历史巨著的壮志宏图，彰显了他们作为史学家不辱使命的崇高思想境界。附录中撰写书评的均是当今学术界的大腕级人物，通过他们的评介文字，可以帮助读者从各个角度、各个层面深刻理解张大可先生在《史记》研究方面的独到之处和突出贡献，窥探到史学研究的门径和方法。

当然，《史记文献研究》比起《史记研究集成》来，要简约些，但是我认为，《史记文献研究》虽然不是大部头著作，然而它却包罗万象，精辟独到，将《史记》研究之精义集于一编。一册在手，确能收到事半功倍之效。所以，我向大家推荐它。

（原载《司马迁与韩城》，中国文史出版社2005年7月出版）

二、《史记全本新注》评介[①]

司马迁的《史记》是举世闻名的文化珍宝。它记载了自黄帝起至汉武帝时代的历史，内容宏富，气魄雄伟，所记历史事件和

① 本文作者钟岱，北京师范大学历史文化学院教授、博士生导师。钟岱是作者发表此文的笔名。

人物栩栩如生，语言峭拔隽永，不仅是杰出的史学名著，而且是杰出的文学名著，自成书以来垂两千年，一直拥有广大读者。由于古代语言与后代语言的巨大差异，加上书中有大量难懂的古代制度、典故、地名、人名等，所以历代学者一向重视为《史记》作注，以使人读懂。最著名的有南朝刘宋时裴骃撰《史记集解》，唐代司马贞撰《史记索隐》和张守节撰《史记正义》，合称为"史记三家注"；近代则有日本学者泷川资言汇集"三家注"及宋代以后学者的研究和注释成果，成《史记会注考证》一书。以上注释都于读者大有帮助。但是，三家注距今已有千余年，泷川氏的《会注》则侧重于会集各家的考证，所以人们每每感到亟需在过去成果的基础上，对《史记》作全面的重新注释。三秦出版社最近出版的张大可同志《史记全本新注》一书（以下简称《新注》），正适应了这一需要，所以受到《史记》爱好者的关注。

《新注》的第一个特色，是创立了新的体例，摆脱旧注的局限，重视评介《史记》在总体上的成就，帮助读者从宏观上把握。

一提起为古籍注释，人们往往会认为大致不出字音字义、名物制度的训诂和年代、事件的考证这些范围。不错，这种注释古籍的传统做法是应当继承的，而且对于一字一义的注解要求准确、中肯。但是今天注释古籍，应该站在新的时代高度，既要帮助读者读懂古籍字面上的意义，还应让他们进而能够欣赏这些典籍的价值，吸取思想营养，这样才能超越前人。特别是对于《史记》这样一部具有重要思想价值和文献价值的巨著，注释者更应采取新的视角，深入地发掘总结，将这些成果突出地体现出来，为当今读者修建一座通向《史记》的桥。张大可同志对此作了有益的尝试，制订出很有创造性的新体例。《新注》的体例由六项内容组成：1、"序论"，比较系统、扼要地评介司马迁和《史记》，对全书结构和史事内容作宏观分析。2、"五体说明"，对《史记》的五种体裁（本纪、表、书、世家、列传）作简要的概说，写在每一体裁各篇之前，实际上将《史记》分作五个单元。3、"题解"，加在每篇之前，将解题与提要结合起来，以简要的文字解释篇目标题、介绍本篇所记中心人物、提示作者义旨等。4、“段意”，是对篇中划分的大段落的内容作高度概括，具有点题、剖析、归纳的作用。5、“白文简注”，用现代汉语注音解词，释人名、地名、职官、历史掌故等，对难懂的句子还加以串译。为求注文的简洁，歧说只注一说，地名注解一般只注某地今天所在的准确方位，官名注解只简注其品位、职掌等。6、“简论”，内容灵活，抒发注释者的独到见解，或评或论，择举篇中的一、二重点作画龙点睛式的评述，或映照前后，成为宏观分析的重要组成部分。单篇注解均有“题解”、“段意”、“白文简注”三项，“简论”放在篇后，不求划一，有论则发，无论则省。

以上新创体例，对于今天的读者尤其是青年读者，无疑具有辅助相引导的作用。读者借助这些内容，不仅可以解决文字上的疑义，而且能够从总体上了解司马迁这位文化巨人的成就、《史记》体裁上互有分工而有机结合的匠心、各篇中的精采之处和历史家的深刻寓意。譬如，注释者为了使读者对司马迁的贡献有总的了解，在序论中提出，《史记》之所以是一部划时代的伟大著作，用最简练的语言来概括，“就是这部巨著从内容到形式都是划时代的创新”，“创新既是司马迁品格的集中反映，也是《史记》的最大成功”。(第3页) 并把《史记》的创新具体归纳为首创纪传体，首创贯通古今的通史，首创“太史公曰”的史论形式，首创学术史传，首创民族史传等，一共十项。

注释者又认为，《史记》在思想上的宝贵财富，是司马迁提出并做到了“成一家之言”。“成一家之言”的核心，是通过考察历史来“认识治乱兴衰的规律，为西汉一统的封建政权寻求长治久安的‘治道’”。这就是书中所强调的稽其成败兴坏之理，构成司马迁反思历史的出发点和归宿点（第22页）。作史者还依据《史记论赞》，把司马迁对丰富材料进行鉴别和取舍的方法总结为六条：一、考信于六艺，折中于夫子；二、择其言尤雅者，总之不离古文者近是；三、纪异而说不书；四、非天下所以存亡，故不著；五、信以传信，疑以传疑；六、对于百家杂语和六经异传，进行综合和删汰别择，以纳入一家之言。注释者在序论中对此详加论述，用意不仅在于让读者了解《史记》取材上的创造精神和卓越史识，而且给今天的史学工作提供借鉴。

《史记》创立的体裁对中国史学产生了深远的影响，历代修史者竞相效法，因而纪传体在两千年中被尊为“正史”。注释者高度评价这一贡献，认为：五体分开来看各自成为一个独立的系统，贯通历史发展的线索，各有不同的侧面和重心，合起来又是组织严密、互相交融的一部著作，正因为体例完备，才能容纳丰富的历史素材。因此后代史家称它为“全史”，“此例一定，历代作史者遂不能出其范围”(赵翼语)。《新注》又在“五体说明”中，对“本纪”、“表”等的取名和作用，分别列举历代学者的说法，参以己见，略加阐释。如关于“本纪”，注释者引用裴松之、张守节、刘知几等人的议论，然后加以归纳、发挥：“本纪”的取名，有法则、纲纪之意，其作用是全书的总纲，记载国家大事；这种体裁又是天子国君之言事所专用，象征天子地位至尊，其他“世家”、“列传”都依附于它，起辅佐作用，这种特点，又恰恰是当时封建等级关系在史书形式上的投影。《史记》有七十列传，记述主要人物有139人，附传人物92人，加孔子弟子77人，总计308人。这些人物前后相距一千年，其身份、地位上自王侯将相，下至隐者、游侠、商贾、卜者和其他平民。《史记》是如何将这众多的人物安排在七十列传之中的？注释者总结司马迁的原则是“时代为序，以类相从”(第1310页)。作史不可无体例，司马迁正是依靠五种体例的不同功用，才把《史记》安排成一部体大思精、结构严密的巨著。同时，优秀的史家又能成功地做到不为成例所拘，在必要时打破成例，灵活运用。注释者一再恰当地指出这一点。如夏、商、周三篇“本纪”，都上溯先公先王，使记载一代兴衰之事首尾完俱，有利于总结历史经验。又如，司马迁为孔子、陈涉，汉初功臣萧、曹、张、陈立《世家》，褒扬他们的历史功绩。对汉初叛国诸侯，认为他们没有起到“辅弼股肱”的作用，降为“列传”，以示贬抑。

在单篇注释中重视阐明司马迁进步的思想观点，揭示出篇中精义，是本书的又一特色。《史记》记载我国历史上限起于黄帝，有何意义？注释者认为，这是司马迁通过整理古代文献、进行实地访问、调查长老传说，综合考察确定的。“因轩辕氏修德振兵”，统一了天下。《史记》开卷起自黄帝，寓意是颂扬大一统。“《史记》所载三代天子，列国世家，忠臣义士，追祖溯源，皆归本于黄帝。中华民族皆黄帝子孙，这一观点就奠基于《史记》”。（《五帝本纪》“简论”，第22页）又认为：五帝时代约当公元前二十四、二十三世纪，距今四千多年，正当原始公社进入军事民主部落联盟时代，司马迁的记载符合历史进程。黄帝、颛顼、帝喾、唐尧、虞舜五帝禅让相承，典礼制度一步步完善。黄帝用战争统一诸侯，表明平乱世要用暴力。尧、舜二帝举贤任能，天下大治，表明治国要用德。故《五帝本纪》篇末总结说：“自黄帝至舜、禹皆同姓而异其号，以章其德。”黄帝草创国家，虞帝时制度大备，鲜明地表现了司马迁进化论的历史观（《五帝本纪》“题解”，第5页）。再如，司马迁为何全文引用贾谊《过秦论》下篇作为《秦始皇本纪》论赞？注释者认为：司马迁所云“善哉乎贾生推言之也”，表明他十分推崇贾谊的观点。秦亡汉兴，西汉皇朝如何吸取秦朝的经验教训，是一个重大课题。贾谊的总结回答了这一问题，西汉应承其制而革其政。“司马迁对秦始皇政治体制的肯定及对秦朝行政暴虐的否定，都是深受贾谊影响的，所以直接引《过秦论》以为赞。这在《史记》一百三十篇序赞中是唯一的例外。”（《秦始皇本纪》“简论”，第143页）

历史著作一定的体裁形式总是服务于内容需要的。像《史记》这样的杰作，在体裁体例上如何安排，更出于司马迁匠心独运，往往富有深意。《新注》在关键地方予以点明，对今天的读者来说大有益处。譬如，项羽未成帝业，名止霸王，仅五年就告失败，司马迁为何立《项羽本纪》？注释者认为，司马迁这样处理确有卓识，其旨趣主要有三项：一是“纪实”，因为项羽灭秦，分封十八王，“政由羽出”，设“本纪”即用以表彰项羽灭秦之功；二是“通变”，秦楚之际，变化剧烈，项羽是一个中心人物。在秦始皇、汉高祖之间设《项羽本纪》，符合“通古今之变”的历史序列；三是“刘、项对比”，楚汉相争大事，项、刘两纪，详此略彼，互见互补。项、刘两人品格、功业、成败、兴衰，因蝉联并编而成鲜明的对比（《项羽本纪》“题解”，第153页）。再如，一般人读《史记》，对于“表”常不予重视。注释者有意识地引起读者阅读和研究“十表”的兴趣。《新注》恰当地作了这样的评论：《史记》十表，用以反映历史发展的线索和阶段性，最具章法义例，是司马迁精心的创作。大事年表紧密地与本纪相发明，人物年表与列传互补，凡传之不胜传而事实又不容尽没的历史人物，则载于表中。“所以表能容纳大量的历史内容可资考证，并且是联系纪、传的桥梁”。（“史记十表说明”，第272至273页）

《新注》辄于人们容易误解或易被忽视的地方提出独到的见解。《天官书》“简论”中，指出《天官书》思想倾向有二重性：其中有赞成当时流行的“天人感应”的说法，但司马迁“究天人之际”的主要倾向，则是阐明成败兴衰决定于人心向背。关于《封禅书》的写作旨趣，注释者认为：司马迁用了相当的篇幅记载和揭露、讽刺秦皇汉武迷信鬼神的行为，同时又应看到，祭祀典礼是上古国家的大政，故封禅又是治世和大一统的一种象征，此篇记载封禅，是实录历史和对大一统的歌颂。对汉武帝的讽刺，是表达司马迁反对不治政而专务迷信鬼神的行为。

《史记》有七十列传，在五体中所占份量最重，注释者为阐明列传中的进步观点而用力甚勤，每每提出新的见解：《伯夷列传》是七十列传的第一篇，夹叙夹议，是一篇提示义例的论传。认为其寓意有二：一是对于所谓天道惩恶佑善表示怀疑，表明七十列传重在如实写人物事迹；二是指明伯夷、叔齐是由孔子歌颂而闻名后世的，示意七十列传中的人物也因太史公之笔而名垂后代。《管晏列传》则以深沉的感慨，叹知己之难遇，有着深沉的寄托。“就功业论，晏子不如管仲；就知人论，晏子度量宏阔，管仲所不及，这就是此赞给予晏子高度评价的原因。”（《管晏列传》“简论”，第1321页）又认为，《廉颇蔺相如列传》是一篇爱国人物的合传，并以廉、蔺等人在政治上的荣辱升降来反映赵国势力强弱盛衰的变化；篇末司马迁的赞语，颂扬蔺相如的智勇、才干和品德，辉映“完璧归赵”、“将相和”、“负荆请罪”等故事情节，升华了全篇主题，这些故事遂成为千古传颂的佳话。前述两项，说明《新注》在帮助读者从总体上把握《史记》成就和深入理解篇中精义上，都有相当突出的成绩。而张大可同志又认为，对字音、字义、人物、地理、职官、掌故诸项作注，毫无疑问是注解的正宗和主体，因此又下大功夫撰写各篇的注释，构成了《新注》又一特色。大凡今日读者感到难懂的地方，都予作注，注文用流畅的现代汉语写出，释义采用了三家注和其他学者注释的成果，同时又吸收近代以来学者的研究所得，以至考古成果；对于容易产生歧义或前人说法有不当之处，均有针对性地辨明，而所作论断又能持慎重态度，这类典型例子不胜枚举。《周本纪》中有"其（指西伯昌）囚羑里，盖益《易》之八卦为六十四卦"句，注者加了简明的阐释："盖，疑词，司马迁认为文王演《易》在疑似之间。据《易·正义》云：伏羲制卦，文王作卦辞，周公爻辞，孔子十翼。按，《易》为卜筮之书，但记载了许多殷周历史故事，以及许多自然界和社会变化现象、因果，包涵有朴素辩证法思想，非成于一时一人之手。据研究，十翼成书于秦汉之际。"注文不长而内容充实，首先强调"盖"字表明西伯演《易》的说法并不确凿，其次又引《易·正义》，概括了关于周易的传统说法，最后吸收近代学者的研究成果，指出《周易》一书的性质和价值，而成书非出于一时一人之手。这样，对有关的问题都作了必要的交代，澄清了可能产生的误解，而且更证明司马迁记载的审慎和恰当，提示读者细心地理解原文。《夏本纪》中有"孔子正夏时，学者多传《夏小正》云"句，注文告诉读者：《夏小正》是一篇用夏正（以建寅月为正）记时令的书，收在《大戴礼》中，本是春秋战国时人据夏人历法所著书，司马迁认为是孔子整理的。然后，根据《礼记·礼运》所称"吾得夏时焉"《论语·卫灵公》载孔子说"行夏之时"、今本《竹书纪年》载禹元年"颁夏时于邦国"等文献记载，作出"夏代有完整历法是可信的"这一论断（第38页）。

《新注》重视吸收新的研究成果。《秦始皇本纪》载："七年（公元前240年）慧星出东方"，注中指出"此为哈雷彗星"。关于秦“分天下为三十六郡”，注文先依《史记集解》所说，系包括三川、河东、南阳、南郡、九江、会稽等三十六郡。然后加按语指出，这是在全国开始推行郡县制时的建制，以后增至四十六郡。但据今人谭其骧考证，秦并六国后，在六国旧境置三十七郡，加上秦国本土四郡共四十一郡，以后北逐匈奴、南并两越又增五郡，总计四十六郡。《新注》有的地方还举出前人的说法，略加评点，使原文意义显豁，又使注文有针对性，增加阅读兴味。《项羽本纪》载楚汉荥阳相拒时，项羽的高级谋士范增屡屡为项王献计，使刘邦难以对付，于是用陈平的反间计，当项羽使者来时，派人送上最丰盛的酒食，一见使者，假装惊愕，说："吾以为亚父（范增）使者，乃反项王使者！"立即撤下丰盛酒食，另外送来粗劣饮食。使者归报，于是项羽怀疑范增与汉军私通，对他不再信任。关于这段文章，《通鉴辑览》曾云："陈平此计，乃欺三尺童未可保其必信，史乃以为奇，而世传之，可发一笑。"注释者即针对这种说法加按语说：陈平曾为项王都尉，知其为人，故为此计，而项王及使者竟中计，"正见项王之憨愚，使者之无能"。再如《天官书》首句"中宫天极星"，注释说：《天官书》将天官分为五大星空称为"五宫"，宫为舍，为区域之意。但旧注家改"宫"为"官"字，释中宫为中官，非是。对于《天官书》、《历书》中大量古代天文历法名词术语，《新注》都尽力作了相当明白易懂的解释，甚便读者。

《新注》为了方便读者，许多地方都作了细心的处理。对《史记》各篇均按史事内容的联系，划分了大段落，同时为求索司马迁原著之真，分辨真伪，将《史记》全书正文及续、补、窜、附作了不同字体的排版技术处理，用宋体字、仿宋字、楷体字加以区分。注释者的意图是："这样，既完整保留今本《史记》全书，又廓清真伪，一目了然，以供学术界研究。"对于原文中的异体字、通假字，为减少注释条目，而改用通行的今字和本字（但人名、地名中的通假字仍保留不变），还将其中频繁出现的42字列出对照表，冠于全书之前。对《史记》全书重新作注，牵涉到各个领域的专门知识，工作极其繁重。《新注》完成时间较为仓促，故书中存在若干不足，自属难免。例如，书中有的论点或断语，尚有可商之处。关于司马迁的学术倾向，注释者曾多次指出他“无限推崇孔子”，这是正确的，但在别处又说“司马谈和司马迁……甚至独尊了道家”（第24页），这样论点就不一致了。对汉初名相萧何、曹参，注释者正确地指出他们对汉初恢复生产、与民休息有重大贡献，但又说萧何在汉立国后“无所建树”（《萧相国世家》“题解”），提法互相抵牾。综观全书，某些不足只属枝节问题，作者所付出的劳动是艰巨的，对于喜爱古代名著的读者来说，裨益甚大，所以特向大家推荐。

（原载《人文杂志》1992年第4期）